HERZLICHEN GLÜCKWUNSCH

Und Dankeschön für den Kauf
dieses Buches. Als besonderes
Schmankerl* finden Sie unten
Ihren persönlichen Code, mit dem
Sie das Buch exklusiv und
kostenlos als eBook erhalten.

Beachten Sie bitte die Systemvoraussetzungen
auf der letzten Umschlagseite!

53018-r65p6-
vjvjl-900u5

Registrieren Sie sich einfach
in nur zwei Schritten unter
www.hanser.de/ciando und
laden Sie Ihr eBook direkt auf
Ihren Rechner.

KOMPETENZ · HANSER · GEWINNT

* Bayrisch für eine leckere Kleinigkeit; ein Leckerbissen

Groll

1x1 des Lizenzmanagements

Torsten Groll

1x1 des Lizenzmanagements

Praxisleitfaden für Lizenzmanager

HANSER

Torsten Groll, Geschäftsführer von [.CTC.] Computer Training & Consulting, Idstein/Ts.
Kontakt: kontakt@1mal1lima.de
Webseite zum Buch: www.1mal1Lima.de

Bibliografische Information der Deutschen Nationalbibliothek:

Die Deutsche Nationalbibliothek verzeichnet diese Publikation in der Deutschen Nationalbibliografie; detaillierte bibliografische Daten sind im Internet über http://dnb.d-nb.de abrufbar.

© 2009 Carl Hanser Verlag München, www.hanser.de
Lektorat: Margarete Metzger
Copy editing: Manfred Sommer, München
Herstellung: Irene Weilhart
Umschlagdesign: Marc Müller-Bremer, www.rebranding.de, München
Umschlagrealisation: Stephan Rönigk
Datenbelichtung, Druck und Bindung: Kösel, Krugzell
Ausstattung patentrechtlich geschützt. Kösel FD 351, Patent-Nr. 0748702
Printed in Germany

ISBN 978-3-446-41828-8

Inhalt

Vorwort

Keine andere Technologie der Neuzeit hat uns alle wohl so nachhaltig geprägt wie die Erfindung des Computers. Seit Konrad Zuse den ersten programmgesteuerten und frei programmierbaren Rechner 1938 vorstellte, sind 70 Jahre später Computer aus unserem täglichen Leben nicht mehr wegzudenken. Hauptbestandteil eines jeden Rechenknechtes ist seine Software, ohne die bleibt er stumm. Im Gegensatz zur Hardware, die man anfassen und fühlen kann, ist Software eine „weiche Ware" und nicht greifbar. Software kann nicht visualisiert werden. Der Betriebswirt nennt das auch ein „immaterielles Wirtschaftsgut". Vielleicht ist auch das ein Grund, weshalb quasi jede Büroklammer inventarisiert wurde, aber das Software-Lizenzmanagement noch immer wenig Beachtung erfährt. Jedes Jahr werden von Unternehmen für die Bereitstellung von Software erhebliche Summen aufgewendet. Das immer schnelleren Veränderungszyklen ausgesetzte Computerzeitalter bringt uns rasant wachsende Technologien zur Herstellung immer größerer und leistungsfähigerer Computersysteme und Speicherkapazitäten. Schon heute wird das Wissen im Internet alle drei Monate komplett erneuert und nimmt enorme Ausmaße an. Viele Privathaushalte verfügen bereits über mehrere Computer und sind an die weltweiten Datenautobahnen rund um die Uhr angebunden. Im Kleinen wie im Großen muss sich heute jeder mit dem Thema Software und Lizenzmanagement auseinandersetzen. Die BSA (Business Software Alliance) hat im Jahr 2005 die Zahl der abgeschlossenen Fälle, in denen sie gegen den Einsatz unlizenzierter Software ermittelt hat, um 33 Prozent auf knapp über 1 000 erhöht. Gleichzeitig stieg die Summe der Schadensersatzzahlungen um 15 Prozent gegenüber dem Vorjahr an.

Unternehmen sind oft über Jahre hinweg zu komplexen Gebilden herangewachsen, und jedes ist anders. Die Schnelligkeit, mit der sich das Geschäft verändert, zwingt die IT sich effektiver zu organisieren und die angebotenen Services permanent auf den Prüfstand zu stellen. Dabei bekommt gerade jetzt auch das lange vernachlässigte Wirtschaftsgut „Software" einen immer größeren Stellenwert in der Gesamtbetrachtung der IT-Kosten. Schon lange sind, statistisch gesehen, die installierte Software (und die daran gekoppelten Services) der größte Kostenblock bei der Ausrüstung eines IT-Arbeitsplatzes. Die Unternehmen investieren durchschnittlich mehr als ein Drittel des vorhandenen IT-Budgets in den Kauf von Software und in Wartungsverträge. Es wird ein enormer Aufwand betrieben, um die mittlerweile fast vollständig von der IT abhängigen Geschäftsprozesse zu managen. Die ständige Verfügbarkeit von IT-Kapazitäten zu gewährleisten, gehört zu den erfolgskritischen Faktoren eines Unternehmens. Störungen können auch die Beziehungen zu Kunden und Geschäftspartnern beeinträchtigen. Fällt die IT aus, kommt es nicht selten zu rechtlichen und wirtschaftlichen Konsequenzen. Deswegen setzen die Unternehmen alles daran, ihre Softwaresysteme stabil und funktionstüchtig zu halten.

Doch kaum ein Unternehmen hat einen ausreichenden Überblick über seine eingesetzte Software. Hier herrscht häufig Misswirtschaft. Ein schwerwiegender strategischer Fehler, denn wer die Lizenzthematik falsch einschätzt, muss finanzielle Einbußen befürchten.

Gerade unter diesem Aspekt und auch aufgrund der derzeitigen wirtschaftlichen Situation in ganz Deutschland wird der Druck auf die IT-Verantwortlichen, Kosten zu senken, enorm steigen. Im Gegenzug werden die Softwarehersteller, bedingt durch fallende Umsätze und geringere Lizenzeinnahmen, sehr viel öfter bei Ihnen vor der Tür stehen und die Einhaltung der vereinbarten Nutzungsrechte aufs Penibelste überprüfen. Wenn Sie sich hier keinem Risiko aussetzen wollen, das vielleicht Ihr Unternehmen gefährden könnte, sollten Sie sich ausführlich mit den in diesem Buch beschriebenen Themen auseinandersetzen.

Auf den nachfolgenden Seiten möchte ich Ihnen einen Überblick geben, mit welchen Methoden und Lösungen Sie an das Thema „Software-Lizenzmanagement" herangehen können. Das Buch soll Sie dabei unterstützen, einen eigenen Fahrplan für Ihre ersten Schritte als Lizenzmanager zu entwerfen. Verschaffen Sie sich einen genauen Überblick über Ihre IT-Infrastruktur, alle IT-Investitions- und Anlagegüter, und vermeiden Sie auf diese Weise unnötige Kosten. Gleichzeitig erhalten Sie Transparenz, Rechtssicherheit und erhöhen deutlich die Qualität der IT Services in Ihrem Unternehmen. So vorbereitet, können Sie Ihrem nächsten Softwareaudit gelassen entgegensehen.

Besonders bedanken möchte ich mich bei Margarete Metzger vom Carl Hanser Verlag, die mir sehr kompetent und mit einer Engelsgeduld über die Hürden bei der Erstellung dieses Buches hinweggeholfen hat.

Torsten Groll

Teil I:
Das Lizenzmanagement

- Kapitel 1: Lizenzmanagement – vom Risiko zum Wert

- Kapitel 2: Eine Softwarelizenz – was ist das?

- Kapitel 3: Der EDV-Arbeitsplatz – eine „Black Box"?

1 Lizenzmanagement – vom Risiko zum Wert

In diesem Kapitel erfahren Sie u.a.:

- Was „Lizenzmanagement" bedeutet und wie die aktuelle Situation in den meisten Unternehmen ist.
- Wie wichtig es ist, Transparenz herzustellen und Rechtmäßigkeit zu gewährleisten.
- Welche Trends sich im Umfeld des Lizenzmanagements abzeichnen.

Am Ende dieses Kapitels wissen Sie, warum es notwendig ist, sich mit dem Thema der Verwaltung von Softwareassets und Lizenzen auseinanderzusetzen. Durch die Herstellung von Transparenz und Rechtmäßigkeit schützen Sie Ihr Unternehmen vor unkalkulierbaren Risiken und können Einsparpotenziale identifizieren und umsetzen.

1.1   Lizenzmanagement – eine Begriffsdefinition

„Lizenzmanagement setzt sich aus dem Begriff *Lizenz*, die Erlaubnis (lat. licere, licentia, Erlaubnis, Freiheit, Befugnis), und dem Begriff *Management* (engl. manage von ital. maneggiare „an der Hand führen", dies von lat. manus „Hand"; die engl. Bedeutung wurde im 17./18. Jh. durch franz. ménagement beeinflusst) zusammen und steht für das Verwalten und Managen von Softwareassets (Lizenzen)."[1]

Das Lizenzmanagement beschreibt Prozesse für den legalen Umgang mit Software und deren Lizenzbestimmungen und ist somit mehr in der kaufmännischen als technischen Ecke zu sehen.

Eine einzige CD – oder ein über Ihr Unternehmensnetzwerk verteilbares Softwarepaket – würde, technisch gesehen, schon ausreichen, um beliebig viele Installationen auszuführen. Für jede dieser „Installationen" müssen Sie ein erteiltes Nutzungsrecht (eine Lizenz) nachweisen. Diese erfolgt üblicherweise in Form von Lizenzverträgen mit den darin beschriebenen Nutzungsrechten. Diese Lizenzverträge beschreiben die erlaubte Anzahl der installierbaren Softwareversionen und müssen als Nachweis für einen Audit aufbewahrt werden (hier haben Sie schon eine erste Compliance-Regel!).

Mal Hand aufs Herz: Wer hat sich noch vor einigen Jahren im Client- und Serverbereich mit dem Thema Softwarelizenzen beschäftigt? Die Mainframe-Welt, in der die eingesetzte Software nur mit korrektem Lizenzschlüssel bzw. Key oder Lizenzdatei betrieben werden kann und die schon immer mit Hardwaredongles ausgelieferten Software-Produkte lassen wir einmal außen vor (ein „Dongle" ist eine Hardwarekomponente, die meistens auf einem Druckeranschluss oder USB-Port aufgesetzt wird, um die damit ausgelieferte Software nutzen zu können). In den vergangenen Jahren haben sich die IT-Manager selten ausreichend mit dem Thema Softwarelizenzen beschäftigt. Wer erinnert sich nicht an die Zeiten bzw. hat davon gehört, dass es z.B. bei der Installation von Microsoft Office 4.2 durchaus genügte, bei der Abfrage des Lizenzkeys alle Felder mit einer Folge von 1 auszufüllen, und schon konnte man fröhlich weiter installieren. Einen wirksamen Schutz gegen das unrechtmäßige Kopieren der Softwaremedien gab es damals nicht wirklich, und so wurde MS-Office bestimmt häufiger installiert, als es nach den Lizenzbestimmungen erlaubt war.

1.2   Ausgangssituation

Es existiert kaum noch ein Unternehmensprozess, der nicht durch Software zumindest unterstützt wird, und deswegen ist die Problematik, dass es bei der End User Software nur allzu häufig einen ungewünschten Wildwuchs gibt, sehr ausgeprägt. Statistische Zahlen, die durch die Business Software Alliance (BSA) erhoben wurden, gehen davon aus, dass jede dritte Softwareinstallation illegal, d.h. nicht korrekt lizenziert im Einsatz ist. Die häu-

---

[1] Quelle: [www.wikipedia.org]

figste Ursache dafür ist der leichtfertige Umgang mit dem Wirtschaftsgut „Software" und mangelndes Software- und Lizenzmanagement.

Risiken ...

Die meisten Unternehmen haben keinen Überblick, welche Software wo und wie oft eingesetzt wird und ob sie ausreichend durch Lizenzen gedeckt ist. Diese Unkenntnis entbindet die Geschäftsleitung aber nicht von der Verantwortung, lizenzrechtliche Bestimmungen einzuhalten, um mögliche strafrechtliche Konsequenzen abzuwenden.

... und Chancen

Die handelsrechtliche Verantwortlichkeit verpflichtet die meisten Unternehmen zu Einführung und Betrieb eines Risikomanagementsystems, zu dessen Aufgaben auch die Überwachung der Lizenzkonformität der im Unternehmen eingesetzten Software gehört. Ein zu bewertendes Risiko kann dabei sein, für Lizenznachkäufe durch eine festgestellte Unterlizenzierung Rückstellungen zu bilden. Die Risiken, die sich dabei auch auf das gesamte Unternehmen auswirken können (Stichwort: KontraG, Basel II, Sox), sind mit einem IT-basierten Software- und Lizenzmanagement-System minimierbar. Eine zentrale Verwaltung aller erworbenen Lizenzen und der dazugehörigen Verträge in Verbindung mit einer permanenten Analyse der installierten und aktiven Softwarebasis kann dabei helfen.

Es gibt unzählige Lizenzmodelle: Jeder Hersteller lässt sich für die Lizenzierung seiner Produkte immer wieder neue Spielarten einfallen. Den meisten Anwendern fällt es deshalb schwer, eine korrekte Lizenzierung sicherzustellen. Die Softwareanbieter setzen ihre Kunden zunehmend mit komplexen Lizenzbestimmungen unter Druck. Sie können sich jedoch dagegen wehren, indem Sie Ihre Softwarelandschaft effektiver organisieren und verwalten. Dafür ist es aber auch notwendig, Spezialwissen über die Softwarelieferanten und deren Lizenzmodelle im Unternehmen aufzubauen. Dieses Wissen müssen Sie für den Aufbau und die Organisation des Lizenzmanagements nutzen. Dabei geht es auch darum, Rollen und Zuständigkeiten zu definieren und die damit verbundenen Prozesse abteilungsübergreifend im Unternehmen zu verankern.

Auf dem Markt gibt es mittlerweile eine große Auswahl an Herstellern und Dienstleistern, die Tools für das so genannte Software-Asset-Management (SAM) anbieten, in dem fast immer auch ein Lizenzmanagement mit integriert ist.

Seien Sie vorab davor gewarnt, das Lizenzmanagement Projekt sowohl im Zeit- als auch im Ausgabenbudget zu unterschätzen! Nicht selten sind interne Probleme die Bremse und nicht der Tool-Implementierer.

Haben Sie Antworten auf folgende Fragen?

- ▪ Können Sie auf Knopfdruck Ihren aktuellen Bestand an PCs, Servern und anderem IT-Equipment abrufen?
- ▪ Können Sie ermitteln, wie viele unterschiedliche Software-Anwendungen Sie haben, und werden diese auch alle eingesetzt und tatsächlich genutzt?

- Wird Ihre Software zentral oder dezentral beschafft?
- Werden die Vertragsunterlagen an einer Stelle geführt?
- Was passiert mit der Software, die nicht mehr genutzt oder deinstalliert wird? Wird das in den Verträgen nachgehalten?
- Kann Software von Mitarbeitern unerlaubt installiert werden?
- Besitzen Sie Richtlinien für den Umgang mit Software in Ihrem Unternehmen?
- Werden diese Richtlinien von jedem verstanden, „gelebt" und ihre Einhaltung regelmäßig überprüft?

Vielleicht können Sie einige der gestellten Fragen mit „Ja" beantworten, vielleicht müssen Sie sich aber auch eingestehen, dass Sie diese Aspekte noch nicht ausreichend betrachtet haben. In Abbildung 1.1. sehen Sie die Auswertung einer Umfrage, die von LANDesk zum Thema „Wie reagieren Anwender auf einen Lizenzaudit" im Jahr 2005 in Auftrag gegeben wurde.

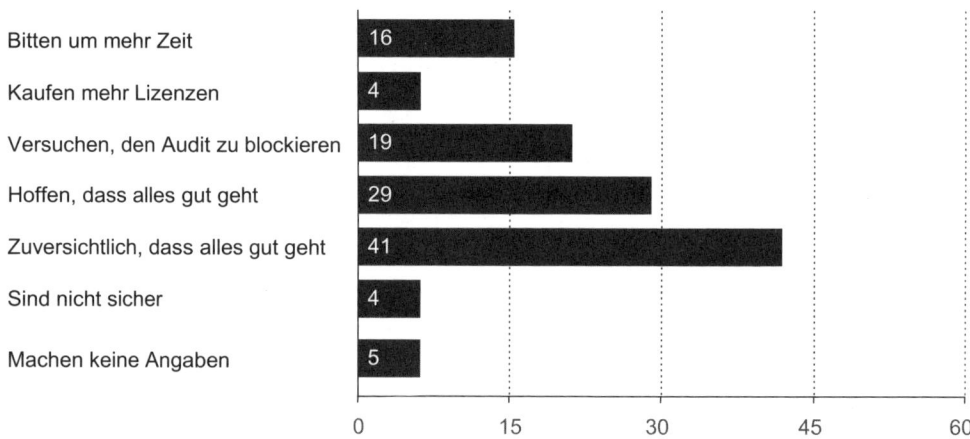

Abbildung 1.1 Wie reagieren Anwender auf Audits?[2]

Wenn Sie einige der eingangs gestellten Fragen mit „Nein" beantworten mussten, finden Sie sich sicherlich in der Gruppe „Zuversichtlich" oder „Hoffen, dass alles gut geht" wieder, d.h. Sie müssen handeln.

Sieht man sich die Situation in den Unternehmen genauer an, dann führt das Lizenzmanagement heute häufig immer noch ein Schattendasein als ungeliebtes Anhängsel im Asset- und Konfigurationsmanagement innerhalb des IT-Betriebs. So oder nicht viel anders war es in den Projekten, die ich bisher betreute.

Das Software-Lizenzmanagement ist im Vergleich mit anderen Gebieten im IT-Umfeld noch ein sehr junger Fachbereich. In den meisten Unternehmen gibt es die Rolle eines Li-

---

[2] Quelle: CW vom 13.3.2006, Ergebnisse einer Umfrage aus 2005 bei 500 Firmen in Deutschland, Frankreich, England und USA durch Dynamic Research im Auftrag von LANDesk

zenzmanagers noch nicht, oder es existiert keine Rollenbeschreibung für ihn. Aus der Historie des Unternehmens heraus ist es meistens ein Ansprechpartner aus dem Einkauf, der langsam in diese Rolle hineinwächst. In neun von zehn Fällen ist das Lizenzmanagement im Einkauf angesiedelt, da hier auch meistens alle Vertragsverhandlungen und Bestellungen abgewickelt werden. Der Einkauf ist häufig der Initiator von Lizenzmanagement-Projekten. In anderen Fällen wird das Lizenzmanagement aus dem Fachbereich heraus getrieben, der mehr auf die technischen Aspekte achtet und sich meistens nicht darum kümmert, ob ein anderes Lizenzmodell eventuell Lizenz- und Softwarekosten einsparen könnte.

Für ein erfolgreiches Lizenzmanagement ist es notwendig, dass die kaufmännische (Einkauf) und die technische Seite (Fachbereich) eng zusammenarbeiten. Ein Lizenzmanager muss sowohl kaufmännische und betriebswirtschaftliche als auch technische Kenntnisse besitzen. In vielen Unternehmen erzeugen verteilte Interessen unklare Situationen bzgl. Verantwortlichkeiten, Rollen und Prozessen. Ein Überblick über die aktiven Softwareinstallationen (technische Stückzahlen) und den tatsächlich vorhandenen kaufmännischen Lizenzbestand ist meistens nicht in dem geforderten Umfang und in der benötigten Qualität vorhanden. Unternehmensspezifische Richtlinien zur Softwarenutzung existieren selten oder sind unzureichend definiert. Vor diesem Hintergrund verwundert es nicht, dass einem anstehenden internen oder externen Software-Audit oft mehr mit „Glauben" als mit „Wissen" begegnet wird (siehe Abbildung 1.1).

1.3 Allgemeine Ziele

Wie es um das Lizenzmanagement in den Unternehmen bestellt ist, wollte die Gartner Group 2006 mit einer Studie herausfinden.

Das Ergebnis:

- Mit einem funktionierenden Lizenzmanagement kann eine Kostenreduktion von ca. 15% bis 30% mittel- und langfristig realisiert werden.
- 90% der Unternehmen machen von dieser Möglichkeit aufgrund fehlender Software- und Lizenz-Verwaltung aber keinen Gebrauch.

Die Zahlen belegen, dass in den Unternehmen das Thema Lizenzmanagement nicht richtig wahrgenommen wird oder aber einfach nicht im Fokus steht. Wenn Sie für Ihre Unternehmensführung einen ersten Leitfaden erstellen wollen, welche allgemeinen Ziele für ein Lizenzmanagement wichtig sind, dann finden Sie in den in Abbildung 1.2 skizzierten Bereichen Ansatzpunkte.

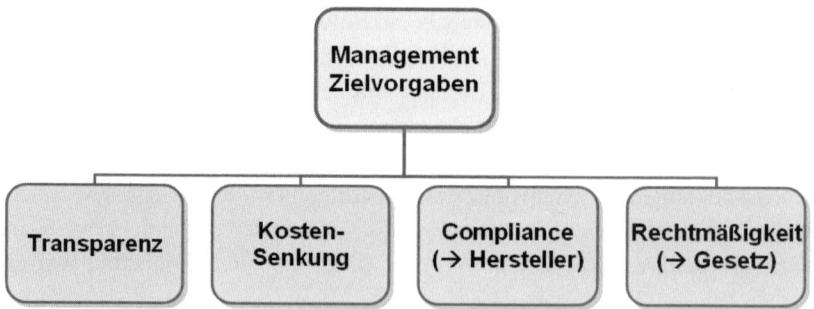

Abbildung 1.2 Untergliederung der Zielvorgaben aus dem Management

Die Zielvorgaben des Managements unterteilen sich in vier Bereiche:

Transparenz:

Dazu gehören beispielsweise die folgenden Aspekte:

- Optimierung interner Beschaffungs- und Installationsprozesse
- Permanenter Abgleich des Installations- und Lizenzbestands
- Etablierung einheitlicher Prozesse und deren Einbindung in bestehende Prozesse
- Etablierung einer transparenteren Lizenzverwaltung (rechtliche Absicherung)
- Verbesserung des Vertragsmanagements und des Vertragscontrollings
- Die zentrale Steuerung aller Aktivitäten für ein funktionierendes Lizenzmanagement

Kostensenkung

Dazu gehören das Erkennen von Einsparpotenzial bei Beschaffung, Verteilung und Einsatz von Software:

- Softwareprodukte dauerhaft inventarisieren
- Lizenzkosten senken
- Kostentreiber identifizieren
- Überlizenzierung vermeiden
- Lizenzeinsatz optimieren
- Umverteilung nicht genutzter Lizenzen
- Einrichtung eines Lizenzpools
- Softwareprodukte proaktiv managen
- Verhandlungsposition gegenüber Softwarelieferanten verbessern
- Softwarelizenzen proaktiv managen

Rechtmäßigkeit

Aus rechtlicher Sicht ergeben sich beispielsweise folgende allgemeine Ziele:

- Die Beachtung und Einhaltung des Urheberrechts
- Die Vermeidung von Haftungsrisiken und Schadensersatzzahlungen
- Der Schutz des Unternehmens vor zivil- und strafrechtlicher Haftung
- Die Einhaltung von handelsrechtlicher Verantwortlichkeit

Compliance

Um gegenüber den Softwareherstellern lizenzkonform zu sein, sollten:

- der Installations- und Lizenzbestand permanent abgeglichen werden;
- die Lizenzierungssituation fortlaufend dargestellt werden;
- die Nutzungsdaten erhoben und mit den Verträgen abgeglichen werden;
- die nicht genutzten Softwarelizenzen umverteilt

und mit den genannten Maßnahmen möglichst eine Unterlizenzierung vermieden werden.

Zu jedem dieser vier Bereiche werden Sie sicherlich weitere, auf Ihr eigenes Unternehmen abgestellte Ziele finden. Schauen wir uns die genannten allgemeinen Zielvorgaben einmal etwas ausführlicher an.

1.3.1 Kosten senken

Bei der Vielzahl von softwaregestützten Geschäftsprozessen setzen die Unternehmen viele Softwareprodukte von unterschiedlichen Herstellern ein. Quer durch alle Branchen und Unternehmensformen lässt sich oft mindestens eine dreistellige Zahl an aktiv eingesetzten Programmen beobachten. Damit wachsen nicht nur die Komplexität und die Anzahl der Fehlerquellen potenziell, es droht zum Beispiel auch Unterlizenzierung durch eine ungenügende Versorgung mit rechtlich einwandfreien Lizenzen. Fehlendes bzw. mangelndes Wissen über den Umgang mit Lizenzen sind dabei die häufigsten Ursachen. Gehen wir davon aus, dass sich der heutige monetäre Wert eines Arbeitsplatzcomputers zu einem Drittel aus den Hardware- und zu zwei Dritteln aus den Softwarekosten zusammensetzt, braucht es bestimmt nicht viel Fantasie, welche Einsparmöglichkeiten im Unternehmen erzielt werden könnten. In vielen Unternehmen wird oft aus Bequemlichkeit dem Mitarbeiter ein „Wünsch Dir was …"-Softwarekatalog zur Verfügung gestellt, aus dem er wählen kann. Das verursacht erhebliche Kosten, zumal jeder gerne seine Lieblingssoftware haben möchte. Da sind dann sehr schnell viele Softwareprodukte mit gleichen oder ähnlichen Funktionen im Unternehmen anzutreffen.

Die Kosten für die Beschaffung und Verwaltung der Softwarelizenzen setzen sich aus sehr vielfältigen Komponenten zusammen. Ich erwähnte ja bereits, dass es nicht nur mit den Kosten der Softwarelizenzen selbst getan ist, sondern auch die umliegenden Prozesse und Fachbereiche mit den dazugehörigen Services betrachtet werden müssen.

Denken Sie beispielsweise an:

- Unterstützungsleistungen durch HelpDesk (jede Software erzeugt Supportleistungen)
- Softwareverteilung
- Softwarepaketierung
- Releasemanagement u.v.m.

Durch die Einführung eines Lizenzmanagements können die Kosten genau identifiziert und meistens auch erheblich reduziert werden.

1.3.2 Transparenz schaffen

Das Wissen, welche Software im Unternehmen eingesetzt wird, ist eine zentrale Voraussetzung für ein aktives und proaktives Lizenzmanagement. Dazu gehört auch, die Wartungsverträge für Software im Auge zu behalten, um rechtzeitig notwendige Anpassungen durchführen zu können. Haben Sie einen „Software-Zoo" im Unternehmen, müssen Sie nicht nur mit hohen Folgekosten rechnen, sondern es wird Ihnen auch sehr schwerfallen, eine regelmäßig aktualisierte Übersicht über die im Unternehmen eingesetzten Softwareprodukte zu erstellen. Eine solche aktuelle Übersicht brauchen Sie aber, wenn Sie Ihr Softwareportfolio bereinigen oder die PC-Arbeitsplätze rollenbezogen standardisieren wollen. Zudem unterstützen Sie mit mehr Transparenz in den unternehmenseigenen Software-Life-Cycle-Prozessen auch das Ziel, für Rechtmäßigkeit und Compliance zu sorgen.

Um Transparenz zu erreichen und im Software-Life-Cycle-Prozess abzubilden, bedarf es einiger wichtiger Vorarbeiten bzw. einer ehrlichen Überprüfung der bisherigen Abläufe in Ihrem Unternehmen. Stellen Sie dazu Ihre internen Beschaffungs-, Genehmigungs- und Installationsprozesse auf den Prüfstand, und optimieren Sie diese entsprechend Ihren Anforderungen. Vergessen Sie dabei nicht, die bestehenden Prozesse, insbesondere die Configuration- und Service-Prozesse mit einzubinden.

Um Transparenz zu schaffen, benötigen Sie Antworten auf die folgenden Fragen:

- Besitzen Sie Prozesse zur strategischen Definition und Zertifizierung von Software, die im Unternehmen eingesetzt werden darf?
- Existiert eine einheitliche Klassifizierung Ihrer Softwareprodukte für den kaufmännischen und technischen Beschaffungsprozess?
- Gibt es in Ihrem Unternehmen einen genehmigten Softwarewarenkorb?
- Können Mitarbeiter selbstständig Software auf ihren PCs installieren?
- Werden alle Software- und Lizenzverträge sowie die dazugehörigen Lizenzinformationen (Lizenzscheine, Lizenzkey) verwaltet bzw. auch an einer zentralen Stelle gepflegt?
- Überblicken Sie Ihre laufenden Wartungsverträge?
- Gibt es einen durchgängigen und sauberen Prozess für die Software-Installation bzw. De-Installation?

Die Etablierung einheitlicher, effektiver Prozesse für eine transparentere Verwaltung Ihrer Lizenzen zur rechtlichen Absicherung und die Verbesserung des Vertragsmanagements und des Vertragscontrollings sind Voraussetzungen für ein funktionierendes Lizenz-Management. Nicht außer Betracht gelassen werden sollten Richtlinien für den Umgang mit Software. Wenn es in Ihrem Unternehmen gang und gäbe ist, dass ein Mitarbeiter vom Client Management oder User HelpDesk einfach auf Zuruf eine Software installiert bekommt, die vielleicht noch nicht einmal für seine eigentliche Aufgabe notwendig ist, dann haben Sie noch eine Menge zu tun. Das Ziel sollte mittelfristig darin bestehen, Software nicht mehr nach dem Gießkannenprinzip oder nach Lust und Laune zu verteilen, sondern wirklich nur dort in Einsatz zu bringen, wo sie unabdingbar für die Erfüllung der Geschäftsprozesse notwendig ist.

1.3.3 Compliance herstellen

Der Begriff „Compliance" (engl., Erfüllung) wird mittlerweile in den unterschiedlichsten Branchen und Zusammenhängen verwendet und beschreibt im Allgemeinen das Einhalten von Gesetzen, Regeln und Standards.

Im Bereich des Lizenzmanagements bedeutet die Compliance die Dokumentation der Softwareassets sowie die Analyse und Bewertung der entsprechenden gültigen Lizenzen, um gegenüber dem Softwarehersteller nachweisen zu können, dass die auferlegten Nutzungsbedingungen eingehalten werden. Um Compliance, hier im IT-Umfeld gemeint, herzustellen und einhalten zu können, müssen zahlreiche rechtliche Verpflichtungen und Maßnahmen erfüllt werden, sonst drohen dem Unternehmen und seiner Geschäftsleitung u.U. strafrechtliche Konsequenzen. In Kapitel 2 werde ich auf die gesetzlichen Vorschriften und Bestimmungen, die das Lizenzmanagement betreffen, näher eingehen.

Beispiele hierfür sind u.a.:

- das Bundesdatenschutzgesetz (BDSG)
- die Grundsätze zum Datenzugriff und zur Prüfbarkeit digitaler Unterlagen (Digitale Steuerprüfung) (GDPdU)
- das Gesetz zur Kontrolle und Transparenz im Unternehmensbereich (KontraG)

Die wichtigste Aufgabe, um Compliance herzustellen, ist der permanente Abgleich der Installationszahlen mit dem aktuellen Lizenzbestand. Für die Verwaltung der im Rahmen des Lizenzmanagements notwendigen Informationen können Sie durchaus auch eine Excel-Liste verwenden. Es kommt immer auf den Umfang der zu verwaltenden Informationen an. Moderne Lizenzmanagement-Tools sammeln vorhandene Daten aus ERP-Anwendungen, Anlagenbuchhaltung, Personalverwaltung und System-Management-Tools und verringern damit die manuelle Datenerfassung. Dabei bildet das Vertragsmanagement die kaufmännische Seite mit den unterschiedlichsten Verträgen (Erfassung der Lizenzverträge, Abbildung der Lizenzinformationen, Rahmenverträge, Wartungsverträge) ab. Sind die kaufmännischen und technischen Informationen erfasst, kann ein Compliance-Report durchgeführt werden. Dabei werden die ermittelten Summen aus der „kaufmännischen

Welt" mit den Summen aus der „technischen Welt" pro Softwareprodukt verglichen. In Abbildung 1.3 sehen Sie eine schematische Darstellung des eben beschriebenen Aspekts.

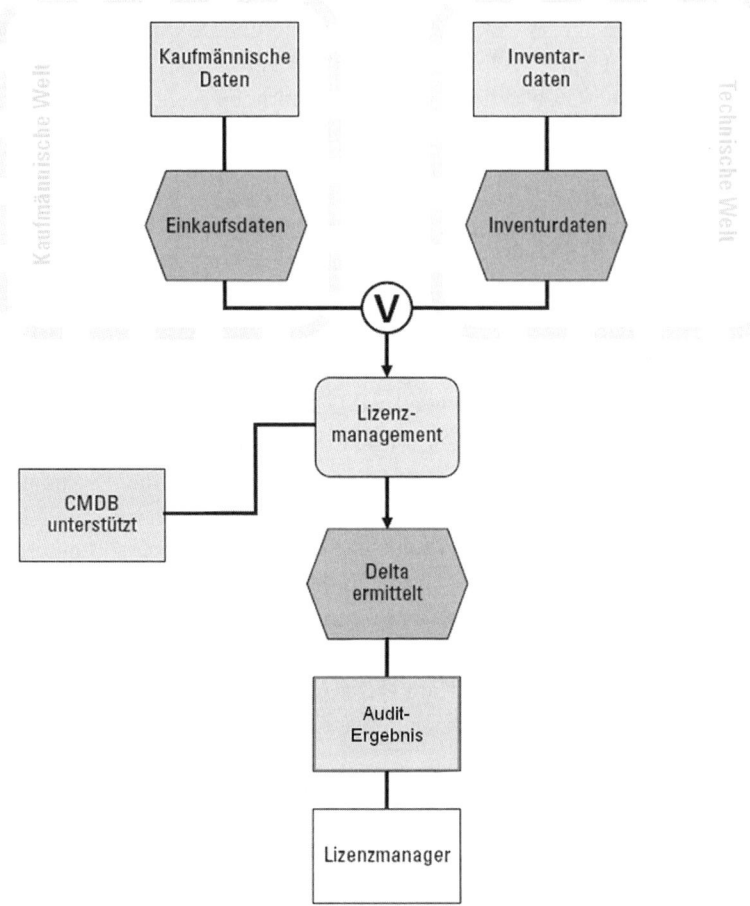

Abbildung 1.3 Abgleich kaufmännische und technische Welt

Aus dem Abgleich resultiert das Audit-Ergebnis, sprich, das Delta zwischen der installierten Basis und den erworbenen Lizenzen. Abhängig vom jeweiligen Ergebnis, müssen Sie einen vorher definierten Maßnahmenkatalog durchlaufen, der von der Beschaffung von Lizenzen über die Umverteilung von Lizenzen bis zur massenhaften De-Installation von Software reichen kann.

Hinweis:

Wichtig ist hierbei, dass die Einhaltung der Compliance im Lizenzmanagement als immer wiederkehrender und dauerhafter Prozess und nicht als kurzfristige Maßnahme aufgefasst wird.

1.3.4 Rechtmäßigkeit gewährleisten

Eine Lizenz bildet ein Nutzungsrecht ab. Durch den Lizenzvertrag wird dieses Nutzungsrecht in seinem nutz- und anwendbaren Umfang beschrieben (siehe auch Abschnitt 2.2.1 „EULA (End User License Agreement)"). Die Art und Weise der erlaubten Nutzung wird durch ein „Lizenzmodell" zusammen mit der „Lizenzmetrik" beschrieben. Ein oft verwendetes Modell ist der Lizenztyp „Lizenz pro Gerät" oder „Lizenz pro Nutzer" mit der jeweils gleich lautenden Lizenzmetrik (gezählt wird entweder „Pro-Kopie-Pro-Gerät" oder „Pro-Kopie-Pro-Nutzer"). Damit gezählt werden kann, benötigen Sie die Daten aus den kaufmännischen und technischen Systemen, aber hier wiederhole ich mich ja bereits. Gegenüber dem Softwarehersteller, so regelt das der Lizenzvertrag, sind Sie über die rechtmäßige Verwendung des vereinbarten Nutzungsrechts auskunftspflichtig, und zwar zu jeder Zeit. Kommen beim einem Softwarehersteller berechtigte Zweifel auf, dass Ihr Unternehmen mehr Software aktiv nutzt, als Sie Lizenzen erworben haben, kann der Hersteller selbst oder ein durch ihn beauftragtes Wirtschaftsprüfungsunternehmen einen Audit veranlassen und das kann noch viel unangenehmer werden als eine Bilanzprüfung.

Das Gesetz KontraG[3] z.B. verpflichtet Aktiengesellschaften, Kommanditgesellschaften auf Aktien und viele GmbHs auf die Einrichtung und Betreibung eines Risikomanagement-Systems. Kern ist eine Vorschrift, die Unternehmensleitungen dazu zwingt, ein unternehmensweites Früherkennungssystem für Risiken einzuführen und zu betreiben, sowie Aussagen zur Risiken und Risikostruktur des Unternehmens im Jahresabschlussbericht der Gesellschaft zu veröffentlichen.

Welche Risiken könnten das sein?

- Fehlende Transparenz kann erhebliche finanzielle Verpflichtungen nach sich ziehen und führt unter Umständen zur Unterbrechung der Geschäftstätigkeit auch durch rechtliche Konsequenzen (Stichwort: Unterlassung).
- Fehlende Transparenz kann gegen geltendes Recht (z.B. Urheberrecht) verstoßen.
- Durch Missbrauch entstehen Haftungsrisiken und Schadenersatzforderungen.
- Bei Verstößen haften die Unternehmer sogar persönlich (Organhaftung), und es drohen Geldstrafen oder Freiheitsstrafen von bis zu drei Jahren.

Sie denken jetzt bestimmt an allerlei Geschäftsprozesse in Ihrem Unternehmen, aber bestimmt nicht an die Prozesse, die unser Thema betreffen.

Das sollten Sie aber. Ich gebe Ihnen dazu ein Beispiel:

Vor nicht allzu langer Zeit, erstattete ein entlassener Mitarbeiter anonym gegen seinen ehemaligen Arbeitgeber bei der Business Software Alliance Anzeige und tat kund, dass Ersterer in erheblichem Umfang Software unlizenziert nutzte. Daraufhin wurde dem Unternehmen zeitgleich in allen Niederlassungen ein Besuch abgestattet, um den Vorwurf zu überprüfen. Die Geschäftsleitung traf das völlig unvorbereitet. Nachdem die Prüfer das Unternehmen auditiert hatten, stand fest, dass Software im Gesamtwert von mehreren Mil-

---

3 Gesetz zur Kontrolle und Transparenz im Unternehmensbereich, trat am 1.Mai 1985 in Kraft.

lionen Euro widerrechtlich genutzt wurde. Die meisten Softwareprodukte wurden derart geschäftskritisch eingesetzt, dass sie nicht mal eben schnell deinstalliert werden konnten. Es mussten also erhebliche Summen an Lizenzgebühren nachentrichtet werden, unbeschadet einer möglichen Schadenersatzforderung durch den Softwarehersteller. Die Geschäftsleitung konnte sich noch glücklich schätzen, dass der Softwarehersteller nicht eine sofortige Nutzungsunterlassung der nicht lizenzierten Software forderte – was eine unternehmensgefährdende Situation heraufbeschworen hätte.

Ein weiteres Beispiel beschreibt ein Zeitungsartikel aus der Frankfurter Allgemeinen Zeitung (Abbildung 1.4).

Chef haftet für Mitarbeiter

Software ohne Lizenz wird für Unternehmen teuer

hw. FRANKFURT, 26. Januar. Kurz nachdem der Mitarbeiter aus dem Solartechnikunternehmen ausgeschieden ist, stehen Polizisten vor der Tür. Sie durchsuchen die Geschäftsräume der Firma und finden dabei auf den Computern mehrere Programme, die ohne Lizenz installiert wurden. „Spielereien einzelner Mitarbeiter" seien das gewesen, verteidigt sich der Geschäftsführer später. Eine Straftat, meint die Staatsanwaltschaft. Es folgten ein Straf- und ein Zivilverfahren, an dessen Ende der Geschäftsführer 40 000 Euro zahlen muss.

Nach dem nun bekanntgewordenen Urteil des Oberlandesgerichts Karlsruhe müssen Geschäftsführer Vorsorge treffen, dass im Unternehmen nicht Urheberrechte an Programmen verletzt werden. Im konkreten Fall ging es um eine Firma mit etwa 25 Mitarbeitern, in der 15 Rechner in Gebrauch waren. Da die Verwendung von Software einen „zentralen Bereich der Tätigkeit" des Unternehmens betraf, nämlich Konstruktionszeichnungen, legte das Gericht einen besonders strengen Maßstab an.

So hätten die Rechner nach Auffassung der Richter „leicht" so eingerichtet werden können, dass nur der Systemadministrator neue Software installieren kann. „Der Beklagte", tadelten sie den Geschäftsführer weiter, „hat es offenbar nicht einmal für nötig erachtet, eine regelmäßige, äußerliche Kontrolle" durchzuführen. Die Nutzung mancher Programme ist nämlich nur mit Hilfe eines speziellen USB-Sticks möglich. Dass an einem der Computer jedoch ein gefälsch-

ter Stick steckte, war für jeden sichtbar, meinten die Richter. Seinen Pflichten könne der Geschäftsführer dabei auch durch entsprechend angewiesene Mitarbeiter nachkommen. Ein von ihm an jeden neuen Kollegen ausgeteiltes Merkblatt genüge dagegen nicht.

Zunächst hatten die alarmierten Softwareunternehmen ein Strafverfahren ins Rollen gebracht. In dessen Verlauf traf der Unternehmer eine folgenschwere Entscheidung: Um eine zügige Einstellung zu bewirken, zahlte er eine Auflage von 1000 Euro – gestand damit aber auch einen gewissen Schuldanteil ein. Die Richter vom Zivilgericht erinnerten den Geschäftsführer nun daran: Dieses Vorgehen sei ein „Indiz für ein schuldhaftes, mindestens fahrlässiges Verhalten", heißt es im Urteil (Az.: 6 U 180/06).

Dass es überhaupt zu einer Urheberrechtsverletzung kam, war für die Richter eindeutig: Denn schon in der Installation und Nutzung liege eine urheberrechtswidrige Vervielfältigung. Der Fall zeigt neben den Haftungsrisiken für Unternehmensführungen eine weitere Gefahr auf: Das Verfahren kam in Gang, nachdem die warnenden Hinweise eines Mitarbeiters ignoriert worden waren. Als er ausgeschieden war, wandte er sich an die Business Software Alliance. Dieser Branchenverband, dem auch Unternehmen wie Apple und Microsoft angehören, bietet auf seiner Website die Möglichkeit, Lizenzverstöße zu melden. Diese Möglichkeit wird gern von Mitarbeitern genutzt, die noch eine Rechnung mit ihrem Arbeitgeber offen haben.

Abbildung 1.4
Artikel zum Thema
Rechtmäßigkeit bei
Software
(FAZ vom 26.01.2009)

Anhand dieser beiden Beispiele können Sie ermessen, wie wichtig es ist, die Aspekte des Lizenzmanagements in das Risikofrühwarnsystem Ihres Unternehmens zu integrieren.

Schon seit längerem prüfen auch Banken, wie Basel II vorschreibt, bei der Vergabe von Krediten, ob ein unternehmensweites Risikomanagement-System vorhanden ist. Auch hierbei sind die Einhaltung der Lizenzkonformität und deren Überwachung ein Aspekt, der geprüft wird, denn schließlich können u.U. enorme Rückstellungen erforderlich werden, wenn bei einem Softwareaudit eine Unterlizenzierung festgestellt wird.

Bei der Einhaltung der Rechtmäßigkeit geht es also um folgende Punkte:

- Die Beachtung und Einhaltung des Urheberrechts (UrhG)
- Die Vermeidung von Haftungsrisiken und Schadenersatzzahlungen
- Den Schutz des Unternehmens vor zivil- und strafrechtlicher Haftung
- Die Einhaltung der handelsrechtlichen Verantwortlichkeit
- Die Einhaltung von nationalen und internationalen Gesetzen

Wären Sie im Falle einer Prüfung in der Lage, alle erforderlichen Belege für die aktiven Softwarelizenzen und deren Kauf vorzulegen? Wie würden sich ein Verlust einzelner oder mehrerer Systeme durch erzwungene Stilllegung auf Ihre Geschäftstätigkeit auswirken? Wenn Sie diese Fragen beunruhigen, sollten Sie sich so bald wie möglich mit dem Thema „Lizenzmanagement" auseinandersetzen.

1.4 Aktives Lizenzmanagement – Potenzial und Nutzen

Allgemein wird die IT als Kostentreiber betrachtet, die keine oder nur eine geringe Wertschöpfung zu den Geschäftsprozessen eines Unternehmens beiträgt. Doch durch konsequente Umsetzung von IT-Controlling und Nutzungsanalyse kann der Kostentreiber IT zu einem Wertschöpfer gemacht werden.

Potenzial

Die Einführung eines Software-Lizenz-Managements deckt aber nicht nur mögliche Einsparpotenziale auf, sondern bewahrt möglicherweise das Unternehmen vor einer strafbaren Unterlizenzierung und verhindert die Nutzung von Raubkopien auf den unternehmenseigenen Computern. Um die gesetzlichen Anforderungen zu erfüllen und auch gegenüber Herstelleraudits gewappnet zu sein, ist es unerlässlich, ein aktives Lizenzmanagement zu initiieren und auch dauerhaft zu betreiben.

Der Einsatz von Technologien zur Erfassung von Softwarelizenzen führt relativ kurzfristig zu einem beachtlichen Return on Invest (ROI). So können die durch eine Lizenzoptimierung aufgedeckten Sparpotenziale bei einem mittelständischen Unternehmen mit 3500 Mitarbeitern schon durchaus im 6-stelligen Bereich liegen. Durch Anpassung von Wartungsverträgen oder die Reduzierung von Lizenzstückzahlen ergeben sich weitere mittel- und langfristige Einsparmöglichkeiten. Setzen Sie sich in einer ruhigen Minute an Ihren Schreibtisch, und gehen Sie einmal gedanklich den Weg Ihres Software-Beschaffungsprozesses entlang. Sie werden bald feststellen, dass es hier und da etwas zu optimieren gibt (Medienbrüche entlang der Bestellkette sind durchaus häufig festzustellen und ein erster Ansatz für die Optimierung). Damit können meistens schon die notwendigen Mittel für die Einführung eines dauerhaften Lizenzmanagements gedeckt werden. Sie stimmen mir sicherlich zu, dass der letzte Satz ein gutes Argument gegenüber Ihrer Geschäftsleitung ist, damit Sie das vielleicht schon lange gewünschte Budget für ein Projekt zur Einführung und Etablierung eines Lizenzmanagements genehmigt bekommen.

In vielen Fällen ist der endgültige Auslöser, ein Lizenzmanagementprojekt zu starten, der angekündigte Besuch eines Auditors, der im Auftrag eines Softwareherstellers bei Ihnen hereinschneit. Nur ist es dann meistens schon zu spät. Jetzt kostet es Sie unter Umständen richtig viel Geld, da Sie den „Schätzungen" des Auditors keine eigenen belastbaren Zahlen entgegenhalten können. Heben Sie deshalb die Brisanz des Themas bei Ihrer Geschäftsleitung bzw. bei Ihrer Revision noch einmal eindringlich hervor, um künftig gegenüber solchen Forderungen besser gewappnet zu sein.

Nutzen

Wenn Sie bisher der Meinung waren, dass der Hauptaspekt für die Einführung eines aktiven Lizenzmanagements die Reduktion von IT-Kosten sein sollte, stimme ich Ihnen fürs Erste zu, doch finden Sie unter den nachfolgend aufgeführten Punkten weitere Argumente, wie etwa:

- die Einhaltung der Herstellervorgaben (Nutzungsbestimmungen);
- die Einhaltung der Volumenverträge, Beitritte sowie der übergeordneten Vereinbarungen, z.B. Software License Agreements (SLA);
- die Beachtung von Vorgaben zur transparenten Darstellung der Unternehmens-Situation (Revision);
- die Schaffung von Compliance (durch den Abgleich der erfassten technischen und kaufmännische Daten);
- eine rechtzeitige, strategische Planung von Softwareeinkäufen ist möglich;
- mögliche Einsparungen durch aktive und proaktive Steuerung der Lizenz-Ausnutzung (Stichwort: SW-Nutzungsanalyse);
- Herstelleraudits lassen sich fast ohne Vorbereitungszeit – und damit ohne zusätzliche Aufwände und Kosten – unproblematisch durchführen;
- es werden Kosteneinsparungen durch Standardisierung und Lizenzpooling erreicht;
- durch Wiederverwendung ungenutzter bzw. freier Lizenzen innerhalb eines „Lizenzpools" können auch Einsparungen erzielt werden;
- die Senkung der Prozesskosten durch Optimierung des Lizenz- und Software-Handlings (z.B. interner Lizenz-Bestellvorgang, Lizenzverwaltung, Lizenzpooling);
- eine transparente und stets aktuelle Sicht auf die Lizenzierungssituation ermöglicht eine bessere Position gegenüber dem Software-Herstellern oder Lieferanten bei Vertragsverhandlungen.

> **Tipp:**
> Übernehmen Sie die hier aufgeführten Punkte, um eine Entscheidungsvorlage für die Einführung eines Lizenzmanagement-Projektes für Ihre Geschäftsleitung zu erstellen.

Formulieren Sie dabei aber realistische Ergebnisse, die Sie mit den geplanten Ressourcen auch erreichen können. Meistens wird der Projektauftrag global formuliert wie z.B. „Einführung eines unternehmensweiten Lizenz- und Vertragsmanagements". Hier müssen Sie sich erst einmal exakt abgrenzen, um Meilensteine formulieren zu können und um keine falsche Erwartungshaltung zu erzeugen. Definieren Sie verschiedene Stufen und die dazugehörigen Zeiträume für eine Umsetzung. Lesen Sie dazu auch die Ausführungen von Kapitel 5 „Den Projektplan aufstellen". Aufgrund meiner langjährigen Projekterfahrung möchte ich Ihnen raten, sich zu keinen Versprechungen bzgl. der abzuliefernden Qualität der Zahlen verleiten zu lassen. Es wird nicht einfach sein, belastbare Ergebnisse zu erzeugen. Das ist immer vom Zustand der gelieferten Datenqualität abhängig. Wenn Sie das Lizenzmanagement-Projekt angehen, wird erst einmal ein Großteil Ihrer Arbeit in die Bereinigung der Daten und in die Verbesserung der Datenqualität fließen, was Sie nicht unterschätzen sollten. Ein aktueller und gepflegter Datenbestand kommt letztendlich auch den anderen Geschäftsprozessen zugute. Mit Ihrem Projekt schaffen Sie auch für andere Unternehmensbereiche nutzbare Ergebnisse und Akzeptanz.

> **Hinweis:**
> Achten Sie bei Ihrem Vorhaben auch darauf, von Ihrer Unternehmensleitung volle Rückendeckung und genügend Freiraum zu bekommen, um auch mit anderen Organisationseinheiten oder Fachabteilungen weisungsbefugt kommunizieren zu können. Nichts ist ermüdender, als durch die vielen kleinen Königreiche im Unternehmen zu wandern und vor verschlossenen Türen zu stehen. Damit würden Sie Ihre kostbare Arbeitszeit und Ihre Motivation vergeuden.

1.5 Lizenzmanagement – Ausblick und Trends

Qualitätsverbesserung durch Messen von Softwarenutzung?

Um Ihr Lizenzmanagement auf eine weitere Qualitätsstufe zu heben, können Sie sich überlegen, die tägliche Nutzung Ihrer Software zu messen, um einen Überblick zu erhalten, welche Softwarelizenzen nie oder schon lange nicht mehr benutzt wurden. Allerdings sind vor solchen Aktivitäten in Deutschland die Betriebs- und Personalräte mit einzubinden, damit nicht der falsche Eindruck entsteht, dass die Arbeitsleistung von Mitarbeitern unzulässigerweise gemessen wird. Das Unternehmensziel besteht darin, unnötige Ausgaben zu vermeiden bzw. zu verringern. Die Daten im Rahmen der Softwaremessung können anonymisiert werden. Wenn Sie diese Daten erheben, haben Sie außerdem verlässliche Zahlen, ob überhaupt die veranschlagte Zahl an notwendigen Softwarelizenzen richtig kalkuliert wurde. Meistens kommt dabei heraus, dass z.B. eine Software oft nur zum „Lesen" z.B. von Projektplänen verwendet wird und nicht, um darin Projekte zu bearbeiten und zu verwalten. Hier wäre beispielsweise die Installation und Nutzung eines Viewers, der die Daten lesend darstellt und meist sogar kostenlos ist, günstiger. Wenn Sie das auf ein paar Hundert Arbeitsplätze umrechnen, kommt schon ein erkleckliches Sümmchen zusammen.

Mit einer Softwarenutzungsanalyse könnten Sie auch feststellen, welche Software für Ihre Geschäftsprozesse wichtig ist und welche Software nur ab und zu benötigt wird. Diese Softwarekandidaten sind prädestiniert dafür, in ein Software-Virtualisierungsprojekt aufgenommen zu werden. Sie können davon ausgehen, dass Sie mit ca. 8% Ihrer Softwareanwendungen ca. 90% Ihrer Geschäftsprozesse abwickeln. Das glauben Sie nicht? Spätestens wenn Sie eine Softwarenutzungsanalyse durchgeführt haben, werden Sie mir zustimmen.

Software aus der Steckdose (SaaS, „Software as a Service")

„Software as a Service" (SaaS) ist schon seit Jahren ein geflügeltes Wort. Allerdings erst seit kurzem wirklich interessant, weil die dazu benötigten Technologien (Streaming, Softwarevirtualisierung) mittlerweile den Kinderschuhen entwachsen sind. Die meisten IT-Infrastrukturen können aber die höheren Anforderungen an die Bandbreiten und neuen Hardwarekomponenten noch nicht verarbeiten bzw. liefern. Hier müssen die IT-Manager aus allen Fachbereichen an einen Tisch, um einen Überblick über das große Ganze zu bekommen. Nicht zuletzt ist es immer eine Frage der erzielbaren Kosteneinsparungen im Verhältnis zum „On-Premise-Lizenzmodell"[4], ob sich der erhöhte Mehraufwand für die Umstellung auf „On-Demand-Lizenzen"[5] auch auszahlt. Hiermit meine ich, dass Sie genau abwägen sollten, ob die Bereitstellung von Software über den „klassischen Weg, lokale Installation auf dem PC" gegenüber der Softwarevirtualisierung (SaaS) einen Kosteneinspareffekt begründet. Es wäre sicher nicht verkehrt, hierüber im Vorfeld auf Basis der erhobenen Softwarenutzungszahlen eine Kosten-/Nutzungsanalyse in Auftrag zu geben. Benutzen Sie hierzu eine Simulation, die mit Hilfe der Monte-Carlo-Analyse[6] mehrere Tausend Szenarien durchspielt und Ihnen dann wirklich verlässliche Zahlen liefert, ob sich für Ihr Unternehmen der Einsatz von Softwarestreaming und Virtualisierung unter dem Gesichtspunkt der Kosteneinsparungen umsetzen und rechnen lässt.

The Cloud

Waren zu Beginn des Computerzeitalters und vor der Erfindung des Netzwerks die Computerarbeitsplätze noch isolierte Inseln, so hat sich das in den letzten 10 Jahren dramatisch verändert. Heute ist die Anbindung an die lokalen und weltweiten Computernetze tief in den Softwareanwendungen verbaut und so selbstverständlich wie ein Telefonanschluss. Zu beobachten ist aber ein stetig steigender Bedarf an neuen und innovativen Lizenzmodellen und Services. Die Softwarehersteller dürfen den Zug der Zeit nicht verschlafen und müssen immer öfters den Wünschen der Kunden nach flexibleren Lizenzmodellen Rechnung tragen. Der Trend geht dahin, die bisher lokal installierten Softwareanwendungen im Internet verfügbar zu machen. *The Cloud*, heißt das im IT-Fachjargon: die Wolke ist das In-

---

[4] „an Ort und Stelle", bzw. „lokal", bedeutet so viel wie eine Lizenz pro Gerät oder pro System

[5] „auf Abruf"; nur bei Nutzung wird die Lizenz oder die Leistung berechnet.

[6] beschreibt eine Quantitative Risikoanalyse mit vielen Hundert oder Tausend Simulationen nach dem Gesetz der großen Zahlen; die Werte werden durch künstliche Zufallsexperimente nachgespielt bzw. simuliert (was wäre, wenn?).

ternet und steht für ein Konzept, wonach Daten und Anwendungen jederzeit und überall durch beliebige Breitbandzugänge erreicht werden können. Auch Hersteller unterstützen diesen Trend durch neue Angebote und Lösungen, beispielsweise SAP mit dem Mietprodukt „Business ByDesign" oder Microsoft mit den „Software plus Service"-Modellen (einer Kombination aus lokal installierter Software und „Cloud Computing"), also die Verbindung von klassischen Softwareservices und dem Hosting von Daten und Anwendungen im Internet. Von Microsoft wird das Vertriebsmodell unter dem Namen SPLA (Service Provider License Agreement) vermarktet. Damit können die Vertriebspartner von Microsoft ihren Kunden in Zusammenarbeit mit sogenannten „White Labeling"-Partnern eine Hochverfügbarkeitslösung im Internet zur Verfügung stellen.

Microsoft-CEO Steve Ballmer formulierte dazu 2007 auf einem Microsoft-Kongress:

> *„Die Transformationen, die im Softwaregeschäft im Laufe der nächsten fünf bis zehn Jahre stattfinden werden, ist die Transformation der Software von einem Verpackungsgeschäft zu einem Geschäft, in dem wir Software und Internetdienste als einziges, integriertes Erlebnis verstehen."*

Selbst Apple nutzt diese Form im Consumer-Markt bereits recht erfolgreich. Der Dienst „Mobile me" ist ein Angebot für iPhone und iPod Touch[7]-Nutzer, mittels des Cloudkonzepts über E-Mails und Kalender oder Kontaktlisteneinträge permanent aktuell zu verfügen.

In den kommenden Jahren wird dies, bedingt durch den Wandel in der IT-Industrie, den Softwarevertrieb neu definieren. Analysten prognostizieren diesem Zukunftsmarkt ein großes Wachstumspotenzial.

Software-Leasing und -Miete als Vertriebsmodell werden interessanter

Der klassische Softwaremarkt ist nach den Erkenntnissen der Hersteller weitestgehend gesättigt, und die Kunden sind immer weniger bereit, beträchtliches Kapital für den Kauf von Software zu binden. Das Leasing von Hardware ist schon lange etabliert. Software war dabei meist außen vor. Der Grund: Software wird oft nicht als Asset eingestuft. Dabei bietet Software-Leasing durchaus Vorteile gegenüber anderen Beschaffungsformen. Leasing und sonstige Mietgeschäfte mit Software gehen nicht in die Aktiva des Unternehmens ein und unterliegen somit nicht den Bilanzierungsrichtlinien, wie durch Basel II bestimmt. Aufgrund der verschärften Kredit- und Finanzierungsrichtlinien der Banken beschäftigen sich deshalb immer mehr Unternehmen mit dieser Finanzierungsform. Vor allem in kleinen und mittelständischen Unternehmen mehrt sich das Interesse für Leasing und Miete. Durch das Leasen bzw. Mieten von Software wird aber das Handling des Lizenzmanagements für Unternehmen nicht einfacher. Im Gegenteil: es wird noch komplexer. Auch die Hersteller von Lizenzmanagement-Tools sind gefordert.

Die Zukunft wird uns auch im Umfeld des Lizenzmanagements neue interessante Aufgaben bescheren. Die Hersteller werden weiterhin die Einhaltung ihrer Nutzungsrechte im

---

[7] iPhone und iPod Touch sind eingetragene Markennamen der Apple Inc. USA.

Auge behalten, und nicht zuletzt werden neue Technologien das Lizenzmanagement vor neue Herausforderungen stellen.

Fazit:

Wichtig ist nach wie vor, dass sich die Verantwortlichen in den Unternehmen der Bedeutung des Softwarelizenz-Managements bewusst sind. Vor allem gilt es, neben rechtlichen Restriktionen auch wirtschaftlichen Schaden vom Unternehmen abzuwenden oder nicht entstehen zu lassen. Dazu muss ein entsprechendes Prozess- und Lizenz-Know-how aufgebaut werden.

2 Eine Softwarelizenz – Was ist das?

In diesem Kapitel erfahren Sie u.a.:

- Wie der Begriff „Softwarelizenz" definiert wird.
- Welches die gebräuchlichsten Lizenzformen sind.
- Was den Unterschied zwischen „Freier Software" und „Freeware" ausmacht.
- Was es bedeutet, über- oder unterlizenziert zu sein.
- Welche Umstände zu unlizenzierter Software führen können.
- Warum Softwarelizenzen auch kaufmännische Beachtung finden sollten.
- Was EULA und GNU GPL sind.
- Welche Faktoren ein Lizenzmodell bestimmen und was man unter Lizenzmetrik versteht.
- Warum rechtliche Vorschriften und Gesetze im Umfeld des Lizenzmanagements anzuwenden und zu beachten sind.
- Was Basel II, SOX, EuroSOX und KonTraG mit Lizenzmanagement zu tun haben.
- Wie die rechtlichen Aspekte im Umgang mit gebrauchter Software zu bewerten sind.

Dieses Kapitel vermittelt Ihnen die Grundlagen für das Verständnis der verschiedenen Begriffe für eine Softwarelizenz, gibt Ihnen einen Überblick über die Zusammenhänge zwischen dem Einsatz der verschiedenen Lizenzmodelle und den Betrieb von Software sowie den dazu notwendigen rechtlichen Rahmen, um Unternehmensrisiken im Lizenzmanagement zu verringern bzw. zu vermeiden. Abschließend wird noch auf den rechtlichen Aspekt beim Umgang mit gebrauchter Software hingewiesen.

2.1   Softwarelizenz – begriffliche Klärung

Als in den 60er-Jahren, den Anfängen der Computerindustrie, die Großrechner aufkamen, war die Hardware das bestimmende Element. Die notwendige Software für den Betrieb stellte damals nur ein Nebenprodukt dar, das entweder von den Hardwareherstellern oder von den Anwendern selbst programmiert wurde. Heute bietet sich uns ein ganz anderes Bild. Computer sind sehr viel kleiner und leistungsfähiger geworden. Die darauf installierte Software unterstützt unseren heutigen Alltag im Geschäfts- und Privatleben mit den vielfältigsten Funktionen. Im Gegensatz zu den Anfängen des Computerzeitalters, als die Software immer für ein ganz spezielles Stück Hardware geschrieben wurde und nicht auf andere Computer so ohne weiteres installierbar war, ist die heutige Software dafür gedacht, auf möglichst vielen Computersystemen eingesetzt zu werden.

Um eine Software installieren und nutzen zu können, müssen Sie sie erst einmal verfügbar machen. Das bewerkstelligen Sie beispielsweise durch einen Download aus dem Internet oder durch den Erwerb eines Mediums wie CD, DVD, USB-Stick oder Speicherkarte, auf dem die Software enthalten ist. Damit haben Sie zunächst nur einen physischen „Kauf" bzw. „Erwerb" vollzogen. Von der technischen Seite aus betrachtet, können Sie die Software nach der Installation auf Ihrem Computersystem anwenden und für Ihre Zwecke einsetzen.

Nun ist aber die Software ein „Werk", welches durch eine natürliche oder juristische Person (Hersteller) „erschaffen" wurde. Der Urheber des Werks ist laut deutschem Urheberrecht untrennbar mit seiner „Schöpfung" verbunden, d.h. nur er darf über die weitere Verwendung oder Verbreitung seines Werks bestimmen. Dieses Recht zur Verwendung (zur Nutzung) des Werks wird im Zusammenhang mit Software als *Softwarelizenz* bezeichnet.

Der Duden beschreibt den Begriff „Lizenz" folgendermaßen:

> *Li|zenz*, die; -, -en (lat.) Erlaubnis, Genehmigung, bes. zur Nutzung eines Patents oder eines Softwareprogramms oder zur Herausgabe eines Druckwerks.[1]

Der Begriff *Softwarelizenz* bezeichnet das *Nutzungsrecht*, das der Rechteinhaber (Urheber) dem Nutzer (Endanwender) an der von ihm erworbenen Software einräumt. In einem Lizenzvertrag wird der vom Urheber vorgegebene rechtliche und vertragliche Rahmen beschrieben. Erst mit dem Akzeptieren des Lizenzvertrags darf die Software in der vereinbarten Form bestimmungsgemäß genutzt werden.

> **Das Verwalten von Softwarelizenzen bedeutet also:**
>
> Die rechtskonforme sowie betriebswirtschaftlich optimierte Nutzung von Softwarelizenzen sicherzustellen, diesen Prozess permanent zu überwachen und zu steuern.

---

[1] Duden, Band 1, Die deutsche Rechtschreibung, 24.Aufl., S.649

2.2 Die gebräuchlichsten Lizenzformen

Jeder Urheber, der Software entwickelt und in Verkehr bringt, legt mit der anzuwendenden Lizenzform fest, unter welchen Nutzungs- bzw. Lizenzbedingungen die Software verwendet werden darf. Sie werden in Ihrem Unternehmen sicherlich mit den unterschiedlichsten Softwareprodukten und deren Lizenzbestimmungen zu tun haben. Die dabei anzutreffenden Lizenzformen lassen sich prinzipiell in proprietäre Software (kommerziell) mit den Unterformen „Freeware" und „Shareware" sowie „Freie Software" (Open Source, nicht kommerziell) unterteilen. Die „Public Domain"-Lizenzform als weitere Lizenzform der „Freien Software" möchte ich hier nur am Rande erwähnen, weil nach deutschem Urheberrecht (im Gegensatz zum amerikanischen) kein Urheber auf seine Rechte zum Wohle der Gemeinheit verzichten darf. Somit kann ein Urheber in Deutschland seine Software nicht unter die Lizenzform „Public Domain" stellen.

> Die Lizenzform, die der Urheber wählt, bestimmt die Freiheiten bei der Benutzung oder Verbreitung seiner Software.

In den folgenden Abschnitten möchte ich Ihnen einen kurzen Überblick über die am häufigsten von den Urhebern angewendeten Lizenzformen geben.

2.2.1 Proprietäre Software

Gemeinhin wird sämtliche Software, die nicht vom Urheber unter die Open-Source-Lizenzbedingungen (beispielsweise die GNU GPL) gestellt wird, als proprietäre Software eingestuft und auch als kommerzielle Software angesehen (also Software, die gegen Geld ge- und verkauft wird), wie beispielsweise Microsoft Office, Lotus Notes, Adobe Photoshop, Novell Netware u.v.a.m. „Freeware" und „Shareware" sind zwei Lizenzformen, in die u.a. proprietäre Software eingeteilt werden kann. Andere gebräuchliche Lizenzformen, wie Donationware (der Nutzer entscheidet, ob er an den Urheber eine Lizenzgebühr entrichtet), Cardware (hier möchte der Urheber eine Postkarte vom Nutzer) oder Mindware (hier entscheidet der Nutzer, in welcher Höhe er die Lizenzgebühr entrichtet) sind nur weitere Spielarten der übergeordneten Lizenzformen „Freeware" bzw. „Shareware". Gemeinsam ist allen, dass sie im Gegensatz zur Freien Software nicht verändert werden dürfen und der Quelltext der Software nicht offengelegt ist. Wenden wir uns zunächst der Lizenzform „Freeware" zu.

Freeware

Freeware ist kein eindeutig definierter Begriff, bezeichnet aber im Allgemeinen proprietäre Software, deren Nutzung zwar kostenlos ist und frei kopiert und weiterverbreitet werden darf, aber nicht mit so vielen Freiheiten ausgestattet ist wie Freie Software. Die Nutzungsbedingungen werden durch den Urheber festgelegt und üblicherweise auch in der Form eines „End User License Agreement (EULA)" beschrieben. Die Unterschiede zur Freien Software ergeben sich insbesondere daraus, dass der Quelltext nicht offen vorliegt und es beispielsweise dem Endanwender von den meisten Freeware-Programmen verboten wird, den Programmcode zu ändern und das geänderte Programm weiterzugeben.

Softwarehersteller vertreiben ihr Produkt häufig als Freeware, wenn die Verbreitung einen strategischen Marktvorteil erwirkt. Der Internet Explorer von Microsoft oder der Adobe Acrobat Reader sind bekannte Beispiele.

> **Tipp:**
> Meist ist die kostenlose Nutzung von Freeware nur für den privaten Gebrauch zulässig, für die kommerzielle Nutzung erhebt der Autor Lizenzgebühren. Wenn Sie bei sich im Unternehmen Freeware einsetzen, dann lesen Sie sich bitte die Lizenzbestimmungen der Software genau durch, damit Sie die rechtlichen Bedingungen einhalten.

Shareware

Shareware bezeichnet frei kopier- und weiterverbreitbare Softwareprodukte, die für einen bestimmten Zweck (beispielsweise für den privaten Einsatz) oder über einen gewissen Zeitraum hinweg kostenlos genutzt werden können. Zeitbegrenzungen enden oft nach 30 Tagen. In diesem Testzeitraum steht aber oftmals der komplette Funktionsumfang der Software zur Verfügung. Nach Ablauf der Testperiode muss der Endanwender, falls er die Software weiterhin nutzen möchte, eine Lizenzgebühr an den Autor zahlen. Die sonstigen Lizenzbedingungen entsprechen weitgehend der von proprietärer Software und werden oft mit einem in die Software integrierten EULA beschrieben.

Die Vertriebskanäle von Shareware sind in den meisten Fällen das Internet oder Software-sammlungen auf CD-ROMs, die vielen Computerzeitschriften beigelegt werden. Da der Autor den Vertrieb seiner Software nicht selbst übernimmt, hat er keine Möglichkeit, die Anwender seines Programms zu identifizieren, um eine Bezahlung nach Ablauf der Test-zeit zu erhalten. Um der erfahrungsgemäß geringen Zahlungsmoral der Anwender vorzu-beugen, ist Shareware häufig modifiziert. Meistens stehen nach Ablauf der Testzeit die Programmfunktionen nur eingeschränkt zur Verfügung, oder es lassen sich beispielsweise keine neuen Dateien mehr mit dem Produkt anlegen.

Software, die unter der Flagge „Shareware" segelt, wird häufig von Privatleuten oder klei-neren Firmen, die auf sich aufmerksam machen wollen, verwendet. Einige Programme, die Sie bestimmt auch kennen, haben als Shareware begonnen, wie beispielsweise das Zei-chenprogramm Paint Shop Pro oder sind es teilweise heute noch, wie beispielsweise das Packprogramm Winzip.

2.2.2 Freie Software, Free Software

Mehr als 20 Jahre gibt es jetzt schon Freie Software. Heute ist es durchaus üblich, auch in kommerziellen Umgebungen Freie Software wie beispielsweise das Betriebssystem Linux, den Internetbrowser Firefox, das E-Mail-Programm Thunderbird oder die Bürosuite Open-Office einzusetzen. Das war aber nicht immer so. Erst in den letzten Jahren konnte sich

Freie Software auch verstärkt in den Unternehmen etablieren, u.a. auch deshalb, weil viele große Firmen wie beispielsweise IBM für Freie Software Entwicklungsarbeit leisten.

Freie Software gibt Ihnen im Gegensatz zu proprietärer Software die Freiheit, sie für einen beliebigen Zweck auszuführen, ihre Funktionsweise zu studieren, sie an Ihre eigenen Bedürfnisse anzupassen oder zu verbessern und diese Kopien der Software zu veröffentlichen oder weiterzugeben. Der Zugriff auf den Quelltext ist die Voraussetzung dafür, Software zu studieren, anzupassen und zu verbessern. Mit der Beliebtheit Freier Software stieg auch die Zahl der Bezeichnungen. Die Free Software Foundation (FSF) empfiehlt im Deutschen die Verwendung des Terminus „Freie Software", um diese entsprechend in andere Sprachen übersetzen zu können. Ein weiterer Begriff, der 1998 von der Open Source Initiative (OSI) vorgeschlagen wurde, um Freie Software in die Chefetagen für eine größere Akzeptanz zu bringen, ist „Open Source". Die Idee war, sich auf die technischen Aspekte Freier Software zu konzentrieren und sie so im Unternehmensumfeld leichter verkaufen zu können. Schon nach kurzer Zeit konnte Open Source die ersten Erfolge verbuchen. Die Popularität von Linux – der Open-Source-Software schlechthin – bewog Firmen, wie beispielsweise IBM, Novell, Informix, Sun und viele weitere bekannte Soft- und Hardwarehersteller, Produkte für Linux zu entwickeln. Inzwischen ist Open Source ein anerkannter und oft benutzter Begriff, der für (fast immer) kostenlose, qualitativ hochwertige, frei verfügbare, modifizierbare und weiterverbreitbare Software steht. Heute bedeuten die Begriffe *Open Source* und *Freie Software* das Gleiche.

Der Begriff „Freie Software" umfasst im Kern die vier folgenden Freiheiten:

- Die Software darf eigenen Bedürfnissen angepasst werden.
- Die Software (Arbeitsweise) darf studiert werden.
- Die Software darf kostenlos kopiert und weiterverteilt werden.
- Die Software darf für jeden Zweck genutzt werden.

In der Praxis zeigte sich, dass die zu Beginn beschriebene Definition der vier Freiheiten eine knappe und vollständige Erklärung für den Begriff „Freie Software" darstellt. Diese Beschreibung ist über das Urheberrecht hinaus verständlich und leicht anwendbar.

Hinweis:

Verwechseln Sie den Begriff „Freie Software" nicht mit „Freeware". Freeware ist zwar kostenlos erhältlich und frei verteil- und kopierbar, berechtigt Sie aber nicht, die Software für eigene Zwecke anzupassen oder zu verändern. Da bei Freeware kein offener Quelltext vorliegt, ist dies auch nicht möglich.

Zum Abschluss möchte ich Ihnen die vorgestellten Lizenzformen noch einmal kurz in Tabelle 2.1 der besseren Übersicht wegen zusammenfassen. „Freeware" und „Shareware" wurden als spezielle Untergruppe der proprietären Software dargestellt, da diese Lizenzformen keine Freie Software repräsentieren.

Tabelle 2.1 Übersicht der gebräuchlichsten Lizenzformen

	Kostenlos	Kopier- und weiter- verbreitbar	Unein- geschränkt nutzbar	Quelltext offen und modifizierbar	Unterliegt einer Lizenz
Freie Software Open Source	X	X	X	X	X
Proprietäre Software	–	–	–	–	X
Freeware	X	X	–	–	X
Shareware	–	X	–	–	X

Das Wissen, wann welche Lizenzbestimmungen bei welchem Softwareprodukt Anwendung findet, soll auch Voraussetzung sein, um das nächste Unterkapitel besser verstehen zu können, denn das Thema Über- oder Unterlizenzierung bezieht sich nur auf proprietäre Software. Haben Sie ausschließlich Freie Software im Einsatz, könnten Sie das folgende Unterkapitel auch überspringen.

2.3 Über- oder unterlizenziert

Die etablierten Prozesse des IT-Managements können kaum noch mit der Dynamik der IT-gestützten Prozesse mithalten. Dabei stellt sich die Frage, ob die IT-Abteilung nur die Rolle eines „Service Provider" – „Cost Center" – übernimmt, oder ob sie dazu beitragen kann, die fachlichen Prozesse zu optimieren. Zu Letzterem zählt auch das Verwalten und Managen der eingesetzten Softwareassets im Unternehmen. Gleichzeitig wird die Lücke zwischen dem, was das wachsende Unternehmensgeschäft fordert und was die IT erfüllen kann, immer größer. Externe Vorgaben wie beispielsweise Sarbanes-Oxley oder Maßnahmen zur Bekämpfung von Software-Piraterie erhöhen den Druck auf das IT-Management zusätzlich. Lizenzmanagement kann die Risiken fehlerhafter Softwarelizenzierung erkennen und helfen, diese zu vermeiden.

In vielen Fällen können darüber hinaus Kosteneinsparungen durch

- Abbau etwaiger Überlizenzierungen,
- optimale Nutzung bestehender Softwareressourcen und
- die Verbesserung von Einkaufsbedingungen
- erreicht werden.

Abbildung 2.1 zeigt die typische Situation in den meisten Unternehmen.

Damit werden gleichzeitig die Risiken und die Optimierungspotenziale sichtbar. Eine Überlizenzierung von Softwareprodukten führt zu vermeidbaren Kosten. Eine Unterlizenzierung birgt dagegen erhebliche rechtliche Risiken und kann darüber hinaus das Unternehmensimage in der Öffentlichkeit gefährden. Fehlerhafte Lizenzierung ist u.a. ein Faktor, der eine Unterlizenzierung auslösen kann.

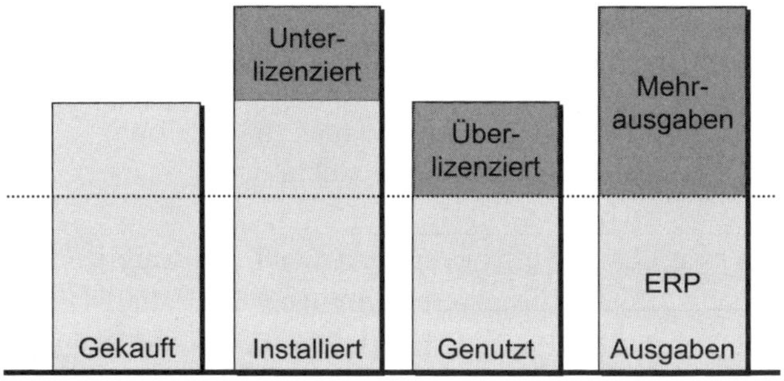

Abbildung 2.1
Typische Unternehmenssituation
bei Softwarelizenzen

Hinweis:

Denken Sie auch daran, dass meistens eine erhebliche Anzahl von Test- oder Temporärlizenzen (gerade bei physischen und auch virtuellen Servern) im Betrieb eingesetzt werden. Auch diese müssen korrekt lizenziert sein. Diese oft vergessene Ecke wird gerne vom Auditor angesteuert, ähnlich wie das Hardwarelager mit den eventuell noch darauf befindlichen Softwarelizenzen.

Genau die richtige Menge an Softwarelizenzen für ein Unternehmen einzukaufen, ist nahezu unmöglich. Daher sind die Zustände Überlizenzierung und Unterlizenzierung über alle im Unternehmen eingesetzten Softwareprodukte hinweg häufig anzutreffen. Abbildung 2.1 stellt das auch noch einmal visuell dar. Ehrlich gesagt, sind beide Zustände nicht erstrebenswert. Eine Überlizenzierung bedeutet: Sie *haben* zu viel Geld ausgegeben, eine Unterlizenzierung: Sie *müssen* unter Umständen viel Geld ausgeben und haben außerdem eventuell noch rechtliche Konsequenzen zu tragen. Den erwünschten Zustand – also weder eine Überlizenzierung noch eine Unterlizenzierung – werden Sie nur in Momentaufnahmen und nur für einen kurzen Zeitraum erreichen. Wie immer liegt das gesunde Maß in der Mitte: Keine übermäßige Vorratshaltung, das spart Kosten. Keine übertriebene Sparsamkeit bei der Beschaffung der notwendigen Softwarelizenzen, auch das spart unter Umständen später Kosten.

Die Softwarelizenzen ständig im Blick zu behalten, sollte eine Ihrer täglichen Übungen werden. Nach einer Umfrage der BSA im vergangenen Jahr sind sich über 40 Prozent der Unternehmen nicht völlig sicher, ob Ihre eingesetzte Software korrekt lizenziert ist. Immer wieder ruft die BSA in Kampagnen Unternehmensmanager und IT-Verantwortliche dazu auf, sich verstärkt dem Software- und Lizenzmanagement zu widmen.

Tipp:

Auf der BSA-Webseite[2] stehen Ihnen viele Hilfsmittel und Informationen zur Verfügung, mit denen Sie beispielsweise online für sich klären können, ob Sie Ihre Software im Unternehmen legal einsetzen.

---

[2] http://www.bsa.org

2.3.1 Überlizenzierung

> Eine **Überlizenzierung** liegt vor, wenn die Anzahl der vorhandenen (erworbenen) Lizenzen größer ist als die Anzahl der installierten Softwareprodukte.

Diese Aussage bedeutet: Sie haben von einem Softwareprodukt mehr Softwarelizenzen erworben, als auf Ihren Unternehmenssystemen installiert und zugewiesen sind. Dieser Zustand tritt immer dann verstärkt auf, wenn Ihre Prozesse zur Beschaffung, Genehmigung und Umverteilung von Software große Lücken aufweisen, dezentral organisiert sind bzw. einer Optimierung bedürfen.

Ein Beispiel aus der Praxis

Es ging um den Einkauf von 300 PCs mit vorinstalliertem Windows (OEM-Version[3]) als Betriebssystem. Der anfordernde Fachbereich hatte den Einkauf nicht umfassend darüber informiert, dass die PCs mit einem vorinstallierten Windows-Betriebssystem geliefert werden. Der Einkauf bestellte also noch einmal, ohne weitere Absprache, für alle 300 PCs Windows-Vollversionen. Damit ist das Unternehmen in diesem Fall deutlich überlizenziert. Der kaufmännische Schaden war beträchtlich! Warum? Das ist schnell erläutert:

Lizenzrechtlich gesehen, haben alle 300 PCs eine gültige Lizenz durch die vorinstallierte OEM-Software, die im Bundle mit der Hardware ausgeliefert wurde, diese Lizenz ist also schon mit dem Hardwarekauf bezahlt, somit benötigen Sie also nicht noch einmal 300 Vollversionen. Allerdings sei angemerkt, dass eine OEM-Lizenz, festgelegt durch den Lizenzvertrag (EULA), nicht das Recht auf Re-Imaging beinhaltet (das Recht beschreibt in den Microsoft-Lizenzverträgen die Erlaubnis, ein eigenes Firmenimage zu entwickeln und bereitzustellen). Auf die 300 PCs mit dem OEM-Betriebssystem können Sie also erst einmal kein eigenes Firmenimage ausrollen und installieren, was aber fast alle Unternehmen machen müssen, um die festgelegten Unternehmensstandards zu erfüllen. Um das Recht zu erhalten, ein eigenes Firmenimage auszurollen (also um ein Re-Imaging durchführen zu können), müssten Sie beispielsweise mindestens 5 Lizenzen im Rahmen eines Microsoft-Volumenvertrags erwerben. Damit können dann vollkommen lizenzkonform alle 300 PCs mit einem vordefinierten Firmenimage bestückt werden, und Sie sind lizenzrechtlich auf der sicheren Seite. Das bedeutet, Sie hätten hier die Kosten für 295 Windows-Vollversionen einsparen können.

An diesem Beispiel sehen Sie, wie wichtig es ist, die Lizenzbestimmungen der eingesetzten Softwareprodukte im Unternehmen zu kennen, denn dann können solche kostspieligen Pannen vermieden werden.

---

[3] OEM = Original Equipment Manufacturer

Hinweis:

Bei einer bestehenden Überlizenzierung, haben Sie meistens nicht nur zu viel für die überschüssigen Softwarelizenzen gezahlt, sondern oft sind damit auch höhere Wartungskosten verbunden, da sich diese fast immer an der Anzahl bzw. an bestimmten Staffelwerten von den erworbenen Lizenzstückzahlen orientieren. Hier können Sie auch sehr oft einen Ansatzpunkt finden, um mittel- und langfristig Ihre Softwarekosten zu senken.

2.3.2 Unterlizenzierung

Eine **Unterlizenzierung** tritt ein, wenn die Anzahl der erworbenen Softwarelizenzen für ein Softwareprodukt kleiner ist als die Anzahl der getätigten Installationen für dieses Softwareprodukt.

Achtung, der Teufel steckt hier im Detail. Diese Aussage bedeutet: Nicht nur alle aktiv genutzten Softwareprodukte werden gezählt, sondern auch alle installierten, d.h. auch alle Systeme, die inaktiv sind oder in einem Lager stehen, wenn sich darauf das Softwareprodukt befindet.

Die Unterlizenzierung trifft man häufig in Unternehmen an, die bereits relativ hochautomatisierte Softwareverteilungsprozesse im Einsatz haben. Oft wird in den vorherrschenden Prozessen aufgrund von Servicevereinbarungen keine Prüfung durchgeführt, ob das vom Anforderer intern bestellte Softwareprodukt durch eine kaufmännische Softwarelizenz abgedeckt ist (Stichwort: Software-Pool und Vertragsmanagement). Meistens werden, auch wegen relativ stringenter SLAs (Service Level Agreements) zwischen dem IT-Dienstleister und seinem Kunden, die angeforderten Softwareprodukte (die beispielsweise schon paketiert sind) nach der Genehmigung durch den Vorgesetzten in relativ kurzer Zeit auf dem Anforderer-PC verteilt und installiert. In den wenigsten Fällen sind die vorherrschenden Prozesse darauf ausgerichtet, vor der Softwareverteilung und Installation des angeforderten Softwareproduktes zu prüfen, ob auch eine nutzbare kaufmännische Lizenz verfügbar ist. Sind dann keine nachgelagerten Prozesse vorhanden, die in periodischen Abständen prüfen, ob auch jede technische Installation (Ergebnis aus dem Inventory-Scan) durch eine erworbene kaufmännische Softwarelizenz abgedeckt ist, kann es bei einem Audit zu bösen Überraschungen kommen.

Hinweis:

Die meisten Softwarehersteller haben in ihren Verträgen folgenden Passus:

Wenn bei einem durch den Hersteller beauftragten Audit mehr als 5 Prozent Unterlizenzierung bei einem Softwareprodukt festgestellt werden, müssen außer den Kosten der Nachlizenzierung zusätzlich auch die angefallenen Kosten für den in Auftrag gegebene Audit an den Softwarehersteller erstattet werden.

Die BSA (Business Software Alliance) veröffentlichte 2007 einen Bericht, in dem es heißt:

„Unternehmen in Deutschland haben im Jahr 2007 so viel Geld für den Einsatz unlizenzierter Software nachzahlen müssen wie nie zuvor: Insgesamt 2,8 Millionen Euro mussten die ertappten Lizenzsünder an Schadensersatz und Lizenzierungskosten bezahlen (2006 waren es ca. 1,1 Mio. Euro)."

Nicht selten können Sie eine offensichtliche Unterlizenzierung wieder „glattziehen", indem Sie Ihre Lager-PCs kontrollieren, ob sich darauf noch Software befindet. Denn auch hier gilt die Lizenz als „verbraucht", wenn sich Software auf der Festplatte befindet. Sie können ja den PC jederzeit an Strom und Netzwerkkabel anschließen, und schon ist die Software aktiv. Die Auditoren nehmen deshalb immer wieder gerne Stichproben im Hardwarelager. Überprüfen Sie deshalb Ihren „PC-Abbauprozess" dahingehend, dass nur PC-Systeme eingelagert werden, bei denen auch die Festplatte gelöscht wurde. Stellen Sie die freigewordenen Lizenzen zurück in Ihren Softwarepool, um sie bei Bedarf auf andere aktive Systeme zu verteilen.

> **Praxistipp:**
> Belassen Sie die abzubauenden PCs an dem jeweiligen Arbeitsplatz (vorausgesetzt, diese werden nicht an anderer Stelle benötigt), und entfernen Sie nur die Betriebssystem-Festplatte. Bewahren Sie die Festplatten in einem gesonderten Stahlschrank auf. Wird ein PC wieder aktiviert, hat das außer der Einsparung von Lagerplatz den Vorteil, dass nur die Festplatte wieder eingebaut und über ein Festplattencloning[4] oder ein „Unattended-Setup" (Unbeaufsichtige Script-Installation) neu aufgesetzt werden muss. Damit wird verhindert, dass die noch auf der Festplatte vorhandene Software bei einem Audit mitgezählt wird, da der PC nicht ohne erheblichen Aufwand betriebsbereit ist (die Festplatte fehlt ja). Damit gilt die Lizenz als nicht „verbraucht" und wird somit bei einem Lizenzaudit auch nicht berücksichtigt.

Die eben beschriebene Vorgehensweise ist natürlich kontraproduktiv, wenn der Unternehmens-PC ständig am Netz bleiben soll, um auch alle in der Zwischenzeit ausgelieferten und notwendigen Patches und Updates zu bekommen. Dann „verbraucht" dieser PC aber immer eine Lizenz der jeweiligen Softwareprodukte, die auf ihm installiert sind.

Ihr Aufgabengebiet als Lizenzmanager beinhaltet künftig auch, mit Unterstützung durch ein Software-Asset-Management-Tool und mit Hilfe von optimierten Strukturen und Prozessen ein ausgewogenes Verhältnis zwischen den erworbenen und installierten Softwareprodukten zu schaffen und zu gewährleisten.

---

[4] Eine Festplatte klonen beschreibt ein Verfahren, bei dem eine aktuelle Festplatte als Datenquelle dient und auf eine andere dupliziert wird. Dieses Verfahren ist um einiges schneller, als den PC am Unternehmensnetzwerk anzuschließen, um die Standardinstallation durchzuführen.

2.4 Unlizenzierte Software

Der Begriff „unlizenzierte Software" gilt für Softwareprodukte, die auf einem PC installiert werden oder wurden, ohne dass die Nutzungs- bzw. Lizenzvereinbarung die Installation gestattet (beispielsweise, wenn sowohl die 32-Bit- als auch die 64-Bit-Variante von einem Installationsdatenträger installiert wird), oder aber es besteht beispielsweise keine ausreichende Deckung durch kaufmännisch erworbene Softwarelizenzen. Dazu zählt auch, wenn Software nicht gemäß den geltenden Lizenzbestimmungen eingesetzt wird.

Ein Beispiel:

Das Softwareprodukt darf ausdrücklich nur für den privaten bzw. akademischen Bereich eingesetzt werden (der Preis ist dabei um ein Vielfaches geringer als eine kommerziell nutzbare Vollversion). Diese einschränkende Lizenzbestimmung wird sehr oft ignoriert, das Softwareprodukt wird nicht der Nutzungsbestimmung entsprechend eingesetzt (diese Situation ist oft in kommerziellen Schulungsunternehmen anzutreffen). Auch Software-Datenträger, die über das Anfertigen von mehr als einer Sicherungskopie hinaus bewusst kopiert werden, sind unlizenzierte Softwareprodukte und damit im Sinne des Urheberrechts Raubkopien.

Der Gebrauch von unlizenzierter Software wirkt sich auf alle IT-gestützten Geschäftsprozesse im Unternehmen aus und kann zu erheblichen rechtlichen Konsequenzen führen. Unternehmen in ganz Europa bewegen sich in einem gefährlichen Gelände, wenn sie ihren Verpflichtungen zum Softwaremanagement nicht nachkommen. 94 Prozent der durch die BSA in einer Umfrage 2006 kontaktierten Unternehmen in Deutschland sind sich nicht über die rechtlichen Konsequenzen im Klaren, die entstehen können, wenn eine Unterlizenzierung festgestellt wird. Nicht einmal 50 Prozent der befragten Unternehmen führen regelmäßige Kontrollen der aktiven Softwarebestände durch.

2.4.1 Wie gelangt unlizenzierte Software in das Unternehmen?

Der Umstand, unlizenzierte Software im Unternehmensumfeld im Einsatz zu haben, kann verschiedene Gründe haben:

- Es wurden nicht autorisierte Downloads und Installationen aus dem Intra- oder Internet durchgeführt.
- Mitarbeiter aus dem IT-Bereich installieren nicht autorisierte Softwareprodukte von CDs, DVDs oder USB-Speichermedien auf die Unternehmens-PCs.
- Ein Softwareprodukt wird mehrmals installiert, obwohl dafür keine ausreichende kaufmännische Lizenzdeckung vorhanden ist.
- Testinstallationen, die länger aktiv bleiben als erlaubt oder für eine Evaluierung notwendig waren, aber nicht mehr abgebaut wurden.
- Fehlerhafte Konfiguration der Softwareverteilung.

■ Bedingt durch die häufig angewendete „Pro-Kopie-Pro-Gerät"-Lizenzierung wird für jedes Gerät, auf dem eine Software installiert ist, eine Lizenz „verbraucht". Wenn der Mitarbeiter sich auf mehr als einem Arbeitsplatz anmeldet, werden häufig die „fehlenden" Anwendungen, die ihm zugeordnet sind, auf dem PC ein weiteres Mal installiert, und schon hat ein Mitarbeiter zweimal Visio oder MS Project in Benutzung und verbraucht damit zwei Lizenzen. In den wenigsten Fällen wird diese zusätzlich installierte Software bei Nichtgebrauch wieder korrekt deinstalliert. Meist verbleibt die Software auf dem vielleicht nur einmal benutzten System und belastet so unnötig die Lizenzbilanz.

Wenn Mitarbeiter Ihres Unternehmens Software ohne Ihr Wissen und Einverständnis herunterladen und auf Ihren Systemen installieren können, dann birgt dies eine ganze Reihe von Risiken. Neben den rechtlichen Aspekten (unter Umständen unlizenzierte Software zu verwenden) sind häufig solche nicht genehmigten Installationen auch ein Sicherheitsproblem. Schnell geraten auf diese Weise Spyware, Viren, oder Trojaner in Ihr Unternehmensnetzwerk. Dabei sind Laptops als mobiles Arbeitsinstrument ungewollt der größte Gefahrenherd. Durch Unachtsamkeit oder fehlendes Bewusstsein kommt schnell die eine oder andere Software auf das Gerät, die eventuell gegen die Unternehmensrichtlinien verstößt. Machen Sie sich bewusst, dass Ihr Unternehmen für alle mobilen Geräte (z.B. auch PDAs) und die darauf installierten Softwareanwendungen verantwortlich ist. So können Sie haftbar gemacht werden, wenn sich herausstellen sollte, dass unlizenzierte Software auf den Geräten im Einsatz ist. Das kann schon eine abgelaufene 30-Tage-Testversion beispielsweise von Winzip sein. In Kapitel 1 (Abbildung 1.4) konnten Sie zu diesem Thema ja bereits den Artikel aus der FAZ lesen.

Denken Sie aber auch an die immer zahlreicher werdenden Home- oder Telearbeitsplätze. Überprüfen Sie möglichst in regelmäßigen Abständen die an das Unternehmensnetzwerk angebundenen Laptops und Home-Office-Rechner auf unlizenzierte Software. Durch mangelhafte bzw. fehlende Prozessabläufe oder nicht vorhandene Richtlinien zum Umgang mit Software können Sie Ihr Unternehmen gefährden. Wo Menschen sind, werden Fehler gemacht und auch einmal Vorschriften umgangen. Das reicht von einer kleinen Gefälligkeit, mal eben den PC des Kollegen mit dem Administratorkennwort zu versorgen, bis hin zu freiwilligen nicht autorisierten Softwareinstallationen durch Mitarbeiter aus dem IT-Bereich. Sollten bei einer Prüfung durch den Hersteller erhebliche Verstöße gegen das Urheberrecht zu Tage treten, kann Sie das unter Umständen den Job kosten und im schlimmsten Fall mit schwedischen Gardinen bekannt machen.

Hier hilft nur ein rasches Umdenken und eine ausreichende Sensibilisierung aller Mitarbeiter, vor allem derjenigen, die durch erteilte Zugangsberechtigungen Zugriff auf das Softwareportfolio haben bzw. Administratorrechte besitzen. Seminare oder Workshops, die das Thema Lizenzmanagement zum Inhalt haben, leisten hierzu sinnvolle Aufklärungsarbeit. Helfen Sie Ihren Mitarbeitern und Ihrer Unternehmensführung mit der Definition von klaren Richtlinien und Handlungsanweisungen im Umgang mit Softwaremedien und Lizenzen.

> **Tipp:**
> Unter dem Link *http://global.bsa.org/healthchecktool* (BSA Software Asset Management Gesundheitscheck) bietet die BSA eine sehr gut animierte Checkliste, wo Sie den Stand Ihrer Software-Assset-Management-Aktivitäten überprüfen können, die Voraussetzung für ein Lizenzmanagement-Projekt sein sollten.

2.5 Softwarelizenz kaufmännisch betrachtet

In den vorherigen Abschnitten haben Sie erfahren, welche Lizenzformen von den Herstellern benutzt werden, was es bedeutet, über- oder unterlizenziert zu sein, und welche Umstände zu unlizenzierter Software führen können. Damit Sie im Rahmen Ihres Lizenzmanagements die Situation besser einschätzen können, ob unlizenzierte Software auf Ihren Unternehmenssystemen vorhanden ist, möchte ich kurz darauf eingehen, in welcher Form Software üblicherweise erworben werden kann und weshalb entsprechende Kenntnisse wichtig für das Lizenzmanagement sind. In meinen Erläuterungen beziehe ich mich zunächst immer auf die sogenannte Client-Welt (PC-Desktop-Systeme).

Software kann u.a. als Produktpaket beim PC-Händler um die Ecke, im Elektrofachmarkt oder über das Internet in einem Webshop erworben werden. Wer nicht darauf besteht, die Produktverpackung im Schrank zu verwahren, greift auch gerne zu dem Angebot, die Software als Download zu kaufen. Die auf einer CD, DVD, USB-Stick oder Speicherkarte, mit oder ohne gedrucktes Handbuch in der Verpackung im Einzelhandel verkaufte Software bezeichnet man auch als „Box-Produkt", Retail-Produkt oder „Full Packaged Product" (FPP). Natürlich gibt es weitere Verpackungsformen, aber der Begriff „Box-Produkt" bzw. „FPP" steht als Synonym für diese Form der über den Einzelhandel vertriebenen Softwarepakete. Ihnen allen gemeinsam – auch den Downloadvarianten – ist die Tatsache, dass diese erworbene Software meistens nur einmal auf einem Computersystem installiert werden darf. Selten erlaubt der Hersteller eines Box-Produktes, dieses mehrmals zu installieren. Box-Produkte werden als Vollversion oder Upgrade angeboten. Die Upgradevariante ist immer kostengünstiger als die Vollversion, setzt aber voraus, dass der Käufer ursprünglich eine Vollversion des Softwareproduktes erworben hat.

> **Hinweis:**
> Wenn Sie in Ihrem Unternehmen Softwareprodukte als Upgrade einsetzen, müssen Sie immer die Vollversion des Softwareproduktes nachweisen und dieser sog. Upgradepfad muss in Ihrer kaufmännischen Lizenzaufstellung schlüssig abgebildet werden.

Unternehmen, die eine größere Anzahl von Computersystemen zu verwalten haben, kaufen in den seltensten Fällen mehrere Hundert Box-Produkte einer Software. Der damit erzeugte Verwaltungsaufwand wäre immens, da die Lizenzbestimmungen der FPP-Produkte festlegen, dass die Einzellizenz nur dann Gültigkeit besitzt, wenn alle Bestandteile der Verkaufsverpackung aufbewahrt werden. Bei mehreren Hundert Verpackungen würde schon einmal kostbarer Lagerplatz verschwendet werden, ungeachtet der Tatsache, dass auch mehrere Hundert Seriennummern und Lizenzkeys verwaltet werden müssten. Dagegen spricht auch, dass ein Box-Produkt aufgrund der vorherrschenden Lizenzbestimmungen nicht als Re-Imaging-Produkt verwendet werden darf, um es beispielsweise paketiert und an die Unternehmensstruktur angepasst auf mehrere Systeme gleichzeitig zu verteilen und installieren zu können. Das geht allein deshalb nicht, weil jedes Box-Produkt seine eigene Seriennummer bzw. seinen eigenen Lizenzkey verwenden muss und es nicht erlaubt ist, eine Seriennummer oder einen Lizenzkey gemeinsam für alle eventuell angedachten Box-Produkt-Installationen zu verwenden.

Ein Beispiel zum Verständnis:

Sie kaufen ein Box-Produkt 100 Mal. Eine Verpackung wird geöffnet und der Datenträger entnommen, um das Produkt für die Softwareverteilung zu paketieren. Anschließend wird die Software auf 100 PCs ausgerollt und installiert. Die anderen 99 Verpackungen kommen ungeöffnet in das Softwarelager als Lizenznachweis. Gut, bis hierhin könnte man sagen: alles rechtens, da ja 100 Box-Produkte erworben und nur 100 PCs damit bestückt wurden.

Trotzdem haben Sie jetzt 99 Mal unlizenzierte Software. Warum? Nach den Lizenzbestimmungen des Box-Produktes, das eine Einzellizenz darstellt, haben Sie das eine geöffnete Softwarepaket mit einer Seriennummer bzw. einem Lizenzkey unrechtmäßig 99 Mal kopiert und installiert. Um nach dem Urheberrecht rechtskonform zu handeln, hätten Sie alle 100 „Box-Produkte" per Hand einzeln auf die jeweiligen PCs installieren müssen. Sie sehen selbst, dass dies ab einer bestimmten Unternehmensgröße gar nicht mehr wirtschaftlich zu vertreten ist.

> **Tipp:**
> Ab einer gewissen Anzahl von mehrfach benötigten Lizenzen von ein und derselben Software ist es auch aus Kostengründen sinnvoll, sich die von den Herstellern angebotenen Zusatz-Lizenzverträge für Mehrplatzlizenzen und den damit verbundenen Preisnachlässen anzuschauen.

2.5.1 Full Package Product (FPP, Box-Produkt)

Was kennzeichnet nun ein Full Package Product (FPP, auch Retail- oder Box-Produkt genannt)?

Das Softwarepaket als Verkaufsverpackung besteht üblicherweise aus folgenden Bestandteilen:

- einer Umverpackung mit einem Echtheitszertifikat als Hologramm an der Seite oder auf der Oberkante der Verpackung;
- einem braunen Innenkarton;
- (meistens) einer auf Papier ausgedruckte Kurzanleitung oder einem Handbuch;

- einem Datenträger (wie beispielsweise CD, DVD, USB-Stick oder Speicherkarte), teilweise mit Hologramm;

- zusätzlichem Marketingmaterial;

- einem auf Papier ausgedruckten Lizenzvertrag mit oder ohne Hologrammzeichen.

- Der Lizenzvertrag einzeln in Papierform ist allerdings nur noch selten enthalten. Entweder steht er auf den ersten Seiten des beiliegenden Handbuchs, oder er wird während der Installation am Bildschirm angezeigt. Die elektronische Form erleichtert natürlich auch, den Vertrag in verschiedenen Sprachen anzeigen zu können.

Um keiner Raubkopie oder einem gefälschten Softwareprodukt aufzusitzen, beachten Sie bitte beim Kauf von Box- bzw. Retail-Paketen:

- In der Regel werden über den Handel keine einzelnen Softwaredatenträger, End User License Agreements (EULA) oder Handbücher verkauft.

- Ein einzelnes Handbuch, eventuell mit aufgebrachtem Echtheitszertifikat ist keine gültige Lizenz.

- Wenn Sie das Softwareprodukt nur in einem weißen oder braunen Karton ohne bunte Umverpackung erhalten, kann es sich um eine Raubkopie handeln.

- Die Umverpackung sollte verschlossen bzw. besser mit einer Folie verschweißt und deutlich erkennbar mit einem Echtheitszertifikat (Hologramm) versehen sein.

Hinweis:

Prüfen Sie in jedem Fall die Vollständigkeit des erworbenen Produktes. Bei einem Audit, das Ihre FPPs mit einbezieht, wird laut den Lizenzbestimmungen nur das komplette Paket im vollen Umfang als Lizenz akzeptiert. Ein einzelnes Handbuch, ein einzelner Softwaredatenträger oder ein einzelner Lizenzvertrag mit Echtheitszertifikat zählt nicht als gültige und für den Compliance-Check verwendbare Lizenz! Bewahren Sie auch die erste Vollversion-Box auf, wenn später nur noch Updates zu diesem Produkt gekauft werden. Der so genannte Update/Upgradepfad muss pro Softwareprodukt lückenlos nachweisbar sein.

Umgekehrt gilt das soeben Gesagte natürlich auch, wenn Sie überzählige Box-Produkte verkaufen wollen. Fehlt Ihnen eine der oben genannten Bestandteile, die das Box-Produkt ursprünglich zum Inhalt hatte, können Sie dieses Softwarepaket leider nicht mehr verkaufen.

2.5.2 System Builder Software

System-Builder-Produkte sind eine weitere Form, Einzelplatzlizenzen zu erwerben. Sie sind erheblich kostengünstiger und werden im Unterschied zu den Box-Produkten ohne aufwendige Produktverpackungen und Handbücher angeboten. Je nach Verkaufsvariante umfassen sie keinen Herstellersupport. System-Builder-Produkte können in zwei Varianten gekauft werden:

1. Der Computerhändler installiert die Software vorab auf den für den Verkauf bestimmten Computer. Bei dieser Variante leistet der Hersteller den gleichen Support wie bei den Box-Produkten.

2. Der Käufer erwirbt das Softwarepaket einzeln mit oder ohne Computer, aber nicht vorinstalliert. Dabei muss der Händler den Support gewährleisten. Es gibt keinen Herstellersupport.

Ein System-Builder-Softwarepaket besteht üblicherweise aus folgenden Bestandteilen:

■ einer Kurzanleitung für die Installation der Software;

■ einem Aufkleber mit der Seriennummer bzw. dem Lizenzkey (wird die Software vom Händler vorinstalliert, befindet sich der Aufkleber am Gerät);

■ einem Softwaredatenträger (meist mit einer Hologrammoberfläche bei CD/DVD-Ausführung), alles zusammen verschweißt in einer Klarsichtfolie.

System-Builder-Produkte können ohne verpflichtende Bindung an Hardware jederzeit ge- und verkauft werden.

Diese Form des Vertriebs von Software wird beispielsweise für Microsoft-Office-Produkte, Microsoft-Windows-Desktopbetriebssysteme sowie Microsoft-Windows-Server-Produkte angewendet.

Beachten Sie bitte:
Für die rechtskonforme Anwendung der Lizenz- und Nutzungsbestimmungen gilt das Gleiche wie für Box-Produkte. Achten Sie bei der Abbildung Ihres kaufmännischen Lizenzbestandes darauf, dass nur alle Bestandteile der Verkaufsverpackung zusammen die gültige Lizenz abbilden.

2.5.3 OEM-Software

Eine weitere Form, wie Softwarehersteller ihre Produkte im Einzelhandel anbieten, besteht darin, die Softwareprodukte über Computerhersteller wie beispielsweise IBM, DELL, HP, Siemens usw. auf die Systeme vorinstallieren zu lassen. Diese Variante wird auch als OEM-Software (Original Equipment Manufacturer) bezeichnet. Natürlich ist auch hier wiederum der Kostenaspekt ein treibender Faktor. Das notwendige Betriebssystem oder Bürosoftwarepaket für den Computer als Box-Produkt zu erwerben, kommt den Käufer ungleich teurer, als einen Computer mit bereits vorinstallierten Softwareprodukten zu erwerben (ich beziehe mich bei diesem Beispiel nicht auf Open-Source-Produkte). Aus diesem Grund gehen die Hardwarehersteller einen direkten Lizenzvertrag mit dem Softwarehersteller ein und erhalten damit das Recht, zu einem stark vergünstigten Preis die notwendige Software zu kaufen, um sie dann auf ihre Hardwaresysteme vorzuinstallieren bzw. im Bundle mit anzubieten (beispielsweise ein DVD-Brenner mit Brennsoftware).

In diesem Fall sind die Lizenzbestimmungen so ausgelegt, dass die vorinstallierte oder im Bundle angebotene Software nur zusammen mit der Hardware genutzt, ge- oder verkauft werden darf. Den Computersystemen liegt meistens auch kein vollständiger Softwaredatenträger bei, sondern nur eine sogenannte „Recovery-CD"[5], mit der bei Problemen oder notwendigen Reparaturen (beispielsweise einem Festplattentausch) das Computersystem wieder in den Ausgangszustand zurückversetzt werden kann. Aufgrund der besonderen OEM-Lizenzbestimmungen ist es auch nicht erlaubt, die Software ohne die dazugehörige Hardware weiter zu veräußern. Ein Verkauf der Software ohne die dazugehörige Hardware ist bei der Betriebssystemsoftware fast unmöglich, weil meistens die angepassten Installationen der speziellen Recovery-CD die Betriebssystemsoftware nur auf ein bestimmtes Hardwaremodell (z.B. einen Laptop einer bestimmten Bauart) zurückspielen lässt. Anders ist es beispielsweise mit der schon erwähnten Brennsoftware, die ja durchaus weiterverkauft werden könnte. Aber auch hier sagen die Lizenzbestimmungen des EULA, dass die Software in diesem Beispiel nur mit dem DVD-Brenner zusammen als Einheit weiterveräußert werden darf.

Das deutsche Urheberrecht lässt allerdings Ausnahmen zu, die durch Gerichtsentscheidungen für rechtens erklärt wurden:

Bedingt durch die Formulierungen des deutschen Urheberrechts, wonach für den Softwarehersteller mit dem erstmaligen „In-Verkehr"-Bringen seiner Software der Erschöpfungsgrundsatz greift (der Hersteller hat danach keinen Anspruch mehr, auf die weitere Form des Weiterverkaufs Einfluss zu nehmen bzw. dies zu untersagen; solche Formulierungen sind im Lizenzvertrag ungültig), kann OEM-Software unabhängig von der erworbenen Hardware weiterveräußert werden. Das gilt aber nur für Softwareprodukte, die auf einem Datenträger in Verkehr gebracht wurden. Der Verkäufer muss sich verpflichten, alle zur Lizenz gehörenden Bestandteile (Medium, Handbuch, Eula etc.) an den Käufer zu übergeben und auf seinem System zu entfernen.

Hinweis 1:

Die OEM-Lizenz eines zu verschrottenden Computers, beispielsweise des Betriebssystems, darf nicht einfach auf einen anderen noch aktiven oder neu zu kaufenden Computer übertragen bzw. als Lizenz „Upgrade-Nachweis" verwendet werden. Beachten Sie also auch diese für OEM-Software geltenden besonderen Lizenzbestimmungen bei der Erstellung Ihres kaufmännischen Lizenzinventars und beim Abgleich mit den tatsächlichen Installationen.

Hinweis 2:

Noch etwas Wichtiges zu den eben beschriebenen möglichen Erwerbsformen von Softwareprodukten: In den Lizenzverträgen von Box-Produkten, OEM- und System-Builder-Lizenzen ist ein Downgrade-Recht[6] i.d.R. nicht enthalten. Was bedeutet: Sie können kein aktuelles Softwareprodukt kaufen, um damit eine ältere Version, die es nicht mehr zu kaufen gibt, die Sie aber noch einsetzen wollen, zu legalisieren.

---

[5] Recovery-CD, auch als Wiederherstellungs-CD bezeichnet.

[6] Beispielsweise kaufen Sie ein Office 2007, wollen dafür aber eine ältere Version (z.B. Office 2003) einsetzen. Dabei müssen aber die Lizenzbestimmungen von Office 2007 eingehalten und beachtet werden.

Einen weiteren Baustein, um Zuordnungen im künftigen Lizenzmanagement korrekt durchführen zu können, finden Sie im nächsten Abschnitt.

2.6 Der Lizenzvertrag

In den Softwarelizenzverträgen wird beschrieben, wie die erworbene Software genutzt
werden darf.

Umgangssprachlich wird der Lizenzvertrag auch

- Lizenzbestimmung,
- Nutzungsvereinbarung,
- Software-Lizenz-Bedingung,
- Produktnutzungsrecht (Product User Rights, PUR) oder
- EULA (End User License Agreement)

genannt.

Abhängig von der Art des erworbenen Softwareproduktes (Download, Einzelpaket im
Elektronikfachmarkt, Kauf eines neuen PCs mit Software etc.) können Sie diese Informationen (den gültigen Lizenzvertrag betreffend) an unterschiedlichen Stellen finden:

- integriert in das Softwareprodukt (siehe Abbildung 2.2);
- abgedruckt auf einem separaten Blatt Papier, das dem Produkt beiliegt;
- abgedruckt auf den ersten Seiten des Benutzerhandbuchs;
- als zusätzliche Verknüpfung auf Ihrem Desktop im Programmordner der installierten
  Software (vorwiegend bei Softwareprodukten, die der GNU GPL unterliegen);
- als „EULA.txt"-Datei auf dem erworbenen Software-Medium (Diskette, CD, DVD,
  Speicherkarte oder USB-Stick).

> **Hinweis:**
>
> Bei proprietären Softwareprodukten, die als Download angeboten werden, finden Sie
> bei anschließender Installation der Software die Lizenzbestimmungen immer in den
> Installationsprozess integriert. Der Installationsprozess lässt sich meistens gar nicht
> ohne Zustimmung der Lizenzbedingungen fortsetzen.

2.6.1 End User License Agreement (EULA)

Die EULA-Lizenzbestimmungen werden vorwiegend im kommerziellen Bereich der Softwareentwicklung bzw. bei allen proprietären Softwareprodukten zur Anwendung gebracht.
Das EULA wiederholt die gesetzlichen Bestimmungen des Urheberrechts und gewährt
zugleich das Recht zur Nutzung der erworbenen Software. Außerdem informiert das EU-
LA über verschiedene Beschränkungen, die auf die jeweilige Software Anwendung finden.

Beschränkungen können beispielsweise sein:

■ das „Zurückentwickeln" (Reverse engineering) der Software;

■ das Verbot, die Software weiterzuvermieten oder zu verleasen;

■ das Verbot, die Produktidentifizierung, Urheberrechtsvermerke o.a. von der Software zu entfernen;

■ die Software in Teilen weiterzuverkaufen;

■ die Software entweder als 32-Bit- oder als 64-Bit-Variante einzusetzen, wenn z.B. beide Versionen auf dem Installationsmedium zur Verfügung stehen, u.a.m.

Am häufigsten wir das EULA (vorwiegend für Einzelplatzlizenzen angewendet) in elektronischer Form in das Produkt integriert, wie Sie in Abbildung 2.2 sehen. Für Downloadprodukte ist dies ohnehin die einzige Möglichkeit, das EULA vor der Installation der Software dem Anwender bekanntzugeben und ihn zustimmen zu lassen.

Weiterhin beschreibt das EULA u.a., unter welchen Bedingungen der Endanwender Sicherungs- oder Archivierungskopien der Software anfertigen darf und welche Gewährleistungen der Hersteller zusichert.

> **Hinweis:**
> Das EULA (End User License Agreement) ist der für proprietäre Software am häufigsten verwendete Lizenzvertrag, in dem die Nutzungsvereinbarungen beschrieben sind. Für Freie Software wird weltweit die *GNU General Public License (GNU GPL)* am häufigsten angewendet (siehe dazu auch Kapitel 2.6, Der Lizenzvertrag).

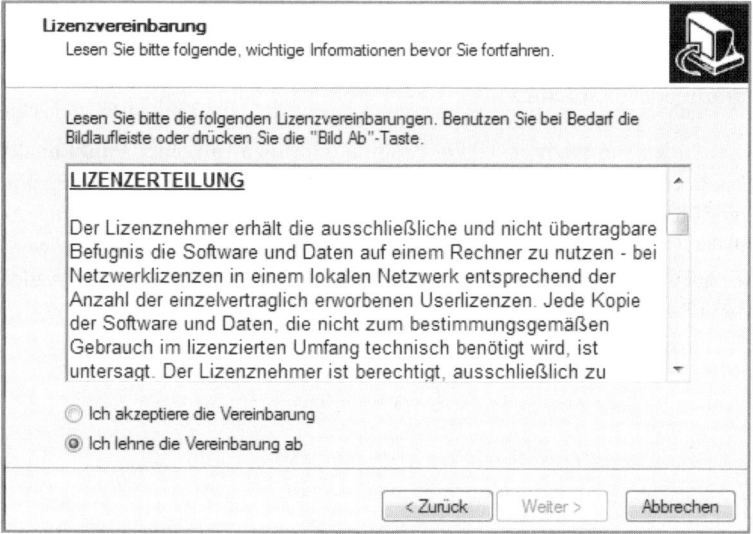

Abbildung 2.1 Auszug aus einem EULA (Lizenzvertrag einer Downloadlizenz)

2.6.2 Universelle Produktnutzungsrechte

Für große Unternehmen lohnt es sich schon aus betriebswirtschaftlichen Gründen nicht, lauter Einzelplatz-Softwareprodukte einzusetzen. Hier werden von den Herstellern bestimmte Lizenzprogramme angeboten, bei dem Unternehmen sogenannte Mehrplatzlizenzen erwerben können, wie beispielsweise im Volumenlizenz-Programm von Microsoft oder im Lizenzprogramm Adobe Open Options (AOO). Für diese Lizenzprogramme werden „Universelle Lizenzbestimmungen" formuliert, die für alle Produkte innerhalb dieses Volumenlizenzprogramms Gültigkeit besitzen. Das bedeutet: Der Mitarbeiter, der im Unternehmen beispielsweise ein Adobe-Photoshop- oder ein Lotus-Notes-Produkt per Softwareverteilung oder lokaler Installation für seine Arbeit erhält, muss den Lizenzbestimmungen nicht mehr zustimmen. Das hat aus rechtlicher Sicht bereits der Einkauf getan, der mit dem Softwarehersteller den Vertrag ausgehandelt hat.

Als Beispiel möchte ich hier einen Auszug aus den „Universellen Lizenzbestimmungen für Lizenzen aus einem Microsoft Volumenlizenzvertrag"[7] aufführen:

Universelle Lizenzbestimmungen aus einem Microsoft Volumenlizenzvertrag

Diese Lizenzbestimmungen gelten für die Verwendung sämtlicher Software und aller Online-Dienste von Microsoft, die unter Ihrem Volumenlizenzvertrag lizenziert wurden.

A. Ihre Nutzungsrechte.
Wenn Sie Ihren Volumenlizenzvertrag, einschließlich dieser Produktbenutzungsrechte und der Produktliste, einhalten, sind Sie berechtigt, die Software und Online-Dienste wie in diesen Produktbenutzungsrechten beschrieben zu verwenden.

B. Verwendung nur einer (1) Kopie.
Möglicherweise enthält die Software mehr als eine Version, wie z.B. 32 Bit und 64 Bit. Sie dürfen nur eine Version für jede Lizenz, die Sie erwerben, verwenden, sofern nicht die Lizenzbestimmungen der Software mehr erlauben.

F. Kein kommerzielles Hosting.
Sie sind nicht berechtigt, die Produkte für kommerzielle Hostingdienste zu hosten.

M. Verwenden von mehr als einem Produkt oder mehr als einer Funktionalität.
Sie benötigen eine Lizenz für jedes Produkt und jede gesondert lizenzierte Funktionalität, das bzw. die auf einem Gerät oder von einem Nutzer verwendet wird. Wenn Sie beispielsweise Office unter Windows verwenden, benötigen Sie Lizenzen sowohl für Office als auch für Windows. Ebenso benötigen Sie für den Zugriff auf Terminaldienste in Windows Server sowohl eine CAL (Client Access License) für Windows Server als auch eine Terminaldienste-CAL.

---

[7] Quelle: www.microsoftvolumelicensing.com/userights/PURRetired.aspx

> **Hinweis:**
>
> Die universellen Lizenzbestimmungen gelten für alle Produkte, die über das Microsoft Volumenlizenzprogramm erworben wurden, und werden ergänzt durch die jeweiligen Produktnutzungsrechte der einzelnen Produktgruppen (beispielsweise Desktop-Anwendungen, Desktop-Betriebssysteme, Entwicklertools, Online-Dienste, Server-Betriebssysteme).

2.6.3 Der Lizenzvertrag für Freie Software

Im Gegensatz zu den proprietären Softwareprodukten hat Freie Software andere Lizenzbestimmungen. Drei der am weitesten verbreiteten Lizenzen für Freie Software sind:

- GNU GPL (General Public License)[8]
- Artistic License (Lizenz der Open Source Initiative)[9]
- BSD (Berkeley Software Distribution) Style-License[10]

All diese Lizenzen haben folgende Eigenschaften miteinander gemeinsam:

- Die lizenzierte Software darf auf beliebig vielen Maschinen installiert werden.
- Die Software kann gleichzeitig von beliebig vielen Personen genutzt werden.
- Von der Software können beliebig viele Kopien erzeugt und an wen auch immer verteilt (freie oder offene Verbreitung) werden.
- Die Software unterliegt keinerlei Beschränkungen hinsichtlich der Modifikation (außer, dass bestimmte Anmerkungen erhalten bleiben müssen).
- Die Software kann ohne Einschränkung weitergegeben oder verkauft werden.

Die bekannteste und am meisten angewendete Lizenzbestimmung ist die GNU GPL. Deswegen möchte ich im nächsten Abschnitt näher auf sie eingehen.

GNU GPL (General Public License)[11]

Die GNU GPL gilt heute als eine der wichtigsten Lizenzen für freie Software. Das sogenannte GNU-Projekt[12] entstand in den 80er-Jahren am MIT (Massachusetts Institute of Technology) und geht auf Richard Stallmann zurück. Ende der 1970er, Anfang der 1980er Jahre begannen immer mehr Firmen, ihre Software unter stark beschränkten Lizenzbedingungen zu veröffentlichen und den Quelltext unter Verschluss zu halten. Stallmann stellte diesem Modell der proprietären Software ein Modell von freier Software gegenüber. Das Akronym GNU wurde von Stallmann gewählt, da es am MIT üblich war, für sich ähnelnde Programme eine rekursive Abkürzung zu benutzen, die quasi auf sich selbst verweist. Ihm schwebte im ersten Schritt ein freies Betriebssystem in der Art von UNIX vor. GNU be-

---

[8] Siehe http://www.gnu.org/licenses/licenses.html
[9] Siehe http://www.opensource.org/licenses/artistic-license-2.0.php
[10] Siehe http://www.debian.org/misc/bsd.license
[11] Text in Teilen übernommen von Wikipedia.org
[12] Mehr über die Geschichte von Freier Software und GNU können Sie nachlesen auf www.gnu.org.

deutet also „GNU is not Unix". Vom GNU-Projekt veröffentlichte Software wurde damals unter eigene Lizenzbestimmungen gestellt, damit die von Stallmann gewünschte Freiheit für den Quellcode gewährleistet werden konnte. Als über das GNU-Projekt immer mehr Software veröffentlicht wurde, entschied sich Stallmann dazu, mit Hilfe von Jerry Cohen die GNU GPL (GNU General Public License) zu entwerfen. Jeder, der freie Software verändert und anpasst, kann zusätzliche „Lizenzen" für den eigenen Code hinzufügen, aber keine Beschränkungen hinsichtlich der bestehenden GPL aussprechen. Außer, es betrifft etwa abweichende Haftungs- und Gewährleistungsregeln oder Beschränkung der Verwendung von Marken.

Unter dem Dach der Free Software Foundation (FSF), die 1985 von Richard Stallmann gegründet wurde, werden alle juristischen, logistischen und finanziellen Aspekte rund um das GNU-Projekt und die GNU GPL gebündelt. Die zurzeit aktuelle Version der GPL ist die Version 3. Für alle Nutzer, die freie Software nur anwenden, aber nicht weiterentwickeln bzw. weitergeben, ist die Einhaltung der GNU GPL aber nicht von essenzieller Bedeutung.

> **Tipp:**
> Die vollständige Fassung der GNU GPL können Sie auf den GNU-Webseiten nachlesen (http://www.gnu.org/licenses/licenses.html).

2.7 Das Lizenzmodell

Um beim Aufbau des Lizenzinventars die kaufmännische (erworbene) Software der technischen (installierten) korrekt zuordnen zu können, müssen Sie für jede einzelne Software das anzuwendende Lizenzmodell kennen und verstanden haben. Die Wahl des richtigen Modells kann Ihnen später erhebliche Kosten ersparen, die Wahl des falschen aber auch unnötige Kosten erzeugen. Die meisten Softwarehersteller tun alles, um die Nutzungsbestimmungen für ihr Produkt so auszuformulieren, dass der normale IT-Anwender seine liebe Mühe hat, dieses komplexe Geflecht zu verstehen.

Ein Lizenzmodell setzt sich u.a. aus der Lizenzklasse, einem Lizenztyp und der Lizenzmetrik zusammen. Die Wahl des Lizenzmodells sollte sich deshalb an den individuellen Bedürfnissen und Gegebenheiten Ihres Unternehmens und des geplanten Softwareeinsatzes orientieren. Die Kombinationsmöglichkeiten sind mittlerweile so vielfältig, dass sich viele Berater nur noch auf ein oder zwei Softwarehersteller spezialisiert haben, um ihre Kunden bei der Wahl des richtigen Lizenzmodells unterstützen zu können. Die häufigsten Spezialisierungen im Lizenzumfeld finden sich dabei für Microsoft-, Oracle- und SAP-Produkte.

Lizenzmodelle beeinflussen die rechtmäßige Softwarenutzung durch folgende Faktoren:

- durch die Lizenzart (z.B. Einzellizenz, Mehrplatzlizenz);
- durch die Lizenzklasse (z.B. Vollversion, Upgradeversion);
- durch den Lizenztyp (z.B. pro Gerät, pro gedruckte Seite);

- durch die Lizenzmetrik, mit der man festlegt, wie gezählt wird (z.B. gilt die Lizenz für 5000 gedruckte Seiten pro Monat oder für 1000 zu verwaltende Systeme);

- durch die Lizenzbindungen bzw. Lizenzbeschränkungen (z.B. Einsatz auf einem Gerät mit maximal zwei CPU-Kernen oder auf einer bestimmten Hardwareumgebung);

- durch das Beschreiben von Weitergabeverboten (beispielsweise das einer OEM-Lizenz) sowie von Veräußerungs- und Vermietverboten;

- durch das Beschreiben bzw. Bestimmen von Laufzeiten der Softwarenutzung (begrenzt, unbegrenzt).

> **Tipp:**
> Überprüfen Sie in regelmäßigen Abständen, ob das ausgewählte Lizenzmodell noch Ihren Anforderungen und Gegebenheiten entspricht oder einer Anpassung bedarf.

Beispielsweise folgt das Lizenzmodell von Microsoft für Desktop-Anwendungen dem Grundsatz, dass eine Lizenz einem bestimmten Gerät zugewiesen wird und dazu berechtigt, die Software auf dem Gerät zu „verwenden". Aber auch viele andere Softwarehersteller folgen dieser Definition.

Um das zu verstehen, gilt es zwei Aspekte näher zu betrachten:

- Wie wird „Gerät" definiert?
  Ein Gerät kann ein Computer, eine Arbeitsstation, ein Terminal, PDA oder ein anderes elektronisches Gerät sein.

- Wie wird laut Lizenzvertrag „verwenden" beschrieben?
  - Kopieren;
  - Installieren (z.B. auf einer Festplatte oder einer Speicherkarte, USB-Medium);
  - Nutzung der Software;
  - Zugriff über eine Netzwerk- oder eine Peer-to-Peer-Verbindung (von Computer zu Computer);
  - Anzeigen (z.B. über Fernwartungsservices);
  - Laufen lassen (ohne ständige Interaktion des Endanwenders, beispielsweise, ist der Webbrowser permanent geöffnet) oder
  - eine wie auch immer geartete Interaktion mit dem Softwareprodukt.

Wenden wir uns dem ersten der vier wichtigsten Faktoren zu, der Lizenzart.

2.7.1 Die Lizenzart

Die erste Stufe eines Lizenzmodells wird durch die Lizenzart beschrieben. Hiervon gibt es genau zwei:

Die Einzelplatzlizenz

Wie es der Name zum Ausdruck bringt, erlaubt diese Lizenzart, die erworbene Software auf nur einem System zu installieren und anzuwenden. Für jede weitere Installation werden zusätzliche Lizenzen (Lizenzkeys) benötigt. In der Regel sind meistens alle im Einzelhandel zu findenden Box-Produkte (FPPs) Einzelplatzlizenzen sowie, darüber hinaus, Downloadversionen, beispielsweise aus der Kategorie Freeware, Shareware.

Die Mehrplatzlizenz

Bei der Mehrplatzlizenz erlaubt der Urheber dem Endanwender, die erworbene Software mehrmals bis zu einer festgelegten Anzahl unter Verwendung eines einzigen Lizenzschlüssels auf verschiedene Systeme zu installieren. Diese Lizenzform wird am häufigsten eingesetzt, wenn eine große Stückzahl der Software zum Einsatz kommen soll. Hier hatte ich bereits erwähnt, dass es ab einer bestimmten Menge für ein Unternehmen wirtschaftlich nicht mehr sinnvoll ist, lauter Einzelplatzlizenzen (Box-Produkte) zu kaufen, weil der entsprechende Verwaltungsaufwand einfach zu groß ist. In diesen Volumenverträgen gibt es beispielsweise einen sogenannten Volume-Licensekey, der für alle getätigten oder noch zu tätigenden Installationen als gültiger Lizenzkey verwendet werden darf.

Beim Aufbau eines Lizenzinventars (kaufmännische Daten) ist es wichtig zu wissen, ob die aufzunehmende Software laut Lizenzvertrag eine Einzelplatz- (FPP, oder Box-Produkt) oder Mehrplatzlizenz darstellt. Davon abhängig ist der Lizenzmetrikwert, der wiederum für den Abgleich mit den technischen (Inventory-)Daten wichtig ist.

2.7.2 Die Lizenzklasse

Im Lizenzvertrag, dem Sie zustimmen müssen, werden die Nutzungsrechte für die erworbene Software abgebildet. Zusätzlich werden an die rechtskonforme Nutzung der Software bestimmte Voraussetzungen geknüpft, die u.a. durch eine verfügbare Lizenzklasse beschrieben wird. Des Weiteren nutzt Ihnen die Einteilung der Softwareprodukte in Lizenzklassen, um beispielsweise später Fragen beantworten zu können, von welchem Softwareprodukt wie viele Vollversionen bzw. Upgrades im Einsatz sind. Tabelle 2.2 erläutert die gebräuchlichsten Lizenzklassen, erhebt aber keinen Anspruch auf Vollständigkeit.

Tabelle 2.2 Lizenzklassen

Lizenzklasse	Beschreibung
Vollversion	Beschreibt, dass *keine* vorhergehende Version für den rechtskonformen Einsatz vorausgesetzt wird und die beschriebenen Funktionen keinen Beschränkungen unterliegen (außer eventuell zeitliche oder funktionelle Beschränkungen, beispielsweise bei Test- oder Temporärversionen).
Upgrade	Beschreibt einen Wechsel zu einer höheren Version (z.B. von 2.5 auf 3.0), setzt eine Vollversion des gleichen Softwareproduktes und der gleichen Sprache voraus, um bestimmte Funktionen weiter ausführen zu können, oder aber um den lizenzkonformen Nachweis zu führen. Ein Upgrade-Produkt ist immer kostenpflichtig. Um lizenzkonform zu sein, muss der „Upgradepfad" lückenlos nachweisbar sein.

Lizenzklasse	Beschreibung
Cross-Upgrade	Beschreibt ein Softwareprodukt, das als Voraussetzung für die rechtskonforme Verwendung ein ähnliches Produkt eines anderen Herstellers fordert, an sich aber eine Vollversion darstellt und immer kostenpflichtig ist (meist aber zu einem sehr günstigem Preis, um beispielsweise das Konkurrenzprodukt aus dem Markt zu drängen).
Update	Beschreibt einen kleinen Wechsel innerhalb einer Version (z.B. 2.5 auf 2.6) und geht einher mit der Behebung von Fehlern; wird häufig auch als „Hotfix", „Aktualisierung", „Sicherheitsrelease" oder „Patch" bezeichnet und oft im Rahmen eines Wartungsvertrags mit angeboten.
AddOn	Beschreibt eine zusätzliche Komponente zu einer Software, die auch lizenz- und kostenpflichtig sein kann.
AddOn-Upgrade	Beschreibt eine zusätzliche Komponente zu einer Software, die auch lizenz- und kostenpflichtig sein kann, in der Form eines Upgrades.
CAL Client Access License	Sonderform: Wenn ein Gerät oder Nutzer auf einen Server zugreift und dessen Dienste verwendet (als Lizenztyp eine Geräte- oder Nutzer-CAL). CALs sind immer kostenpflichtig.
CAL-Upgrade Client Access License	Sonderform als Upgrade: Wenn ein Gerät oder Nutzer auf einen Server zugreift und dessen Dienste verwendet (als Lizenztyp eine Geräte- oder Nutzer-CAL). CALs sind immer kostenpflichtig.

Die Einteilung der Software in Lizenzklassen zum Zweck der Klassifizierung ist für alle Lizenzformen (Freeware, Shareware, proprietäre Software, Open Source etc.) gleich.

Hinweis:

CALs können kaum automatisiert gezählt und müssen deswegen manuell verwaltet werden (es findet keine Interaktion mit irgendeiner Software statt). In kleinen und mittelständischen Unternehmen wird diesem Umstand nicht immer genügend Aufmerksamkeit geschenkt, weshalb es leicht zu einer Unterlizenzierung kommen kann. Insbesondere Microsoft – aber auch andere Softwarehersteller – schauen gerade aus diesem Grund bei einem anstehenden Software-Audit auf die korrekte Lizenzierung der CAL-Lizenzen.

2.7.3 Der Lizenztyp

Der dritte wichtige Faktor, um ein Lizenzmodell zu beschreiben, ist der Lizenztyp. Er formuliert einen Bestandteil der im Lizenzvertrag einzuhaltenden rechtskonformen Verwendung der Software. Beispielsweise, dass die Software mit dem Lizenztyp „Pro Gerät" nur auf einem Computer mit maximal 2 CPU-Kernen installiert werden darf, welches in diesem Fall gleich die anzuwendende Lizenzmetrik (wie wird gezählt) mit definiert. Die am häufigsten anzutreffenden Lizenzmodelle werden in Tabelle 2.3 kurz erläutert.

Tabelle 2.3 Die gebräuchlichsten Lizenztypen

Lizenztyp	Beschreibung
Pro Gerät	Erlaubt die Nutzung der Lizenz pro Gerät; auch Pro Device genannt.
Pro Nutzer	Erlaubt die Nutzung der Lizenz pro Nutzer; auch Pro User genannt.
Pro CPU	Erlaubt die Nutzung pro CPU. Dieser Lizenztyp wird meistens im Umfeld von Software für Server- und Großrechnersysteme angewendet. Die Lizenzmetrik bestimmt dann, auf wie vielen CPUs die Lizenz gleichzeitig genutzt werden darf. Im Desktopumfeld werden in den allermeisten Fällen von den Softwareherstellern Systeme mit 2 CPUs (eine CPU mit zwei Kernen oder auch zwei physische CPUs) wie ein System mit nur einer CPU behandelt, so dass dafür keine zusätzlichen Lizenzen erforderlich sind.

Die hier aufgeführten Lizenztypen bilden in Verbindung mit den in Tabelle 2.4 genannten Lizenzmetriken und deren möglichen Kombinationen die meisten von den Herstellern formulierten Nutzungsbedingungen ab. Der am einfachsten vollautomatisiert zu verwaltende und am häufigsten verwendete Lizenztyp für Anwendungssoftware ist „Pro Gerät". Durch das Auslesen von Berechtigungsstrukturen, beispielsweise aus dem „Active Directory", können auch die „Pro Nutzer"-Lizenzen in einem Lizenzmanagement-Tool halb- oder vollautomatisiert verwaltet werden. Es gibt derzeit noch keine festgelegten und standardisierten Begriffe, so dass jeder Softwarehersteller mitunter etwas anderes meint, wenn er den Begriff „Lizenztyp" verwendet.

2.7.4 Die Lizenzmetrik

Für den Aufbau eines Lizenzinventars sind nun schon die Faktoren beschrieben worden, über die Sie Ihre Softwarelizenzen klassifizieren können (Lizenzart, Lizenzklasse, Lizentyp). Damit das anzuwendende Lizenzmodell auch korrekt auf Ihre technische Situation abgebildet werden kann (die installierte Anzahl der einzelnen Softwareprodukte), benötigen Sie noch die Beschreibung und den erlaubten „Wert", wie ein Softwareprodukt laut Lizenzvertrag „genutzt" werden darf. Dieser Faktor ist die „Lizenzmetrik". Um beispielsweise einen Überblick zu bekommen, ob die Anzahl der gekauften Software mit den tatsächlich installierten (Compliance-Report) übereinstimmt, müssen Sie wissen, wie die Softwareprodukte anhand des bestimmenden Lizenzmodells zu zählen sind. Die Lizenzmetrik beschreibt den anzuwendenden Faktor und die Maßeinheit (Seitenanzahl, Volumengebunden, MIPS[13] u.a.). Es gibt viele Varianten, wie eine Softwarelizenz „gezählt" wird. Die Zählweise kann außerdem an besondere Vertragsformen gekoppelt sein.

Als Beispiel sei das Zweitkopie- oder auch „Work-at-home"-Recht genannt. Das Zweitkopie-Recht darf nur dann ausgeübt werden, wenn es in den Produktnutzungsrechten bzw. dem EULA (FPPs) enthalten ist. Wird beispielsweise Software von Microsoft über einen Volumenlizenzvertrag erworben, beinhaltet das immer das Zweitkopie-Recht für alle Desk-

---

[13] MIPS = Million Instructions per Seconds, Maßeinheit für die Leistungsfähigkeit eines Rechenkerns (CPU), wird meistens nur noch bei Großrechnern angegeben und dient auch zur Berechnung von Lizenzgebühren.

top-Anwendungen.[14] Das Zweitkopie-Recht gilt ausschließlich für tragbare Geräte und in keinem Fall für Betriebssysteme oder Serverprodukte. Dies bedeutet: Wenn Sie Office 2003 auf Ihrem Desktopsystem installieren und verwenden, haben Sie das Recht, eine Kopie derselben Software (hier Office 2003) auf einem weiteren, dem Hauptnutzer des Desktopsystems zugeordneten tragbaren Gerät (meist Laptop)zu installieren und zu nutzen. Diese Lizenzen bei einem Compliance-Report auseinanderzuhalten und korrekt zu zählen (mit den Inventory-Daten abzugleichen), ist die kleine Königsdisziplin eines guten Lizenzmanagement-Tools.

> **Hinweis:**
>
> In der Regel finden Sie die Erlaubnis für ein Zweitkopie-Recht nur in bestimmten Volumenverträgen der Softwarehersteller. Die im Einzelhandel erhältlichen Produkte (z.B. FPPs) beinhalten dieses Recht nicht. Wenn ein FPP mehrmals installiert wird und es keinen ausdrücklichen Hinweis darauf gibt, dass die Software mehr als einmal auf unterschiedlichen Systemen installiert werden darf (Stichwort: Mehrplatzlizenz), wird „unlizenzierte Software" verwendet.

Lizenzmetriken unterliegen keinen allgemeingültigen Begriffsdefinitionen oder Merkmalen. Hier formuliert jeder Softwarehersteller seine eigene Lizenzmetrik bzw. ändert u.U. auch einmal die Abrechnungsmethode. Als Beispiel sei hier IBM genannt, die zum November 2006 ihr Abrechnungsmodell für IBM Middleware geändert haben. Software, die bislang nach Prozessoren abgerechnet wurde, wird jetzt nach PVUs (Processor Value Units) berechnet. Dabei entspricht ein bisheriger Prozessorkern 100 PVUs.

Deswegen ist es sehr wichtig, beim Aufbau des Lizenzinventars die Lizenzmetrik zum jeweiligen Lizenzmodell mit abzubilden. Für die Desktop- und Serveranwendungen mag das noch recht einfach und überschaubar zu verwalten sein. In der Welt der Großrechner sieht das schon anders aus. Hier gibt es teilweise sehr komplexe Abrechnungsmodelle, die oben beschriebenen Lizenzmodelle aus der Client-/Serverwelt lassen sich hier nur bedingt abbilden. Fokussieren Sie deshalb Ihre Aufmerksamkeit bei der Erstellung eines Lizenzinventars zunächst auf die Software im Client/Server-Umfeld.

Tabelle 2.4 auf den folgenden Seiten beschreibt eine Auswahl häufig angewendeter Lizenzmetriken. Die Auswahl erhebt keinen Anspruch auf Vollständigkeit, da laufend neue Lizenzmetriken hinzukommen können.

---

[14] Desktop-Anwendungen von Microsoft sind u.a. Office, Project, Visio, Outlook, MapPoint, FrontPage, AutoRoute, InfoPath, OneNote.

Tabelle 2.4 Häufig verwendete Lizenzmetriken und Maßeinheiten

Lizenzmetrik	Faktor	Maßeinheit	Beschreibung
Pro Gerät (Pro Device)	1 bis n	Gerät (Device)	Lizenz pro Gerät, gezählt wird eine Lizenz pro Installation der Software auf einem System/Gerät/PC, meistens eine 1:1-Abbildung mit dem Lizenztyp „Pro Gerät". Ausnahmen gibt es aber auch hier, beispielsweise bei Anti-Virensoftware, oder bei der „Microsoft Office Home and Student 2007 Edition", die ausschließlich für den privaten Gebrauch oder für die Nutzung im Studium verwendet werden darf. Diese seit Anfang 2007 in Deutschland käufliche, spezielle Lizenzversion darf auf drei Rechnern installiert werden. Als Sonderform zum Lizenztyp „Pro Gerät sei noch das „Zweitkopie-Recht" von Microsoft genannt (siehe weiter oben).
Per Node	1 bis n	Node	Node-Lizenzen sind an ein bestimmtes System gebunden und erlauben meistens die Nutzung der Software nur auf diesem System (Desktop-, Server- oder Netzwerksysteme). Der anzuwendende Lizenztyp ist hierbei *Pro Gerät*. Die „Per Node"-Lizenzierung ist häufig bei Software zur Verwaltung von Netzwerkumgebungen anzutreffen.
Pro Nutzer (Pro User)	1 bis n	Nutzer (User)	Lizenz pro Nutzer, gezählt wird pro Nutzer, meistens eine 1:1-Abbildung mit dem Lizenztyp „Pro Nutzer". Oft gibt es aber auch Mengenangaben, wie z.B., dass die Softwarelizenz gültig für 250 Nutzer ist.
Named User (auch Current oder Authorized User genannt)	1 bis n	Nutzer (User)	Die *Named User*-Lizenzmetrik wird in Kombination mit dem Lizenztyp „pro Nutzer" angewendet. Der Endanwender für diese Lizenzmetrik muss namentlich benannt werden, nur er darf dann die Lizenz nutzen (wird z.B. bei Entwicklungslizenzen von Software angewendet).
Floating License (auch Concurrent Use genannt)	1 bis n	Nutzer (User)	Erlaubt die Nutzung der Software auf unterschiedlichen bzw. beliebig vielen Systemen. Dabei verwaltet ein dafür einzurichtender Lizenzserver die Anzahl der gekauften Lizenzen. Jeder Nutzungsaufruf der Software verringert die Anzahl der verfügbaren Lizenzen um 1. Die *Floating License* kann sowohl mit dem „Pro Gerät" als auch mit dem „Pro Nutzer"-Lizenztyp verknüpft werden.
Pro Seite	1 bis n	Seite	Lizenzkosten werden aus der Anzahl der gedruckten Seiten ermittelt (beispielsweise beruht die erlaubte Softwarenutzung auf fixen Werten wie z.B. 5000 Seiten/Monat etc.). Dazu kann noch eine Zeitkomponente hinzukommen, wie beispielsweise Stunde, Woche, Monat u.a.). Der hierfür zu verwendende Lizenztyp wäre *Pro Gerät* (Drucker oder Scanner).
Pro CI	1 bis n	CI	Basis ist die Anzahl der zu verwaltenden CIs[15] in einer Datenbank (wird oft bei der Lizenzierung von Asset-Management-Tools verwendet).

---

[15] CI = Configuration Item, Begriff aus ITIL

Lizenzmetrik	Faktor	Maßeinheit	Beschreibung
Pro Session	1 bis n	Session	Basis ist die erlaubte Anzahl aufgebauter Verbindungen (beispielsweise zu einer Online-Datenbank oder einem Recherchedienst). Hinzu kann noch eine Zeitkomponente kommen, wie beispielsweise Stunde, Woche, Monat u.a.).
Pro CPU	1 bis n	CPU logisch CPU physisch	Basis für die Lizenz sind die Anzahl der installierten und genutzten CPUs (gezählt wird pro CPU). Beispielsweise muss bei einer Prozessor-Lizenz für Oracle-Softwareprodukte die Anzahl der CPU-Kerne (physisch) mit einem Faktor zw. 0,25 und 0,75 multipliziert werden (abhängig von der Hardwareumgebung), um die korrekte Anzahl an zu lizenzierenden Prozessorlizenzen zu errechnen.
Pro MIPS	1 bis n	MIPS	Basis sind MIPS (Million Instructions per Second; die Maßeinheit für Leistungsfähigkeit eines Rechenkerns (CPU) wird meistens nur noch bei Großrechnern angegeben und dient zur Berechnung von Lizenzgebühren).
Pro MSU	1 bis n	MSU oder MIPS	Basis sind MSU (Million of Service Units); eine MSU entspricht 6 MIPS; weitere Beschreibung siehe MIPS.
Pro PVU (Processor Value Unit)	1/100 100	PVU	1 bisheriger Prozessor entspricht 100 PVUs, 1 PVU kostet 1/100 des bisherigen Prozessor-Preises. Ein Single Core-Prozessor wird mit 100 PVUs berechnet. Siehe auch Berechnungstabelle in Abbildung 2.3 „Berechnung der PVUs".
Pro Transaktion	1 bis n	Transaktion	Basis ist die erlaubte Anzahl von Transaktionen mit den vereinbarten Wertemengen. Hinzu kann eine Zeitkomponente kommen, wie beispielsweise Stunde, Woche, Monat u.a.
Volumen-gebunden	1 bis n	z.B. Terabyte Gigabyte Megabyte Stück	Basis ist das verfügbare Volumen mit den vereinbarten Wertemengen; beispielsweise darf die Softwarelizenz so lange genutzt werden, bis 5 GB an Datenvolumen erreicht ist. Das eben genannte Beispiel ist eines von vielen Möglichkeiten, eine Lizenz volumengebunden zu verwenden.
Standort-gebunden (bzw. per Site)	1 bis n	z.B. pro Land pro Nieder-lassung pro Org.-Einheit	Standortgebundene Lizenzformen sind meistens gleichzeitig Unternehmens- bzw. Konzernlizenzen. Häufig anzutreffen beim Einsatz im Umfeld von Serversoftware und Rechenzentren.
Zeit-gebunden	1 bis n	z.B.: pro Minute pro Stunde pro Woche pro Monat pro Jahr	Eine zeitgebundene Lizenzmetrik wird vor allem bei Software verwendet, die z.B. für Testzwecke eingesetzt oder aber nur für eine bestimmte Abrechnungsperiode verwendet wird (z.B. beim Erstellen von Jahresendabrechnungen etc.).

In der folgenden Berechnungstabelle, sind die erforderlichen PVUs pro Prozessorfamilie und Prozessortyp aufgelistet, mit der IBM seine Softwarelizenzen berechnet.

Prozessorfamilie		One-Core (1)	Dual-Core (2)	Quad-Core (4)	Hexa-Core (6)	Octi-Core (8)	IFL-Engine	PVUs Prozessor Value Units pro Prozessor Core
Hersteller	Brand							
IBM	POWER6 [1]		•					120
IBM	System z10						•[2]	
IBM	POWER5 / POWER4	•						100
IBM	System z9, z990, S/390 [3]						•[2]	
Fujitsu	SPARC64 VI	•						
HP	PA-RISC	•						
Intel®	Itanium®	•						
Sun	Ultra SPARC IV	•						
Any	Any single core	•						
IBM	POWER6 [1]	•						80
IBM	PowerPC 970	•						50
IBM	POWER5 QCM		•					
AMD	Opteron	•	•					
Intel®	XEON®	•	•					
Sun	UltraSPARC T2		•	•	•			
IBM	Cell/B.E. ™	•*						30
Sun	UltraSPARC T1			•	•	•		

Abbildung 2.3 Berechnung der PVUs – Beispieltabelle
Anmerkungen:
1. System p520-, System i520-, Power 520-, BladeCenter JS12- und BladeCenter JS22-Modelle benötigen 80 PVUs pro Prozessor-Core. POWER6-Prozessor-basierte Modelle benötigen 120 PVUs pro Prozessor-Core.
2. Jede IFL- oder CP-Maschine ist äquivalent zu 1 Prozessor-Core.
3. Bezieht sich auf System z9, eServer zSeries oder System/390 Server.
* Berechtigungen benötigt für PPE-Cores.[16]

> **Hinweis:**
>
> Wird ein unbegrenzter Wert vereinbart, spricht man auch von einer Konzern- oder Unternehmenslizenz. Diese wird dann häufig mit dem Lizenztyp „Pro Gerät" oder „Pro Nutzer" gekoppelt, ist um ein Vielfaches teurer, erleichtert Ihnen aber die Arbeit, und es besteht keine Gefahr der Unterlizenzierung.

Lizenzmodelle und Metriken können für ein und dieselbe Software unterschiedlich ausfallen, da die Softwarehersteller auf möglichst viele unterschiedliche Kundenanforderungen reagieren und eingehen wollen. Die Kehrseite der Medaille sind die immer komplexeren und teilweise schwer nachvollziehbaren Lizenzmodelle und Lizenzmetriken. Das richtige Lizenzmodell für das eigene Unternehmen beispielsweise bei SAP oder Oracle zu finden, ist schon zu einer sportlichen Aufgabe geworden. Das sind aber nur Aspekte, die den Ein-

---

[16] Quelle: Berechnungstabelle und Anmerkungen von www.ars.de

kauf interessieren. Der Lizenzmanager muss sich an die tatsächlich vereinbarten Lizenzmetriken halten, um einen rechtskonformen Lizenzabgleich durchführen zu können. Zu prüfen sind in jedem Einzelfall die Lizenzmodelle und Lizenzmetriken, wenn der Einsatz der Software in virtuellen Umgebungen vorgesehen ist. Diese Variationen sind nicht so ohne weiteres automatisierbar.

> **Hinweis:**
> Es ist wie mit der Verpflichtung zur geforderten Verfügbarkeit Ihrer IT-Systeme. Denken Sie bitte daran, welchen Nutzen Sie mit welchem Aufwand erzeugen wollen und wägen Sie das sorgsam gegeneinander ab. Was ist unter Umständen kostengünstiger? Eine Softwarelizenz nachzukaufen, ein bis zwei Mitarbeiter zu beschäftigen, die eventuell aufwendig im Archiv recherchieren müssen, ob eine Vollversion für das Upgrade-Produkt irgendwo rumschwirrt, oder vielleicht doch das Softwareprodukt zu deinstallieren, weil der Mitarbeiter die Software eigentlich nicht wirklich braucht.

Es ist sehr aufwendig, für alle auf dem Markt anzutreffenden Lizenzmodelle und Lizenzmetrikarten einen Compliance-Report zu erstellen. Deshalb konzentrieren sich die meisten Lizenzmanagement-Projekte zunächst auf die Abbildung der Lizenzmodelle „Pro Gerät" und „Pro Nutzer", da diese am häufigsten verwendet werden und sich auch am einfachsten automatisiert in Lizenzmanagement-Tools verwalten lassen. Die Feststellung der im Unternehmen angewendeten Lizenzmodelle und deren Lizenzmetriken sind ein erster Schritt auf dem Weg zu einer rechtmäßigen Lizenz-Compliance.

> **Tipp:**
> Wenn Sie mit den Lizenzmodellen „Pro Gerät" und „Pro Nutzer" in Ihrem Unternehmen Compliance herstellen können, haben Sie schon einen sehr großen Teil Ihrer Lizenzmanagement-Aufgaben erfüllt. Gehen Sie dabei schrittweise vor, je nachdem, wo Sie sich die größten Kosteneinsparungen erhoffen oder wo der Schuh in Bezug auf die rechtskonforme Einhaltung der Softwarelizenzen im Unternehmen drückt.

2.8 Rechtliche Bestimmungen zur Softwarenutzung in Deutschland

Die Entwicklung des deutschen Urheberrechts wird seit Anfang der neunziger Jahre erheblich durch die europäische Gesetzgebung beeinflusst. Die EU kann für die Regelungen auf dem Gebiet des Immaterialgüterrechts (zum Beispiel des Urheber-, Patent-, Marken- und Geschmacksmusterrechts) Vorgaben in Form von EU-Richtlinien erteilen. Innerhalb einer bestimmten Frist müssen diese Richtlinien in nationales Recht überführt werden. Seit 1991 wurden einige Harmonisierungsrichtlinien verabschiedet, die u.a. zum Inhalt haben, das Urheberrecht in den einzelnen Mitgliedsstaaten anzugleichen und Unterschiede in den Rechtsordnungen zu verringern oder aufzuheben. Vereinheitlicht wurden in diesem Zuge zum Beispiel auch das (Urheber-)Recht an Computerprogrammen. Ein Europäisches Urheberrechtsgesetzbuch wird man vergeblich suchen. Nach wie vor wird das Urheberrecht durch die Gesetze der einzelnen Mitgliedsstaaten geregelt. Die EU verpflichtet die nationalen Gesetzgeber lediglich dazu, ihre jeweiligen Gesetze an die Vorgaben der EU-Richtlinien anzupassen. Ausgehend von einer EU-Richtlinie vom Mai 1991, wurde das Urheberrecht zum Schutz von Computerprogrammen auch im deutschen Recht verankert. Computerprogramme sind seit Juni 1993 umfassend urheberrechtlich geschützt. Auf dieser Basis zählt Software heute zu den geschützten geistigen Gütern wie Literatur, Wissenschaft und Kunst. Allein der Urheber (Hersteller) hat das Recht zum Vervielfältigen, Übersetzen, Verbreiten, Vermieten oder Verändern eines Produktes, Dritte dürfen dies nur mit ausdrücklicher Genehmigung des Rechteinhabers (wie der Name schon sagt: Copyright = the right to copy !). Wird ein Softwareprodukt gekauft, erwerben Sie das Recht, diese Software zu benutzen. Dieses Nutzungsrecht wird im Lizenzvertrag definiert und beschrieben. Dessen Bestimmungen müssen beim Gebrauch der Software beachtet werden, um rechtskonform zu sein bzw. zu bleiben.

2.8.1 Das deutsche Urheberrecht (UrhG)[17]

Das deutsche Urheberrechtsgesetz ist nicht mehr das allerjüngste, es stammt aus dem Jahr 1965. Damals waren noch keine Regelungen z.B. für die Online-Nutzung von Musik oder von Softwarekopien im Gespräch. Eine erste Gesetzesreform trat 2003 mit dem sogenannten „Ersten Korb" in Kraft. Der „Zweite Korb", seit dem 1. Januar 2008 in Kraft, setzt diese Reform fort und behandelt Themen, die im „Ersten Korb" aus Zeitgründen nicht mehr berücksichtigt werden konnten. Darin geht es u.a. auch um die Herstellung von Sicherungskopien eines Datenträgers, was lange ein Streitpunkt bei der Neuregelung gewesen ist.

2.8.2 Bestimmung zur Erstellung einer Sicherungskopie

Es kann vorkommen, dass ein Softwarehersteller in seinem EULA eine Nutzungsbestimmung aufführt, die das Kopieren der Software zum Zwecke der Sicherung nicht erlaubt. Aufgrund der verfassten Regeln im deutschen UrhG sind die meisten Nutzungsfreiheiten unabdingbar, also „zwingendes Gesetzesrecht". Wird versucht, diese durch das EULA einzuschränken, sind die entsprechenden Klauseln nichtig. Der Nutzer hat nach § 69d Absatz 2 UrhG das Recht, eine Vervielfältigung der gelieferten Programmkopie zur „erforderlichen Sicherung künftiger Benutzung" zu erstellen. Sollte keine zweite identische Kopie des Datenträgers im Softwarepaket vorhanden sein, darf der Nutzer in nahezu allen Fällen eine Sicherheitskopie herstellen, und die Nutzungseinschränkung im EULA wäre damit nichtig und muss nicht befolgt werden.

---

[17] Den Gesetzestext finden Sie auf http://bundesrecht.juris.de/urhg/index.html

Damit sind Sie schon einmal auf der sicheren Seite, wenn Sie von Ihren Datenträgern eine Kopie ziehen wollen, um diese zu archivieren bzw. um nicht den Originaldatenträger (zum Zweck der Paketierung) an das Clientmanagement ausliefern zu müssen.

2.8.3 Verletzung des Vervielfältigungsrechts

Eine ganz andere Baustelle sind die schon angesprochenen Unterlizenzierungen bzw. unlizenzierte Software auf den Unternehmens-PCs.

In beiden Fällen wird das Vervielfältigungsrecht gemäß §69c Abs.1 Nr.1 UrhG verletzt:

> **§ 69c Zustimmungsbedürftige Handlungen**
>
> Der Rechtsinhaber hat das ausschließliche Recht, folgende Handlungen vorzunehmen oder zu gestatten:
>
> 1. die dauerhafte oder vorübergehende Vervielfältigung, ganz oder teilweise, eines Computerprogramms mit jedem Mittel und in jeder Form. Soweit das Laden, Anzeigen, Ablaufen, Übertragen oder Speichern des Computerprogramms eine Vervielfältigung erfordert, bedürfen diese Handlungen der Zustimmung des Rechtsinhabers.

Mit einer vorsätzlichen Vervielfältigung ist auch gemeint: Wenn beispielsweise 40 neue Unternehmens-PCs mit Software betankt werden, sich aber z.B. nur die Hälfte davon mit den erforderlichen Softwarelizenzen abdecken lässt, sind 20 PCs mit unlizenzierter Software bestückt und verletzen somit das Urheberrecht.

Damit Ihnen das nicht widerfährt, ist die Einführung eines Lizenzmanagements das Gebot der Stunde. So schützen Sie sich und Ihre Unternehmensleitung vor rechtlichen Konsequenzen, die bis zur Einstellung Ihres Geschäftsbetriebs gehen könnten.

2.9 Zivil-, Straf- und handelsrechtliche Aspekte

Aus Verletzungen des Vervielfältigungsrechts gemäß §69c Abs.1 Nr.1 UrhG bzw. der Nichteinhaltung der Lizenzbestimmungen können sich mögliche Rechtsfolgen im Zivilrecht mit strafrechtlicher Haftung und handelsrechtlicher Verantwortlichkeit ergeben.

2.9.1 Zivilrechtliche Haftung

> **§ 97 Anspruch auf Unterlassung und Schadensersatz**
>
> (1) Wer das Urheberrecht oder ein anderes nach diesem Gesetz geschütztes Recht widerrechtlich verletzt, kann von dem Verletzten auf Beseitigung der Beeinträchtigung, bei Wiederholungsgefahr auf Unterlassung in Anspruch genommen werden. Der Anspruch auf Unterlassung besteht auch dann, wenn eine Zuwiderhandlung erstmalig droht.

> (2) Wer die Handlung vorsätzlich oder fahrlässig vornimmt, ist dem Verletzten zum Ersatz des daraus entstehenden Schadens verpflichtet. Bei der Bemessung des Schadensersatzes kann auch der Gewinn, den der Verletzer durch die Verletzung des Rechts erzielt hat, berücksichtigt werden. Der Schadensersatzanspruch kann auch auf der Grundlage des Betrages berechnet werden, den der Verletzer als angemessene Vergütung hätte entrichten müssen, wenn er die Erlaubnis zur Nutzung des verletzten Rechts eingeholt hätte… (Text gekürzt).

Nach §97 UrhG kann der Hersteller folgende Ansprüche geltend machen:

- Unterlassung,
- Beseitigung (Vernichtung der unlizenzierten Kopien, hiermit ist auch die De-Installation von Software gemeint) und
- Schadensersatz.

Zudem kann er bei bestehenden Verträgen von seinem Kündigungsrecht Gebrauch machen.

Der Schadensersatz umfasst den entgeltlichen Erwerb der fehlenden bzw. unlizenzierten Softwareprodukte plus eine je nach Beweislage und Fall vereinbarte Schadensersatzzahlung und in allen Fällen die Zahlung der Gerichts- und Anwaltskosten.

> **Hinweis:**
>
> Bereits fahrlässiges Handeln, wenn Sie beispielsweise weitere Softwarekopien auf Ihren PCs installieren lassen, obwohl keine ausreichende kaufmännische Lizenzdeckung dafür vorliegt, begründet eine Haftung, auch die Mithaftung des Inhabers für Rechtsverletzungen durch seine Mitarbeiter und Beauftragte. Sie müssen z.B. auch dafür Sorge tragen, dass externe Dienstleister sich an die Lizenzbestimmungen und Richtlinien in Ihrem Unternehmen halten.

2.9.2 Strafrechtliche Haftung

Wird durch unrechtmäßiges Handeln, hier durch das vorsätzliche Vervielfältigen eines geschützten Werkes ohne Einwilligung des Rechteinhabers, § 69c UrhG verletzt, greift §106 Abs.1 UrhG:

> **§ 106 Unerlaubte Verwertung urheberrechtlich geschützter Werke**
>
> (1) Wer in anderen als den gesetzlich zugelassenen Fällen ohne Einwilligung des Berechtigten ein Werk oder eine Bearbeitung oder Umgestaltung eines Werkes vervielfältigt, verbreitet oder öffentlich wiedergibt, wird mit einer Freiheitsstrafe bis zu drei Jahren oder mit Geldstrafe bestraft.

Die Vorsätzlichkeit ist nicht nur beim Raubkopierer im kleinen wie im großen Stil zu vermuten, sondern betrifft beispielsweise schon Softwareverteilungsprozesse. Wenn z.B. ein lange geplantes Upgrade ausgerollt wird, dafür aber noch gar keine Lizenzen kaufmännische erworben wurden, entsteht sehr schnell eine „vorsätzliche Vervielfältigung eines geschützten Werkes ohne Einwilligung des Rechteinhabers".

Ein Beispiel aus der Praxis

Eine Schule in Magdeburg hat ihren Schülern PCs für die Ausbildung zur Verfügung gestellt. Bildungsetats sind nicht gerade sehr üppig bemessen, also wird hier und da versucht zu sparen. Nur war es diesmal Sparen am falschen Ende. Aufgrund eines anonymen Hinweises wurde festgestellt, dass die Software auf den PCs zu einem großen Teil nicht lizenziert war. Das Ende vom Lied: Nachlizenzierung, Anwaltskosten und eine Schadensersatzzahlung von über 55 000 Euro. Für die Verantwortlichen eine teure Lehrstunde.

> **Hinweis:**
> Seit Juli 1996 ordnen immer mehr Gerichte auch in Deutschland bei Verdacht auf illegalen Softwareeinsatz eine strafrechtliche oder zivilrechtliche Durchsuchung des Unternehmens an.

Der § 809 BGB[18] bietet Softwareherstellern die Grundlage, bei Gericht die Durchsuchung von Computern in Geschäftsräumen zu beantragen, wenn ein hinreichender Verdacht auf den Einsatz von illegaler Software besteht. Wird einer solchen Durchsuchung stattgegeben, findet sie ohne Vorankündigung statt. Während der Durchsuchung überprüfen ein Gerichtsvollzieher und ein DV-Sachverständiger sämtliche Hard- und Software und vergleichen die gewonnenen Informationen mit den vorhandenen Lizenznachweisen. Über das Ergebnis wird ein Gutachten erstellt, das als Beweismittel bei Gericht zugelassen ist.

Abgesehen von den möglichen Kosten und Schadensersatzforderungen, die auf das Unternehmen zukommen, ist der Imageschaden bei Bekanntwerden um ein Vielfaches größer.

2.9.3 Handelsrechtliche Haftung

Neben den zivil- und strafrechtlichen Verantwortlichkeiten haben Sie auch noch handelsrechtliche Gesichtspunkte zu beachten. So ist gemäß §91 Abs. 2 AktG[19] der Vorstand einer AG ausdrücklich zur Einrichtung eines Risikofrüherkennungssystems verpflichtet. Zu den zu überwachenden Risiken muss auch der korrekte Lizenzierungsstatus der genutzten Software im Unternehmen gehören. Als geeignete Überwachungsmaßnahme gilt ein IT-basiertes Lizenzmanagement-System. Nach § 317 Abs. 4 HGB[20] (Handelsgesetzbuch) hat der Abschlussprüfer das Risikofrüherkennungssystem in die Abschlussprüfung mit einzubeziehen. Ist kein geeignetes Risikofrüherkennungssystem für das Lizenzmanagement vorhanden, können ggf. Verpflichtungen zur Bildung von Rückstellungen gefordert werden.

---

[18] BGB: Nachzulesen unter http://bundesrecht.juris.de/bgb/index.html
[19] AktG: Nachzulesen unter http://bundesrecht.juris.de/aktg/index.html
[20] HGB: Nachzulesen unter http://bundesrecht.juris.de/hgb/index.html

EuroSOX, Basel II, KonTraG zielen mit ihren Vorgaben in die gleiche Richtung. Dazu im nächsten Abschnitt mehr.

2.10 SOX, EuroSOX, Basel II, KonTraG

Sie fragen sich bestimmt, was Basel II, SOX, EuroSOX und KonTraG mit Lizenzmanagement zu tun haben. Einiges. Aufgrund der vielen spektakulären Firmenzusammenbrüche in den letzten Jahren, wie beispielsweise von Enron oder Worldcom, vor allem in US-Amerika, sind die Auflagen für Aktien- und Kapitalgesellschaften verschärft worden. Insbesondere die Verpflichtung zur Einführung eines Risikomanagement-Systems, um Unternehmensrisiken besser zu bewerten und einzuschätzen. Das Lizenzmanagement mit dem Risiko einer „Unterlizenzierung" und dem dadurch möglicherweise drohenden Schadensersatz gehört beispielsweise auch dazu.

SOX[21]

Das Bundesgesetz wurde im Juli 2002 als Reaktion auf die Bilanzskandale von Unternehmen in den USA, verabschiedet. In Grundzügen beschreibt das Gesetz, dass die Bilanzen des Unternehmens vom Geschäftsführer und dem Leiter der Finanzabteilung beglaubigt werden müssen sowie fehlerfrei und vollständig zu sein haben. Die Unternehmen müssen effektive interne Kontrollen durchführen, überwachen und entsprechende Berichte erstellen. Wesentliche Veränderungen der Finanzsituation müssen sofort offengelegt, Verstöße und Abweichungen frühzeitig erkannt werden. Es besteht Aufbewahrungs- und Schutzpflicht für die erstellten Unterlagen der Abschlussprüfung, und es muss die Unversehrtheit und Verfügbarkeit der Unterlagen und Dokumentationen gewährt werden. Nicht nur im nordamerikanischen Raum, sondern auch in Europa ist SOX ein Instrument, um gesetzliche Auflagen zur Einrichtung eines Systems zur Risikovorsorge und eines Risikomanagements zu erfüllen. Das SOX-Gesetz gilt für fast alle Unternehmen und deren Tochterunternehmen, deren Wertpapiere an US-Börsen gehandelt oder öffentlich angeboten werden. Somit müssen auch etliche deutsche Unternehmen, deren Wertpapiere an den US-Börsen gehandelt werden, das SOX-Gesetz einhalten.

EuroSOX

Seit dem 29. Juni 2006 ist die von der Europäischen Union verabschiedete 8. EU-Richtlinie, auch EuroSOX genannt, in Kraft getreten und musste bis spätestens 29. Juli 2008 in nationales Recht umgesetzt werden. Kerngedanke ist dabei, international einheitliche Regelungen für die Prüfung von Finanzabschlüssen zu erreichen. Die Richtlinie betrifft alle Kapitalgesellschaften innerhalb der EU, egal, ob diese an der Börse notiert sind oder nicht. Dabei geht es um Vorgaben für nationale Gesetze über Aktionärssicherheit, betrifft aber

---

[21] Sarbanes-Oxley Act of 2002 (auch SOX, SarbOx oder SOA) bezeichnet ein US-Bundesgesetz.

auch verschärfte Regeln in Bezug auf die Dokumentation der IT-Infrastruktur und deren Sicherheit. Der Ausfall der IT-Infrastruktur und deren Systeme können zu erheblichen Unternehmensschäden führen, daher ist dieses Risiko für Aktionäre ein wichtiges Kriterium bei der Bewertung des Unternehmens. Ich erwähnte ja schon, dass durch unlizenzierte Software und die Forderung auf Unterlassung durch den Softwarehersteller das Risiko entsteht, dass Ihre davon abhängigen Geschäftsprozesse ganz oder teilweise stillgelegt werden könnten, mit den entsprechenden Auswirkungen auf Ihr Unternehmen. Die EU-Vorlage wurde von der Bundesregierung am 29. Juni 2008 in geltendes nationales Recht umgesetzt.

Basel II

Die europäische Banken- und Kapitalrichtlinie, auch als „Basel II" bezeichnet, wurde Anfang 2007 in Deutschland umgesetzt. Basel II sieht vor, dass Banken vor einer Kreditvergabe an ein Unternehmen eine umfassende Bonitätsbewertung vornehmen müssen. Dazu gehört auch, die operationellen IT-Risiken (Lizenzmanagement – Risiko Unterlizenzierung) zu bewerten. Die geforderte Einrichtung eines Risikofrühwarnsystems wirkt sich mittelbar auf das Rating eines Unternehmens aus, womit die Einstufung bei der Vergabe von Krediten und Kreditkonditionen zu verstehen ist.

KonTraG

Am 1. Mai 1998 trat das Gesetz zur Kontrolle und Transparenz im Unternehmensbereich (KontraG) in Kraft. Die Einrichtung eines Risikomanagementsystems (RMS[22]) ist zwar unmittelbar nur für Aktiengesellschaften gesetzlich vorgeschrieben, doch es ist davon auszugehen, dass, je nach Größe, Struktur und Komplexität, auch die Geschäftsführer von GmbHs von diesen Regelungen betroffen sind. Von Tochterunternehmen können ebenfalls bestandsgefährdende Risiken ausgehen, und insoweit spielt deren Rechtsform keine Rolle (ob AG, GmbH, KG usw.).

Dazu gehört auch, ich wiederhole mich jetzt, die Einrichtung und der Betrieb eines Lizenzmanagements, das die Risiken unlizenzierter Software sowie einer Unterlizenzierung überwachen und steuern kann. Eine Risikovermeidung in diesem Zusammenhang bestünde darin, den Compliance-Report periodisch durchzuführen und bei Abweichungen in Richtung Unterlizenzierung mit geeigneten Maßnahmen zu reagieren. Ferner muss sichergestellt werden, dass die so erfassten Risiken nicht nur mit einer (einmaligen) Inventur zum Bilanztag durch Abfrage durchgeführt werden, sondern es bedarf vielmehr einer permanenten Analyse und Steuerung durch ein entsprechendes internes Überwachungssystem.

---

[22] [RMS] Risiko Management-System
Quellen:
Eggemann/Konradt: Risikomanagement nach dem KonTraG aus dem Blickwinkel des Wirtschaftsprüfers; BB (Betriebs-Berater) 2000, 503
Pahlke: Risikomanagement nach KonTraG. Überwachungspflichten und Haftungsrisiken für den Aufsichtsrat; NJW (Neue Juristische Wochenschrift) 2002, 1680

2.11   Gebrauchte Software

Abschließend möchte ich in diesem Kapitel noch kurz auf das Thema „Gebrauchte Software" eingehen. Wenn Sie eine Softwarenutzungsanalyse durchgeführt haben oder Ihren Geschäftsbetrieb verkleinern mussten und nun vor einem Berg nicht mehr benötigter Softwarelizenzen stehen, stellt sich die Frage: Was können Sie damit anstellen? Der Marktwert gebrauchter Software oder, wie Axel Susen von der Firma Susensoftware GmbH sie auch nennt, „Stiller Software", sollte nicht unterschätzt werden. Bei entsprechenden Stückzahlen können Sie noch einiges an Verkaufserlös erzielen. Es gibt Unternehmen, wie susensoftware, usedsoft, upc u.a., deren tägliches Brot es ist, sich mit den Unwägbarkeiten von gebrauchter Software auseinanderzusetzen, und die sich ständig mit der aktuellen Rechtslage vertraut machen. Das Thema ist nicht neu und erhitzt immer mal wieder die Gemüter bei Streitigkeiten zwischen Softwareherstellern und den Firmen, die sich auf den An- und Weiterverkauf von gebrauchter Software spezialisiert haben. Auch ist die Rechtslage nach wie vor schwammig, und in den letzten Monaten war gebrauchte Software immer wieder Gegenstand verschiedener Publikationen und Diskussionen. So wurde beispielsweise vom Landgericht München[23] im Rechtsstreit zwischen dem Softwarehersteller Oracle und der Firma Usedsoft am 19.1. 2006 ein Urteil getroffen, das den Handel mit gebrauchter Oracle Software als rechtswidrig bezeichnet (keine Erschöpfung bei der Online-Verbreitung der Software – siehe Erschöpfungsgrundsatz § 69c Nr. 3 Satz 2 UrhG). Nach eingelegter Revision wurde das Urteil am 03.08.2006 vom Oberlandesgericht München (Aktenzeichen 6 U 1818/06) bestätigt.

Trotz dieses Teilerfolgs für den Softwarehersteller werden bis zu einem alles klärenden Urteil über den Handel mit gebrauchter Software voraussichtlich noch mehrere Jahre vergehen. Im Literaturanhang finden Sie dazu weitere Informationen.

Grundsätzlich müssen zwei Formen von Gebrauchtsoftware unterschieden werden:

- Standardsoftware als Einzelpaket, Full Package Product (FPP), OEM-Software sowie Schul- und Lehrversionen (Einzelpaket);
- Softwarelizenz aus einem Lizenzvertrag (Unternehmenslizenzen), z.B. den Volumen- oder Open-License-Verträgen von Microsoft.

Zum nicht unüblichen „Lizenzsplitting" von Volumenverträgen gibt es nach Auffassung von Rechtsanwalt Peter Huppertz, LL.M, Fachanwalt für Informationstechnologierecht aus der Kanzlei Hoffmann Liebs Fritsch & Partner (Düsseldorf) Folgendes anzumerken: „Unter anderem entscheidend für die Zulässigkeit des Weiterverkaufs ist z. B. nach Auffassung des Landgerichts München in einem aktuellen Urteil nur, dass der Ersterwerber alle auf seinen Rechnern noch befindlichen Kopien der Software gelöscht habe. Folgt man dieser Entscheidung, dürfte es für Hersteller zukünftig sehr schwer werden, erfolgreich gegen das ‚Lizenzsplitting' von Volumenlizenzverträgen vorzugehen."

---

[23] Nach UrhG LG München I (Urteil vom 19.01.2006 – 7 O 23237/05): Keine Erschöpfung bei Online-Verbreitung der Software; in CR, 22. Jg. (2006), Heft 3, S. 159.

Die Aussage stützt sich auch auf eine gründliche Analyse des Handels mit Softwarelizenzen, mit dem Ergebnis, dass eine Weiterveräußerung in der Regel legal ist, da die Weiterveräußerung von erworbenen Lizenzen zumindest in Standardverträgen nicht rechtlich bindend ausgeschlossen werden kann. [24]

Übertragung einer Lizenz an Dritte am Beispiel von Microsoft

Generell gilt: Sofern Sie eine gültige Lizenz zum Einsatz der Software besitzen, können Sie Ihre Software innerhalb Ihres Unternehmens übertragen bzw. an Dritte verkaufen.

- Der Lizenznehmer (z.B. eine GmbH) kann eine Lizenz *innerhalb* seines Unternehmens übertragen. Die Voraussetzungen dafür:
  - Das EULA bzw. der Lizenzvertrag enthalten keine anders lautenden Bestimmungen.
  - Die Neuzuweisung erfolgt nicht kurzzeitig (90 Tage oder weniger).
- Der Lizenznehmer (z.B. eine GmbH) kann eine Lizenz an *einen Dritten* übertragen. Die Voraussetzungen dafür:
  - Das EULA bzw. der Lizenzvertrag enthalten keine anders lautenden Bestimmungen.
  - Die Neuzuweisung erfolgt generell auf dauerhafter Basis.

Hinweis

Vor der Übertragung Ihrer Rechte müssen Sie alle Kopien des Softwareproduktes von Ihrem Computer entfernen. Bei jeder Übertragung müssen sowohl das letzte Update als auch sämtliche vorherigen Versionen des Produktes übergeben werden, da das ursprüngliche Vollprodukt und sämtliche Updates von den Softwareherstellern als eine einzige Softwareeinheit angesehen werden (der Upgradepfad muss bis zum ersten Upgradefähigen Vollprodukt nachweisbar sein). Die im Lizenzvertrag eingeräumten Rechte an der Nutzung von Software können dauerhaft an Dritte übertragen werden, z.B. durch Verkaufen oder Verschenken.

Einzelpaket, FPP, OEM-Software, Schul- und Lehrversionen

Diese Softwarepakete können jederzeit gebraucht weiterverkauft werden, solange der Verkäufer den Originaldatenträger und alle zum Produkt gehörigen Bestandteile übergibt. Weiterhin muss der Verkäufer die Software auf seinem System komplett löschen und im Übrigen die Lizenzbedingungen einhalten. Im Zweifelsfall sollten Sie aber die Lizenzbedingungen noch einmal genau studieren.

Kann der Weiterverkauf verboten werden? Zumindest rechtlich fragwürdig ist es, wenn mit dem EULA durch ein so genanntes Weiterveräußerungsverbot untersagt werden soll,

---

[24] Pressemitteilung susensoftware GmbH in der CW vom 11.06.2008
(http://www.computerwoche.de/1866310)

die Software weiterzuverkaufen. Das Urheberrecht sieht vor, dass materielle Werkträger (also zum Beispiel eine CD-ROM mit einem Computerprogramm) nach dem ersten „In-Verkehr-Bringen" durch den Hersteller durchaus weiter verbreitet werden dürfen. Hier greift der Erschöpfungsgrundsatz, der zwingendes deutsches Urheberrecht ist, d.h., steht in den Lizenzbestimmungen für eine Software, dass die Programmkopie nicht oder nur unter bestimmten Voraussetzungen weiterverkauft werden darf, ist diese Klausel im Zweifel unwirksam.

Schul- und Lehrversionen

Solche Software-Versionen werden nur an Schüler, Studenten oder Lehrkräfte verkauft. Die berechtigte Frage: Was ist, wenn man das Programm nicht mehr haben will und die Lizenzbestimmungen vorsehen, die Software nur an eine Person weiterzuverkaufen, die zu einer der berechtigten Gruppen gehört? Ein Verkauf z.B. über eine Internetplattform wäre dann kaum möglich. Allerdings dürfte eine solche Klausel, da sie die freie Weiterverbreitung der Software einschränkt, unwirksam sein. Es droht also im Zweifel keine Gefahr, wenn man sich nicht daran hält.

OEM-Software

Im Fall des Weiterverkaufs von OEM-Software, beispielsweise von Microsoft, wurde vom Bundesgerichtshof Klarheit geschaffen, dass Endkunden bei einer Veräußerung von OEM-Softwareprodukten nicht an die OEM-Bestimmungen des Herstellers gebunden sind. Die Programme dürfen isoliert von der Hardware verkauft werden, und dies stellt keine Urheberrechtsverletzung dar (zumindest, was die Rechtssprechung im deutschsprachigen Raum betrifft). Der Bundesgerichtshof sah es als einen Verstoß gegen den Erschöpfungs-Grundsatz an, dass Microsoft versucht hatte, diese Art Software auch bei den weiteren Verbreitungsvorgängen (an Endverbraucher) nur in Verbindung mit dem Verkauf einer Hardware zu gestatten. Auch wenn es in der BGH-Entscheidung nicht um den Weiterverkauf durch einen Nutzer ging, ist diese Entscheidung für den „Gebrauchtmarkt" mit Computerprogrammen von wesentlicher Bedeutung. Wäre es nämlich einem Software-Unternehmen möglich, das Verbreitungsrecht und somit auch die Erschöpfungswirkung auf bestimmte Arten der Verbreitung im Lizenzvertrag zu beschränken, müssten sich hieran auch private Softwareverkäufer halten.

Softwarelizenzen aus einem Microsoft-Volumen- oder Open-License-Vertrag

Open-License-Vertrag: Will ein Kunde im Rahmen von Open License erworbene und lizenzierte Software verkaufen oder übertragen, müssen alle Produktkopien an einen einzigen neuen Besitzer übertragen werden. Open-License-Verträge dürfen nicht aufgeteilt werden, auch nicht beim Weiterverkauf. Der Transfer muss innerhalb von 30 Tagen ab Übertragungsdatum an Microsoft gemeldet werden. Dabei muss die Übertragung alle im Zusammenhang mit der ursprünglichen Bestellung erteilten Lizenzen und alle in der Folge aufgegebenen Bestellungen und die damit verbundenen Nachbestellungen umfassen. Eine Einschränkung besteht für Betriebssysteme, hier lässt sich eine Aktualisierungslizenz nur im Zuge des Verkaufs bzw. der Übertragung des Rechnersystems übertragen, auf dem das Produkt zuerst installiert wurde. Hierfür bietet Microsoft ein Formular an bzw. kann der Verkäufer auf seinem originalen Firmenbriefpapier die Informationen an seinen zuständigen Microsoft-Partner senden, der dies dann an die Distribution weiterleitet. Binnen drei Tagen werden dem Käufer von Microsoft Irland neue Lizenzbestätigungen ausgedruckt bzw. seit der Einführung von eOpen (Oktober 2001) können diese Informationen nur noch elektronisch über eOpen (http://eopen.microsoft.com) abgerufen werden.

Volumenvertrag: Hier besteht eine unklare Rechtssprechung. Microsoft ist der Meinung, dass die Übertragung dieser Lizenzen unbedingt der Zustimmung des Softwareherstellers bedarf, um rechtlich gedeckt zu sein. Zwei aktuelle Entscheidungen des Landgerichts München, wonach der Handel mit gebrauchten Softwarelizenzen aus Volumenlizenzpaketen nur eingeschränkt rechtskonform ist, bestärken Microsoft. Aber noch gibt es kein eindeutiges Urteil, das den Handel mit gebrauchter Software betrifft. Wie so oft im Recht, kommt es auf den Einzelfall an. Auch das bekannte Oracle-Urteil bietet nur begrenzt Hilfe, weil es sich auf den Handel mit gebrauchter Software aus Volumenlizenzverträgen bezieht, die ausschließlich in Form von Downloads verkauft wird.

Fazit

Das kleine Einmaleins des Lizenzmanagements bezieht sich erst einmal auf das grundlegende Verständnis der Begriffe Softwarelizenz, Lizenzformen, Lizenzklasse, Lizenztyp und Lizenzmetrik. Mit diesem Wissen ausgerüstet, sind Sie schon einmal gut vorbereitet, um ein rechtskonformes und aktuelles Lizenzinventar aufbauen zu können, welches im zweiten Schritt genutzt werden kann, um die vorhandenen und aktiv im Einsatz befindlichen Softwareprodukte auf Rechtskonformität zu prüfen. Sollte sich dabei herausstellen, dass Sie wider Erwarten zu viele Softwarelizenzen besitzen, ist es eine Überlegung wert, diese weiterzuverkaufen. Hierbei muss im Zweifel jeder einzelne Fall auf die rechtskonforme Einhaltung der Lizenzverträge geprüft werden.

Um auch nicht in anderen Fällen (Unterlizenzierung) auf eventuelle rechtliche Abwege zu gelangen, ist es empfehlenswert, rechtzeitig die Situation bezüglich des Einsatzes von Software im Unternehmen zu hinterfragen und beispielsweise in einem geeigneten Lizenzmanagement-Tool zu verwalten.

3

3 Der EDV-Arbeitsplatz –
eine „Black Box"?

In diesem Kapitel erfahren Sie u.a.:

■ Warum das richtige Verwalten und Managen der Arbeitsplatzsoftware Voraussetzung für ein aktives Lizenzmanagement ist.

■ Weshalb Sie sich mit dem Thema Softwareliste, Softwareportfolio
und Softwarewarenkorb beschäftigen sollten.

■ Ob ein prozessgesteuertes Softwareportfolio Kosten sparen helfen
kann.

■ Warum es wichtig ist, Software nur über einen genehmigten Softwarewarenkorb bestellfähig zu machen.

Am Ende dieses Kapitels verstehen Sie, weshalb es wichtig ist, einen
Überblick über sämtliche Softwareprodukte im Unternehmen zu besitzen
und warum Ihnen ein aufgeräumtes und verschlanktes Softwareportfolio
Kosten sparen kann.

3.1 Die Arbeitsplatzsoftware verwalten und managen

Seitdem Arbeitsplatzterminals (diese wurden und werden vereinzelt noch, zum Zugriff auf Anwendungen im Mainframe- und Hostbereich genutzt) Anfang der 1990er-Jahre mehr und mehr durch lokale Desktopcomputer ersetzt wurden, eröffneten sich vielfältige Möglichkeiten, die Geschäftsprozesse im Unternehmen durch die neue Computerwelt unterstützen zu lassen. Aufgrund der schnellen Verbreitung und hohen Akzeptanz wurden immer mehr Programme für den Einsatz auf einem Desktopcomputer entwickelt. Irgendwann war dann der kritische Punkt erreicht, an dem eine eigene Fachabteilung für die Verwaltung und Steuerung der Desktopsysteme einschließlich der Softwareverteilung eingerichtet werden musste. Solche Fachabteilungen sind entweder innerhalb der IT-Infrastrukturbereiche angesiedelt oder bilden eine eigene Unternehmenseinheit. Ihre Hauptaufgaben sind das Verwalten und Managen der im Unternehmen eingesetzten und einzusetzenden Software.

Unter den fünf größten Herausforderungen für CIOs in 2009 steht nach einer Experton-Prognose[1] die „Applikations-Portfolio-Management und Applikationsstrategie" bereits an zweiter Stelle. Die Auswertung der in Abbildung 3.1 gezeigten Umfrage bestätigt den durch Kostendruck ausgelösten Wunsch nach Standardisierung sehr deutlich.

Mit diesen Maßnahmen wollen deutsche Firmen 2009 Kosten senken (Angaben in Prozent)			
	Ja ■	Nein	
Standardisierung	67%	33%	
Automatisierung	59%	41%	
Schulung der Mitarbeiter	65%	35%	
Shared Service Center	28%	72%	
Outsourcing des IT-Service	16%	84%	
Cost Assessment	25%	75%	

Abbildung 3.1 Wie die Studie von Raad[2] zeigt, stehen Standardisierung, Automatisierung und Qualifizierung der Mitarbeiter im Vordergrund.

Um wettbewerbsfähig zu bleiben, Kosten zu sparen und ihre IT schlanker gestalten zu können, müssen sich die IT-Verantwortlichen jetzt verstärkt damit auseinandersetzen und möglichst viele Softwareapplikationen unter dem Kosten/Nutzenaspekt auf den Prüfstand

---

[1] Quelle: Experton Group, Computerwoche 30.12.2008
[2] Quelle: Raad Consult, Computer Zeitung 50/2008

stellen. Damit diese Aufgabe gelöst werden kann, müssen Sie sich einen Überblick über alle Softwareprodukte in Ihrem Unternehmen verschaffen und deren Bedeutung für Ihre Geschäftsprozesse bewerten und kritisch hinterfragen. Dieser Überblick setzt sich zusammen aus

- der Softwareliste,
- dem genehmigten Softwareportfolio und
- dem genehmigten Softwarewarenkorb.

Wie Abbildung 3.2 zeigt, ist dabei das genehmigte Softwareportfolio eine Untermenge der Softwareliste und der bestellbare Softwarewarenkorb wiederum eine Untermenge des genehmigten Softwareportfolios.

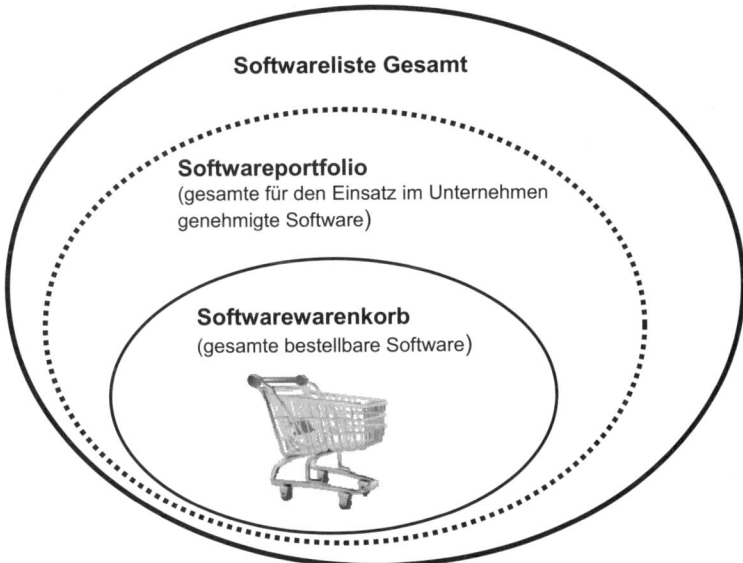

Abbildung 3.2 Die in einem Unternehmen existierenden Softwareanwendungen und ihre Verteilung

In großen Unternehmen kann das in Abbildung 3.2 gezeigte Verteilungsmodell schnell unübersichtlich werden. Es kann durchaus sinnvoll sein, innerhalb der jeweiligen Untermengen weitere Softwareportfolios bzw. Warenkörbe zu definieren, die entweder funktions- oder organisationsgetrieben abgebildet werden. Beginnen wir mit der Softwareliste.

Tipp:

Formulieren Sie klare Richtlinien für die ausschließlich zentrale Beschaffung von Software. Wenn eine zentrale Beschaffung nicht durchsetzbar oder wirtschaftlich nicht sinnvoll ist, sorgen Sie dafür, dass jede für das Unternehmen beschaffte Software an einem zentralen Punkt gemeldet werden muss. So erhalten Sie automatisch eine immer aktuelle Softwareliste. Diese Aufgabe kann beispielsweise vom Lizenzmanagement mit übernommen werden.

3.2 Die Softwareliste – Welche Software kommt ins Unternehmen?

Die Softwareliste sollte alle Softwareprodukte aufnehmen, die für das Unternehmen beschafft wurden, eingesetzt werden sollen bzw. zur Prüfung für einen Einsatz vorgesehen sind. Durchläuft die Software die Evaluierungs- und Testphase nicht erfolgreich, kann dies in der Softwareliste vermerkt werden, um bei einer späteren Anfrage Auskunft geben zu können, dass die angeforderte Software nicht mit den Unternehmensanwendungen kompatibel ist. Die Softwareliste dient so erst einmal als Sammelbecken für sämtliche Software und ist Ausgangspunkt für die weiteren Prozesse:

■ Kompatibilitätstest mit den bisherigen im Einsatz befindlichen Softwareprodukten

■ Bereitstellung der Software im globalen genehmigten Softwareportfolio nach erfolgreichem Test

■ Freigabe der Software für bestimmte Warenkörbe, damit dann die Software letztendlich über die Softwareverteilung bzw. manuelle Installation auf die PC-Arbeitsplätze gelangen kann.

Diese Informationen sollten in einer Softwareliste geführt werden:

■ Unternehmenseigene Software-Identifikationsnummer (Materialnummer)

■ Selbstentwickelte Software (J/N)?

■ Herstellername

■ Produktname laut Hersteller

■ Produktname im Unternehmen (hier gibt es oft eigene Namenskennungen)

■ Version

■ Sprache

■ Softwaremedium (Download, CD, DVD, USB, Speicherkarte, Diskette)

■ Plattform (Windows, UNIX, Apple etc.)

■ Softwarekategorie (z.B. „ecl@ss®"[3])

■ Beschreibung Softwarekategorie (z.B. Datenbanksoftware, Datensicherungssoftware)

■ SW-Klasse (steuert den strategischen Softwareeinsatz, mehr dazu in Kapitel 13 („Klassifizierung von Software")

■ Ist die Lizenz kostenpflichtig (J/N)?

■ Lizenzform (proprietär, Open Source)

■ Lizenzart (Einzelplatz oder Mehrplatzversion)

■ Lizenzklasse (Vollversion, Update, Upgrade)

---

[3] [eCl@ss®] ist ein eingetragener und geschützter Name des eCl@ss e.V., Köln (siehe auch www.eclass.de).

- Lizenztyp (beispielsweise pro Nutzer, pro Gerät)

- Lizenzmetrik (wie gezählt wird)

- Status (z.B. bestellbar, in Vorbereitung, Historie, abgekündigt, nicht bestellbar, kommt zum Einsatz, kommt nicht zum Einsatz etc.)

- Bestellfähig für den internen Mitarbeiter (J/N)?

- Bestellfähig nach Extern (J/N)?

- Produktverantwortlicher kaufmännisch

- Produktverantwortlicher technisch

- Wird paketiert (J/N)?

- Paketname

- Paket-Build

- Fachlicher Ansprechpartner für Paketierung

- Abnahme-Nr.

- Installationsart (manuell/automatisch)"

- Lokale Installation erforderlich (J/N)?

- Benötigt Rechte für Installation (J/N)?

- Welche Rechte erforderlich?

- UNC-Pfad für Ablage auf Software-Server (DSL[4])

- Supportstufe (z.B. S1,S2,S3 – Näheres dazu in Kapitel 13 „Einteilung von Software in Supportklassen")

- Zusatzdokumente

- Datum der Freigabe

- Freigabe erforderlich durch

- Wird in Softwareportfolio aufgenommen (J/N)?

- Wird freigeschaltet für welche Warenkörbe?

Aufgrund der vielfältigen Variationen und der unternehmensspezifischen Erfordernisse kann es viele weitere Aspekte geben, die mit aufgenommen werden sollten, je nachdem, ob Sie in dieser Liste alle Softwareprodukte (also beispielsweise Client, Server, Host) oder einzelne spezielle Anforderungen aus Ihrer Unternehmensumgebung abbilden wollen.

Wenn die neue Software für den Einsatz im Unternehmen zertifiziert wurde, können Sie im nächsten Schritt mit diesen Informationen Ihr aktives und genehmigtes Softwareportfolio abbilden (das kann durchaus eine weitere Liste sein, die durch die Softwareliste aufgrund von definierten Zuständen erzeugt wird).

---

[4] DSL = Definitive Software Library (ein Begriff aus ITIL für die erlaubten Softwareanwendungen im Unternehmen)

Hinweis:

Behalten Sie hierbei immer auch das Kosten/Nutzenverhältnis im Auge. Sicherlich ist es wirtschaftlich nicht sinnvoll, Softwareprodukte, die nur eine geringe Installationsstückzahl erreichen (beispielsweise <5), diesem Prozess zu unterwerfen. Das würde von Haus aus schon fast alle Box-Produkte bzw. FPPs betreffen.

Hier würde es genügen, die beschaffte Software in die Softwareliste einzutragen und sie im Warenkorb auf bestellbar zu setzen. Oft werden solche Softwareprodukte auch Sondersoftware genannt und mit speziell vereinbarten Richtlinien zur Installation und Nutzung freigegeben.

3.2.1 Softwareportfolio – Schutz vor Softwarewildwuchs

In kleineren Firmen, bis ca. 25 Mitarbeiter, können Sie als IT-Verantwortlicher eventuell noch ganz gut den Überblick über die eingesetzte Software behalten. In solch kleinen Firmen gibt es häufig keine Restriktionen, welche Software auf dem PC eingesetzt werden darf, die Standardprodukte für die Büroarbeit bzw. branchenübliche Softwareprodukte einmal ausgenommen. Allerdings besteht auch die Gefahr, dass der Softwarewildwuchs schnell gedeiht. Irgendwann ist die Situation unüberschaubar, und Sie können Ihre Software- und Lizenzkosten nicht mehr überblicken, abgesehen davon, dass unter Umständen die Lizenzkonformität nicht mehr gewährleistet werden kann. Das Softwareportfolio bildet die für den Einsatz im Unternehmen freigegebenen Softwareprodukte aus der Softwareliste ab. Ein aktiv verwaltetes und geführtes Softwareportfolio ist daher nicht nur für große, sondern auch für kleinere Unternehmen eine gute Basis, um das Lizenzmanagement erfolgreich zu implementieren.

Damit Sie auch in der Hand haben, welche Software in Ihrem Unternehmen eingesetzt werden darf, ist das Aufstellen von Regeln und Richtlinien enorm wichtig. Hierzu gehört z.B. auch, festzulegen, welche Softwareprodukte für die zentralen Geschäftsprozesse verwendet werden. Beispielsweise muss für den E-Mailverkehr Lotus-Notes eingesetzt werden oder für die Virenabwehr ein bestimmter Virenscanner. Diese Informationen können Sie durch die Einteilung der Softwareprodukte in strategische Softwareklassen abbilden (siehe auch Kapitel 13). Außerdem hat es sich als sehr nützlich erwiesen, die grundlegende Funktionsbeschreibung der Software als Kurzbeschreibung mit in das Softwareportfolio aufzunehmen. Damit können Sie z.B. dem Helpdesk-Mitarbeiter eine gute Hilfestellung geben, der die Anfrage nach einer Software beantworten muss, mit der eine bestimmte Aufgabenstellung gelöst werden soll. Beispielsweise, wenn ein Mitarbeiter wissen möchte, mit welchem im Unternehmen verfügbaren und genehmigten Produkt ein PDF-Dokument erzeugt werden kann. Eine weitere wichtige Information wäre, welches andere Produkt im Softwareportfolio ähnliche Funktionen zur Verfügung stellt. Ein klassisches Beispiel dafür sind die beiden am meisten angewendeten Programme zur Datenkomprimierung, WinZip® und WinRAR®. Je weniger Versionen und Varianten Sie in Ihrem Softwareportfolio vorhalten, umso einfacher können die Softwareprodukte und die dafür erforderlichen Lizenzen verwaltet werden. Gleichzeitig halten Sie damit das Softwareportfolio unter Kontrolle.

Tipp:

Die Beschreibung der Funktionen eines Softwareproduktes ist ein erster Ansatzpunkt, wenn Sie Produkte mit ähnlichen oder gleichen Funktionen finden wollen, um eine Produktbereinigung (Kosteneinsparung) im Softwareportfolio durchzuführen.

Hinweis:

Im genehmigten Softwareportfolio sollte keine Software mitgeführt werden, die in der Evaluierung die Anforderungen nicht erfüllen konnte.

3.2.2   Softwareportfolio managen – Kosten reduzieren

Von Zeit zu Zeit sollten Sie Ihr Softwareportfolio einer kritischen Prüfung unterziehen, ob die eingesetzte Software noch den Anforderungen an Ihre Geschäftsprozesse erfüllt. Prüfen Sie auch in regelmäßigen Abständen, ob Software im Portfolio ist, die ähnliche oder gleiche Funktionen erfüllt. Denken Sie dabei auch an die Prozesse und Services, die mit den im Softwareportfolio liegenden Softwareanwendungen verbunden sind. Das geht von der Paketierung der Software über Bereitstellung, Softwareverteilung, Update und Release-Management bis hin zu Ihren UserHelpDesk-Aktivitäten für jedes einzelne Softwareprodukt. Ein optimierter Prozess für die Aufnahme neuer Software in das bestehende Softwareportfolio kann bereits im Vorfeld erhebliche Kosten einsparen.

Wie dieser Prozess vereinfacht aussieht, zeigt Abbildung 3.3 auf der nächsten Seite.

Im Schritt 1 wird eine noch nicht im Unternehmen eingesetzte Software über eine Freitextbestellung angefordert (unqualifizierter Softwarebedarf). Es wird zunächst geprüft, ob die Software in die IT-Unternehmenslandschaft passt (Schritt 2 in Abbildung 3.3).

Gleichzeitig wird geprüft, ob ein bereits vorhandenes Softwareprodukt im Softwareportfolio ähnliche oder gleiche Eigenschaften besitzt, um die geforderten Anforderungen zu erfüllen. Ist dies nicht der Fall, muss eine Evaluierung (Teststellung) initiiert werden. Dies erfolgt über Prozessschritt 7 („Auftrag für Softwarebereitstellung“).

Wurde der Teilprozessschritt durchlaufen, erhält die angeforderte Software entweder eine Freigabe oder eine Ablehnung. Beide Zustände werden in der Softwareliste unter der erteilten Auftragsnummer protokolliert. Wurde die Freigabe erteilt, wird die Software offiziell in das genehmigte Softwareportfolio aufgenommen. Jetzt können weitere Prozessschritte ausgeführt werden, beispielsweise die Entscheidung, ob eine Paketierung erfolgen soll. Sind alle notwendigen Prozessschritte abgearbeitet, wozu auch gehört, Softwarelizenzen rechtzeitig und ausreichend zu beschaffen, kann die neu aufgenommene Software in den bestellbaren Softwarewarenkorb überführt werden, so dass der nächste Mitarbeiter die Software nicht mehr über eine „Freitextanforderung“ bestellen muss.

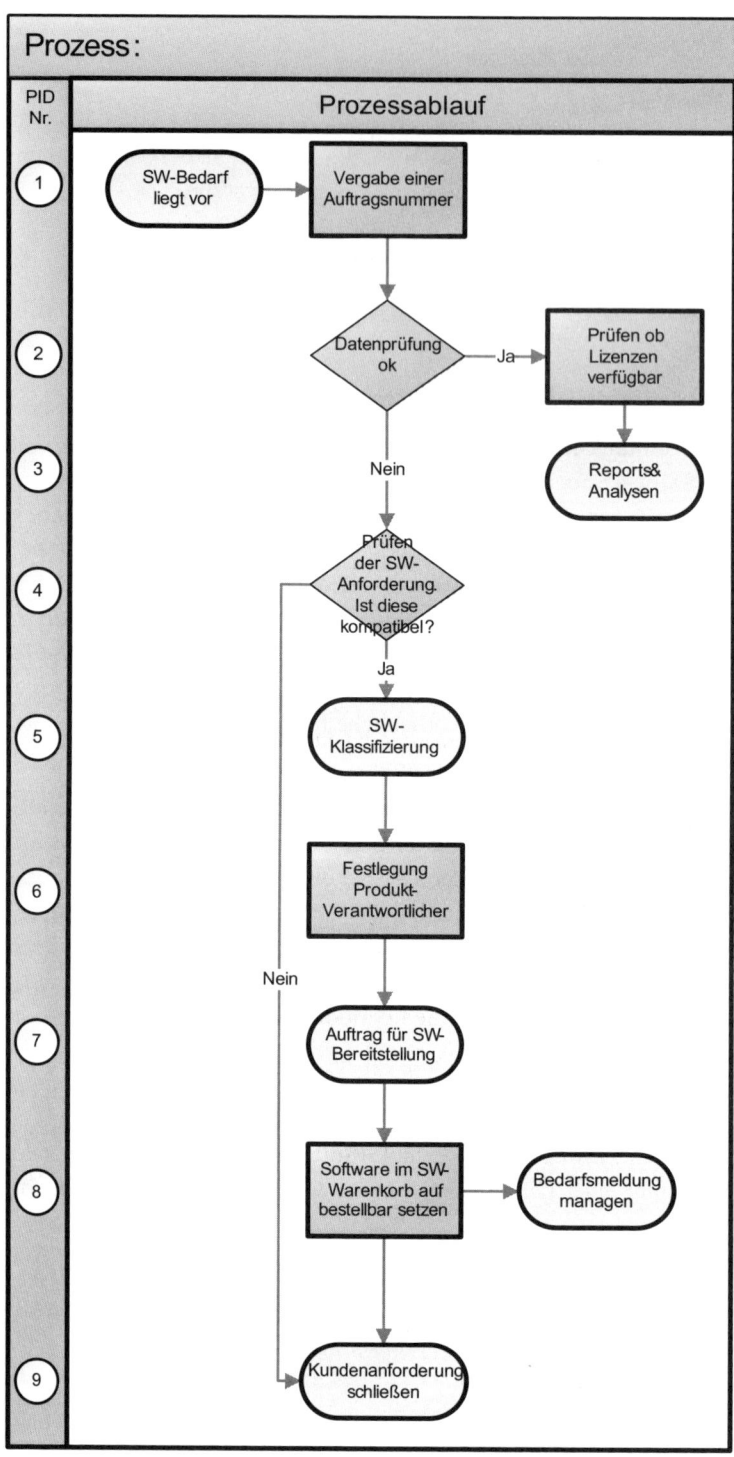

Abbildung 3.3 „Softwareportfolio managen" – Beispiel für einfachen Prozess-Workflow

3.2.3 Softwarewarenkorb – Basis für das Lizenzinventar

Das genehmigte Softwareportfolio ist wiederum die Grundlage für den Softwarewarenkorb. Der Softwarewarenkorb bildet die gesamte bestellbare Software ab, die ein Unternehmen seinen Mitarbeitern zur Verfügung stellt. Im Warenkorb können Sie dann zusätzlich über verschiedene Zustände steuern, welches Softwareprodukt beispielsweise in Abhängigkeit von der Abteilungs- bzw. Kostenstellenzugehörigkeit für den einzelnen Mitarbeiter wirklich bestellbar ist oder ob das Softwareprodukt vielleicht nur für bestimmte Standorte erlaubt ist, weil die Nutzungsbedingungen des Herstellers das so vorgeben.

> **Hinweis:**
> Der Softwarewarenkorb bildet die tatsächlich bestellbare Software ab. Beispielsweise kann es sein, dass eine für den Einsatz im Unternehmen genehmigte Software im Softwareportfolio aufgeführt ist und auch eingesetzt wird, aber z.B. ab einem bestimmten Zeitpunkt (beispielsweise wegen einer bevorstehenden Migration) nicht mehr intern und extern bestellt werden darf. In diesem Fall wäre zwar die Software noch im genehmigten Softwareportfolio, der Status wird aber im Softwarewarenkorb auf „nicht mehr bestellbar" gesetzt.

Die Softwareliste, das Softwareportfolio und der Softwarewarenkorb bilden in einer geordneten Struktur alle Softwareprodukte des Unternehmens ab. Für ein Lizenzmanagement sind aber nicht nur die Kenntnis der vorhandenen Softwareprodukte im Unternehmen als Basis für das Lizenzinventar wichtig, sondern auch die Anzahl der davon getätigten Installationen. Wenn Sie jetzt sicherstellen, dass durch die Mitarbeiter nur noch Software aus dem offiziellen Softwarewarenkorb angefordert werden darf, sollten Sie in Ihren Anforderungs- und Genehmigungsprozess eine Routine einbauen, um prüfen zu können, ob noch verwendbare Lizenzen im Haus respektive im Lizenzpool vorhanden sind, bevor eine externe Bestellung an den Lieferanten ausgelöst wird. Eine Alternative wäre, der Softwareanforderung des Mitarbeiters ohne Prüfung auf ausreichend vorhandene Lizenzen stattzugeben und durch einen entsprechenden periodischen Report zu gewährleisten, dass der Einkauf nötigenfalls Lizenzen nachbeschafft (vorausgesetzt, der Software-Hersteller erlaubt Ihnen eine solche Vorgehensweise in seinen Nutzungsbedingungen, denn Sie sind ja für eine gewisse Zeit unterlizenziert). Hier müssen Sie also in Ihren Prozessen sicherstellen, dass beide Seiten, Einkauf und Technik (Softwareverteilung), miteinander kommunizieren und die Gefahr einer Unterlizenzierung sowie deren mögliche Rechtsfolgen vermieden werden.

> **Fazit:**
> Damit die Softwarebestände keine Blackbox für Sie werden, sollten alle jemals in das Unternehmen eingebrachten Softwareprodukte in eine Softwareliste aufgenommen werden. Das zu erstellende Softwareportfolio nimmt alle genehmigten Softwareanwendungen aus der Softwareliste auf und bildet die Basis für die bestellbaren Softwareprodukte im Softwarewarenkorb. Wollen Sie in Ihrem Unternehmen den (eventu-

ell bestehenden) Softwarewildwuchs erfolgreich eindämmen, ist es unabdingbar, entsprechende Prozesse mit den technischen und organisatorischen Strukturen aufzubauen. Nur so können Sie die Grundlagen für ein erfolgreiches Lizenzmanagement schaffen.

Teil II:
Der Aufbau des Lizenzmanagements

4 Das Lizenzmanagement-Projekt starten

In diesem Kapitel erfahren Sie u.a.:

- Die zehn wichtigsten Regeln für den Aufbau eines Lizenzmanagements.

- Weshalb es wichtig ist, die Voraussetzungen für einen Projektstart zu schaffen.

- Warum klare Rollen und Verantwortlichkeiten definiert werden sollten.

- Weshalb die möglichen Risiken im Rahmen des Lizenzmanagements eingeschätzt und bewertet werden sollten.

Sie erfahren, weshalb es für den erfolgreichen Start eines Lizenzmanagement-Projekts so wichtig ist, die Unterstützung der Geschäftsleitung zu bekommen. Außerdem erhalten Sie Argumente für die Einführung eines Lizenzmanagement-Projektes und erfahren, welche Voraussetzungen für den Projektstart von Bedeutung sind.

Viele Unternehmen sind sich bewusst, dass sie in Sachen Lizenzmanagement Nachholbedarf haben, wissen aber nicht, wie sie dieses Problem in den Griff bekommen. Eine Überprüfung und ehrliche Analyse der aktuell praktizierten Software- und Lizenzverwaltung sollten der Ausgangspunkt für den Start zur Einführung eines Lizenzmanagements sein. Mögliche Schwachstellen bei der Beschaffung von Software müssen aufgedeckt und die Risiken für eine mögliche Unter- oder Überlizenzierung eingeschätzt werden.

Machen Sie sich realistische Gedanken über die derzeitige Situation zu diesen speziellen Themen im Unternehmen:

- Wie wird sich die Situation entwickeln, wenn keine Veränderungen in Angriff genommen werden?

- Welche Risiken und Gefahren entstehen, wenn der Status quo nicht verändert wird?

- Welche Nachteile können für das Unternehmen entstehen (Rechtmäßigkeit, zu hohe Kosten, Transparenz nicht gegeben, Imageschaden)?

- Welche Vorteile und Defizite sind dabei erkennbar?

- Warum wird derzeit so und nicht anders gehandelt/gearbeitet?

Zu Beginn des Lizenzmanagement-Projektes müssen Sie sich auch einen Überblick über die tatsächliche Lizenzsituation in Ihrem Unternehmen verschaffen. Die folgende Checkliste kann dabei ein wenig Unterstützung bieten.

Checkliste: Überblick über die Ist-Situation

- Haben Sie einen unternehmensweit einheitlichen Softwarebeschaffungsprozess?

- Werden Softwarebeschaffungen bei Ihnen zentral oder dezentral abgewickelt?

- Welche Abteilung(en) sind für die Softwarebeschaffung zuständig?

- Bei wie vielen unterschiedlichen Händlern kaufen Sie Ihre Softwareprodukte ein?

- Wurde in Ihrem Unternehmen bereits ein(e) Hauptverantwortliche(r) für die Software (kaufmännisch betrachtet) benannt?

- Besitzen Sie einen Überblick, welche Arten von Lizenzen Sie erworben haben?

- Erhalten Sie Unterstützung bei der Führung von Lizenznachweisen?

- Wo werden die Lizenzvereinbarungen aufbewahrt, und wie werden sie aktuell gehalten?

- Können Sie adhoc die unternehmenskritischen Softwareprodukte identifizieren und benennen?

- Wer stellt im Unternehmen die Software wie bereit?

- Haben Sie einen Prozess, der Ihre einzusetzende Software prüft und freigibt (Softwareportfolio, Softwarewarenkorb)?

- Gibt es für jedes eingesetzte Softwareprodukt einen Produktverantwortlichen?

Diese Checkliste soll Ihnen nicht nur dabei helfen, Ihren derzeitigen Status festzustellen, sondern gleichzeitig als Grundlage dienen, um mögliche Schwachstellen zu erkennen und Ziele zur Optimierung zu definieren.

Doch bevor wichtige Themen wie beispielsweise Rechtssicherheit schaffen, Transparenz herstellen, aber auch Softwarestandardisierung und Kosteneinsparungen angegangen werden können, ist ein Fahrplan erforderlich. Ansatzpunkte dafür gibt es einige, für einen ersten groben Rahmen werfen Sie einen Blick auf die folgenden „Zehn Regeln für ein Lizenzmanagement".

4.1 Die zehn wichtigsten Regeln

Die hier niedergeschriebenen zehn Regeln sind als Denkanstoß zu verstehen, damit Sie sich mit den wichtigsten Aspekten in Ihrem Lizenzmanagement-Projekt auseinandersetzen können.

Zehn Regeln für das Lizenzmanagement

1. **Erarbeiten Sie rechtliche Risiken und mögliche Einsparpotenziale.**
   Zeigen Sie die rechtlichen Risiken auf, die bei einer möglichen Unterlizenzierung drohen, aber auch welche kurz-, mittel- und langfristigen Einsparpotenziale zu erwarten sind sowie die Vorteile und den zu erwartenden Nutzen für das Unternehmen, um die erforderliche Unterstützung für das Lizenzmanagement-Projekt zu bekommen.

2. **Organisieren Sie Ihr zukünftiges oder laufendes Lizenzmanagement.**
   Wenn jede Fachabteilung ihr eigenes Lizenzmanagement betreibt, nützt Ihnen das sehr wenig. Nur klare unternehmensweite Verantwortlichkeiten für die Softwarebeschaffung und Verwaltung schaffen Ordnung im Lizenzdschungel.

3. **Erstellen Sie ein aktuelles Lizenzinventar.**
   Ein Lizenzinventar enthält sämtliche kaufmännischen Informationen zur jeweiligen Software, die für das Unternehmen erworben wurde und im Einsatz ist, sowie die vereinbarten Nutzungsrechte und Lizenzmetriken. Nehmen Sie dafür Ihr Softwareportfolio zu Hilfe, und verschaffen Sie sich einen Überblick über die Anzahl der erworbenen Lizenzen.

4. **Standardisieren Sie Software, und sparen Sie auf diese Weise Kosten.**
   Wenn Sie in Ihrem Unternehmen einen Software-Zoo beherbergen, können Sie nur schwer den Überblick und die Kontrolle über die zu verwaltenden Softwarelizenzen behalten. Die eingesetzten Produkte müssen auf den Prüfstand, um eine Reduzierung zu erreichen. Hier gilt: Pro Funktion (beispielsweise um Daten zu komprimieren) möglichst nur ein Produkt einsetzen.

5. **Machen Sie Verträge transparent.**
   Es muss sowohl für die IT-Abteilung als auch für die Fachbereiche transparent sein, welche Softwareprodukte mit welchen Nutzungsbestimmungen wie eingesetzt werden dürfen.

6. **Vereinheitlichen Sie Lizenzmetriken.**
   Die Lizenzmetriken in Ihrem Unternehmen können aus der Vertragshistorie heraus und durch schnellen Wandel bei den verschiedenen Lizenzmodellen recht unterschiedlich sein. Untersuchen Sie Ihre laufenden Verträge auf mögliches Einsparpotenzial, beispielsweise durch eine mögliche Umstellung der Lizenzmetrik, wenn es die Nutzungsbedingungen erlauben.

7. **Steuern Sie Softwarebeschaffungen zentral.**
   Wenn der Softwareeinkauf abteilungsgetrieben ist und eventuell von verschiedenen Personen verantwortet wird, können Sie keine vernünftige Lizenzmanagement-Steuerung erwarten. Stellen Sie sich der Herausforderung, und organisieren Sie Ihren Softwareeinkauf zentral.

8. **Prüfen Sie regelmäßig Ihre Softwarekosten.**
   Aus der Gewohnheit heraus werden oft Rechnungen ungeprüft abgehakt und der Wareneingang gesetzt. Nicht selten ändern sich aber Preise und Konditionen bei Herstellern oder Lieferanten. Wenn Ihre Softwareverträge es zulassen, können Sie mit Nachverhandlungen Kosten reduzieren.

9. **Planen Sie einen möglichen Tool-Einsatz richtig.**
   Ein Lizenzmanagement Tool alleine gibt noch kein aktives Lizenzmanagement. Stellen Sie Ihre Prozesse auf den Prüfstand, und optimieren Sie diese. Ein vernünftiges Tool, das auch in Ihre IT-Landschaft passt, muss sich Ihren Prozessen anpassen und nicht umgekehrt.

10. **Sensibilisieren Sie Ihre Mitarbeiter.**
    Machen Sie Ihre Mitarbeiter im Umgang mit Lizenzen fit. Veranstalten Sie Seminare und Workshops, um Aufklärung zu leisten, beispielsweise darüber, was es bedeutet, wenn unlizenzierte Software im Unternehmen eingesetzt wird bzw. ungenutzte Lizenzen nicht gemeldet werden.

4.2 Voraussetzungen für den Start schaffen

Seien Sie sich bewusst, dass aktives Lizenzmanagement ein Prozess ist, der das ganze Unternehmen erfasst. Dabei ist ein Lizenzmanagement-Projekt keinesfalls in wenigen Wochen erledigt. Auch wenn manche großen Toolanbieter versprechen, in wenigen Stunden ein Lizenzmanagement bei Ihnen zu installieren, wird das nicht funktionieren, wenn die Komplexität des großen Ganzen verkannt wird. Die Toolhersteller haben recht schnell ihre Software bei Ihnen implementiert, aber haben oder können Sie auch genauso schnell Ihre Unternehmensprozesse verändern und anpassen? Da steckt nämlich oft der Teufel im Detail. Außerdem sollte sich das Tool, wie gesagt, an Ihre Prozesse anpassen können und nicht Ihre Prozesse an das Tool.

Der in den Unternehmen anzutreffende Bestand an Softwarelizenzen stellt vielerorts einen erheblichen Vermögenswert dar. Deshalb liegt eine zielorientierte Planung und ein durchdachter Einsatz der Software im Interesse eines jeden Unternehmens. Aber nur wenige Unternehmen schaffen die notwendigen organisatorischen Voraussetzungen, um Lizenzmanagement effektiv und effizient zu betreiben. Eine aktuelle Übersicht, wie groß der aktuelle Bestand an Softwarelizenzen im Unternehmen überhaupt ist, haben nur ganz wenige. Die Zuordnung von Lizenzen zu einzelnen Mitarbeitern oder Arbeitsplätzen bereitet noch erheblich mehr Schwierigkeiten. Bedenken Sie aber, dass auf diese Weise wesentliche Sparpotenziale ungenutzt bleiben.

Häufige Beschaffung von Software durch kurzfristige und unkontrollierte Anforderungen führt schnell dazu, dass der Überblick über die eingesetzten Softwareprodukte und die erworbenen Lizenzen verloren geht.

Am Anfang steht der Projektauftrag

Beachten Sie bitte, dass Sie für die erfolgreiche Umsetzung Ihres Projektauftrags die volle Rückendeckung durch ihre Geschäftsleitung benötigen, damit in den anzusprechenden und zu involvierenden Fachabteilungen Gehör und Aktivitäten für Ihr Projekt erwartet werden können. Denn die Erfahrung zeigt auch, dass die notwendigen Zuarbeiten für das Lizenzmanagement-Projekt oftmals zusätzlich zu den anderen betrieblichen Aufgaben im Tagesgeschäft erledigt werden müssen. Sollten Sie ohne Rückhalt aus der Geschäftsleitung Unterstützung bei den Fachabteilungen einfordern wollen, werden Sie sicherlich auf einem der hinteren Prioritätenränge landen.

Vor Ihnen liegt nun der Auftrag, ein unternehmensweites Lizenzmanagement zu planen und einzuführen. Wie fangen Sie nun am besten an?

Kommt der Auftrag nicht direkt von der Geschäftsleitung, sondern aus einer der unteren Ebenen, sollten Sie Ihre erste und wichtigste Aufgabe darin sehen, sich aus den oben bereits genannten Gründen um interne Unterstützung für Ihr Lizenzmanagement Projekt in der Geschäftsleitung zu bemühen. Um die Geschäftsleitung von den Vorteilen des Lizenzmanagement Projektes zu überzeugen, arbeiten Sie Ihr Konzept umfassend und vollständig aus, benennen Sie klare, erreichbare Ziele, den erzielbaren Nutzen, und überzeugen Sie damit Ihre Geschäftsleitung, dieses Lizenzmanagement-Projekt zu genehmigen und gleichzeitig durch Sie leiten zu lassen.

Sofern Sie den Projektauftrag nicht selbst mitformuliert haben, sollten Sie sich diesen inhaltlich genau betrachten. Sehr oft formulieren Mitarbeiter im Auftrag der Geschäftsleitung den Projektauftrag, ohne zu ahnen, welche Komplexität in diesem Thema stecken kann. Es ist nicht zielführend, Lizenzmanagement nach dem Motto „ganz oder gar nicht" einzuführen. Prüfen Sie deshalb Ihren Auftrag genau, und versuchen Sie vielmehr, die gesetzten Zielvereinbarungen in abnahmefähige Meilensteine umzusetzen. So können Sie beispielsweise unter verschiedenen unternehmensspezifischen Gesichtspunkten an die Lösung des Auftrags herangehen. Beispielsweise ist es sinnvoll, in einem ersten Schritt nur die Zielvereinbarungen für die Desktopanwendungen (Objekttyp: Client) umzusetzen und dann in einem zweiten Schritt die Server-Welt mit abzubilden. Denn hier sind sehr häufig die Lizenzmodelle umfangreicher und die Abbildung der Lizenzmetriken komplexer und deswegen als erste Ergebnisstufe für das Lizenzmanagement-Projekt nicht zu empfehlen.

Im Client-Umfeld ist die Forderung, Lizenz-Compliance herzustellen, aufgrund der einfachen Lizenzmetriken (Pro-Kopie-Pro-Gerät oder Pro-Kopie-Pro-Nutzer) zunächst einfacher zu erfüllen. Die Erfahrung aus meinen Projekten lehrt auch, dass im Client-Umfeld ein größeres Einsparpotenzial schlummert als im Server- oder Host-Umfeld. Zudem ist ja die Herstellung von Rechtssicherheit der Hauptaspekt für die Einführung eines Lizenzmanagement-Projektes, denn oftmals geht es auch darum, einen angekündigten Audit eines Softwareherstellers vorzubereiten.

> **Hinweis:**
> Genauso wichtig wie die anvisierten Ziele für den Projektauftrag zu formulieren ist es, zu beschreiben, was erst einmal zu Beginn des Projektes bzw. vor Erreichen eines ersten Meilensteins oder Punktes auf der Roadmap nicht explizit im Fokus steht, also „out of scope" ist. Sonst wird Ihr Projekt sehr schnell in unruhiges Fahrwasser geraten.

4.3 Ziele und Nutzen für den Projektauftrag definieren

Die allgemeinen Ziele für die Einführung eines Lizenzmanagements wurden bereits in Kapitel 1.3 „Allgemeine Ziele" ausführlich vorgestellt. An dieser Stelle will ich sie noch einmal stichpunktartig zusammengefasst aufführen, damit Sie sich einen Fahrplan für die Formulierung Ihres Projektauftrages, der von der Geschäftsleitung genehmigt werden soll, aufstellen können. Denken Sie bei einer möglichen Begründung für die Einführung eines Lizenzmanagement-Projektes daran, dass schon mit der ersten Softwareanwendung festgestellt werden könnte, ob Ihr Unternehmen über- oder unterlizenziert ist.

Welche allgemeinen Ziele können Sie formulieren?

- Die bisherigen Vorgehensweisen und Prozesse in der Softwarebeschaffung und Softwareverteilung sind zu überprüfen.
- Die bestehenden Software-Life-Cycle-Prozesse sollen analysiert und deren Reifegrad bestimmt und wenn erforderlich angepasst und optimiert werden.
- Die Möglichkeiten zur Kostenvermeidung und möglichen Einsparpotenzialen sollen aufgezeigt werden.
- Das Vertragsmanagement soll optimiert und transparent gestaltet werden.
- Rechtssicherheit ist zu schaffen.
- Die Qualitätssicherung der Inventarisierungs- und Lizenzdaten mit Bilanzerstellung (Compliance) soll gewährleistet werden.
- Ein Softwareasset- und Lizenzmanagement-Tool soll eingeführt werden.

Formulieren Sie diese Ziele für alle Softwareprodukte sowohl im Client- als auch im Server-Umfeld sowie für alle anderen Bereichen, denen Sie sich im Rahmen des Lizenzmanagement-Projektes zuwenden wollen (beispielsweise: Handhelds, PDAs,[1] Netzwerk, Telekommunikation, Mainframe).

Berücksichtigen Sie bei der Zielformulierung auch, dass sich IT-Technologien heutzutage schnell ändern und ausbreiten. Darauf sollten Sie ebenfalls achten. Beziehen Sie beispielsweise die mobilen Geräte mit ein, deren Zahl rasant wächst und die schon heute häufig mit abgespeckten bzw. angepassten Softwareversionen arbeiten, die irgendwann auch lizenztechnisch verwaltet werden müssen. Hier steckt zwar die technische Softwareverteilung gegenüber den ausgereiften Prozessen und Systemen aus der Client-Welt noch in den Anfängen, wird sich aber sehr schnell weiterentwickeln. Das alles sollte beim Festlegen Ihrer realistischen Ziele in einem kalkulierbaren Rahmen (Zeit und Budget) Beachtung finden.

Neben den Zielen sollte der von Ihnen zu verfassende Projektauftrag auch den Nutzen des Lizenzmanagements herausstellen. Als Ausgangspunkt für Ihre Formulierungen können Ihnen die folgenden Stichpunkte helfen.

Nutzen eines Lizenzmanagement-Projekts

■ Einhaltung nationaler und internationaler Gesetze.

■ Einhaltung von Herstellervorgaben und deren Nutzungsbestimmungen.

■ Die Unternehmenssituation transparent darstellen (Revision).

■ Herstelleraudits lassen sich fast ohne Vorbereitungszeit – und damit ohne zusätzliche Aufwände/Kosten – unproblematisch durchführen.

■ Die rechtzeitige strategische Planung von Softwareeinkäufen wird möglich.

■ Die Position bei Vertragsverhandlungen gegenüber den Software-Herstellern kann verbessert werden.

■ Es können Einsparungen durch Standardisierung und Lizenzpooling erzielt werden.

■ Prozesskosten können optimiert werden.

Die aufgeführten Punkte geben Ihnen bestimmt genügend Material an die Hand, um einen aussagekräftigen Projektauftrag zur „Einführung eines Lizenzmanagements" für Ihre Geschäftsleitung überzeugend formulieren zu können.

---

[1] [PDA] Personal Digital Assistent, Gerät für mobile Terminverwaltung, E-Mail, heute meist mit Telefonfunktion; ein typischer Vertreter dieser Gattung ist der „Blackberry" oder das „iPhone".

4.4   Rollen und Verantwortlichkeiten klar verteilen

Sie werden bei Ihrem Lizenzmanagement-Projekt auf die Unterstützung vieler Mitwirkender angewiesen sein, da sich das Projekt nicht auf einen eng abgesteckten Unternehmensbereich beschränken lässt, sondern quer durch alle Bereiche führt. Legen Sie als Erstes eine oder mehrere Personen fest, die sich innerhalb des zu startenden Projektes mit dem Thema Lizenzmanagement im Unternehmen beschäftigen sollen. Je nach Größe der zu bewältigenden Aufgaben kann das eine Person oder gleich eine kleine Gruppe sein, die diese Aufgaben übernehmen soll. Die aus dem Projekt herausgearbeiteten Aufgabenstellungen für ein zukünftiges Lizenzmanagement müssen durch neu geschaffene Rollen wie beispielsweise die eines Lizenzmanagers (siehe Kapitel 8 „Die Rolle Lizenzmanager") bearbeitet und gelöst werden. In großen Unternehmen wird dafür meistens eine eigene Abteilung gegründet und eingerichtet, sofern in Grundzügen noch kein derartiger Verantwortungsbereich existiert.

Wo wird das Lizenzmanagement am besten platziert?

Sehr oft wird der neue Fachbereich „Lizenzmanagement" innerhalb der Einkaufsabteilung eingerichtet, da meistens auch der Einkauf die Softwareverträge und Lizenzeinkäufe verantwortet. Nicht selten habe ich das Lizenzmanagement auch schon im Bereich der Rechtsabteilung angetroffen. Grundsätzlich kann nicht gesagt werden, wo die eigentliche organisatorische Heimat des Lizenzmanagements ist. Es sind verschiedene Variationen denkbar und je nach Unternehmenssituation auch anzutreffen. Fest steht, dass künftig alle Fachabteilungen, der Einkauf, die Technik und die Rechtsabteilung sehr eng zusammenarbeiten müssen.

Wer kann das Projekt noch mit unterstützen?

Weil das Lizenzmanagement noch eine junge Disziplin ist, können die Unternehmen nicht immer auf Spezialisten aus den eigenen Reihen zurückgreifen. Holen Sie sich deshalb, wenn nötig und sinnvoll, externe Unterstützung hinzu. Gerade zu Beginn eines solchen Unterfangens besteht sehr schnell die Gefahr, die falsche Richtung einzuschlagen. Externe Lizenzmanagement-Partner unterstützen Sie bei den Vorbereitungen und bringen sehr viel Erfahrung aus anderen Lizenzmanagement-Projekten mit ein, die Sie bestimmt bei der einen oder anderen Fragestellung zur Lösung verwenden können.

4.5 Die Risiken einschätzen und bewerten

Die zunehmende Bedeutung des Themas „Lizenzmanagement" verdeutlicht einen tiefgreifenden Wandel der heutigen Unternehmensstrukturen im Hinblick auf den Umgang mit immateriellen Vermögensgegenständen. Software wird immer mehr als ein wichtiger Bestandteil für die Unterstützung der Geschäftsprozesse erkannt. Weil die Unternehmensstrukturen und Prozesse heute mehr denn je vom Funktionieren der IT abhängig sind, darf die Bedeutung der Software nicht unterschätzt werden. Sicherlich kostet die Einführung eines Lizenzmanagement-Projektes erst einmal Geld, Ressourcen und Arbeitskraft. Demgegenüber müssen Sie aber sehen, wie groß das Risiko ist, dass ein Softwarehersteller ein Audit bei Ihnen durchführen lässt und Sie sich eventuell der Gefahr aussetzen, dass Ihr Geschäftsbetrieb durch eine Unterlassungsklage akut gefährdet wird.

Diese Wahrscheinlichkeit steigt aufgrund der derzeitigen Wirtschaftslage und der immer stärker werdenden Aktivitäten der BSA von Monat zu Monat. Mittlerweile geht Microsoft davon aus, dass unlizenzierte Versionen oder Raubkopien von Microsoft Software jährlich im Wert von 1,85 Milliarden US-Dollar eingesetzt werden.[2] Dieses Argument ist stark genug, um die Zügel anzuziehen und das Thema unter dem Schlagwort „SAM (Software-Asset-Management)" im Markt stärker zu adressieren.

Nicht nur die Risiken, die von außen einwirken können, sind im Vorfeld zu betrachten und zu bewerten. Wichtig ist auch das Erkennen der internen Risiken, die eine erfolgreiche Durchführung des Lizenzmanagement-Projektes gefährden könnten, zu identifizieren. Das können ganz banale Risiken sein, wie beispielsweise, dass die benötigten Mitspieler einfach nicht genügend Zeit für das Projekt zur Verfügung stellen können. Denken Sie nur an die im Tarifvertrag festgelegten Wochenarbeitszeiten u.v.a.m.

Ein weiteres zu bewertendes Risiko ist der Aspekt, was es ein Unternehmen im Zweifelsfall kosten kann, *kein* adäquates Lizenzmanagement einzuführen?

Welche Risiken können auf Sie zukommen?

- Es drohen Geschäftsprozess- oder Serviceunterbrechungen.

- Wegen Raubkopien oder der Installation nicht autorisierter Software können Sicherheitslücken entstehen.

- Wegen nicht autorisierter Software können Probleme im Ablauf der Geschäftsprozesse auftreten und beträchtlichen Schaden anrichten (beispielsweise durch die Verbreitung von Viren).

- Das Unternehmen und seine Verantwortlichen können für die Nichteinhaltung der Rechtmäßigkeit (unlizenzierter Software) haftbar gemacht werden.

- Klagen des Softwareherstellers bewirken u.U. einen großen Imageschaden für das Unternehmen.

---

[2] Quelle: Microsoft Corporation 2006

Zeigen Sie vor allem Ihrer Geschäftsleitung auf, welche Risiken auf das Unternehmen zukommen könnten, wenn Sie beispielsweise im Zuge der Kontrollen eines Softwareherstellers dazu gezwungen werden, Teile oder die komplette IT-Infrastruktur abzuschalten. Nur wenn Sie die potenziellen Risiken kennen und die Vorteile eines strukturierten Lizenzmanagements aufzeigen, können Sie Ihren Standpunkt auch Ihrer Geschäftsleitung gegenüber besser vertreten. Ergreifen Sie aber auch die Chance, Ihrem Unternehmen Rechtssicherheit und Transparenz zu verschaffen.

> **Fazit:**
>
> Nachdem erkannt wurde, dass das Thema Lizenzmanagement stärker beachtet werden muss, weil sich sonst unter Umständen unternehmensgefährdende Situationen ergeben können, sollte ein Lizenzmanagement-Projekt gestartet werden. Dabei sind die möglichen Kosteneinsparungen nur ein Aspekt. Verstehen Sie das Lizenzmanagement als eine wichtige, wenn auch manchmal schwierige Managementaufgabe im Dienste einer effizienten und kostenbewussten Unternehmensführung.

5 Den Projektplan aufstellen

In diesem Kapitel erfahren Sie u.a.:

- Was zum Projektstart gehört.
- Warum eine Roadmap definiert werden soll.
- Warum es wichtig ist, Projektphasen und Meilensteine zu erarbeiten.
- Weshalb Arbeitspakete festgelegt werden sollten.
- Welche möglichen Baustellen es zu identifizieren und zu bewältigen gilt.

Sie erfahren etwas über die grundlegenden Voraussetzungen für die Erstellung eines Projektplans, mit Hinweisen und Tipps, bezogen auf die erfolgreiche Einführung eines Lizenzmanagements, warum eine Roadmap zur klaren Zieldefinition und zum Projekterfolg beitragen kann und welche grundlegenden Arbeitspakete und Meilensteine zu formulieren sind. Zum Schluss werden noch einige wichtige Baustellen genannt.

Projekte und Projektpläne gibt es, seit es Ideen gibt. Projekte sind nicht nur innovativ und manchmal mit hohen Kosten verbunden, sondern beinhalten immer auch schwer kalkulierbare Unsicherheitsfaktoren und Risiken. Wie bei allen anderen Projekten sollten Sie den Planungsaufwand und die Komplexität eines Lizenzmanagement-Projektes nicht unterschätzen, vor allem wenn Sie gleich alle Objekttypen (Client, Server, Host, TK und Netze) betrachten müssen. Planen Sie das Projekt deshalb besonders sorgfältig und gewissenhaft, um es durch die Genehmigungsphase zu bringen. Beziehen Sie auch in Ihre Überlegungen mit ein, welche Unternehmensbereiche anzusprechen sind. Beispielsweise sollten Sie zumindest Vertreter aus dem Einkauf, der oder den IT-Abteilungen, der Rechtsabteilung, der Revision oder aus dem Betriebsrat ständig oder für bestimmte Zeiten mit ins Boot nehmen.

5.1 Was gehört zum Projektplan?

Der Prozess der Projektvorbereitung beginnt normalerweise mit der Formulierung der Projektidee und endet mit dem schriftlich fixierten Projektauftrag, der einen konkreten Projektplan beinhaltet. Die Projektidee, Lizenzmanagement einzuführen, entsteht meistens durch Umsetzungswünsche oder Problemzwänge, die die Dinge, würde man nichts unternehmen, verschlechtern würden.

Überlegen Sie auch, ob es nicht eventuell sinnvoll ist, ein Vorprojekt in Form einer Studie zu planen, denn bereits in der Planungsphase werden Ressourcen benötigt, und es müssen beispielsweise organisatorische, technische und evtl. rechtliche Voraussetzungen geschaffen werden. Das Ziel eines Vorprojektes ist es, einen genau spezifizierten Projektantrag zu formulieren. Schaffen Sie dafür entsprechende Voraussetzungen, und achten Sie darauf, dass die Anforderungen, die das Projekt stellt, möglichst wenig mit den Linienaufgaben kollidieren.

> **Tipp:**
> Überlegen Sie sich für Ihr Projekt einen aussagekräftigen Kurznamen. Damit erleichtern Sie sich nicht nur die Dokumentationsarbeit, sondern Sie leisten damit auch ein Stück Marketingarbeit, was bei Lizenzmanagement-Projekten für die interne Unternehmenssituation sehr wichtig werden kann. Am besten prägt sich ein Begriff ein, der durchaus eine Abkürzung der Projektbeschreibung sein kann, beispielsweise „LuV" (Lizenz- und Vertragsmanagement), oder „LimaP" (Lizenzmanagement-Projekt).

5.1.1 Das Ziel ist der Weg

Ziele formulieren Sie am besten, indem Sie die anzustrebende Situation beschreiben – und zwar so, dass sie von allen verstanden wird, möglichst ohne Fachchinesisch. Natürlich spielen hierbei auch noch andere Faktoren, wie das verfügbare Budget, Ziele anderer Beteiligter und vor allem die verfügbare Zeit eine wichtige Rolle. Um die Motivation aller Beteiligten zu fördern, sollten Sie auch versuchen, Erwartungen und erreichbare Ziele miteinander in Einklang zu bringen. Dabei hilft es auch, sich noch einmal den Nutzen eines Lizenzmanagement-Projektes vor Augen zu führen (siehe Kapitel 1.4 Aktives Lizenzmanagement – Potenzial und Nutzen).

Warum sollten die Ziele im Vorfeld formuliert werden?

- Eine saubere Zielformulierung fördert ergebnisorientiertes Handeln.
- Wenn die Ziele bekannt sind, lassen sich unterschiedliche Erwartungshaltungen frühzeitig erkennen und korrigieren.
- Auswirkungen von Änderungen können überhaupt erst durch messbare Ziele qualifiziert beurteilt werden.

Eine Zielbeschreibung hat lösungsneutral zu erfolgen, um unabhängige und wertfreie Lösungsmöglichkeiten finden zu können. Eine Zielbeschreibung beantwortet diese Fragen:

- Was soll erreicht werden?
- Wie lässt es sich erreichen?
- Wie messe ich das Erreichte?

Sie sollten alle Ziele in einem Zielkatalog schriftlich festhalten, um die richtigen Entscheidungen fällen zu können. Sprechen Sie außerdem alle gewünschten Ziele mit Ihrem Vorgesetzten oder anderen Projektverantwortlichen im Vorfeld genau ab.

> **Tipp:**
> Die Ziele sollten keinesfalls als Wunschvorstellung formuliert werden, sondern an kommunizierbaren Fakten ausgerichtet sein. Im günstigsten Fall beschreiben die Ziele das gewünschte Ergebnis.

Zu niedrig oder zu hoch gesteckte Ziele gefährden den Projekterfolg. Damit das Projekt nicht von vornherein zum Scheitern verurteilt ist, versuchen Sie angemessene Ziele zu finden, die gleichermaßen realistisch erreichbar und für alle Beteiligten auch jederzeit nachvollziehbar sind.

Insbesondere, wenn Sie Ergebnisziele definieren wollen, sollten Sie u.a. auf folgende Punkte achten:

- *Vollständigkeit:* Alle Ziele sollten klar und vollständig beschrieben sein.
- *Widerspruchsfreiheit:* Formulieren Sie keine gegensätzlichen Ziele, denn diese können das Projekt in seiner geplanten Ausführung behindern.
- *Messbarkeit:* Sie müssen die Ziele so formulieren, dass Sie sie während der einzelnen Projektphasen oder am Projektende am geplanten Ergebnis messen können.
- *Zieleinteilung:* Legen Sie die Muss-Ziele fest, die unbedingt erreicht werden sollen, (beispielsweise das Herstellen der Rechtssicherheit), und unterscheiden Sie davon Wunschziele, wie beispielsweise, dass ein gewisser Grad an Standardisierung erreicht werden soll.
- *Zeiteinteilung:* Bis wann sollen das Projektziel und die einzelnen Teilziele erreicht werden? Gibt es ausreichend geplante Pufferzeiten?

■ *Realisierbarkeit:* Formulieren und stellen Sie durchaus anspruchsvolle, aber realistische Zielvorgaben, und kommunizieren Sie diese ausreichend.

■ *Risikomanagement:* Risikoanalyse und -management müssen als Prozess verstanden werden, der über die gesamte Laufzeit des Projektes dauert, Chancen und Risiken des Projektes untersucht werden und bekannt sein. Sind Abbruchkriterien bei Nicht-Erreichen von Teilzielen oder des Gesamtziels definiert?

■ *Problem-Management:* Überlegen Sie schon im Vorfeld, wo es zwischen dem auszuführenden Projekt und den Linienaufgaben Probleme geben könnte (beispielsweise Verfügbarkeit der Mitarbeiter, Kompetenzverteilung u.a.).

> **Hinweis:**
> Damit keine unnötigen Missverständnisse entstehen, beschreiben Sie die zu erreichenden Ziele und Teilziele vollständig, und dokumentieren Sie diese in jedem Fall. Wenn Sie damit fertig sind, lassen Sie sich das vereinbarte Projektziel schriftlich bestätigen.

Auf der Webseite zum Buch (www.licentia-m.de) finden Sie u.a. eine weiterführende Checkliste, die Ihnen helfen soll, sich über das anvisierte Projekt mit den richtig gestellten Fragen Klarheit zu verschaffen.

5.1.2 Was ist zu planen?

Als Erstes ist es wichtig abzustecken, welche Priorität das Projekt erhalten soll. Das Lizenzmanagement bekommt zwar mittlerweile einen immer größeren Stellenwert eingeräumt, aber meistens gibt es natürlich noch andere, mehr oder weniger aufwändige, wichtigere, vorrangige, lang- und kurzfristige Projekte. Um das Projekt entsprechend einordnen zu können, müssen Sie sich überlegen, ob Sie die zu erwartenden Projektanforderungen hauptsächlich in einem Vollzeit- oder Teilzeitprojekt unterbringen können. Durchaus üblich ist dabei eine Kombination aus beiden: einige Mitarbeiter werden dem Projekt in Vollzeit, andere in Teilzeit zur Verfügung stehen.

Zu Beginn formulierte Planungsaufgaben sind durchaus dynamisch und können sich im Verlauf immer wieder neu stellen, denn zum einen verläuft ein Projekt nie nach Plan und zum anderen kann meines Wissens nach niemand schon zum Projektstart detailliert festlegen, was in einer fortgeschrittenen Realisierungsphase zu geschehen hat. Dazu ist das ganze Feld zu dynamisch, und alle Eventualitäten sind auch nicht immer vorhersehbar, schon gar nicht Einflüsse, die dem Umfeld des Unternehmens entstammen. Daher sollten Sie mit einer zweistufigen Planung arbeiten: mit einem sich auf das Projekt als Ganzes beziehenden Projektplan, der sich an der Roadmap bzw. an Teilen davon anlehnt, und mit draus abgeleiteten mittelfristigen Phasenpläne, die durch Meilensteine und Arbeitspakete beschrieben und definiert werden. Denken Sie bitte daran, dass auch die ständigen Interaktionen mit der Umgebung den Projektverlauf maßgeblich mitbestimmen.

5.2 Eine Roadmap definieren

Wahrscheinlich fragen Sie sich, warum ich in diesem Kontext auf das Thema Roadmap zu sprechen komme, schließlich beschreibe ich ja keinen Projektstart, um beispielsweise eine neue Software oder ein neues Auto zu entwickeln. Nun, die Erfahrung zeigt, dass sich ein umfassendes Lizenzmanagement-Projekt nicht immer auf einen Zeitraum von maximal 12 Monaten beschränken lässt. Deshalb ist es empfehlenswert – wie in Abbildung 5.1 gezeigt –, die kurz-, mittel- und langfristigen Ziele zu erfassen und in einer Roadmap zu dokumentieren.

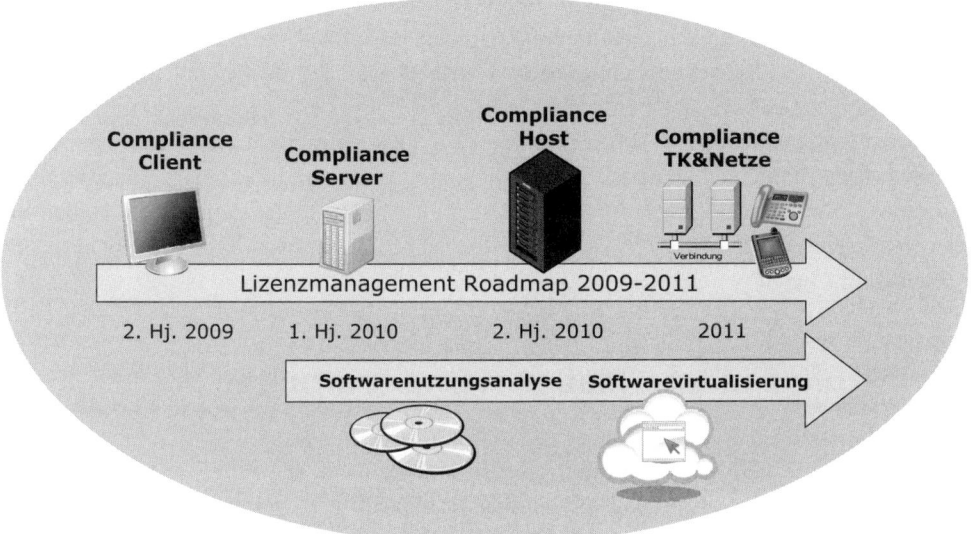

Abbildung 5.1 Mögliche Roadmap für ein Lizenzmanagement-Projekt

In einer Roadmap werden Ziel und Zeitkorridore angelegt, an ihrer Erstellung müssen alle Projektbeteiligten mitwirken. Natürlich können Sie auch eine Teil-Roadmap für jeden einzelnen Objekttyp erstellen, wenn es Ihnen auf diese Weise leichter fällt, den Projektplan zu definieren. Versuchen Sie dabei, Trends und Visionen mit aufzunehmen. Ein möglicher, für das Thema Lizenzmanagement relevanter Trend, der immer stärker in den Fokus rückt, ist Softwarevirtualisierung (auch unter dem Slogan „Software aus der Steckdose" bekannt). Eine weitere Vision, die formuliert und in die Roadmap mit einbezogen werden könnte, wäre der Wunsch, nur noch ein Werkzeug oder Tool für die Abbildung und Steuerung sämtlicher Software-Life-Cycle-Prozesse einsetzen zu müssen. Und wenn Sie sich für die Zukunft ein proaktives Lizenzmanagement vornehmen, sollten Sie das Thema „Softwarenutzungsanalyse" mit einbinden. Das alles können Sie natürlich nicht in einem Projektplan abbilden, sondern diese Trends und Visionen für die zukünftigen IT-Strategien müssen in einer Roadmap abgebildet werden, die dann wiederum als Grundlage für die zu verwirklichenden Projekte dienen kann. Durch die intensive Einbeziehung aller Beteiligten lässt sich bereits bei der Bewertung der Visionen und Trends und der Erstellung der Road-map eine größtmögliche Akzeptanz erreichen.

Für ein Lizenzmanagement-Projekt legen Sie in der Roadmap also fest, in welchem Zeit-raum beispielsweise die einzelnen zu betrachtenden Objekttypen wie Client, Server, Host, TK und Netze in das Projekt aufgenommen und ab wann belastbare Zahlen geliefert wer-den können. Sie müssen sich also darüber im Klaren sein, wo am Anfang der Schwerpunkt gesetzt werden soll, sei es aus Kosten- oder aus rechtlichen Gründen.

Des Weiteren dient dieses Vorgehen der Identifikation „weißer Felder" (wie Entwicklungs-bedarf, beispielsweise bei Prozessen und Strukturen) und einer Verbindung der „weißen Felder" mit weiteren ins Boot zu holenden Verantwortlichen.

Zu einer festgelegten und abgestimmten Roadmap lassen sich auch viel einfacher Com-mitments der Geschäftsleitung einholen und erreichbare Ziele festlegen. Treten Sie dem anfangs geplanten Zeitrahmen mit einer gehörigen Portion Skepsis gegenüber. Ich habe während meiner langjährigen Projekttätigkeit oft genug miterlebt, dass aus einem Jahr plötzlich zwei Jahre Projektlaufzeit geworden sind, auch wenn darin unternehmensbedingt mal ein bis zwei Monate Pause in der Projektarbeit eingelegt werden mussten. Haben Sie eine Roadmap erstellt, können Sie nun das Beschreiben der notwendigen Meilensteine und Aufgaben in Angriff nehmen.

5.3 Projektphasen und Meilensteine erarbeiten

Das formulierte Projektziel steht als Hauptaufgabe immer an der Spitze des Projektplans. Untergliedern Sie den Projektverlauf in Entwicklungsphasen, um eine mittelfristige und genauere Planung zu ermöglichen. Für den Aufbau und die Abfolge der einzelnen Projekt-phasen gibt es verschiedene Modelle. Zwei Beispiele sehen Sie in Abbildung 5.2.

Wichtig ist, dass Sie jeder Phase einen Namen geben und ein Arbeitsergebnis definieren. Die Aufgaben einer Phase sollten überschaubar und abgrenzbar sein und genauso wie die zu erzielenden Ergebnisse mit dem Projektteam abgesprochen werden.

Für ein Lizenzmanagement-Projekt bieten sich die folgenden Phasen an:

- Projektinitialisierung/Vorbereitung,
- Aufnahme,
- Konzeption,
- Umsetzung,
- Übergabe in den Betrieb sowie
- die permanente Steuerung und Optimierung für die Erfolgskontrolle.

Wie viele Phasen Sie festlegen, hängt natürlich sehr stark von der Größe, Komplexität und Art Ihres Projektes ab. Eine Phase sollte immer mit einem definierten Termin enden (ei-nem erreichten Meilenstein), zu dem dann die in den Zielvereinbarungen formulierten Er-gebnisse vorliegen müssen.

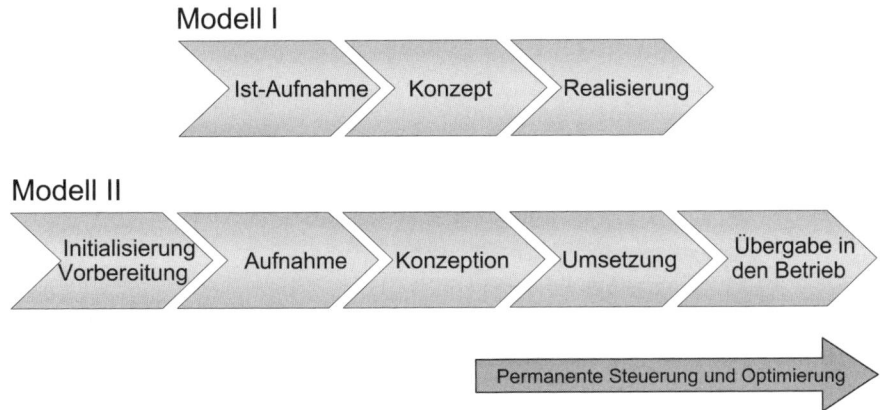

Abbildung 5.2 Phasenmodelle für Lizenzmanagement-Projekte

Welche Vorteile haben einzelne Projektphasen?

■ Sie schaffen „Entscheidungspunkte", um Probleme überschaubarer zu machen.

■ Die anzugehende Aufgabe wird in mehrere Teilaufgaben strukturiert, erfüllt und anschließend wieder in das Projektziel integriert.

■ Es wird eine bessere Übersicht über die notwendigen Aktivitäten im Projekt und über Kapazitäten und Zuständigkeiten gewährleistet. Damit kann das Projekt besser gesteuert und kontrolliert werden.

Diese Phasen können Sie auch als Meilensteine definieren. Dabei definiert jeder Meilenstein ein in sich geschlossenes Arbeitsergebnis:

■ Meilensteine bilden wichtige erreichte Zwischenergebnisse ab, damit das Projekt die nächste geplante Phase erreicht.

■ Der Abschluss einer geplanten Phase wird durch das Erreichen eines Meilensteins definiert.

■ Der erreichte Meilenstein kann im Hinblick auf die Ergebniskontrolle den Projektfortschritt belegen.

In Abbildung 5.3 auf der nächsten Seite sehen Sie einen skizzierten Meilensteinplan als Beispiel.

Jede Phase, jedes Teilprojekt und jede Reihe voneinander abhängiger Arbeitspakete wird durch einen *Meilenstein* beendet. Dabei hängt es von Ihrem Projektverständnis und Ihrem Unternehmen ab, welche Meilensteine festgesetzt werden. Im Terminplan wird das Erreichen der Phasen- oder Teilergebnisse mit einem Meilenstein besonders gekennzeichnet.

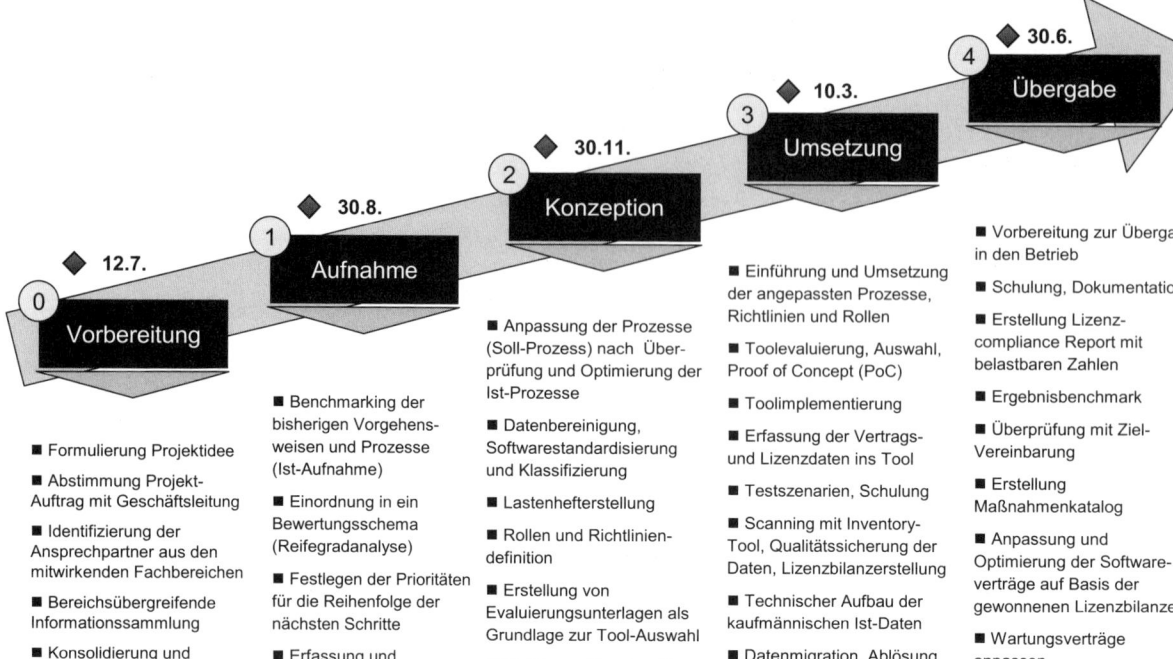

Formulierung Projektidee

■ Abstimmung Projekt-
Auftrag mit Geschäftsleitung

■ Identifizierung der
Ansprechpartner aus den
mitwirkenden Fachbereichen

■ Bereichsübergreifende
Informationssammlung

■ Konsolidierung und
Analyse der Informationen

■ Benchmarking der
bisherigen Vorgehens-
weisen und Prozesse
(Ist-Aufnahme)

■ Einordnung in ein
Bewertungsschema
(Reifegradanalyse)

■ Festlegen der Prioritäten
für die Reihenfolge der
nächsten Schritte

■ Erfassung und
Beschreibung von Rollen

■ Anpassung der Prozesse
(Soll-Prozess) nach Über-
prüfung und Optimierung der
Ist-Prozesse

■ Datenbereinigung,
Softwarestandardisierung
und Klassifizierung

■ Lastenhefterstellung

■ Rollen und Richtlinien-
definition

■ Erstellung von
Evaluierungsunterlagen als
Grundlage zur Tool-Auswahl

■ Festlegung Umgang für
rückwirkende Vertrags-
und Lizenzdatenerfassung,
Historisierung

■ Erfassung von Schrank-
ware

■ Einführung und Umsetzung
der angepassten Prozesse,
Richtlinien und Rollen

■ Toolevaluierung, Auswahl,
Proof of Concept (PoC)

■ Toolimplementierung

■ Erfassung der Vertrags-
und Lizenzdaten ins Tool

■ Testszenarien, Schulung

■ Scanning mit Inventory-
Tool, Qualitätssicherung der
Daten, Lizenzbilanzerstellung

■ Technischer Aufbau der
kaufmännischen Ist-Daten

■ Datenmigration, Ablösung
Fremd-/Altsysteme?

■ Test, Abnahme der Schnittstellen

■ Abdeckungsgrad der
Quelldaten feststellen und
Prüfmechanismen
implementieren

■ Vorbereitung zur Übergabe
in den Betrieb

■ Schulung, Dokumentation

■ Erstellung Lizenz-
compliance Report mit
belastbaren Zahlen

■ Ergebnisbenchmark

■ Überprüfung mit Ziel-
Vereinbarung

■ Erstellung
Maßnahmenkatalog

■ Anpassung und
Optimierung der Software-
verträge auf Basis der
gewonnenen Lizenzbilanzen

■ Wartungsverträge
anpassen

■ Weitere Aktivitäten für
Erweiterungen festlegen
(Roadmap)

Abbildung 5.3 Meilensteinplan Lizenzmanagement Gesamtprojekt (Entwurf) für einen Objekttyp

Hinweis:

Meilensteine werden häufig gesetzt, um das bisher erreichte Ergebnis durch die
Auftraggeber und verantwortlichen Entscheider überprüfen zu können. Oft wird dabei
auch geprüft, ob die nächste Phase bzw. der nächste Meilenstein zur Durchführung
genehmigt wird oder vielleicht das Projekt abgebrochen werden muss. Stimmen Sie
die geplanten Meilensteine daher immer mit den verantwortlichen Stellen ab (Lenkungsausschuss, Fachausschuss).

5.4 Die Arbeitspakete festlegen

Jedes mit einem Meilenstein fixierte Teilziel gliedert sich in Arbeitspakete mit bestimmten für die Erreichung des Teilziels notwendigen Aufgaben. Arbeitspakete, auch Tasks, Aktivitäten oder Vorgänge genannt, beschreiben spezifische Aufgaben mit einem festgelegten Anfang und Ende. Diese Termine werden bestimmt durch eventuelle Einschränkungen oder Abhängigkeiten von vorangegangenen Arbeitspaketen. Die in den Arbeitspaketen formulierten Aufgaben, müssen durch den Einsatz bestimmter Ressourcen erfüllt und gelöst werden. Dabei wird das Arbeitspaket in der jeweiligen Phase des Projektplans hierarchisch in Teilaufgaben und nötigenfalls in Unteraufgaben aufgefächert.

Damit es zu keiner mehr oder weniger wahllosen Aneinanderreihung von Meilensteinen und Arbeitspaketen kommt, ist es sinnvoller, die Arbeitspakete zunächst grob und im Ganzen zu planen und dann etwas detaillierter aufzufächern und zwar immer dann, wenn aus fachlicher oder technischer Notwendigkeit eine Phase in mehrere Arbeitspakete und Aufgaben aufgeteilt werden muss.

Am effektivsten hat sich dabei die „Top-down"-Methode erwiesen, die sich auch bei der Nutzung einer Projektmanagement-Software bevorzugt anbietet. Um eine vollständige Erfassung der notwendigen Projektaufgaben in den einzelnen Phasen zu gewährleisten, sollten Sie die Arbeitspakete und Aufgaben Objekt- und/oder funktionsorientiert strukturieren. In Abbildung 5.4 sehen Sie einen vereinfachten Strukturplan, der diese Aufgabenstellung grafisch darstellt.

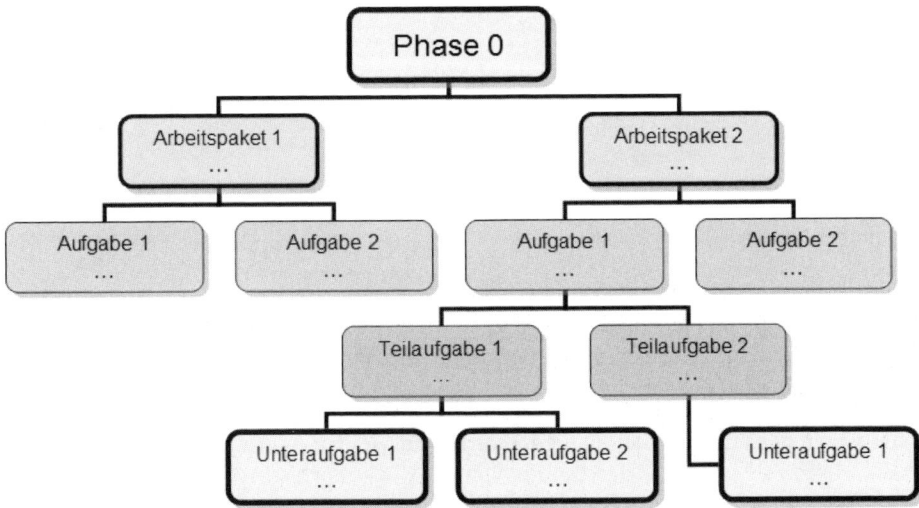

Abbildung 5.4 Vereinfachter Projektstrukturplan zur visuellen Darstellung der Arbeitspakete und Aufgaben

Natürlich ist es vom Projektumfang und den zu definierenden Arbeitspaketen abhängig, wie fein Sie diesen Strukturplan letztendlich auffächern, das müssen Sie selbst und nach den vor Ort gegebenen Umständen individuell entscheiden.

Die „Top-down"-Methode setzt eine strukturierte Denkweise voraus. Die einzelnen Arbeitspakete und Aufgaben müssen klar zugeordnet und formuliert werden und wenigstens in den Grundzügen mit den folgenden Attributen beschrieben sein:

- Laufende Identifikationsnummer
- Name des Arbeitspakets bzw. der Aufgabe und Beschreibung des Inhalts
- Zu erwartendes Ergebnis
- Notwendige Voraussetzungen für die technische und materielle Infrastruktur
- Erforderliche Kapazitäten für Zeit, Mitarbeiter
- Den zu erwartenden Arbeitsaufwand
- Abhängigkeiten von Vorgängeraktivitäten (inklusive der dafür Verantwortlichen)
- Start-, Ende- und Stichtage
- Verantwortliche und/oder Durchführende

Im Mittelpunkt stehen dabei die Planungen für:

- Notwendige Aktivitäten
- Termine
- Kapazitäten
- Mitarbeiter
- Kosten

Dazu kommen Planungen für:

- Qualität
- Hilfsmittel
- Dokumentation
- Information

Vergessen Sie nicht, bei der Planung der terminlichen Vorgaben und/oder Schätzungen der Dauer der einzelnen Arbeitspakte und Aufgaben, eine gewisse Pufferzeit einzubauen.

Auf der nächsten Seite finden Sie ein Beispiel für eine grobe Aufgabenbeschreibung, die nach den oben genannten Kriterien weiter verfeinert werden muss:

Aufgabe 1	Anforderungen zur Tool-Auswahl
Aufgabe/ Inhalt	Unterstützung bei der Erstellung und Beschreibung von Anforderungen an das Lizenz- und Vertragsmanagement-Tool
Vorgehen	Überprüfung der bestehenden Anforderungen an das zukünftige Tool auf Anpassung/Optimierung
	Definition der Informationen zur Verwaltung und Bewertung von SW-Lizenzen, -Verträgen
	Übertragung der beantworteten Ausschreibungsunterlagen in ein Bewertungsschema zur Auswertung und Gewichtung der notwendigen Anforderungen
	Unterstützung der Vorbereitungen zur Präsentation der eingeladenen Tool-Hersteller
	Unterstützung bei der abschließenden Tool-Entscheidung
Ergebnisse	Zielsetzung:
	Die Anforderungsbeschreibungen, ermöglichen im Vorfeld eine qualifizierte Vorauswahl der anzuschreibenden Hersteller
	Konsolidierte Informationen über die notwendigen Anforderungen für das Lizenz- und Vertragsmanagement
	Erstellung eines anwendbaren Auswertungsschemas für die Tool-Bewertung
Aufwand	8 PT
Erfüllungs-/ Abnahmekriterien	Dokumentierte Ergebnisse

Hinweis:

Arbeitspakete stellen Aufgaben dar: In der Summe bilden diese den gesamten Leistungsumfang des Projektes bzw. Teilprojektes ab.

In Abbildung 5.5 auf der nächsten Seite sehen Sie einen Ausschnitt aus einem von mir mit Excel erstellten Phasenplan. Durch einen Klick auf die Lfd. Nr. werden weitere Detailinformationen (auch in Excel) geöffnet, wie in Abbildung 5.6 zu sehen ist. Es muss nicht immer eine teure Projektmanagementsoftware sein, für kleinere Projekte reichen durchaus auch eine oder mehrere Excel-Tabellen aus.

Lfd.-Nr.	Projektplan Lizenzmanagement	(Stand: 23.5.08 V1.0)	KW 20 12.05.	KW 21 19.5.	KW 22 26.5.	KW 23 2.6.	KW 24 9.6.	KW 25 16.6.	KW 26 23.6.
3.0	**Erfassung Verträge**								
3.1	Kaufm. Inventur (Erfassung der notwendigen Daten für Vorabcompliance) Liste Lieferant, Wartungsverträge			AP1	AP1	AP1	AP1		
3.2	Verträge analysieren (HW/SW-Pos.) Lizenzrelevante SW, SW-Pos. gesondert erfassen						AP1	AP1	
4.0	**Compliance Prozess**								
4.1	Zuordnung der erhobenen kaufm. Daten zu erfassten Scandaten (Vorbreitung für Complianceaussage)								
4.2	Erstellung Report über Compliancestatus im IT-Umfeld (Basis Scandaten)								
5.0	**Prozesse**								
5.1	Reifegradanalyse der vorhandenen Lima-Prozesse						AP2	AP2	AP2	AP2
5.2	Prozessmodellierung für IT-Umfeld						AP2	AP2	AP2	AP2
5.3	Prozessmodellierung für andere Systeme								
5.4	Implementierung der Prozesse								
5.5	Erstellung und Präsentation eines Zwischenberichtes								
5.6	Implementierung einer verursachergerechten Leistungsverrechnung								
5.7	Implementierung eines Nummernsystems zum Match zwischen kaufm. und techn. Daten								

Abbildung 5.5 Auszug aus einem Phasenplan

	Eintrags-datum	Eintrag durch	Infoblatt für laufendes Tracking/Monitoring zur Steuerung und Erfolgsabsicherung	Datum	Beschreibung, Text, Info
1					
2					
3			Zusatzinformationen zu den Aktivitäten/Tasks:		
4	24.4.	TGr	Kurzbeschreibung der Aktivität		2.3 Installation Scanner auf allen erreichbaren Systemen
5			Auflistung der ewarteten Ergebnisse		Installation und Betrieb auf allen Systemen
6			nötige Zuarbeiten (Wer)		Hr. Georg, Hr. König wegen eventuell notwendiger Paketierung
7			Abhängigkeiten (Hinweis)		Hr. Georg muss Freigabe nach Auswertung der Testwoche erteilen
8			Risiken samt Bewertung		Normalerweise wird der Scan-Agent über "Push-"Dienste ausgerollt. In der KUMIOS sind sehr viele MS-Dienste deaktiviert worden.
9			kritische Erfolgsfaktoren (+/-)		
10			Plan B, backup-Szenario		Paketierung des Scan-Agent nach Installation des Scan-Servers und Verteilung über SW-Verteilung im Haus (Dauer ca. 2 Wochen, bis auf allen Maschinen installiert.)
11					
12			**Auftrags-/Anforderungsliste:**		
13			Kurzbeschreibung Anforderung		Rollout erfolgt über Push-Methode, keine manuelle oder Scriptinstallation erforderlich, Scan-Server liest NDS-Tree aus und pusht auf die identifizierten Systeme den Scan-Agent
14			Schnittstellentyp (ein/aus/bidir.)		
15			Auftragsaviso an	22.5.	Hr. Georg
16			Auftragsaviso am		
17			Beauftragung erfolgt an		
18			Beauftragung erfolgt am		
19			Zieldatum	28.5.	
20			Lieferungsdatum		
21					
22			**Statusinformationen:**		
23			% Fertigstellungsgrad		Script ist zu 75% fertiggestellt und bereits in der Vortestphase
24			Restaufwand (Bezug zu Zieltermin)		25% und abschließende Testinstallation auf 7 Pilotsystemen
25			abgeschlossen am	28.5.	
26					
27			**Aufwandsschätzung**		
28			Aufwände Lima-Team-intern		
29			Zuarbeiten FB		0.5 Tage aus FB für Paketierung
30			Zuarbeiten Teilprojekt/Arbeitspakete		
31			Sonst. Aufwände		
32					
33			zur Gesamtübersicht		

Abbildung 5.6 Detailansicht eines Infoblattes für ein laufendes Monitoring

Abschließend gestatten Sie mir noch den Hinweis, dass Sie Ihr Projekt natürlich ständig begleiten und kontrollieren müssen. Das Verfolgen der geplanten Aktivitäten und der Einhaltung der geforderten Qualität und Quantität gehört ebenso zur Steuerung eines Projektes wie ein ordentliches Risikomanagement. Überwachen Sie deshalb regelmäßig die Einhaltung der gesetzten Termine und den daran gekoppelten Erfüllungsstand der Aufgaben. Oft notwendige steuernde Maßnahmen sind entweder inhaltliche oder zeitliche Anpassungen der bestehenden Arbeitspakete und Aufgaben. Um das Projekt und die einzelnen Phasen in einfacher Form visualisiert zu überwachen, hat sich das in Abbildung 5.7 gezeigte System in einigen Projekten bewährt. In die abzubildenden Erfüllungsgrade sollten die regelmäßigen Statusberichte der Teilprojektleiter bzw. Arbeitspaketverantwortlichen einfließen. Aus dieser Grafik können Sie natürlich auch eine Gesamtübersicht über alle Phasen darstellen; dazu tauschen Sie einfach die Betitelung AP1–AP4 (in dem hier gezeigten Beispiel) gegen ihre Phasenbezeichnungen aus. Wenn Sie das dann regelmäßig an den Lenkungskreis bzw. die verantwortlichen Manager berichten, erhalten diese einen kurzen und prägnanten Überblick über den Projektstatus.

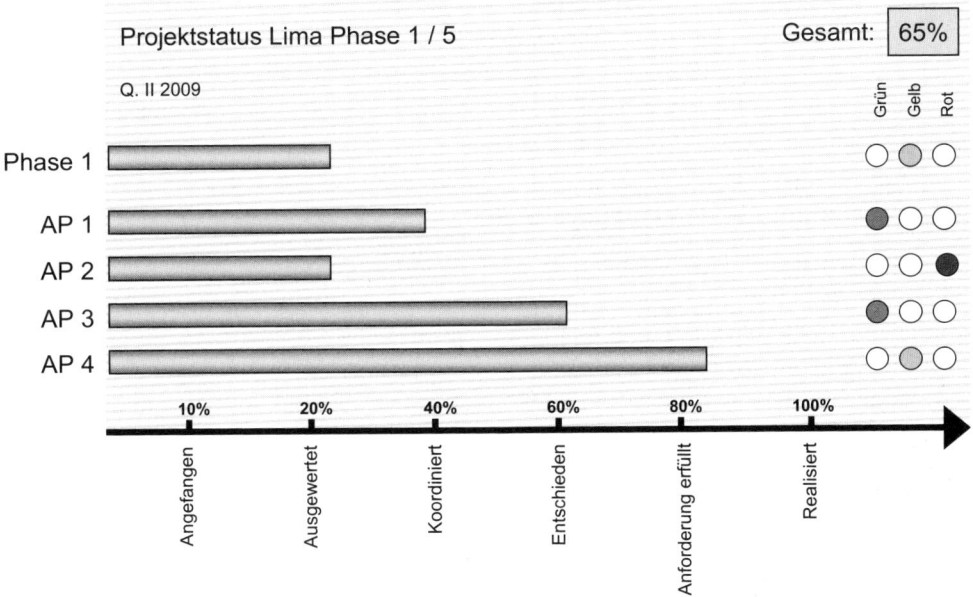

Abbildung 5.7 Darstellung der Fertigstellungsgrade von Arbeitspaketen

5.5 Die möglichen Baustellen identifizieren

In einem Lizenzmanagement-Projekt sind die vielfältigsten Aufgabenstellungen zu bewältigen, und manchmal kommen welche hinzu, mit denen keiner gerechnet hat. Um Ihnen einen Anhaltspunkt zu geben, was da eventuell noch auf Sie warten könnte, finden Sie nachfolgend eine Aufstellung der Themen, die aus meiner Projekterfahrung heraus immer wieder gerne als nicht so wichtig eingestuft werden und irgendwann im Verlauf des Projektgeschehens plötzlich mit einer dicken Rundumleuchte auf dem Kopf auftauchen.

Überblick über die bestehende Prozesslandschaft

Auch wenn Sie es eventuell erst im Rahmen des aufzusetzenden Lizenzmanagement-Projektes angehen, verschaffen Sie sich unbedingt einen ehrlichen und umfassenden Überblick über Ihre derzeitigen Software-Life-Cycle- und Lizenzmanagement-Prozesse (sofern Sie schon Lizenzmanagement-Prozesse anwenden). Hierfür sollten Sie Ihren derzeitigen Ablauf für eine Softwareanforderung skizzieren und prüfen, ob in der gesamten Prozessablaufkette keine Medienbrüche auftreten und die erforderlichen Lizenzinformationen auch ordnungsgemäß verwaltet werden können. Oft lohnt es sich, ein Vorprojekt für die Aufnahme der Ist-Situation zu initiieren, auf mögliche Schwachstellen zu untersuchen und Optimierungspotenzial zu identifizieren. Dazu gehört auch, die notwendigen Datenquellen ausfindig zu machen und auf Konsistenz zu prüfen.

Datenbereinigung in den Quellsystemen

Um ein Lizenzinventar (kaufmännisch) und ein Softwareinventar (technisch) für einen Compliance Check aufbauen zu können, benötigen Sie verlässliche Datenquellen. Nun ist es in den meisten Fällen so, dass zwar jede Büroklammer inventarisiert wurde, aber die Versuche, bei den Softwareeinkäufen das Gleiche zu tun, nicht von großem Erfolg gekrönt sind. Wenn Ihre Softwarebeschaffung nicht zentral durchgeführt wird, sondern eventuell durch verteilte Budgets und Verantwortlichkeiten eine dezentrale Beschaffung an der Tagesordnung ist, erschwert das Ihre Aufgabenstellung noch einmal zusätzlich. Sie müssen sich also erst einmal einen Überblick verschaffen, ob Sie sich überhaupt auf die Daten in Ihren Systemen verlassen können. Hier sind als wichtigstes Kriterium eine eineindeutige Software-ID oder Materialstammnummer zu nennen, mit der Sie die zu beschaffende Software kennzeichnen, damit Sie diese später überhaupt den Lizenzverträgen bzw. Bestellungen zuordnen können. Prüfen Sie auch, ob es in Ihren Datenbeständen Dubletten gibt, auch in unterschiedlichen Schreibweisen. Auch diese müssen unbedingt im Vorfeld oder parallel zur Projektarbeit bereinigt werden, damit später die richtige Anzahl aus den Verträgen und Bestellungen den Inventurzahlen gegenübergestellt werden kann. Ich möchte Ihnen nicht gleich den Mut nehmen, aber seien Sie nicht allzu optimistisch, was die Qualität der erforderlichen Datentöpfe betrifft. Über die Jahre hat sich hier bestimmt einiges angesammelt.

Aufbau einer Vertragsdatenbank

Für die Erstellung des Lizenzinventars wird weiterhin die Erfassung der abgeschlossenen Verträge und Bestellungen benötigt. In den Verträgen und Einzelbestellungen stecken die Informationen über die anzuwendenden Nutzungsbedingungen (Lizenztyp, Lizenzmetrik) und die Anzahl der erworbenen Stückzahlen. Diese müssen sehr sorgfältig recherchiert werden, da die hier gewonnenen Informationen die kaufmännischen Werte für den Compliance-Check darstellen. Für die Abbildung von Upgradepfaden ist beispielsweise der lückenlose Nachweis bis zum upgradefähigen Vollprodukt erforderlich. Da kann es schon einmal vorkommen, dass Sie unter Umständen die benötigten Unterlagen nicht in Ihren Systemen vorfinden, sondern sich in das Einkaufsarchiv begeben müssen, um sogenannte „Schrankware" ausfindig zu machen, das den Kauf des Vollprodukts nachweist. Nicht immer sind alle getätigten Bestellungen bzw. Vertragsunterlagen an einer solchen zentralen Stelle zu finden. In den meisten Fällen ist teilweise detektivische Kleinarbeit angesagt. Den damit verbundenen Rechercheaufwand sollten Sie nicht unterschätzen. Gleichwohl sollten Sie dabei aber immer das Kosten-/Nutzenverhältnis im Auge behalten. Manchmal kann es kostengünstiger sein, die aktuelle Vollversion zu kaufen, anstatt mehrere Wochen im Archiv Staub von den Akten zu wischen, um den geforderten Upgradepfad nachweisen zu können.

Definition von Verantwortlichkeiten

Um das Lizenzmanagement-Projekt auf Erfolgskurs halten zu können, ist nicht nur der Kapitän wichtig, sondern auch alle anderen, die dazu beitragen sollen, den Hafen sicher zu erreichen. Damit das geschafft werden kann, müssen die Verantwortlichen identifiziert, benannt und mit eingebunden werden. Das zieht sich über alle Phasen und Arbeitspakete. Vor allem müssen Sie sich einer guten Zusammenarbeit mit den Vorgesetzten der einzubindenden Fachbereiche versichern, damit das Projektziel nicht vom vorgesehenen Kurs abkommt.

Neu zu definierende Rollen (z.B. Lizenzmanager, Lizenzadministrator u.a.)

Denken Sie rechtzeitig daran, die während des Projektes erarbeiteten Rollen und Verantwortlichkeiten auch in die Linie nachhaltig umzusetzen. Dafür werden unter Umständen neue Planstellen notwendig sein, zumindest jedoch Änderungen in Ihrer IT-Prozess- und Infrastruktur. Dass neue bzw. geänderte Rollen notwendig sind, ergibt sich allein aus der Tatsache, dass Sie ein Lizenzmanagement-Projekt aufgesetzt haben bzw. gerade dabei sind. Hier sollten Sie die nötige Sorgfalt walten lassen und die erforderlichen Rollen genau beschreiben und ausarbeiten, um die künftigen Soll-Prozesse mit Leben füllen zu können. Neue Prozesse zu entwerfen, sind das eine, diese dann auch nachhaltig zu „leben", das andere. Um die Rollen erfolgreich mit Leben füllen zu können, ist die organisatorische Einbettung der Lizenzmanagement-Prozesse eine weitere nicht zu vernachlässigende Baustelle, der Sie sich rechtzeitig zuwenden müssen.

Organisatorische Einbettung des Lizenzmanagements

Je nach Umfang und Größe des Lizenzmanagement-Projektes gibt es verschiedene Szenarien, die neu entworfenen Prozesse und Rollen in die Unternehmensstruktur zu überführen. Das geht von der zusätzlichen Übernahme von Aufgaben neben der normalen Linientätigkeit bis zur Bildung einer eigenen Lizenzmanagement-Abteilung, die vielleicht weltweit für die zentrale Abwicklung und Beschaffung der Software und für die Verwaltung der Lizenzen zuständig ist. Strittig ist oft, in welchem Fachbereich das Lizenzmanagement organisatorisch angesiedelt werden soll. Historisch betrachtet, findet das Lizenzmanagement oft seinen Platz beim Einkauf. Es ist aber auch nicht ungewöhnlich, das Lizenzmanagement im IT-Systemhaus bzw. unterhalb der IT-Infrastruktur anzusiedeln. Definierte neue Prozesse und Rollen sind aber nur die halbe Miete. Um eine nachhaltige Ordnung in die Strukturen und Prozesse zu bekommen, sind Anordnungen und Richtlinien für den Umgang mit Software notwendig.

Definition von Policies & Guidelines

Auch wenn Sie sich alle Mühe geben, die Beschaffung und Verwaltung Ihrer Software- und Lizenzdatenbestände zentral zu steuern und zu überwachen, kommt es einem Kampf gegen Windmühlen gleich, wenn Sie nicht dafür sorgen, dass Software nur noch auf vordefinierten und kontrollierten Wegen auf die Systeme in Ihrem Unternehmen installiert werden darf. Dazu gehört, alle Mitarbeiter über den rechtmäßigen Umgang mit Software und Lizenzen zu informieren und beispielsweise Richtlinien zur Nutzung von Software zu formulieren. Stimmen Sie vor allem alle Aktivitäten im Bereich Richtlinien mit dem Betriebsrat und dem Datenschutzbeauftragten ab.

> **Fazit:**
> Formulieren Sie Ihre Projektphasen, Meilensteine und Arbeitspakete mit der nötigen Sorgfalt und lassen Sie ein gesundes Maß an Optimismus nicht fehlen, dann werden Sie Ihr Lizenzmanagement-Projekt zu einem erfolgreichen Abschluss bringen.

Teil III:
Die Darstellung der Ist-Situation

6

6 Erste Schritte zur Analyse und Dokumentation der Ist-Situation

In diesem Kapitel erfahren Sie u.a.:

- Wie man an die Aufnahme der Ist-Situation herangeht.
- Wie sich die Ist-Situation mit Werkzeugen wie Word, Excel, Power-point, Visio & Co ausreichend dokumentieren lässt.

In diesem Kapitel lesen Sie etwas über die grundlegenden Voraussetzungen, die Sie für die erforderliche Aufnahme der Ist-Situation in Ihrem Lizenzmanagement-Umfeld schaffen sollten. Um einen ersten Überblick zu erhalten, sollten Sie die erarbeiteten Ergebnisse mit Hilfe entsprechender Werkzeuge dokumentieren. Diese Informationen können Sie dann für die Gestaltung und Optimierung der neuen Soll-Prozesse einsetzen.

In Kapitel 5 „Den Projektplan aufstellen" haben wir uns mit den theoretischen Vorbereitungen für die Planung eines Lizenzmanagement-Projektes auseinandergesetzt. Wenn wir uns an dem in Abbildung 6.1 gezeigten Phasenmodell entlang bewegen, dann ist die Phase der Initialisierung und Vorbereitung abgeschlossen – Projektziele wurden definiert, der Projektscope wurde festgelegt, der Projektplan mit Phasen, Meilensteinen und Aufgaben wurde erstellt. Phase 2 „Aufnahme der Ist-Situation" ist nun der logische nächste Schritt. In diesem Kapitel wird bewusst nur auf die allgemeinen Faktoren eingegangen, da in Kapitel 7 der Software-Life-Cycle-Prozess detaillierter abgebildet und beschrieben wird, den Sie als Fahrplan für die Aufnahme und Abbildung Ihrer Ist-Situation verwenden sollten. Darauf aufbauend können Sie dann mit einer anschließenden Reifegradanalyse die Ist-Prozesse bewerten und so feststellen, wo gegebenenfalls Optimierungspotenzial liegt.

Abbildung 6.1 Phase Aufnahme der Ist-Situation

6.1 Aufnahme der Ist-Situation – Wo beginnen?

Verdeutlichen Sie sich noch einmal kurz Ihre Ausgangssituation. In vielen Fällen sind die bestehenden Rechtsunsicherheiten aufgrund fehlender gesamtheitlicher Prozesse im Lizenzmanagement-Umfeld der wichtigste Grund für den Start eines Lizenzmanagement-Projektes. Dicht gefolgt von dem Ziel, Kostentransparenz und Kosteneinsparung herzustellen. Die Ausgangssituation entspricht also meist der Stufe 1, wie sie in Abbildung 6.2 beschrieben ist. Auf dieser Stufe gibt es keine Kontrolle über die Softwarebestände. Bevor Sie sich also Gedanken machen können, wie es besser gemacht werden sollte, benötigen Sie Informationen über das Hier und Jetzt. Sie müssen die Ist-Situation aufnehmen.

Sicherlich könnte man auch die Aufnahme der Ist-Situation überspringen und die erforderlichen Soll-Prozesse gleich neu gestalten und formulieren. Das mag zwar verlockend sein, lässt sich aber nur dann umsetzen, wenn Sie mit dem Aufbau von optimierten Geschäftsprozessen auf der grünen Wiese beginnen können. Und das ist in den seltensten Fällen möglich. Die Realität sieht leider anders aus. Eingefahrene Wege zu verlassen, bessere und kürzere Wege zu finden und zu planen, das ist jetzt die neue Herausforderung.

Die Aufgabenstellung ist bekannt, jetzt heißt es: Ärmel hoch und, auf geht's! Nur – wo fängt man am besten an? Die erste Frage, die Sie sich stellen sollten: War Software-Lizenzmanagement eventuell schon einmal ein Thema in Ihrem Unternehmen, oder hat sich bis dato noch niemand damit auseinandergesetzt? Wenn sich ein Vorprojekt schon einmal daran versucht hat, verschaffen Sie sich einen Überblick über die erreichten Ergebnisse, und analysieren Sie, wenn möglich, warum dieses Projekt nicht weitergeführt oder zu

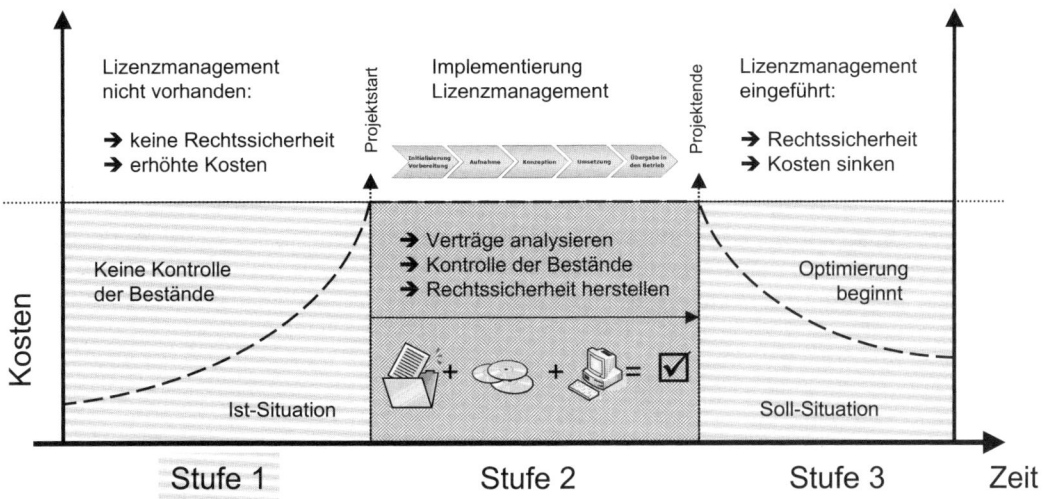

Abbildung 6.2 Stufe 1 als mögliche Ist-Situation im Lizenzmanagement-Umfeld eines Unternehmens

Ende gebracht wurde bzw. warum die erreichten Ergebnisse nicht umgesetzt wurden. Oftmals stoßen Sie dabei auf Ergebnisse und Dokumente, die Ihnen bei der weiteren Dokumentation der Ist-Situation helfen können. Wahrscheinlich reicht das aber noch nicht aus, und Sie müssen außerdem das Wissen in den Köpfen der Mitarbeiter identifizieren und zu Papier bringen. Stellen Sie fest, dass sich noch keiner im Unternehmen mit dem Thema Lizenzmanagement beschäftigt hat, müssen Sie leider ganz von vorne beginnen.

Teilen Sie die Analyse der Ist-Situation und deren Abbildung und Dokumentation in zwei Abschnitte auf:

■ kaufmännische Seite mit den Anforderungs- und Beschaffungsprozessen;

■ technische Seite mit den IMAC-Prozessen (IMAC=Install–Move–Add–Change).

Die Anforderungs- und Beschaffungsprozesse bilden zusammen mit den IMAC-Prozessen den Software-Life-Cycle-Prozess ab.

6.1.1 Der Beschaffungsprozess – die kaufmännische Seite

Beschreiben Sie die bisher in Ihrem Unternehmen gelebten Prozesse zur Anforderung, Beschaffung und Lieferung von Software. Beginnen Sie mit dem ersten Schritt in einer Beschaffung, der Softwareanforderung. Was muss alles im Anforderungsprozess getan werden und wo, damit irgendwann die angeforderte Software auf dem PC genutzt werden kann? Gibt es bestimmte Restriktionen, dürfen beispielsweise nur bestimmte Personen eine Softwareanforderung auslösen, oder gibt es Richtlinien, die einzuhalten sind, etc.? Welche Systeme bzw. Tools werden für die Anforderung verwendet? Müssen Genehmigungsprozesse durchlaufen werden, oder kann beispielsweise die Softwareanforderung über verschiedene Wege (E-Mail, Fax, Papieranforderung) an die entsprechenden Einheiten geleitet werden? Gibt es einen festgelegten Warenkorb (siehe Abschnitt 3.2.1, „Softwareportfolio-Schutz vor Softwarewildwuchs"), oder kann jeder bestellen, was gerade benötigt wird, ohne auf bestimmte Vorgaben Rücksicht nehmen zu müssen?

Im zweiten Schritt geht es um die eigentliche Beschaffung. Hier müssen Sie herausfinden, über welche Wege, Abteilungen und Ansprechpartner Software konkret beschafft wird.

Übersicht Ansprechpartner Ist-Prozesse Lizenzmanagement

1. Anforderung	2. Beschaffung	3. Lieferung	4. Installation	5. Verwendung & Betrieb	6. Entsorgung
Client					
FB/ITK	FB IT/S	FB IT-C	FB IT/CL	FB FPS	FB FPS
Hr. Thes	Hr. Schulze	Hr. Jeckel	Hr. Schön	Hr. Schauf	Hr. Schulze
Server					
FB / ITM	FB / IT EK	FB / IT-S	FB IT-SRV	FB / IT-RZ	FB FPS
Hr. Thes	Hr. Schulze	Hr. Bauren	Hr. Schauf	Hr. Brink	Hr. Schulze

Abbildung 6.3 Beispiel einer Organigramm-Zuordnung der Ansprechpartner und Fachbereiche zu den Software-Life-Cycle-Prozessen

Wenn Sie sich nicht sicher sind, welche Fachbereiche in die Beschaffung von Software involviert sind, erstellen Sie ein Organigramm, und tragen Sie dort alle verantwortlichen Organisationseinheiten und Ansprechpartner ein. In Abbildung 6.3 sehen Sie ein Beispiel, das neben der kaufmännischen die technische Seite zeigt. Mit dieser Übersicht erkennen Sie gleich, wer für die anschließenden Interviews zur Analyse der Ist-Situation die richtigen Ansprechpartner sind.

Ganz wichtig sind Personen, die bisher dafür zuständig waren, die kaufmännische Software- und Lizenzdatenbank zu pflegen (sofern vorhanden). Vergessen Sie auch nicht die Rechtsabteilung, sofern diese für die Softwareverträge verantwortlich zeichnet, oder die Abteilung, die die Verträge verwaltet. Versuchen Sie alle Dokumente aufzutreiben, die in irgendeiner Weise mit der Beschaffung von Software in Ihrem Unternehmen zu tun haben könnten.

Beispielsweise wären das:

- Einkaufs- und Vertragsrichtlinien
- Beschaffungsrichtlinien

Versuchen Sie, die für das Verwalten der kaufmännischen Softwarelizenzen eingesetzten Systeme zu identifizieren und zu benennen. Wo werden Bestellungen bzw. Vertragsdaten abgelegt? Geschieht das zentral oder dezentral, in einem oder mehreren Tools? Sind eventuell verschiedene Wege für die Softwarebeschaffung nutzbar? Befragen Sie alle in Ihrem Organigramm festgehaltenen Personen, um sich ein möglichst umfassendes Bild zu machen. Je mehr Informationen Sie sammeln können, umso einfacher und schneller lässt sich die Ist-Situation anhand von Prozessbildern beschreiben. Später müssen Sie mit diesen

Daten und Informationen den ersten Baustein Ihres Lizenzmanagements aufbauen: das Lizenzinventar (Übersicht über alle erworbenen Softwareprodukte aus Verträgen und Bestellungen).

Der dritte Teil ist die Lieferung der Software. Informieren Sie sich, wie die Software in das Unternehmen gelangt und an den Anforderer ausgeliefert wird. Gibt es beispielsweise einen zentralen Wareneingang, oder wird die bestellte Software direkt an den Anforderer überstellt? Wer bucht den Wareneingang, wer übernimmt die fachliche Prüfung der eingegangenen Bestellung, wie wird die Rechnungszahlung veranlasst? Das sind nur einige Beispiele, im Zusammenhang mit der Warenlieferung müssen Sie sicher noch mehr Fragen stellen. Auch für die Lieferung versuchen Sie bitte, Anordnungen und Richtlinien zu finden und zu dokumentieren.

6.1.2 Die IMAC-Prozesse – die technische Seite

Nachdem die Software im Unternehmen ist, muss sie irgendwie auf das System des Anforderers gelangen und installiert werden. Abhängig davon, ob es sich um eine bereits eingesetzte Software und damit eventuell schon paketierte Software oder eine für das Unternehmen ganz neue Software handelt, sind verschiedene Prozessschritte bis zur Installation dieser Software zu durchlaufen. Um die teilweise recht komplexen technischen Abläufe identifizieren und beschreiben zu können, sollten Sie die verantwortlichen Mitarbeiter aus den dafür zuständigen Fachabteilungen um Hilfe bitten. Auch hier gibt es mit Sicherheit festgelegte Spezifikationen wie beispielsweise diese: Ab welcher Installationsanzahl wird ein Softwareprodukt paketiert? Wird ein Softwareprodukt auch installiert, wenn es eventuell noch keine kaufmännische Lizenz dafür gibt? Wird das Produkt erst dann installiert, wenn der kaufmännische Wareneingang gebucht wurde? Usw.

Diese wichtigen Indikatoren müssen Sie finden und dokumentieren. Sprechen Sie bitte dabei auch mit den verantwortlichen Abteilungen die im Ist-Prozess gelebten Zuständigkeiten genau ab, denn es kommt oft vor, dass beispielsweise das Clientmanagement die Hoheit über die IMAC-Prozesse besitzt und diese nicht so ohne weiteres an ein zukünftiges Lizenzmanagement anpassen will. Sollten sich hier schon im Vorfeld Probleme abzeichnen, müssen Sie unbedingt die erforderlichen Schnittstellen und die Verantwortlichkeiten zwischen dem zukünftigen Lizenzmanagement und den Abteilungen, die für die IMAC-Prozesse zuständig sind, festlegen.

Zu den wichtigen Richtlinien, die zu dokumentieren sind, gehören beispielsweise:

- Richtlinien zum Umgang mit dem Internet und dem daraus resultierenden Download von Software
- Richtlinien für Telearbeitsplätze, Home Office, Zweit-PCs, Laptops
- Richtlinien für den Umgang mit Testsystemen und Lizenzen
- Richtlinien zur Softwareinstallation (Wer darf was?)
- Richtlinien für die einzuhaltende Softwareproduktstrategie

> **Hinweis:**
>
> Nehmen Sie erst einmal nur allgemeine Spezifikationen auf, in einen tieferen Detaillie-rungsgrad werden Sie automatisch kommen, wenn Sie die schon angesprochenen Software-Life-Cycle-Prozesse für die Aufnahme der Ist-Situation analysieren.

6.1.3 Rollen und Verantwortlichkeiten identifizieren

Klassischerweise ist das Verwalten und Dokumentieren von Softwarelizenzen sehr oft im Einkauf angesiedelt, weil dort auch die Softwareverträge abgeschlossen werden. Hier finden Sie vor allem fachliches Vertrags-Know-how, das Sie bei der Erfassung und Bestimmung der Lizenzmodelle für das zukünftige Lizenzinventar benötigen werden. Dabei sind (je nach Größe des Unternehmens) verschiedene Mitarbeiter für die Softwareverwaltung zuständig. Gerne wird auch eine Unterteilung in bestimmte Softwarehersteller und deren Produkte vorgenommen, wie beispielsweise SAP, IBM, CA, Microsoft u.a., oder nach dem Einsatz-Umfeld, wie beispielsweise Client, Server, Host u.a. Auf der technischen Seite bzw. im Fachbereich, wo die Software eingesetzt wird, fühlt sich meistens ein Mitarbeiter verantwortlich, der oft auch als technischer Produktverantwortlicher bezeichnet wird. Auch hier genügt es erst einmal zu wissen, ob es die Rolle Produktverantwortlicher gibt bzw. wie diese in Ihrem Unternehmen genannt wird. Es wird für das künftige Lizenzmanagement sehr wichtig sein, Ansprechpartner auf der kaufmännischen und technischen Seite zu finden bzw. bestimmen zu können. Die drei wichtigsten Rollen Lizenzmanager, Lizenzadministrator und der Produktverantwortliche werden ausführlich in Kapitel 8.4 („Rollen und Verantwortlichkeiten definieren") beschrieben. Ihre Aufgabe ist es, bei der Aufnahme der Ist-Situation darauf zu achten, ob es solche oder ähnlich geartete Rollen bereits gibt und ob diese auch „gelebt" werden.

6.2 Dokumentation der Ist-Situation

Die Informationen und Ergebnisse aus Ihrer Ist-Aufnahme sollten umfassend dokumentiert werden. Neben den üblichen und gebräuchlichsten Werkzeugen wie Word, Excel, Powerpoint und Visio oder anderen Tools für die Prozessbeschreibung, wie beispielsweise Aris, kann Ihnen am Anfang auch ein Mindmap eine gute Hilfestellung leisten. Oft hilft diese Methode auch, einen Einstieg in die komplexe Thematik zu finden. Veranstalten Sie mit den anderen Projektmitgliedern einen kleinen Workshop, der sich ganz allgemein mit dem Thema „Lizenzmanagement" beschäftigt und nehmen Sie die Erwartungshaltung der anderen auf. Abbildung 6.4 zeigt ein Mindmap-Beispiel.

Das Mindmapping hat außerdem den Vorteil, dass Sie zunächst alle Ideen und Einfälle sammeln können, um gleich gemeinsam priorisieren und nach Wichtigkeit einzustufen.

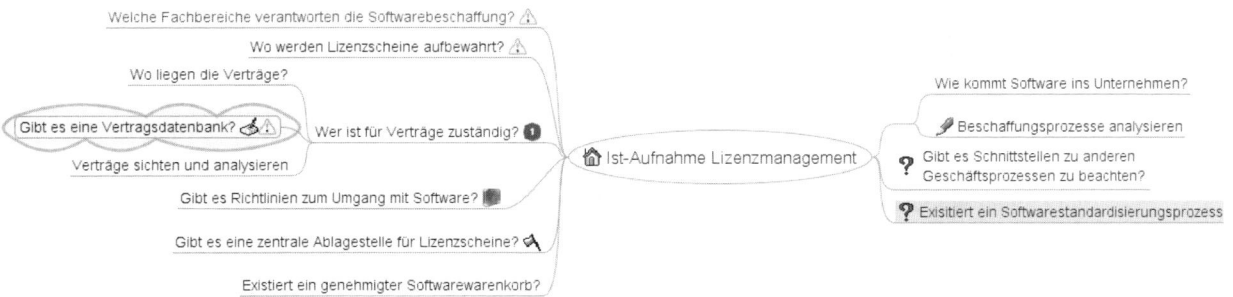

Abbildung 6.4 Beispiel einer Mindmap für die Ist-Aufnahme des Lizenzmanagement-Umfeldes

Powerpoint und auch Visio werden gerne für die Abbildung von Prozessen und System-landschaften verwendet. In einem ersten Schritt kann es durchaus ausreichen, die wichtigs-ten Hauptprozesse bzw. Beschaffungswege so zu dokumentieren und zu beschreiben. Am einfachsten ist es für Sie, wenn Sie die in Kapitel 7 beschriebenen Software-Life-Cycle-Prozesse mit ihren Unterprozessen als ersten Fahrplan skizzieren, die derzeitige Ist-Situation beschreiben und daran abbilden. Die nachfolgenden Abbildungen zeigen Ihnen jeweils ein Beispiel dazu. In Powerpoint könnte dies beispielsweise wie in Abbildung 6.5 aussehen.

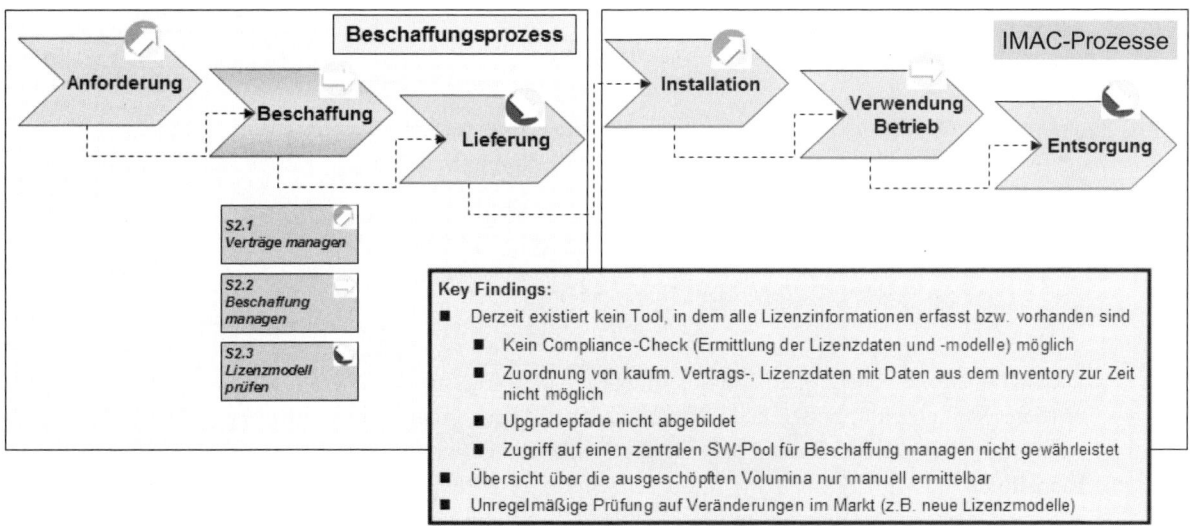

Abbildung 6.5 Beschreibung der Ist-Situation im Beschaffungsprozess

In den meisten Unternehmen wird auch Excel quasi als „kleine" Datenbank eingesetzt. In Excel können zunächst einmal Informationen aus den unterschiedlichsten Systemen zu-sammentragen und dokumentieren, wie beispielsweise Verträge, Bestellungen, Lizenz-keys, Preise und Stückzahlen, um im ersten Schritt einen groben Überblick zu erhalten, mit welchen Datenmengen Sie später umgehen müssen. Beispielsweise könnten Sie sich die

TOP 20 Ihrer wichtigsten Lieferanten (Key Supplier) heraussuchen und diese z.B. in Excel mit den vereinbarten Lizenzmodellen dokumentieren, denn für einen späteren Compliance Check müssen Sie wissen, wie Sie Ihre Lizenzen zählen dürfen (Anwenden der richtigen Lizenzmetrik). Auch Word können Sie als Werkzeug für die Dokumentation benutzen. In Word können Sie alle Informationen dokumentieren, die Sie beispielsweise aus Interviews oder anderen Quellen zusammengetragen haben. Das kann durchaus auch ein Sammelsurium aus E-Mail-Korrespondenzen sein. Außerdem können Sie die erarbeiteten Informationen zu den bestehenden Ist-Prozessen in Word dokumentieren, wie in Abbildung 6.6 zu sehen ist. In dem abgebildeten Beispiel wurden die zusammengetragenen Informationen über die Ist-Situation in einem zweiten Schritt bereits bewertet, um herauszufinden, welche Veränderungen und Optimierungen für die anschließende Formulierung des Soll-Prozesses erforderlich sind, damit die gewünschte Prozessreife erreicht werden kann.

Prozess Anforderung (C1)

C1.1 Bedarfsmeldung managen

Ist-Zustand
- Bestellung von Lizenzen über XTool (Lizenzen, die nicht im WK enthalten sind)
- Über das Webfrontend werden Installationen bestellt, fehlende Lizenzen werden im Nachgang an den Einkauf zur Beschaffung weitergeleitet
- SW-Bedarf wird teilweise durch den Produktverantwortlichen zwischen den Abteilungen abgestimmt
- Es gibt kein Planungstool und keine Qualitätskontrollen

Bemerkung
- Autorisierte Mitarbeiter können Software bis 1000 EUR ohne weiteren Genehmigungsprozess bestellen (Absprache mit Vorgesetzten ist dabei empfohlen)

Bewertungsmatrix

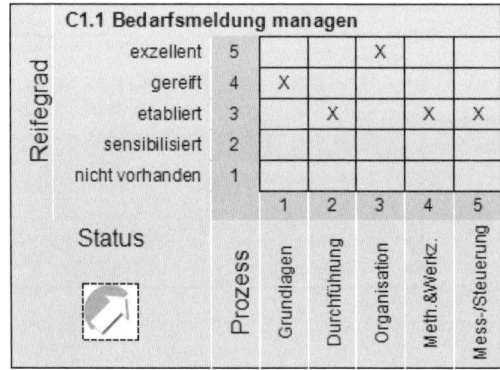

Abbildung 6.6 Ist-Aufnahme zum Prozess „Softwarebedarfsmeldung managen" mit Hilfe von Word

Fazit:

Die Aufnahme der Ist-Situation Ihres Lizenzmanagement-Umfeldes ist eine wichtige Maßnahme, die Sie vom Zeitaufwand her nicht unterschätzen sollten. Können Sie eventuell bereits auf die Ergebnisse eines Vorprojektes zurückgreifen, müssen Sie nicht ganz von vorne beginnen. Die Ist-Aufnahme ist insofern empfehlenswert, da Sie dadurch wichtige Erkenntnisse über die bisher angewendeten Softwarebeschaffungsprozesse gewinnen können. Wenn Sie ein altes Haus sanieren wollen, müssen Sie sich zunächst einen Überblick verschaffen, wie die Bausubstanz beschaffen ist, um zu entscheiden, was als Erstes getan werden muss, damit die gestellte Aufgabe erfolgreich bewältigt werden kann.

7

7 Prozesse: Strukturen analysieren, bewerten, optimieren

In diesem Kapitel erfahren Sie u.a.:

■ Welche Hauptprozesse einen Software-Life-Cycle-Prozess eigentlich bestimmen.

■ Warum das Untersuchen und Bewerten der bisherigen Vorgehensweisen und Prozesse im Software-Life-Cycle ein wichtiger Schritt ist.

■ Weshalb der Anforderungs- und Beschaffungsprozess für Softwareprodukte auf den Prüfstand gestellt werden sollte.

■ Warum Ihnen die Reifegradanalyse als Optimierungsinstrument Ihrer Software-Life-Cycle-Prozesse helfen kann.

Ein optimierter Software-Life-Cycle-Prozess ist für ein aktives Lizenzmanagement unbedingt erforderlich und zwingende Voraussetzung, um die geforderte Compliance im Unternehmen herstellen zu können. Dieses Kapitel informiert Sie über die einzelnen Hauptprozesse im Software-Life-Cycle-Prozess und gibt Ihnen eine Übersicht über die Best-Practice-Methoden, wie diese Prozesse mit Hilfe der Reifegradanalyse bewertet und optimiert werden können.

Ein Unternehmen, egal wie groß oder klein, funktioniert immer nach demselben Grundprinzip. Um den Motor am Laufen zu halten, muss das Getriebe gleichmäßig funktionieren und auch Veränderungen umsetzen können. Nur so kann das Unternehmen weiterfahren und seinen Kurs halten. Die drei wichtigsten Zahnräder für das Getriebe sind in Abbildung 7.1 zu sehen.

■ Strukturen – bestimmen die Prozesse

■ Prozesse – generieren und liefern daraus bestimmte Dienste und

■ Dienste – ermöglichen wiederum einen effizienteren Geschäftsablauf

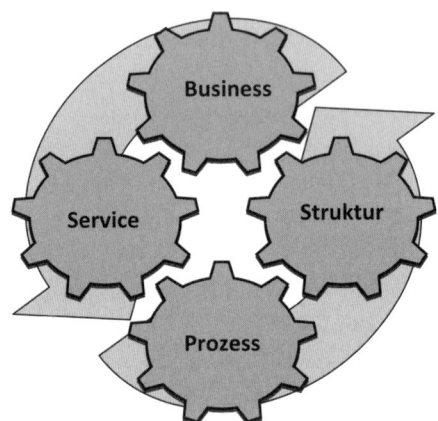

Abbildung 7.1 Grundprinzip des geschäftlichen Wachstums in Dienstleistungsunternehmen

Denken Sie daran, dass immer die Qualität in unserem Fall einer Dienstleistung (es wird ja im Lizenzmanagement nichts produziert) bestimmt wird durch die Qualität der Prozesse, die notwendig sind, um diese Dienstleistung zu entwickeln und zu erhalten. Um Prozesse effektiv zu managen, sind natürlich auch die beteiligten Personen und die verwendeten Technologien ein weiterer wichtiger Bestandteil im Getriebe. Um dieses in Bewegung zu halten, müssen die existierenden und eventuell neu zu schaffenden Strukturen mit den Prozessen harmonisch abgestimmt sein, um die daraus resultierenden Dienste in den Geschäftsablauf optimal einbinden zu können. Ein Bestandteil im Gesamtgetriebe dieser ineinander greifenden Zahnräder ist der Software-Life-Cycle-Prozess mit seinen sechs Haupt- und mehreren Teilprozessen.

7.1 Der Software-Life-Cycle-Prozess – Ein Überblick

Heute gibt es in den Unternehmen kaum noch einen Geschäftsablauf, der ohne die Unterstützung durch Computer auskommt. Damit die Computer funktionieren und den Geschäftsablauf steuern können, wird Software benötigt. Egal, ob das ein Computersystem zur Steuerung eines Produktionsablaufs beispielsweise in der Automotive-Branche ist oder der Laptop der Vorstandssekretärin. Die Software muss allerdings erst beschafft werden. Mittlerweile unterliegt auch Software aufgrund der Schnelllebigkeit der Entwicklungszyklen und der rasanten Weiterentwicklung der Hardware einem festgelegten Lebenszyklus. Am Anfang steht die Beschaffung, am anderen Ende die De-Installation und damit die Außerbetriebnahme. Software kann nicht immer einem zweitem Verwertungsweg zugeführt werden, wie beispielsweise ein in die Jahre gekommener LKW, der u.U. noch in Ländern seinen Dienst versieht, wo man es mit den technischen Vorschriften nicht so genau nimmt wie hier bei uns in Deutschland. Der Software-Life-Cycle setzt sich aus sechs Hauptprozessen zusammen, wobei drei davon der Beschaffung – dem kaufmännischen Teil – und drei dem Betrieb – dem technischen Teil – zuzuordnen sind. In Abbildung 7.2. sehen Sie die sechs Prozesse im Überblick.

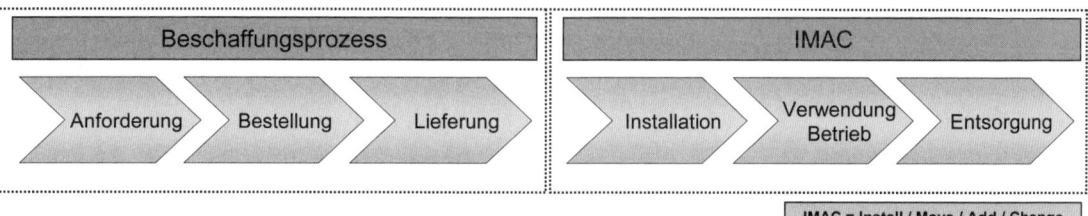

Abbildung 7.2 Überblick Software-Life-Cycle-Hauptprozesse

Die **Beschaffungsprozesse** setzen sich zusammen aus:

- dem Anforderungsprozess;
- dem Bestellungsprozess;
- dem Lieferungsprozess.

Die **technischen Prozesse** bestehen aus:

- dem Installationsprozess;
- dem Prozess zur Verwendung und dem Betrieb;
- dem Entsorgungsprozess.

Zu jedem dieser sechs Hauptprozesse gehören weitere Teilprozesse, wie Abbildung 7.3 auf der nächsten Seite zeigt.

Was Sie hier sehen, sind Prozesse, die sich mit der Zeit bei den Unternehmen entwickelt und etabliert haben. ISO 19770-1 „Software Asset Management" lehnt sich in Teilen daran an. Wenn Sie Ihre Prozesse nach ISO 19770-1 ausrichten wollen, müssen Sie einen ziemlich großen Aufwand betreiben. Hinzu kommt, dass Sie nach außen hin nicht in der Lage sind,

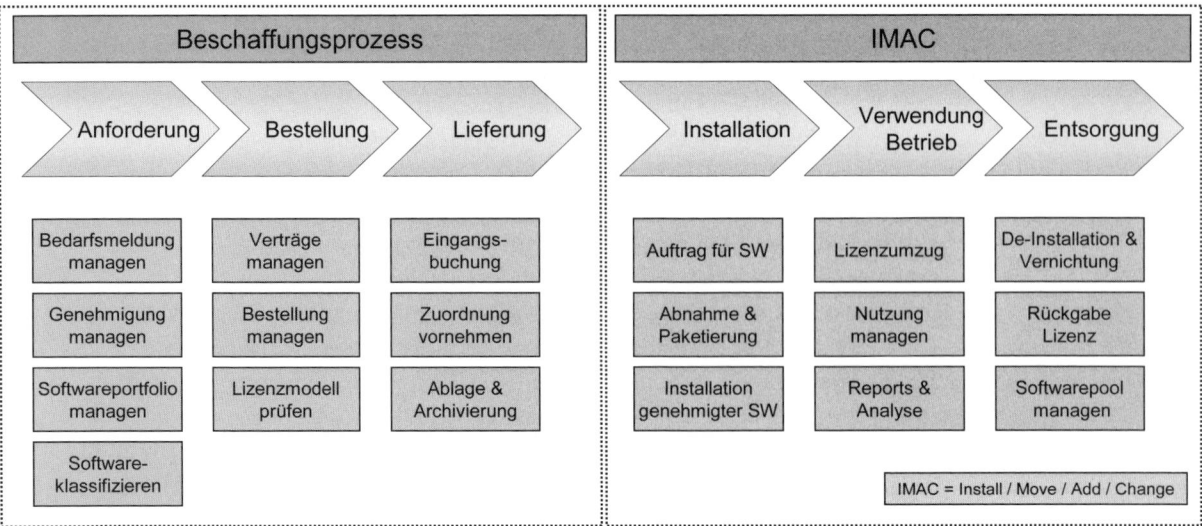

Abbildung 7.3 Teilprozesse der sechs Hauptprozesse zum Software Life Cycle

zu behaupten, dass Sie ISO 19770-1 konform sind, wenn Sie nicht alle, sondern nur einzelne Prozesse daran ausrichten können bzw. wollen. Zur Norm ISO 19770-1 finden Sie im Anhang noch mehr. In der Praxis – zumindest in den Projekten, in denen ich bisher tätig war – entsprechen die meisten, wenn überhaupt, nur ansatzweise an ISO 19770-1. Es ist im Prinzip wie mit ITIL. Das Rahmenwerk ist gut geeignet für einen Leitfaden, doch muss oder kann man nicht alles eins zu eins umsetzen.

7.2 Die bisherigen Strukturen und Prozesse untersuchen und bewerten

Damit Sie sich überhaupt in die Lage versetzen können, Ihre Strukturen und Prozesse zu untersuchen, müssen Sie eine sogenannte Ist-Aufnahme der bisherigen Situation durchführen. Abbildung 7.4. zeigt eine beispielhafte Übersicht. Die Beschaffungsprozesse dienen hauptsächlich dazu, die Wirtschaftlichkeit zu managen. Dazu gehört das Verwalten und Optimieren von Verträgen, wie Rahmenverträge, Einzelverträge, Bestellungen, Wartungsverträge für Software, aber auch für Hardware (beispielsweise Computer mit OEM-Lizenzen) sowie Services, Anforderungen, Lieferungen und natürlich auch das Verwalten und Optimieren der Verträge (Preis, Volumen, Lizenzmodelle, Lizenzmetriken) mit den Herstellern und Lieferanten. Sehr hilfreich können dabei Vertragsmanagementsysteme sowie andere Systeme, in denen die Beschaffungsvorgänge dokumentiert werden, bei der Bewältigung dieser Aufgabenstellung sein. Meistens sind aufgrund der Historie im Unternehmen mehrere Systeme zu finden, die mehr oder weniger über Schnittstellen Daten austauschen und die benötigten Informationen vorhalten bzw. verwalten. Durch die gewachse-

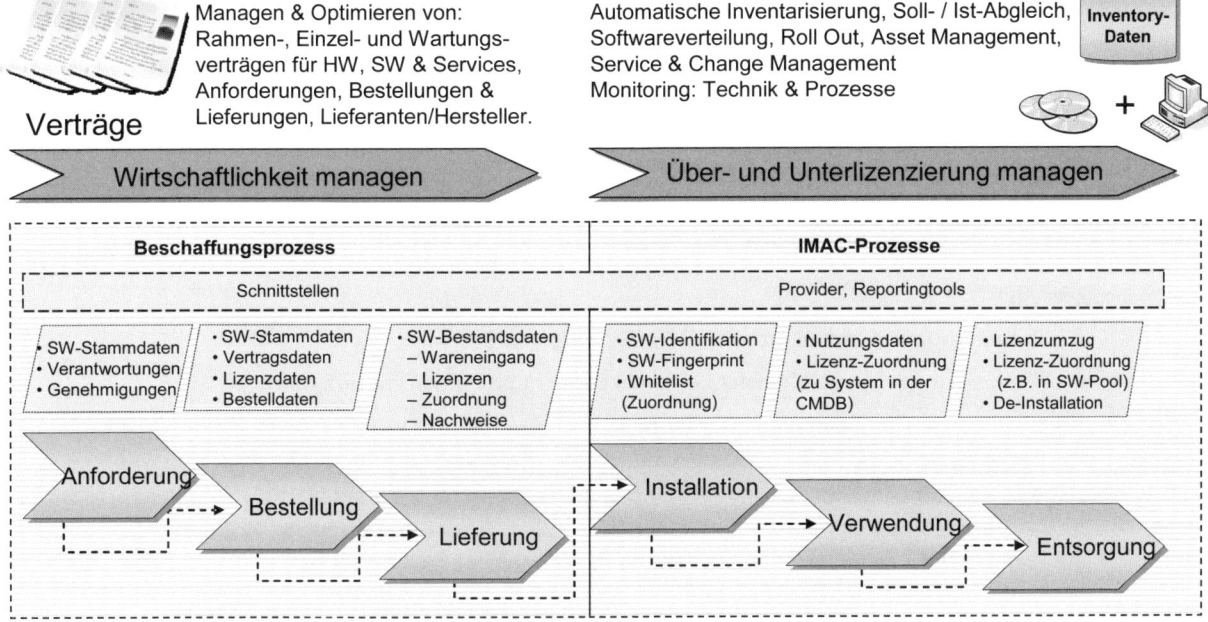

Abbildung 7.4 Übersicht der Software-Life-Cycle-Prozess und ihrer Aufgaben

nen Strukturen und Systeme werden die für den Ablauf erforderlichen Prozesse selten auf den Prüfstand gestellt, um eventuell Optimierungspotenzial ausfindig zu machen.

Die technische Seite, quasi der Betrieb der beschafften Software, reicht von der Installation (dazu gehört die Software-Identifikation, Software-Kennzeichnung, Zuordnung zu kaufmännischen Artikeln mit Materialnummern) über die Verwendung (der eigentliche Nutzungszeitraum der Software) mit den Zuordnungen zu Systemen, um die Compliance herstellen zu können (Abgleich kaufmännischen Daten mit technischen Daten) bis zur Verschrottung von Hardware und der damit einhergehenden De-Installation von Software. Abhängig von ihrer Unternehmensgröße, ist es u.U. sinnvoll, sich von Zeit zu Zeit zu fragen, ob denn die momentan im Unternehmen gelebten Prozesse noch effektiv und an das Unternehmensziel optimal angepasst sind. Für ein korrektes Lizenzmanagement ist ein gesamthafter Überblick über alle jemals im Unternehmen beschaffte Softwareprodukte unbedingt erforderlich; dass man hier pragmatisch vorgehen muss, versteht sich von selbst. Sie können nicht erwarten, bei einem Unternehmen mit Zehntausenden von Computern und Serversystemen und Hunderten von im Einsatz befindlichen Softwareprodukten eine dauerhafte Compliance über alle Softwareprodukte zu erhalten. Hier müssen Sie sich zu Beginn der Aufgabenstellung – Compliance ist herzustellen – einen Fahrplan zurechtlegen, um erst einmal beispielsweise die Top-20-Hersteller bzw. Lieferanten und deren im Einsatz befindliche Softwareprodukte zu überprüfen. Sollte Ihr Unternehmen an mehreren Standorten agieren und vielleicht auch noch weltweit, sind Sie gut beraten, sich eine Vorgehensweise zu überlegen, um die Compliance in einem annehmbaren Zeitabschnitt herstellen und gewährleisten zu können. Um überhaupt eine Chance zu bekommen, die gestellte Aufgabenstellung, ein Lizenzmanagement einzuführen und zu etablieren, erfüllen zu können, müssen Sie sich als Erstes Ihre Anforderungs- und Beschaffungsprozesse betrachten.

7.3 Den Anforderungs- und Beschaffungsprozess auf den Prüfstand stellen

Das Ziel:

- Optimierung der wirtschaftlichen Verwendung von Software
- Sicherstellung der rechtlichen Compliance im Unternehmen für Software

Viele Unternehmen haben die Anforderungs- und Beschaffungsprozesse recht gut im Griff. Leider ist es aber wie mit so vielen Dingen. Die Prozesse, die für die Beschaffung von „Non-IT"-Gütern einhergehen, sowie die Beschaffungen von jeglicher Hardware, sind perfekt auf die Geschäftsprozesse im Unternehmen abgestimmt und größtenteils auch bis in die kleinste Ecke optimiert. Schauen wir in die Softwareecke, ist dort meistens ein größeres Durcheinander zu finden. Der Grund: Früher wurde Software einfach so mit dem Computer gekauft, es hat sich keiner groß darum gekümmert, wie Software verwaltet wird, geschweige denn, dass schon an Lizenzmanagement gedacht wurde. Oft ist auch eine schöne Welt vorzufinden, wo im Prinzip jeder seine Wünsche äußern kann, ohne auf die strategische Ausrichtung von Software im Unternehmen Rücksicht nehmen zu müssen. Hier sammeln sich dann sehr schnell die verschiedensten Softwareprodukte, oft mit denselben Funktionen. Ehe Sie zweimal blinzeln können, sitzt vor Ihrer Unternehmenstür ein gewaltiger Software-Zoo. Schuld daran sind nicht selten komplizierte Prozesse und gewachsene Einkaufsstrukturen, die das Thema Softwarebeschaffung eigentlich nur nebenbei als Aufgabe sehen. Wenn Sie sich einmal in einer ruhigen Minute hinsetzen und Ihren Beschaffungsprozess im Geiste durchgehen, werden Sie bestimmt schnell feststellen, dass hier etwas zu tun ist. Wichtig ist, dass Sie alle möglichen Einfallstore für Softwarebestellungen identifizieren, um diese Zug um Zug schließen zu können. Im optimalen Fall gäbe es nur noch einen Weg im Unternehmen, um Software zu beschaffen. Das ist aber nur sehr selten zu erreichen oder sinnvoll. Besser und nutzbringender wäre eine zentrale Stelle, an die zumindest alle zukünftigen Softwarebeschaffungen gemeldet werden. Wenn Ihr Unternehmen international aufgestellt ist, spielen die lokalen Beschaffungen von Software aus währungs- und steuerlichen Gründen eine nicht zu unterschätzende Rolle. Um den größtmöglichen Nutzen für das Unternehmen zu erzielen, können Sie allerdings mit den großen Herstellern wie IBM oder Microsoft einen globalen Rahmenvertrag für die Beschaffung von Software abschließen, auf den sich dann alle Unternehmensteile weltweit bei der Beschaffung von Software vor Ort bei dem lokalen Händler berufen können. So erzielen Sie die größte Kosteneinsparung und können dem lokalen Einkäufer bei der Beschaffung von Software vor Ort trotzdem freie Hand lassen. Sie müssen nur sicherstellen, das erstens die Einkaufsabschlüsse kommuniziert werden (wichtig dafür ist ein zentrales Vertragsmanagementsystem) und zweitens die getätigten Einkäufe in einer zentralen Datenbank dokumentiert werden müssen, die später Ausgangspunkt für das Erstellen des Lizenzinventars sein wird. Die größten Risiken entstehen bei dieser Vorgehensweise allerdings, sollten Sie kein ausreichendes und zentral verwaltbares Vertragsmanagementsystem im Haus haben. Dann werden Sie die Daten wahrscheinlich nur sehr mühsam und mit viel manuellem Aufwand recherchieren können.

Durch die Optimierung der Anforderungs- und Beschaffungsprozesse können Sie:

- eine Erhöhung der Transparenz über Ihren Softwarebestand erreichen;
- die rechtliche Compliance gewährleisten;
- u.U. parallele Bestellungen vermeiden und damit doppelte Kosten verhindern sowie
- sicherstellen, dass die vereinbarten Einkaufskonditionen weltweit angewendet und genutzt werden.

Betrachten Sie auch die möglichen Komplexitätstreiber, die einer Lösung der Aufgabenstellung entgegenstehen. Dies könne zum Beispiel sein:

- Es existieren mehrere Einkaufsabschlüsse oder Verträge ähnlichen Inhalts zu unterschiedlichen oder gleichen Konditionen mit gleichen Lieferanten und/oder Herstellern.
- Es gibt unterschiedliche Verantwortlichkeiten im zentralen und dezentralen Einkauf.
- Die unterschiedlichen Beschaffungswege erschweren die Dokumentation der Softwarebeschaffungen, die vielleicht auch noch in verschiedenen Systemen, wenn überhaupt zu pflegen sind.
- Es gibt keinen einheitlichen Prozess für den Wareneingang von Softwareprodukten, weder zentral noch dezentral.
- Die verschiedenen Unternehmenseinheiten werden über die global vereinbarten Verträge nicht ausreichend informiert.

Beispiele für Beschaffungsprozesse, die es zu vereinheitlichen gilt

- Jeder Fachbereich kann über BANF (Bedarfsanforderung) Software beschaffen.
- Es gibt mehrere Wege, um Bestellungen beim Einkauf zu platzieren, wie beispielsweise über E-Mail, Post, Fax; so können Doppelbestellungen entstehen.
- Über den lokalen Einkauf wird beim lokalen Lieferanten, Hersteller oder Reseller Software beschafft, ohne dies irgendwo zentral zu dokumentieren und ohne die eventuell globale abgeschlossenen Verträge zu nutzen.
- Software wird über eine Reisekostenabrechnung, Kreditkarte oder eine Zahlungsanweisung erworben.
- Für Projekte wird Software durch die Verrechnung mit Projektaufwänden beschafft (wie beispielsweise Consultingleistungen).
- Über den klassischen Erwerb von Hardware gelangen auch lizenzkostenpflichtige Softwareprodukte in das Unternehmen und werden nirgends dokumentiert.

Mit den folgenden Maßnahmen können Sie die Vereinheitlichung des Beschaffungsprozesses erreichen:

■ Erstellen Sie sich ein Konzept, um die Erhöhung künftigen Beschaffungswege zu vereinheitlichen, und legen Sie damit den Grundstein für eine einheitliche und zentrale Software- und Lizenzbeschaffung.

■ Reduzieren Sie die bisherigen Beschaffungsprozesse auf ein notwendiges Minimum.

■ Erstellen Sie eine einheitliche und unternehmensweit gültige Richtlinie für Ihre künftigen Beschaffungsprozesse.

■ Legen Sie Rollen und Verantwortlichkeiten in Bezug auf die künftigen Beschaffungsprozesse fest.

Um diesen Dingen gezielter auf den Grund gehen zu können, empfehle ich Ihnen aber, alle Ihre Prozesse im Software-Life-Cycle auf den Prüfstand zu stellen und durch ein Benchmarking zu überprüfen. Eine verhältnismäßig einfache Methode, die ich im Laufe meiner Projekttätigkeit entwickelt habe und mit viel Erfolg in meinen Projekten anwende, stelle ich Ihnen im nächsten Kapitelabschnitt vor.

7.4 Die Reifegradanalyse – eine Methode für das Benchmarking und Optimieren von Prozessen

Die Anfänge der Reifegradmodelle, gehen auf die 80er-Jahre zurück. Wieder einmal war das Militär (das US-amerikanische und britische Verteidigungsministerium) die treibende Kraft (das Internet in seiner heutigen Form ging ebenfalls aus einer militärischen Notwendigkeit hervor). In den 80er-Jahren war man mit der Qualität der entwickelten Softwareprodukte nicht zufrieden und suchte nach einer Methode, um die Risiken und die damit verbundenen steigenden Kosten bei der Softwareentwicklung und Erstellung zu senken. Die USA beauftragte das Software Engineering Institute (SEI) der Carnegie Mellon University, Pennsylvania damit. Das brachte als Ergebnis das Reifegradmodell CMM (*Capability Maturity Model*) hervor. In der britischen Studie entstand das Projekt SPiCE (*Software Process Improvement and Capability dEtermination*), dessen Arbeitsergebnisse im internationalen Standard ISO/IEC 15504 dokumentiert wurden. Das Reifegradmodell CMMI (*Capability Maturity Model Integrated*) ist das Nachfolgemodell von CMM. In beiden Modellen kommt die Form eines Prozess-Assessments zum Einsatz, um die Anwendung und Ausgestaltung von Prozessen zu analysieren. Dabei gehen die angelegten Kriterien von einer Idealvorstellung der Prozesse aus, und im Reviewprozess werden dann die Abweichungen von diesen Idealvorstellungen überprüft und dokumentiert. Um Verbesserungen und Optimierungen umsetzen zu können, muss erst einmal die derzeitige Ausgangssituation bekannt sein. Dazu wird der momentane Ist-Stand aufgenommen, analysiert, bewertet und abgebildet. Sie müssen also, kurz ausgedrückt, eine „Standortbestimmung" durchführen. Es gibt unterschiedliche Möglichkeiten, Prozesse zu bewerten und zu vergleichen, die sich durch die Art der Kriterien, die bei der Bewertung angewendet werden, unterscheiden. Beispiele hierfür wären:

- Die Prozesse werden mit vorgegebenen Anforderungen (z.B. nach ISO 9001) mittels Audits überprüft.

- Es werden Vergleiche zwischen Organisationen über ein Punktesystem, wie etwa jenes des EQA (European Quality Award), mithilfe von Assessments durchgeführt.

- Ausgewählte Prozesse werden im Rahmen eines Assessment mit einem Reifegradmodell (z.B. dem CMMI) bewertet.

Sicherlich können Sie die verfügbaren Normen und Standards anwenden, um diese Aufgabe nach allen Regeln der Kunst zu lösen. Meine Erfahrung, die ich in den bisherigen Projekten gemacht habe, ist, dass eine Reifegradanalyse nach den bekannten Normen und Standards zu aufwendig und zu komplex ist, um die Hauptprozesse im Software-Life-Cycle-Prozess zu untersuchen. Das wäre mit Kanonen auf Spatzen geschossen. Aus diesem Grund habe ich eine Methode entwickelt, die auf dem CMMI-Modell aufsetzt und gleichzeitig mit der Methodik aus der Risikoanalyse (die Abbildung von Risiken in der Risikomatrix) kombiniert wird. Das Ergebnis ist ein Reifegradanalysemodell, das recht einfach aufgebaut ist, schnell auf die Prozesse im Software-Life-Cycle anwendbar, analysierbar und auswertbar ist. In Abbildung 7.5 finden Sie dazu ein beispielhaftes Endergebnis der untersuchten Software-Life-Cycle-Prozesse, die mit einer von mir entwickelten Methode bewertet wurden.

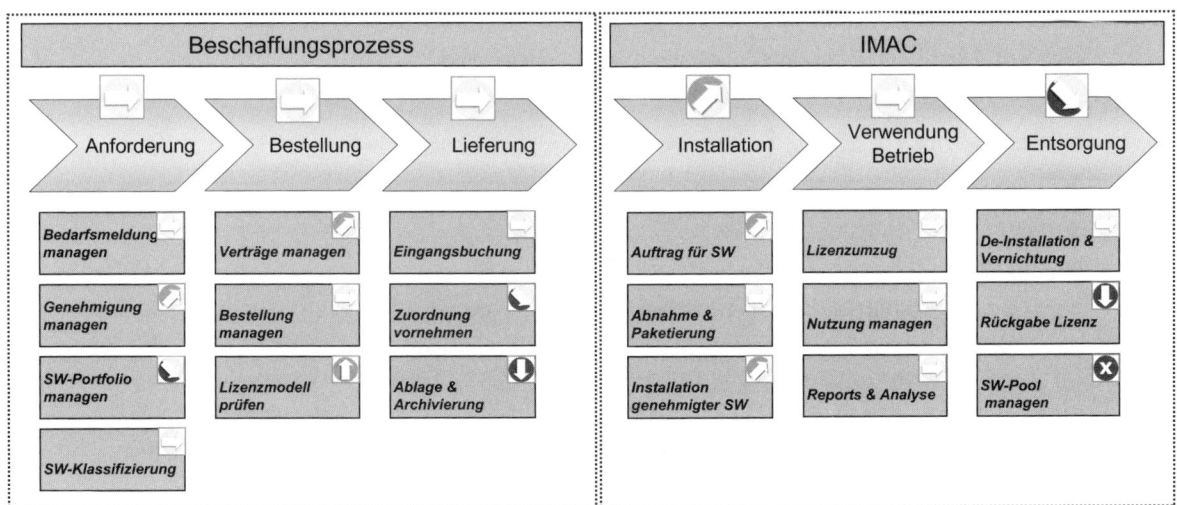

Abbildung 7.5 Übersicht über eine beispielhafte Reifegradanalyse im Software-Life-Cycle

Das Endergebnis, wie es Abbildung 7.5 darstellt, setzt sich aus verschiedenen Schritten und Bewertungsmethoden zusammen. Abbildung 7.6 zeigt den Ausschnitt einer detaillierteren Einschätzung in einer Dokumentation zur Ist-Situation, die auf das in Abbildung 7.5 ersichtliche Gesamtschema übertragen wurde.

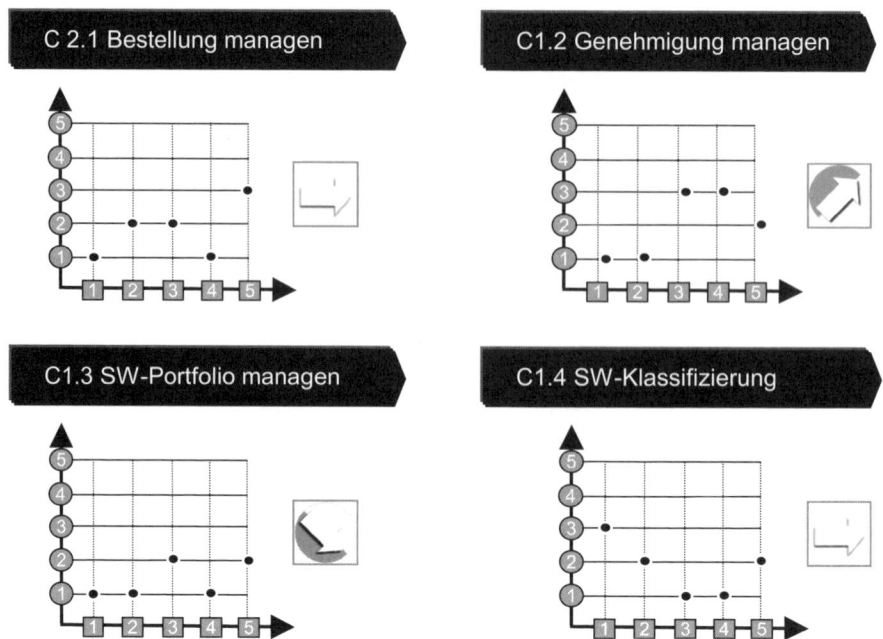

Abbildung 7.6 Beispielhafte Bewertung von Teilprozessen mit meiner Reifegradmethode

Die Y-Achse bildet dabei die fünf Reifegrade nach CMMI ab:

- Nicht vorhanden
- Sensibilisiert
- Etabliert
- Gereift
- Exzellent

Auf der X-Achse werden fünf fest definierte Bereiche abgetragen, die sich aus den folgenden Überschriften und weiteren definierten Unterpunkten zusammensetzen:

- Prozessgrundlagen
- Organisation
- Prozessdurchführung
- Mess- und Steuerungsgrößen
- Methoden und Werkzeuge

Die Abbildungsmethode ist dabei dem Schema der Risikomatrix nachempfunden. So bestimmen die festgelegten Wertepaare den für diesen Teilprozess anzuwendenden Prozessbewertungspfeil (Prozesserfüllungsgrad). Abbildung 7.7 erläutert die einzelnen Stufen. Mit dieser einfachen, aber aussagekräftigen Standortbestimmung haben Sie nun einen Überblick über jeden einzelnen von Ihnen analysierten Teilprozess.

Symbol	Wertung
⬆	Vollständig bzw. optimal, keine Verbesserung erforderlich
⬈	Fast vollständig bzw. optimal, nur leichte Verbesserung notwendig
⟳	Nicht vollständig bzw. optimal, Verbesserung gewünscht
◗	Nicht vollständig bzw. optimal, Verbesserung erforderlich
⬇	Nicht vorhanden bzw. mangelhaft, Verbesserung unbedingt erforderlich
✕	Keine Bewertung (Out of Scope) aufgrund fehlender Informationen

Abbildung 7.7 Merkmale und Stufen der Prozesserfüllungsgrade

Tragen Sie die einzelnen Ergebnisse mit den Prozessbewertungspfeilen, in das Gesamtschema ein (siehe Abbildung 7.5), und erhalten Sie damit einen gesamthaften Überblick über den Zustand Ihrer Prozesse. Der analysierte und aufgenommene Ist-Zustand der vorherrschenden Prozesslandschaft bildet die Ausgangsbasis, um anschließend die Prozesse im Software-Life-Cycle optimieren zu können.

Mit der von mir entwickelten Methodik kann in einem Zeitraum von zwei bis maximal drei Wochen die Ist-Situation der Software-Life-Cycle-Prozesse in einem Unternehmen analysiert und bewertet werden. Danach wissen Sie genau, wo Sie der Schuh drückt.

Fazit:

Um die Qualität der Prozesse im Unternehmen überprüfen und messen zu können, ist zunächst eine Aufnahme der Ist-Situation erforderlich. Nur wenn Sie eine Standortbestimmung durchgeführt und die Qualität ihrer Strukturen, Prozesse und Dienstleistungen mit Hilfe der Reifegrandanalyse bewertet haben, besitzen Sie das notwendige Wissen, um Ihre Prozesse im Unternehmen optimieren zu können. Wenn Sie Ihre Prozesse auf eine höhere Reifegradstufe heben wollen, müssen Sie die entsprechenden Voraussetzungen schaffen. Schlussendlich benötigen Sie eine bestimmte Reifegradstufe, um überhaupt eine Compliance herstellen zu können.

8

8 Den Software-Life-Cycle-Prozess optimieren

In diesem Kapitel erfahren Sie u.a.:

- Welche Vorgehensweise bei der Modellierung und Umsetzung der Soll-Prozesse zu wählen ist.

- Weshalb neue Rollen und Verantwortlichkeiten für ein zukünftiges Lizenzmanagement erforderlich sind.

- Warum Richtlinien für die zukünftige Softwarenutzung im Unternehmen aufgestellt werden sollten.

Um den Software-Life-Cycle-Prozess optimieren zu können, benötigen Sie umfassende und detaillierte Informationen zum Ist-Zustand. Darauf aufbauend, können Sie schrittweise damit beginnen, die Prozesse und Teilprozesse dort anzupassen, wo Sie sich den größten Hebeleffekt zur Optimierung versprechen. Lesen Sie, welche neuen Rollen und Verantwortlichkeiten für das Lizenzmanagement benötigt werden und welche Richtlinien für die neuen Prozesse im Software-Life-Cycle bzw. im Lizenzmanagement formuliert, abgestimmt und umgesetzt werden müssen.

In den beiden vorangegangenen Kapiteln erfuhren Sie, dass es zunächst wichtig ist, die bis dato gelebten Prozesse zu untersuchen, aufzunehmen und zu bewerten, bevor Sie an eine mögliche Verbesserung bzw. Optimierung herangehen können. Die im Kapitel 7.4 beschriebene Methode zur Analyse der Prozessreifegrade leistet dabei eine sehr gute Hilfestellung, die gewonnenen Erkenntnisse umzusetzen und zu visualisieren.

8.1 Die Soll-Prozesse modellieren und umsetzen

Bei der Analyse der bestehenden Prozesslandschaft kann es durchaus vorkommen, dass in Teilprozessen kein weiteres Verbesserungspotenzial zu finden ist, weil sie schon auf einer relativ hohen Reifegradstufe stehen und damit erst einmal kein Optimierungspotenzial mehr bieten. Diese Prozesse müssen Sie nicht weiter betrachten. Haben Sie aber trotzdem ein Auge darauf, dass sie mit berücksichtigt werden, wenn es darum geht, die neu zu erstellenden Soll-Prozesse in „das große Ganze" harmonisch einzubinden. Weil Sie nun Ihre Ausgangssituation kennen, können Sie sich daran machen, die neuen Sollprozesse zu modellieren und umzusetzen. Gehen Sie dabei schrittweise vor, und bearbeiten Sie als Erstes die Prozesse, bei denen ein erhebliches Optimierungspotenzial erkannt wurde. Diese Vorgehensweise ermöglicht Ihnen rasche Fortschritte, und Sie finden so sehr schnell die größten Steine heraus, die auf Ihrem Weg zu mehr Transparenz und zur geforderten Compliance liegen. Aufgrund meiner Erfahrungen empfehle ich Ihnen, sich zunächst den Softwareanforderungs- und Bestellprozess vorzunehmen. Im nächsten Kapitel gehe ich deswegen auf diese beiden wichtigen Teilprozesse im Beschaffungsprozess noch einmal näher ein.

Ausgehend von der Darstellung der aufgenommenen Ist-Situation und der nun gewünschten Reifegradstufe, sollten Sie an jenen Punkten Ihren Prozess/Teilprozess optimieren, wo Sie die größtmöglichen Effekte erzielen. Je nach der vorherrschenden Unternehmenssituation und den gewachsenen Strukturen können die Optimierungsansätze unterschiedlicher Natur und Ausprägung sein. Hier muss situationsbedingt und nach Best Practice gehandelt werden. Wichtig ist auch, dass die Optimierung mit Augenmaß angesichts der erforderlichen Veränderungen betrieben wird und Sie nicht versuchen, ein Lehrbuchbeispiel zu implementieren. Einen gesunden Pragmatismus bei der Optimierung der Prozesse an den Tag zu legen, ist hier sicherlich nicht verkehrt.

Um den zu erstellenden Soll-Prozess in einer ersten groben Umsetzungsstufe zu visualisieren, können Sie Visio oder Powerpoint verwenden. Eine detaillierte Version, in der auch Rollen und Verantwortlichkeiten abgebildet werden, sollten Sie dann entweder in Visio feiner strukturieren und ausarbeiten oder in einem der gängigen Prozessmodellierungstools wie beispielsweise Aris (Hersteller IDS Sheer) oder iGrafx (Tochter von Corel) umsetzen. Abbildung 8.1. zeigt einen in Powerpoint gezeichneten beispielhaften Soll-Prozess in einer ersten groben Entwurfsphase für den Ablauf zu einer neuen Softwareanforderung.

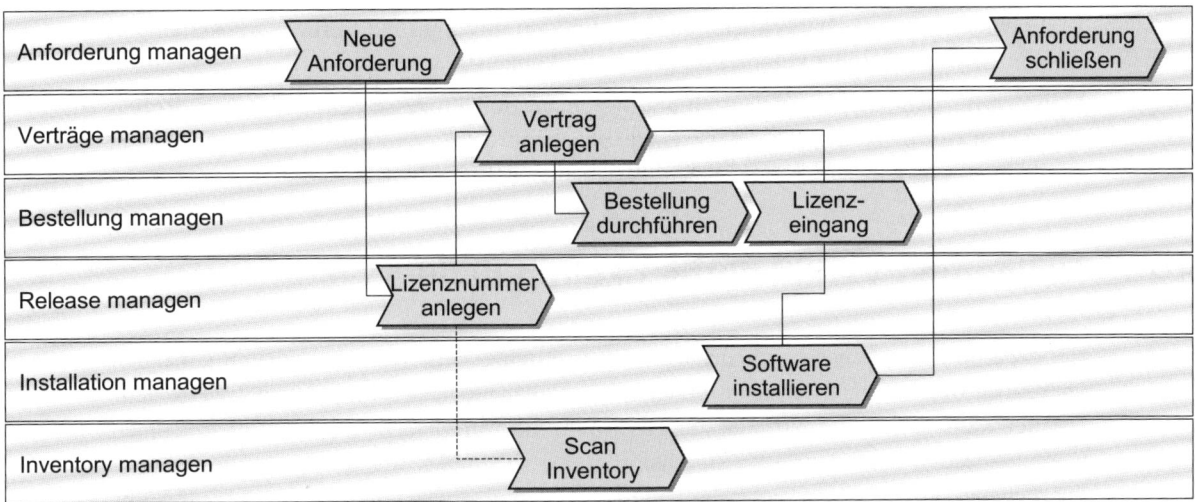

Abbildung 8.1 Beispielhafter grober Entwurf eines Soll-Prozesses für eine Softwareanforderung

Mögliche Optimierungsansätze, die Sie bei der Modellierung der Soll-Prozesse außerdem beachten sollten:

- Verknüpfen Sie die kaufmännischen Daten (Vertragsdaten, beschaffte Lizenzen) aus den Vertragsmanagement- und ERP-Systemen mit dem zukünftigen Lizenzmanagement-Tool.

- Definieren Sie einheitliche Ablagerichtlinien und Namenskonventionen, um später in den Systemen die Verträge nach bestimmten Kriterien recherchieren zu können.

- Schaffen Sie eine strukturierte und nachvollziehbare zentrale Ablage für die Lizenzinformationen (Rechnungen, Lizenzscheine, Lizenzkeys, Datenträger).

- Prüfen Sie, ob Verträge zu gleichen Lieferanten/Herstellern in Bezug auf vereinbarte Konditionen konsolidiert oder optimiert werden können (Vertragshierarchien).

- Verschaffen Sie sich einen umfassenden Überblick über **alle** abgeschlossenen Softwareverträgen und deren Lizenzmodelle, und prüfen Sie, ob diese zusammengefasst oder vereinfacht werden können (auch weltweit mit lokalen Einkauf).

- Verschaffen Sie sich ausreichende Kenntnis, wer die Softwareverträge verwaltet, und sichern Sie eventuell bestehendes Kopfwissen der Mitarbeiter, die diese Verträge betreuen.

- Dokumentieren Sie zukünftige Software- und Lizenzbeschaffungen in einem zentralen Tool (bevorzugt das neue Lizenzmanagement-Tool), und passen Sie Ihre Prozesse daraufhin an.

- Vereinheitlichen Sie die derzeit möglichen Beschaffungswege, und reduzieren Sie dies auf ein notwendiges Minimum (beispielsweise nur noch über ein zentrales System).

■ Entwickeln Sie eine Checkliste für Ihren Einkauf, um künftige Vertragsverhandlungen schneller und weniger komplex abwickeln zu können.

Meistens müssen Sie bei der Gestaltung der neuen Soll-Prozesse neue Aufgaben, Rollen und Verantwortlichkeiten für das Lizenzmanagement definieren und festlegen. Lesen Sie darüber mehr im nächsten Kapitelabschnitt, welche das sein können.

8.2 Rollen und Verantwortlichkeiten definieren

Bei der Einführung eines Lizenzmanagements entstehen neue Aufgaben, die an jemanden übertragen bzw. delegiert werden. Für das Lizenzmanagement sollten Sie motivierte Mitarbeiter wählen, die eine Affinität zur Hard- und Software haben. In vielen Unternehmen werden diese Mitarbeiter diese Herausforderung neben ihrem normalen Tagesgeschäft übernehmen müssen, denn nicht alle Unternehmen sind in der Lage, sich eine eigene Abteilung für das Lizenzmanagement zu leisten.

Abhängig davon, wie Ihr Unternehmen und Ihr Einkauf agiert und aufgestellt ist (zentral, dezentral, global), benötigen Sie eine mehrstufige Hierarchie im Lizenzmanagement-Umfeld. In kleineren Unternehmen oder Unternehmen, die nur auf wenige Standorte (auch international) verteilt sind, benötigen Sie mindestens zwei Rollen (Lizenzmanager und Produktverantwortlicher); optimal wären die folgenden drei Rollenebenen:

■ Lizenzmanager (global, lokal, Client, Server, Host)

■ Lizenzadministrator (global, lokal, Client, Server, Host)

■ Produktverantwortlicher, oft auch Release-Verantwortlicher genannt

Je nach Unternehmensgröße können unterschiedlich viele Personen dafür erforderlich sein, in kleineren Unternehmen reicht oft ein Lizenzmanager aus, der für die gesamte Softwareproduktpalette verantwortlich zeichnet. Erzeugen Sie möglichst keinen „Wasserkopf". Aus der Historie heraus wird die Rolle des Lizenzmanagers (LzM) häufig in den Einkauf integriert, da er auch an Entscheidungen über viele kaufmännische Aktivitäten beteiligt sein muss. Der Lizenzadministrator (LzA) wiederum sollte als Bindeglied zwischen der kaufmännischen Seite und der technischen Seite, den IT-Abteilungen (wie technische Infrastruktur, Software-Deployment, Softwareverteilung) fungieren. Hier ist es von Vorteil, einen Mitarbeiter aus der IT einzusetzen. Der Produktverantwortliche (PV) wird sehr oft aus den Reihen der „Poweruser" gewählt, die nicht selten für ein bestimmtes Produkt verantwortlich zeichnen und dann – auch das ist durchaus üblich – dies unternehmensweit tun. Der PV beherrscht meistens das Produkt sehr gut und ist Ansprechpartner für den oder die Fachbereiche, wenn es darum geht, beispielsweise ein neues Update einzuführen. Diese drei Rollen sind die wichtigsten im Lizenzmanagement. In Abbildung 8.2 sehen Sie dazu ein beispielhaftes Organigramm.

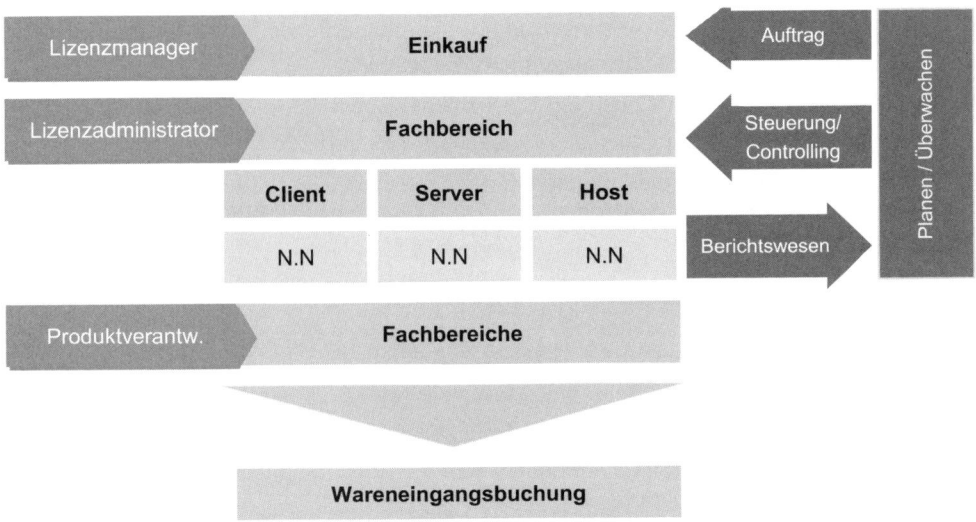

Abbildung 8.2 Organigramm der Lizenzmanagement-Rollen

In diesem Organigramm ist der Lizenzmanager im Einkauf angesiedelt und hat die Planung und Überwachung im Lizenzmanagement zu verantworten. Die einzelnen Lizenzadministratoren berichten aus ihrem Fachbereich heraus an den Lizenzmanager. Die PVs sind für die Überprüfung des korrekten Wareneingangs und die Wareneingangsbuchung verantwortlich. Welche Aufgaben den jeweiligen Rollen zugedacht sind, beschreiben die nächsten Unterpunkte.

8.2.1 Die Rolle Lizenzmanager

Die Rolle Lizenzmanager kann sich noch einmal je nach Erfordernis und Unternehmensgröße in die Rolle globaler und lokaler Lizenzmanager aufteilen. Die Verantwortung können Sie hier beliebig aufteilen und auch Ihre bisherigen Organisationsstrukturen daran abbilden.

Der Lizenzmanager besitzt die strategische Verantwortung und hat folgende Aufgaben:

- er steuert und überwacht die Lizenzbeschaffung für alle Objekttypen (Client, Server, Host);
- er unterstützt die Fachabteilungen bei der strategischen Softwarebedarfsplanung;
- er formuliert Richtlinien, Maßnahmen und Kontrollmechanismen für den Umgang mit Lizenzen und agiert gemäß den Lizenzmodellen (z.B. Vermeidung von Peaks zum Stichtag der Lizenzzählung);
- er begleitet Software-Audits (intern sowie extern) und stellt die hierfür benötigten Auskünfte und Bestandslisten bereit;
- er verantwortet die Berichtserstellung zum Lizenzierungsstatus für das Management;
- er plant und initiiert Maßnahmen zur Verbesserung der Lizenzmanagement-Prozesse;

- er kontrolliert die nachhaltige Umsetzung des kontinuierlichen Verbesserungsprozesses aus den erforderlichen Lizenzmanagement-Maßnahmen;

- er stellt Daten und Reports aus dem Lizenzmanagement-Tool für zukünftige Vertragsverhandlungen zur Verfügung;

- er stellt Daten für die Bedarfsplanung der Fachbereiche/Geschäftsbereiche hinsichtlich der Plan- und Ist-Kosten zur Verfügung.

8.2.2 Die Rolle Lizenzadministrator

Der Lizenzadministrator besitzt die kaufmännische und technische Verantwortung:

- er verantwortet Daten, Bestände und Merkmale seines Objekttyps sowohl aus technischer als auch kaufmännischer Sicht;

- er führt Lizenzprüfungen durch und überwacht die Einhaltung der Nutzungsrechte;

- er überprüft die ausreichende und korrekte Lizenzierung vor geplanten Softwareinstallationen und verwaltet die lokalen Software-Pools;

- er verantwortet die Einleitung von Maßnahmen aus dem Compliance-Report gegen Über- und Unterlizenzierung;

- er erstellt Berichte und setzt gestellte Reportinganforderungen um;

- er löst Beschaffungen aus, gibt Lizenzen frei oder reserviert diese;

- er verwaltet Lizenzscheine und Lizenzkeys, sofern diese lokal archiviert werden;

- er steuert Lizenzen bei Veränderungen an seinen Systemen (Neuinstallation, Umzug, Verschrottung).

8.2.3 Die Rolle Produktverantwortlicher

Der Produktverantwortliche übernimmt die technische Verantwortung für seine Produkte entweder nur in seinem Fachbereich, oder unternehmensweit, beispielsweise für alle SAP-, IBM- oder Microsoft-Produkte. Die Aufteilung ist auch hier jeweils abhängig von der konkreten Unternehmenssituation. Zu seinen Aufgaben kann gehören:

- er erstellt Vorgaben für die Paketierung und Softwareverteilung;

- er synchronisiert den Installationspaketnamen mit dem entsprechendem Softwareprodukt auf der kaufmännischen Seite (Zuordnung in einem Produktkatalog des Lizenzmanagement-Tools wie beispielsweise die SAP-Materialnummern mit der Installations-Materialnummer);

- er steuert und kontrolliert die Wareneingänge in seinem Fachbereich;

- er sammelt die Lizenzscheine, Lizenzkeys und Lizenzmedien und gibt sie an eine zentrale Archivierungsstelle weiter (physische Medien);

- er gibt Informationen zur Verwaltung von Named-User-Lizenzen an das Lizenzmanagement weiter;

- er überwacht die marktüblichen Lizenzmodelle auf Veränderungen bei seinen Produkten;

- er berichtet an den Lizenzadministrator Neuerungen oder Änderungen seiner Produkte;

- er arbeitet dem Lizenzmanagement bei einer strategischen Softwareplanung zu;

- er steuert die Einteilung, Zuordnung und Klassifizierung der Softwareprodukte (z.B. eCl@ss-Kategorien).

Der Produktverantwortliche berichtet an den Lizenzadministrator seines jeweiligen Objekttyps. In Abbildung 8.3 sehen Sie eine auszugsweise beispielhafte Matrix, in der die jeweiligen Aufgaben den Rollen zugeteilt werden, unterteilt in „führt aus" oder „arbeitet zu".

Matrix

Aufgabenverteilung ■ Ausführung (■) Zuarbeit

Aufgabe	Strategisch LzM	Kaufm. / Technisch LzA	Technisch PV
Gesamte Steuerung, Überwachung der Lizenzen	■		
Erstellung von Richtlinien, Maßnahmen für LzM	■		
Berichtserstellung auf Anforderung an das Management	■		
Nachhaltiges Monitoring der Maßnahmen aus Compliance Report	■		
Strategische Softwarebedarfsplanung	(■)	■	
Verwaltung der Softwarepools, Überwachung der Einhaltung der Nutzungsrechte	(■)	■	
Lizenzsteuerung im IMAC-Prozess		■	(■)
Einleiten von Maßnahmen gegen Über- oder Unterlizenzierung	■	(■)	

Abbildung 8.3 Aufgabenmatrix für die drei Hauptrollen im Lizenzmanagement

8.3 Die wichtigsten Richtlinien für die Softwarenutzung

Die Einführung von Unternehmensrichtlinien zur Softwarenutzung dient der Einhaltung des Urheberrechts in der Beschaffung, Bereitstellung und Verwendung von Software und definiert Rechte und Pflichten der Mitarbeiter in Bezug auf die Softwarenutzung. Was nützen Ihnen alle Tools und Prozesse, wenn diese nicht eingesetzt oder gelebt werden. Damit Sie die Soll-Prozesse auch im Unternehmen umsetzen, einhalten und leben können, benötigen Sie Richtlinien, die den Umgang mit Softwarelizenzen im Unternehmen beschreiben. Die wichtigsten möchte ich Ihnen hier kurz vorstellen.

Sie benötigen u.a. Richtlinien für:

- den Umgang mit Verträgen;
- die Verwaltung von Lizenzmedien in Lizenzarchiven;
- die Verwaltung von Produktkopien (Backups);
- die Softwarenutzung auf den Unternehmens-PCs (z.B. Internetnutzung, E-Mail-Nutzung u.a.);
- die Einhaltung des jeweils gültigen Landes-Urheberrechts;
- den Umgang mit nicht firmeneigener Software (Privatsoftware) auf Unternehmens-PCs;
- den Umgang mit Downloads aus dem Internet (Shareware, Freeware, Open Source);
- die Nutzung von unternehmenseigener Software auf Home-PCs, Telearbeitsplätzen;
- die erlaubten Beschaffungswege für Softwarebestellungen (beispielsweise wird untersagt, Software auf Reisekostenabrechnung zu beschaffen).

Wenn Sie in Ihrem Unternehmen schon Tools und Methoden einsetzen, mit denen die Anwendung der Software vermessen werden kann (Software-Metering), dann benötigen Sie auch hierfür eine oder mehrere Richtlinien, die Sie mit Ihrem Betriebsrat und dem Datenschutzbeauftragten abstimmen müssen (Erhebung und Weiterverarbeitung von personenbezogenen Daten).

Erstellen einer Richtlinie

Richtlinien sollten diese Inhalte beschreiben:

- Das Ziel
- Den Zweck
- Den Geltungsbereich
- Die Verantwortlichkeiten
- Die Gültigkeit

Geben Sie jeder Richtlinie einen Namen, und beschreiben Sie dann die notwendigen Regelungen.

Das Inhaltsverzeichnis einer Richtlinie für den Einsatz zum Umgang mit Verträgen könnte konkret so aussehen:

1	Zweck des Dokuments
2	Ziel der Vertragsverwaltung
2.1	Aufgaben der Vertragsverwaltung
2.2	Notwendige Voraussetzungen
2.3	Geltungsbereich
2.4	Grundsätzliche Regelungen
2.5	Anwendungsbereich

2.6   Verfahrensbeschreibung zur Verarbeitung der Vertragsdaten

2.7   Ablage und Verwahrung (Zugangsregelung)

3.0   Rollen und Verantwortlichkeiten

Um die Richtlinie zu definieren und zu formulieren, sollten Sie alle Beteiligten zu einem Workshop einladen, die Erwartungen aufnehmen und die Ziele und Ergebnisse festlegen. Denken Sie auch daran, Mitarbeiter aus der Personalabteilung, dem Betriebsrat oder den Datenschutzbeauftragten mit einzuladen, falls das notwendig und erforderlich sein sollte.

Sorgen Sie dafür, dass diese Richtlinien jedem Mitarbeiter zur Kenntnis gebracht werden, und überprüfen Sie stichpunktartig in unregelmäßigen Abständen die Einhaltung dieser Richtlinien. Wenn die Mitarbeiter merken, dass die Einhaltung überwacht wird, haben Sie die besten Chancen, dass die vereinbarten Richtlinien auch tatsächlich umgesetzt werden.

Fazit:

Um das Lizenzmanagement betreiben und im Unternehmen umsetzen zu können, sind neue Rollen und Verantwortlichkeiten erforderlich, die meist erst im Unternehmen neu eingeführt und besetzt werden müssen. Formulierte unternehmensweite einheitliche Richtlinien sind ein weiterer wichtiger Bestandteil, um nachhaltig die geforderte Transparenz und die Compliance sicherstellen zu können. Wenn Sie hier mit der nötigen Sorgfalt zu Werke gehen, werden Sie als Ergebnis neue und optimierte Software-Life-Cycle-Prozesse umsetzen können, die Sie bei der Lösung Ihrer täglichen Lizenzmanagementaufgaben unterstützen.

9

9 Der Beschaffungsprozess: Die Teilprozesse Softwareanforderung und Softwarebestellung

In diesem Kapitel erfahren Sie u.a.:

- Was bei der Analyse des Beschaffungsprozesses beachtet werden sollte.

- Warum es wichtig ist, den Prozess für Softwareanforderung zu kennen.

- Weshalb Sie großes Augenmerk auf die Vereinheitlichung und Optimierung der Beschaffungswege legen sollten.

Lesen Sie in diesem Kapitel, warum Ihnen ein optimierter Software-anforderungsprozess hilft, Ihren Softwarebestellprozess schlank zu halten und weshalb ein an die Unternehmenssituation gut angepasster und optimierter Beschaffungsprozess die geforderte Transparenz herstellen kann.

Erfahren Sie, welche unterschiedlichen Bestellwege genutzt werden, um Software zu beschaffen und warum Ihnen dadurch die Erreichung der geforderten Compliance erschwert wird.

Bei der Analyse und Bewertung der derzeitigen Unternehmenssituation in Bezug auf den Status der Software-Life-Cycle-Prozesse, wie in Kapitel 6 und 7 beschrieben, wird oft festgestellt, dass beim Softwareanforderungsprozess nicht immer alles so läuft, wie es sein sollte. Dieser Prozess steht am Anfang des Software-Life-Cycle-Prozesses und kann mit seiner Ausgestaltung wesentlich dazu beitragen, künftige Transparenz für Software herzustellen. Außerdem kann so der Prozess schon im Vorfeld dafür sorgen, Ordnung in das Softwareportfolio zu bringen.

9.1   Den Beschaffungsprozess analysieren

Wenn Sie Ihren Beschaffungsprozess auf den Prüfstand stellen, sollten Sie das unter den folgenden Gesichtspunkten tun:

■ Überprüfung und Optimierung der wirtschaftlichen Verwendung der Software;

■ Überprüfung und Sicherstellung der rechtlichen Compliance für die im Einsatz befindliche Software.

Viele Unternehmen haben ihre allgemeinen Beschaffungsprozesse recht gut im Griff. Die Prozesse für die Beschaffung von „Non-IT"-Gütern und von jeglicher Hardware sind perfekt auf die Geschäftsprozesse im Unternehmen abgestimmt und häufig auch bis ins kleinste Detail optimiert. Wenn es aber um die Beschaffung von Software geht, ist dort meistens ein größeres Durcheinander zu finden. Hier sammeln sich dann sehr schnell die verschiedensten Softwareprodukte, oft mit gleichen Funktionen. Schuld daran sind nicht selten komplizierte Prozesse und gewachsene Einkaufsstrukturen, die die Softwarebeschaffung nicht als ihre eigentliche Aufgabe sehen. Wichtig ist, dass Sie bei Ihrer Ist-Aufnahme alle möglichen Verfahrensweisen für eine Softwarebestellung identifizieren, um diese später im Rahmen der Optimierung möglichst auf einige wenige zu reduzieren. Das optimale Ziel wäre, dass es im Unternehmen nur noch einen Weg für die Softwarebeschaffung gibt. Das ist aber nur sehr selten umsetzbar und sinnvoll. Besser und nutzbringender ist es, eine zentrale Stelle zu schaffen, an die zumindest alle zukünftigen Softwarebeschaffungen gemeldet werden.

Ist Ihr Unternehmen international aufgestellt, spielen die lokalen Beschaffungen von Software aus Währungs- und steuerlichen Gründen eine nicht zu unterschätzende Rolle. Hier können Sie den größtmöglichen Nutzen für Ihr Unternehmen erzielen, indem Sie beispielsweise mit den großen Herstellern wie IBM oder Microsoft einen globalen Rahmenvertrag für die Beschaffung von Software abschließen. So haben Sie eine größtmögliche Kosteneinsparung erzielt und können trotzdem dem lokalen Einkäufer vor Ort bei der Beschaffung von Software freie Hand lassen. Sie müssen nur sicherstellen, dass erstens diese Einkaufsabschlüsse ausreichend kommuniziert (dafür ist ein zentrales Vertragsmanagementsystem wichtig) und zweitens die getätigten Bestellungen in einer zentralen Datenbank dokumentiert werden, die später Ausgangspunkt für das Erstellen des Lizenzinventars sein wird. Betrachten Sie bitte auch die möglichen Komplexitätstreiber, die dem Lösen der Aufgabenstellung entgegenstehen können. Dazu zählen beispielsweise:

■ Es existieren mehrere Konditionsvereinbarungen oder Verträge mit den gleichen Lieferanten und/oder Herstellern, die einen ähnlichen Inhalt, aber möglicherweise unterschiedliche oder gleiche Konditionen enthalten.

■ Es gibt unterschiedliche Verantwortlichkeiten im zentralen und dezentralen Einkauf.

■ Die unterschiedlichen Beschaffungswege erschweren die Dokumentation der Softwarebestellungen. Kompliziert wird es, wenn die Dokumentation auch noch in verschiedenen Systemen gepflegt wird.

■ Es gibt keinen einheitlichen Prozess für den Wareneingang von Softwareprodukten,
weder zentral noch dezentral.

■ Die verschiedenen Unternehmenseinheiten werden über die global vereinbarten Verträge nicht ausreichend informiert.

Um all diesen Dingen gezielter auf den Grund zu gehen, empfehle ich Ihnen, Ihre Software-Life-Cycle-Prozesse auf den Prüfstand zu stellen und mit der in Kapitel 7 beschriebenen Reifegradanalyse zu überprüfen.

9.2 Der Softwareanforderungsprozess

Der Softwareanforderungsprozess steuert die Softwarebedarfe, die von Mitarbeitern gestellt werden, um Aufgabenstellungen im Unternehmen lösen zu können. Dieser Hauptprozess besteht aus weiteren Teilprozessen:

■ Bedarfsmeldung managen (Steuerung der Bedarfsanforderung, Wie? bzw. Wer?)

■ Genehmigung managen (Steuerung zur Genehmigung der Bedarfsanforderung)

■ Softwareportfolio managen (Steuerung der zum Einsatz kommenden Softwareprodukte)

■ Software klassifizieren (Steuerung der Klassifizierung und der strategischen Einteilung
der Softwareprodukte)

Eine gestellte Softwareanforderung muss alle diese Teilprozesse durchlaufen, um in den
nächsten Hauptprozess (Beschaffung/Bestellung) zu gelangen. Wird beispielsweise die
gestellte Softwareanforderung nicht genehmigt, ist es aus prozesstechnischer Sicht nicht
mehr sinnvoll, die Anforderung noch weiter durch die anderen Teilprozesse und Prozesse
laufen zu lassen. So kann beispielsweise eine Softwareanforderung genehmigt sein, aber
beim Durchlaufen des Prozesses „Softwareportfolio managen" wird festgestellt, dass die
angeforderte Software nicht der Unternehmensstrategie entspricht und damit an diesem
Punkt abgelehnt werden muss. Im Endeffekt werden dadurch natürlich auch Prozesse
verschlankt und Prozesskosten verringert.

> **Hinweis:**
> Achten Sie darauf, dass die Prozesse untereinander ohne größere Medienbrüche
> (Systemwechsel) ablaufen können.

Der Softwareanforderer

Der Softwareanforderer im Sinne dieser Prozessbeschreibung ist ein Mitarbeiter, der einen Bedarf für die Installation einer Software anfordert. Hier werden meistens zwei grundsätzliche Möglichkeiten unterschieden:

1. Es wird eine bereits im Unternehmen verfügbare Software benötigt.

2. Es wird eine noch nicht im Unternehmen verfügbare Software benötigt.

Je nach Konstellation wird in den weiteren Prozessen unterschiedlich verzweigt. Bleiben wir beispielhaft bei der Variante 1: Eine schon verfügbare Software soll auf einem Desktop- oder Serversystem installiert werden.

Eine Softwareanforderung auslösen

Sofern der Prozess in sich stimmig ist, ist der Vorgang der Bedarfsanforderung mit den unterschiedlichsten Methoden und Tools steuerbar. In kleineren Unternehmen mit einer schlanken Organisationsstruktur kann das auch nur das Telefon oder eine E-Mail sein. Hauptsache ist, dass die gestellte Anforderung immer nur auf einem Weg zur Bestellung kommt und nicht auf mehreren unterschiedlichen Wegen, um das Risiko doppelter Bestellungen zu minimieren bzw. ganz auszuschließen. In größeren Unternehmen ist der kleine Dienstweg allerdings nicht mehr praktikabel, weil nicht mehr handhabbar und gleichzeitig steht dem der umfangreichere Genehmigungsprozess gegenüber. Um im kleinen wie im großen Unternehmen die Kontrolle über die Softwarebestellungen nicht zu verlieren, bietet es sich an, vorher festgelegte und genehmigte Softwarekataloge oder Softwarewarenkörbe zu erstellen. In Kapitel 3.1 („Die Arbeitsplatzsoftware verwalten und managen") bin ich auf diesen Aspekt schon eingegangen. Damit erleichtern Sie sich auch die Steuerung des Prozesses „Softwareportfolio managen", der in Kapitel 3.2.1 „Softwareportfolio – Schutz vor Softwarewildwuchs" genauer beschrieben ist.

Wenden wir uns Variante 1 zu – eine Bedarfsanforderung für eine bereits vorhandene Software auszulösen. Üblicherweise wird ein System zur Verfügung gestellt, mit oder in dem die Anforderung ausgewählt werden kann. Wenn der Anforderer keine Möglichkeit hat, das gewünschte Softwareprodukt aus einem Warenkorb auszuwählen, oder wenn er ein Softwareprodukt benötigt, das noch nicht im Warenkorb zur Auswahl steht, kann er in der Regel nur eine sogenannte Freitextbestellung absetzen. Diese Möglichkeit sollte durch einen aktuell gehaltenen Softwarewarenkorb möglichst vermieden werden, da die Prüfung dieser Anforderung im weiteren Prozessverlauf sehr arbeitsintensiv werden kann. Nicht selten gehen bis zur endgültigen Klärung mehrere Telefonate oder E-Mails hin und her. Gleichwohl muss diese Situation (z.B. für ein Projekt wird eine Spezialsoftware benötigt) auch in dem Anforderungsprozess berücksichtigt und abgefangen werden. Zu Prozessbeginn wird die gewünschte Bedarfsanforderung gestellt. Im nächsten Schritt, wird dieser Bedarf geprüft und dann zur Genehmigung weitergeleitet. Sollte es eine Freitextbestellung sein, wird noch einmal mit dem Anforderer Rücksprache über E-Mail oder Telefon gehalten, um die Beschreibung für den Genehmiger so verständlich wie möglich zu gestalten. Ist der Genehmigungsprozess durchlaufen, wird bei Variante 1 (Software schon vorhanden) geprüft, ob ausreichend Lizenzen verfügbar sind. Wenn dem so ist, wird die Installation der angeforderten Software durchgeführt. Bei einem suboptimalen Prozess können hier schon u.U. Service-Level-Zeiten von unter einer Stunde definiert sein. Sind nicht genügend Lizenzen vorhanden, muss eine Bestellung nach extern (zum Lieferanten) ausgeführt werden. Nach Bestelleingang und Buchung der Lizenzen wird der Bedarfsanforderungsprozess wieder aufgenommen, und die angeforderte Software kann installiert werden. Sollte die Bedarfsanforderung eine Freitextbestellung sein, muss nach der erfolgten Genehmigung die Software erst in das Unternehmenssoftwareportfolio mit aufgenommen und zertifiziert werden. Dieser Prozess ist dann zwangsläufig zu durchlaufen, damit die angeforderte Software bestellfähig gemacht werden kann (passiert im Prozess „Softwareportfolio managen"). Abbildung 9.1 zeigt diesen soeben beschriebenen beispielhaften Softwareanforderungsprozess.

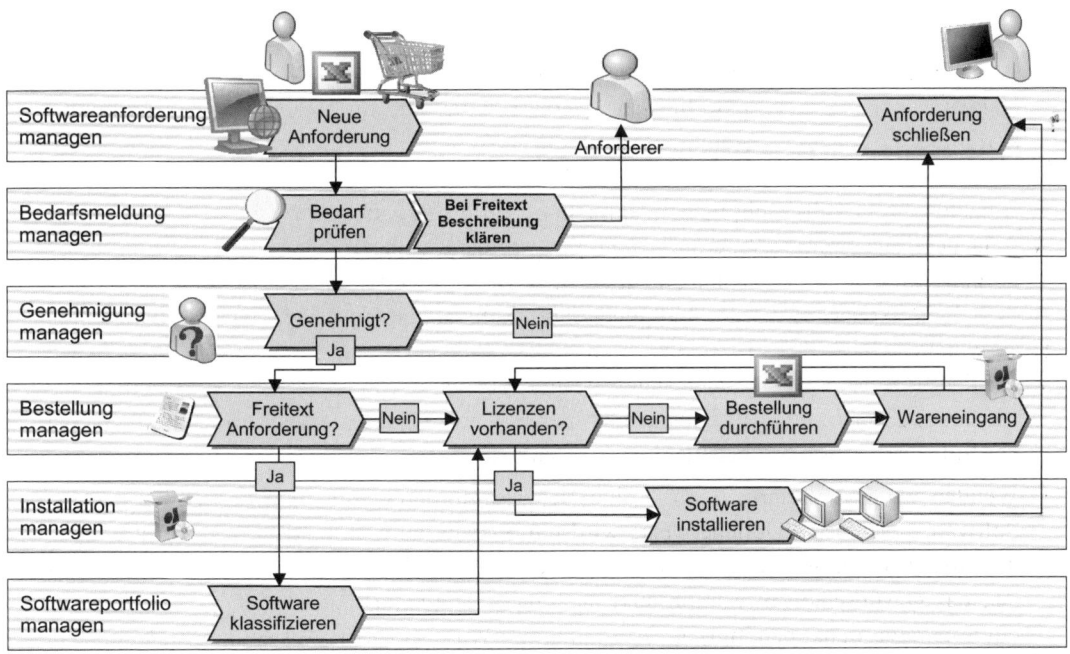

Abbildung 9.1 Beispielhafter Prozess für eine Softwareanforderung

So global, wie Unternehmen heutzutage agieren, muss auch der Softwareanforderungsprozess international ausgerichtet werden. Es wäre eine logistische Herausforderung und wirtschaftlich unsinnig, unter reinen Prozessoptimierungsgesichtspunkten den gesamten Warenfluss für Softwareanforderungen aus den unterschiedlichsten Lokationen weltweit am Hauptsitz des Unternehmens zu bündeln. Ganz abgesehen davon, dass es Softwareprodukte gibt, die nur vor Ort in der jeweiligen Landessprache beim zuständigen Lieferanten gekauft werden können, oder einfach steuerrechtliche Tatsachen dem entgegenstehen. Hier muss also schon im Vorfeld sehr genau auf die adäquaten Softwareanforderungsprozesse geachtet werden.

Wenn der Anforderungsprozess für eine Softwareinstallation funktioniert, sollte es kein Problem darstellen, diesen Prozess auch für eine zu beauftragende De-Installation einer Software zu verwenden. Viele Unternehmen „vergessen" diesen Prozess recht oft zu designen und berauben sich somit der Möglichkeit, nicht mehr genutzte und zurückgegebene Softwarelizenzen innerhalb des Unternehmens weiterzuverwenden (Stichwort Einsatz eines Softwarepools).

> **Hinweis:**
> Wenn es aufgrund der vorherrschenden Unternehmensstrukturen nicht möglich ist, einen zentralen Kanal für die Softwareanforderung zu implementieren, sollten Sie in jedem Fall dafür Sorge tragen, dass die beschafften Softwareprodukte in einem zentralen Tool mit einer von Ihnen vergebenen Materialnummer nach dem Wareneingang dokumentiert werden, damit Sie diese Daten später für den Aufbau eines globalen Lizenzinventars nutzen können.

9.3 Der Softwarebestellprozess

Nach erfolgreichem Durchlaufen des Softwareanforderungsprozesses einschließlich des Genehmigungsprozesses folgt der Bestellprozess. Hier muss das Prozessdesign zwischen einer internen und einer externen Bestellung unterscheiden können, denn nicht immer löst eine Softwareanforderung eine externe Bestellung aus – außer, Sie steuern die Bedarfe und die damit einhergehenden Installationen über einen Outsourcing-Partner.

9.3.1 Die interne Bestellung

Wenn eine Software aus dem Softwarewarenkorb angefordert wurde (keine Freitextbestellung), gleicht der Prozess „Bestellung managen" diesen Bedarf beispielsweise an einem Softwarepool ab, ob die soeben angeforderte Lizenz dort auf Lager liegt. Wird dem Pool eine Lizenz entnommen und dem Anforderer zugeordnet, erfolgt im weiteren Prozessverlauf die Installation der Software auf dem Anforderer-PC. Dieser Prozess erfolgt fast immer automatisiert, da die benötigte Software meistens als fertiges Installationspaket zur Verfügung steht und über ein Tool verteilt werden kann. Mit diesem Ablauf stellen Sie also gleichzeitig die Compliance her, da Sie vor der Installation der Software im Prozessablauf geprüft haben, dass eine kaufmännische Lizenz zur Verfügung steht (Software-/Lizenzpool) und diese dem Anforderer zugeordnet wird. Doch nicht immer kann eine Anforderung aus dem Softwarelizenzpool bedient werden. In diesem Fall muss – je nachdem, wie Sie die Schwellwerte für die Unterschreitung bestimmter Stückzahlen definiert haben – eine externe Bestellung ausgelöst werden.

9.3.2 Die externe Bestellung

Viele Unternehmen beziehen ihre Software von mehreren Lieferanten. Je nachdem, wie die Einkaufsrichtlinien definiert wurden, wird die Bestellung an einen bestimmten Lieferanten abgesetzt, oder es bekommen alle „Stammlieferanten" die Bestellanforderung und der kostengünstigste Lieferant erhält dann den Lieferauftrag. Mit diesem Vorgehen lässt sich auch außerhalb der großen Rahmenverträge einiges an Softwarekosten einsparen. Oft sind die Lieferanten auch nach Softwarekategorien eingeteilt. Der eine liefert die Microsoftprodukte besonders günstig, der andere die IBM- oder SAP-Produkte. Solange Sie diesen Bestellprozess nach extern zentral kontrollieren können, ist alles in Ordnung. Meistens entsteht oder besteht aber gerade hier in diesem Prozess Handlungsbedarf, was die Forderung nach Compliance betrifft.

In vielen Unternehmen unterhalten die Fachabteilungen eigene Budgets, mit denen beispielsweise Softwareprodukte, Dienstleistungen, Hardware, Lizenzen etc. bezahlt werden. Das heißt, der Fachbereich hat die Verantwortung über sein Budget und beschafft das, was benötigt wird. Der Einkauf verhandelt meistens zentral für die Fachbereiche die Softwareverträge, kümmert sich aber nicht um die dann auf diese Verträge abgerufenen Produkte und Stückzahlen. Mit anderen Worten: Der Einkauf führt nur die von anderen Fachbereichen oder Organisationseinheiten übermittelten Aufträge aus. Oft sind die Prozesse auch so gestaltet, dass der Einkauf auf Aufforderung durch den Fachbereich die angeforderten Softwareprodukte bestellt und diese dann direkt durch den Lieferanten an den Besteller (hier der Fachbereich) geliefert werden. Wird hier der Softwarewareneingang nicht zentral dokumentiert, ist diese Form des Bestellprozesses für das Lizenzmanagement eine harte Nuss. Warum? Wenn es keinen Prozess gibt, der vorschreibt, dass diese Softwarelieferungen irgendwo dokumentiert werden (die Wareneingangsprüfung einmal ausgenommen), bedeutet dies, dass es keine zentrale Übersicht über die im Unternehmen eingesetzten Softwareprodukte und Stückzahlen (Lizenzen) gibt. Also von Transparenz keine Spur, geschweige denn, dass sich damit eine Compliance herstellen lässt. Um dieses Problem in den Griff zu bekommen, bedarf es einiger Änderungen im Prozess. Die wichtigste besteht darin, die Bestellung und die Warenlieferung zentral über eine verantwortliche Stelle zu steuern.

9.3.3 Weitere Beschaffungswege identifizieren

Um die geforderte Compliance im Lizenzmanagement zu erreichen, müssen Sie sich auch bewusst machen, dass es aufgrund von gewachsenen Strukturen und Prozessen mehrere Wege im Unternehmen geben wird, Software zu beschaffen. Diese können ungewollt und teilweise aus der Situation heraus entstehen, bleiben dann aber oft über Jahre hinaus so bestehen.

Wenn Sie sich an die Aufgabe machen, den Beschaffungsprozess zu untersuchen, zu optimieren und zu vereinheitlichen, sollten Sie sich vor allem um solche, nicht immer gewollte, aber existierende Beschaffungswege kümmern:

- Kann der Fachbereich Software beschaffen, ohne dass der Einkauf involviert ist?

- Gibt es mehrere Wege, um Bestellungen beim Einkauf zu platzieren, wie beispielsweise E-Mail, Post oder Fax, wodurch unerkannt Doppelbestellungen entstehen könnten?

- Besteht bei Ihnen die Möglichkeit, Software über eine Reisekostenabrechnung, Kreditkarte oder eine Zahlungsanweisung zu beschaffen und abzurechnen?

- Kann Software beispielsweise für Projekte, durch die Verrechnung mit Projektaufwänden, wie beispielsweise Consultingleistungen, beschafft und abgerechnet werden?

- Kann der lokale Einkauf oder der lokale Fachbereich Software beschaffen, ohne dies zentral dokumentieren zu müssen?

Erste Schritte, um Beschaffungswege und Warenlieferungen zu vereinheitlichen

- Erstellen Sie ein Konzept für die zukünftigen gültigen Beschaffungswege, und schaffen Sie damit die Basis für eine einheitliche und zentral dokumentierte Software- und Lizenzbeschaffung.

- Erstellen Sie eine einheitliche und unternehmensweit gültige Richtlinie für Ihre zukünftigen Beschaffungsprozesse.

- Reduzieren Sie die bisherigen identifizierten Beschaffungsprozesse auf ein notwendiges Minimum.

- Richten Sie eine Abteilung ein (beispielsweise Lizenzmanagement), über die alle Bedarfsanforderungen zentral gebündelt an den Einkauf gerichtet werden.

- Legen Sie fest, dass Softwareanforderungen aus den Fachbereichen zukünftig nur noch an die Lizenzmanagement-Abteilung gerichtet werden.

- Prüfen Sie, ob es eventuell mehrere Einzelverträge zu einem Hersteller/Lieferanten mit ähnlichen Inhalten zu unterschiedlichen oder gleichen Konditionen gibt, und konsolidieren Sie diese, wenn möglich (auch weltweit).

- Dokumentieren Sie alle Verträge und Einkaufsabschlüsse in einem zentralen Vertragsmanagement, und kommunizieren Sie alle Neuabschlüsse an die entsprechenden lokalen Einkäufer.

- Wenn Sie Beschaffungen durch den lokalen Einkauf (in anderen Ländern) nicht unterbinden können oder wollen, sorgen Sie dafür, dass die Einkaufsabschlüsse und Konditionen bei der Bestellung beim Händler vor Ort angewendet werden, und stellen Sie sicher, dass jeder Softwarekauf in einem zentralen System mit Bezug zu den vereinbarten Verträgen dokumentiert wird (bevorzugt im zukünftigen Lizenzmanagement-Tool).

- Verhindern Sie, dass die Lieferanten direkt mit den Fachbereichen Einkaufsverhandlungen führen.

- Schaffen Sie einen zentral kontrollierten Warenfluss und Wareneingang.

- Schaffen Sie Bewusstsein bei den Mitarbeitern für die Problematik des Lizenzmanagements, und schulen Sie diese.

Hinweis:

Für einen zukünftigen optimalen und einheitlichen Beschaffungsprozess sollten Sie auch Ihre Lieferanten mit einbinden und diese mit den neuen Prozessen und Richtlinien vertraut machen. Beispielsweise sollte der Lieferant Softwarebestellungen, die außerhalb der erlaubten Bestellwege beauftragt werden, ablehnen. Vereinbaren Sie einen gültigen Bestellweg, und fordern Sie den Lieferanten auf, Bestellungen nur noch über diesen einen Bestellweg abzuarbeiten. Dadurch vermeiden Sie die Gefahr redundanter Bestellungen.

Um später die bestellten Softwareprodukte auch Ihren Systemen zuordnen zu können, sollten Sie nur noch Bestellungen an Ihre Lieferanten ausführen, wenn die Bestellpositionen für die Softwareprodukte mit einer Ihrem System entstammenden Materialnummer gekennzeichnet sind, also: Keine Freitextbestellungen mehr zulassen!

Fazit:

Der Softwareanforderungs- und der Softwarebestellungsprozess sind die beiden wichtigsten Teilprozesse am Anfang des Software-Life-Cycle-Prozesses. Durch diese beiden Prozesse steuern Sie letztendlich Ihre gesamte Unternehmenssoftware. Sind diese Prozesse nicht optimal am Unternehmen ausgerichtet, haben Sie hier u. U. höhere Kosten, erhalten keine Transparenz, können keine Compliance herstellen und werden die rechtliche Lizenzkonformität wahrscheinlich nie richtig erreichen. Legen Sie also ein großes Augenmerk auf die Gestaltung und Optimierung dieser Prozesse in Ihrem Unternehmen.

Teil IV:
Die Aufnahme und Sichtung der Daten

10 Bestandsaufnahme der technischen Softwaredaten

In diesem Kapitel erfahren Sie u.a.:

■ Warum es wichtig ist, die Unternehmens-Software zu inventarisieren.

■ Was der Unterschied zwischen der Agent-based- und Agent-less-Inventarisierungsmethode ist.

■ Welche Methoden angewendet werden können, um die Daten zu analysieren und aufzubereiten.

In diesem Kapitel beschäftigen wir uns mit der Frage, warum die Inventarisierung der im Unternehmen eingesetzten Softwareprodukte für das Lizenzmanagement so wichtig ist und welche Methoden und Werkzeuge angewendet werden können, um diese Aufgabe zu erfüllen. Im letzten Kapitelabschnitt wird an einem Beispiel beschrieben, wie Sie die erfassten Inventory-Daten von einem System weiterverarbeiten lassen können.

Ein wichtiger Bestandteil für das Lizenzmanagement ist die Kenntnis der im Unternehmen eingesetzten Softwareanwendungen (sowohl die aktiven als auch die passiven Anwendungen, die nämlich unter Umständen ebenfalls viel Geld kosten). Diese Daten werden auch technische Daten genannt und in einer Software-Inventarliste geführt.

Noch einmal kurz zur Erinnerung: Der Abgleich zwischen den kaufmännischen und den technischen Daten ist der Kernprozess im Lizenzmanagement und wird Compliance-Prozess genannt. In kleineren Unternehmen mit bis zu 50 Systemen ist es durchaus eine akzeptable Vorgehensweise, seine Systeme manuell beispielsweise in einer Excelliste zu verwalten. Bei größeren Unternehmen kann dies in Excel aber schnell unübersichtlich werden.

Eine aktuelle Übersicht über die technischen Daten im Lizenzmanagement ist aber nicht nur aus Gründen der Einhaltung der Compliance wichtig, sondern kann auch die Basis für eine vereinbarte Kostenleistungsverrechnung sein. Auch wenn der Praktikant oft „Ehda (gemeint ist: eh da zum Arbeiten)" heißt, wäre es nicht sehr hilfreich, ihn jedes Mal mit Excellisten im Unternehmen auf den Inventurpfad zu schicken. Nicht nur, dass die Situation sich schon ändern kann, sobald er sich auf den Weg macht, es wäre grundsätzlich nicht zielführend, einen großen Bestand an IT-Systemen manuell zu verwalten. Selbst das Ergebnis einer gerade soeben erfolgten automatischen Inventarisierung eines Systems kann von einer Minute auf die andere schon wieder veraltet sein. Dazu ist der IT-Geschäftsprozess mit seinen involvierten Systemen viel zu dynamisch.

10.1 Vorgehen und Planung

Um einen genauen Überblick über Ihre technischen Softwareressourcen zu erhalten, müssen Sie diese Daten erfassen und auswerten.

Auf der Basis der erhobenen Daten können Sie folgende Fragen fundiert beantworten:

- Welche Software wird im Unternehmen eingesetzt?
- Handelt es sich dabei immer um die aktuelle Version?
- Gibt es unter Umständen ungenutzte Software, die anderen Systemen neu zugeteilt werden kann?
- Gibt es genügend Software-Lizenzen, d.h. sind Sie nicht unterlizenziert?
- Hat jeder Mitarbeiter die Software, die er tatsächlich benötigt, und wird diese Software auch regelmäßig genutzt?

Auf der technischen Seite unterscheidet man zwei Inventarlisten:

- Software-Inventarliste, die aus dem Inventory-Ergebnis stammt (= *Technisches Ist*)
- Software-Inventarliste aus dem Asset Management-System (CMDB) (= *Technisches Soll*)

Um diese Inventarlisten erstellen zu können, werden Sie vermutlich die Unterstützung durch ein Tool benötigen. Diese Tools befinden sich oft unter der Hoheit der Fachabteilungen, die auch für die Softwareverteilung zuständig sind. Diese sind also Ihre ersten Ansprechpartner, wenn es darum geht, die technische Inventarliste zu erstellen. Falls noch kein geeignetes Tool für die Erfassung des Maschinenbestands und der darauf befindlichen Software zur Verfügung steht, müssen Sie als Erstes auf Ihre IT-Abteilung zugehen, damit diese ein solches Tool evaluieren und zum Einsatz bringen kann. Wenn dem so ist, werden leider zunächst einige Wochen verstreichen, bis Sie von der verantwortlichen IT-Abteilung die ersten Datensätze erhalten. Abzuklären wäre auch, ob die von der IT-Abteilung vorgesehenen Tools nur bestimmte Software „finden" oder alle auf den Systemen vorkommenden Softwareprodukte scannen. Häufig erlebe ich in meinen Projekten, dass zwar ein fantastisch arbeitendes, mit allen Sonderausstattungen versehenes Softwaredeployment-Tool (Softwareverteilung) eingesetzt wird, mit dessen Hilfe innerhalb kürzester Zeit die angeforderte Software installiert werden kann, doch die Inventarisierungsfunktion wurde, falls das Tool diese mit an Bord hat, überhaupt nicht oder nur sehr rudimentär betrieben.

Sie müssen sich also zunächst einen Überblick verschaffen, ob und welche Tools in Ihrem Unternehmen für diese Aufgabe eingesetzt werden. Da Sie als Lizenzmanager bzw. Verantwortlicher für Lizenzen in den wenigsten Fällen die Hoheit über ein solches System besitzen, müssen Sie Ihre Anforderungen für die Erfassung der technischen Daten formulieren und an die IT-Abteilung oder den Fachbereich weiterleiten, der Ihnen diese Daten dann in einer geeigneten Umgebung zur Verfügung stellen muss. Je nach Verarbeitungsstufe erhalten Sie reine Rohdaten, oder aber schon zusammengefasste Daten, wo beispielsweise die Summen von bestimmten gleichartigen Dateinamen gebildet werden. In Kapitel 12 („Datenbereinigung und Konsolidierung") wird dieser Aspekt ausführlicher beschrieben. Hier erfahren Sie auch, welche Daten das Lizenzmanagement benötigt.

Kapitel 10 erhebt nicht den Anspruch, Sie in die komplizierte Welt der Softwareinventarisierung einzuführen, sondern möchte Ihnen ein allgemeinen Überblick zu dem Thema geben, damit Sie später mit der zuständigen IT-Abteilung fachmännisch Ihre Anforderungen aus der Sicht des Lizenzmanagements stellen können.

10.2 Methoden und Werkzeuge

Softwareinventarisierung oder überhaupt Inventarisierung von Hardware und Software kann mit Hilfe verschiedener Methoden und Werkzeuge erfolgen und hängt natürlich auch davon ab, wie viele Systeme erfasst und verwaltet werden müssen.

Inventarisierung ohne Toolunterstützung

Für kleinere Umgebungen bis etwa 250 Systeme können Sie Methoden anwenden, die ohne hochgezüchtete Softwaretools auskommen. Diese Methoden basieren meistens auf einem Stück Analysesoftware, die von einer Diskette, CD oder einem USB-Stick gestartet wird, den Rechner nach vorhandener Software scannt und die erhobenen Daten in einer Datei ablegt. Für eine Gesamtübersicht werden dann die Daten an einer zentralen Stelle beispielsweise in Excel oder in einer Access-Datenbank zusammengeführt. Auf diesem Weg erhalten Sie aber nicht den gleichen Umfang an Informationen wie mit spezialisierten Tools, die meistens auch sämtliche Treiberdateien und sonstige Komponenten, parametrisierbar durch Skripte, erfassen.

Wie diese einfache Methode aussehen kann, zeigen Ihnen die Abbildungen 10.1 bis 10.5 in Abschnitt 10.3. Bei dieser Methode müssen Sie die Erkennung des Produktes und die Zuordnung zu den möglichen lizenzkostenpflichtigen Softwareprodukten manuell vornehmen. Weil der manuelle Aufwand ab einer bestimmten Systemanzahl sehr hoch wird, sollten Sie doch über den Einsatz eines automatisierten Inventory-Tools nachdenken. Für kleinere Umgebungen ist die „Agent-less"-Variante eine geeignete Alternative zur eben beschriebenen mehr oder weniger manuellen Methodik.

Inventarisierung mit Toolunterstützung

Die Tools für die Softwareinventarisierung arbeiten meistens nach einem der folgenden Prinzipien:

- **Agent-based**

  Diese Tools installieren einen Softwareagenten auf den zu überwachenden Systemen, der dann die Daten sammelt und zu bestimmten einstellbaren Zeiten an einen zentralen Server übermittelt. Die „Agent-based"-Lösung kann auch Systeminformationen wie BIOS- oder Registry-Daten liefern. Die dabei zu übertragende Datenmenge ist sehr gering. Beim allerersten Kontakt mit dem Inventarisierungsserver wird der komplette Datenscan (Initial Audit ca. 30–70k) geliefert, danach nur noch Daten, die sich geändert haben (Delta Audit ca. 1–2k). Der Netzwerktraffic reduziert sich dadurch auf ein absolutes Minimum.

  Vorteile:
  - Liefert größere Detailtiefe der zu inventarisierenden Komponenten einschließlich BIOS- und Registry-Informationen.
  - Liefert Informationen über Plattenkapazitäten und deren Partitionierung.
  - Informationen über Dateizugriffe (wie z.B. Erstellung, Änderung) können geliefert werden. Das ist für eine mögliche Softwarenutzungsanalyse (Software Metering) sehr wichtig.
  - Unterstützt auch Legacy-Plattformen wie beispielsweise Unix, Linux, HP-UX, AIX.
  - Daten- oder Reportingfunktionen werden nicht eingeschränkt.

  Nachteile:
  - Softwareagent muss automatisiert oder manuell auf die zu verwaltenden Systeme ausgerollt werden.
  - Implementierung und Rollout der Softwareagenten muss länger geplant werden und benötigt eine gewisse Vorlaufzeit.
  - Updates der Software aktivieren den Change-Management-Prozess im Unternehmen.

Tipp:

Nicht bei allen IT-Administratoren oder IT-Verantwortlichen ist es gerne gesehen, wenn ein Stück fremde Software auf den Unternehmenssystemen ausgerollt wird. Besonders kritisch sind dabei immer die Serversysteme. Diese können dann beispielsweise mit der „Agent-less"-Methode inventarisiert werden, wobei aber unter Umständen etliche Abstriche bei den erhobenen Daten gemacht werden müssen.

■ **Agent-less**

Bei diesem Verfahren werden keine Softwareagenten auf den zu inventarisierenden Systemen installiert. Die Inventarisierung wird von einem zentralen Hauptserver gesteuert, der remote-triggerbare Dienste (Webservices) wie SNMP (Simple Network Management Protocol) oder WMI (Windows Management Instrumentation) nutzt, um die notwendigen Informationen erfassen zu können. Die Erfolgsquote bei dieser Vorgehensweise ist oft niedriger als bei agentenbasierten Systemen, und der Netzverkehr kann erheblich höher sein, da der Server den Clients permanent Systemaufrufe zur Inventarisierung über das Unternehmensnetzwerk sendet. Der Vorgang ähnelt dem, wenn ein Desktopanwender auf einem Netzlaufwerk nach einer Datei sucht.

Vorteile:
- Die Inventarisierungs-Software ist schneller implementiert.
- Es muss kein Agent auf Servern installieren werden.
- Auf Standards basierende Schnittstellen erleichtern die Interoperabilität zwischen der Inventarisierungs-Software und den Endsystemen.

Nachteile:
- Es werden nicht alle Standard-Management-Schnittstellen unterstützt.
- Es werden nicht alle Betriebssystemplattformen unterstützt.
- Eingeschränkte Unterstützung für Speicherverwaltungssysteme.
- Eingeschränkte Reportingfunktion über die Speicher-Umgebung.
- Sicherheitsrisiko: Anmeldeinformationen und Passwort für alle zu scannenden Remote-Geräte müssen an einer zentralen Stelle hinterlegt werden, oder der Scan-Account benötigt Administrator- oder Root-Zugang.
- BIOS- oder Registry-Informationen lassen sich nicht auslesen.
- Es können keine Statistiken über die Dateinutzung oder die verwendeten Speicherkapazitäten geliefert werden.
- Hohe Netzwerkbelastung durch bidirektionale Kommunikation zwischen dem Inventarisierungs-Server und den zu verwaltenden Systemen.
- Für eine Auditierung eher ungeeignet, da nicht alle notwendigen Systeminformationen ausgelesen und zur Verfügung gestellt werden können

Agent-less-Werkzeuge sind nur dann sinnvoll, wenn man nur einen Snapshot beabsichtigt und auch mit einer vergleichsweise niedrigeren Erfassungsrate leben kann. Bei dauerhaftem Einsatz ist die Qualitätssicherung bei der Agent-less Erfassung erheblich aufwendiger als bei der Agent-based-Messung. Man kann die beiden Verfahren aber durchaus auch kombiniert einsetzen. Damit lässt sich umgehen, dass es in der Praxis sehr schwer bis fast unmöglich sein wird, auf produktive Server einen Softwareagenten zu installieren.

Die Werkzeuge, die Softwareagenten für die Inventarisierung nutzen, lassen sich noch mal in zwei Gruppen unterscheiden:

■ Systeme, die eine vorher erstellte Regeldatei benötigen

■ Systeme mit Greenfield-Ansatz

Lassen Sie mich die beiden Ansätze an einem Beispiel erläutern:

Zwei Personen sammeln zur gleichen Zeit Pilze. Die eine bekommt den Auftrag, nur Steinpilze, Pfifferlinge und Rotkappen zu sammeln und zusätzlich auf eine bestimmte Pilzgröße zu achten (Regeldatei-Ansatz). Die andere soll alles sammeln, was nach Pilz aussieht, egal, wie groß (Greenfield-Ansatz).

Das Ergebnis wird so aussehen: Im ersten Fall werden nur wenige, dafür aber qualitativ hochwertige Pilzprodukte gefunden, im zweiten Fall alle Pilze, die auf der Wiese wachsen, und vielleicht auch Pilze, die ein anderer Sammler in seinem Korb vergessen hat. Der Aufwand, um die guten Pilze von den schlechten zu trennen und um eine bestimmte Qualität für die Weiterverarbeitung zu erreichen, ist um ein Vielfaches größer als im ersten Fall – doch es wird alles gefunden.

Sie werden bestimmt sagen: Lieber die erste Variante. Von der Sache her gebe ich Ihnen Recht, aber der Auftrag, den ein Lizenzmanager hat, lautet anders. Er muss für Transparenz und Compliance bezüglich *aller* im Unternehmen eingesetzten Softwareprodukte sorgen.

Tools zur Inventarisierung von Software, die mit einer Regeldatei arbeiten, in der zuvor die genauen Daten wie Dateiname, Dateiversion, Größe u.a. eingetragen werden müssen, können nur bestimmte Produkte suchen. Der große Nachteil dabei ist, dass die nicht autorisierte Software unentdeckt bleibt. Damit können Sie keine umfassende Compliance herstellen!

Anders die Tools, die für die Inventarisierung den Greenfield-Ansatz anwenden. Damit werden zunächst alle Daten eingesammelt und in einer zentralen Datenbank gespeichert. Bei der automatisierten Weiterverarbeitung innerhalb des Tools werden die eingesammelten kryptischen Daten mit einer internen Produktdatenbank (oft sind zwischen 18 000 und 25 000 unterschiedliche Produkte darin gespeichert) abgeglichen. Diese Produktdatenbank dient dazu, eine im Inventory-Scan beispielsweise gefundene „acro32.exe" dem Klarnamen *Adobe Acrobat 8.0* zuzuordnen. Anschließend werden die ausgegebenen Klarnamen und alle nicht über die interne Produktdatenbank zuordenbaren Daten aufsummiert. Das Ergebnis sieht dann ungefähr so aus wie in Abbildung 10.5. Mit diesen Zahlen können Sie schon einmal ganz gut weiterarbeiten. Der große Vorteil dieser Methode ist, dass Sie sämtliche Software ermitteln, die auf den Systemen installiert ist. Ein weiterer Vorteil ist, dass Sie mit den Ergebnissen ein wirklich umfassendes Softwareportfolio aufbauen können, welches dann wiederum Voraussetzung ist, um die Produktvielfalt zu reduzieren. Damit schaffen Sie gleichzeitig die Grundlage für eine unternehmensweite Standardisierung Ihrer Softwareprodukte.

Open-Source-Produkte

Die Open-Source-Gemeinde bietet auch in diesem Bereich eine Vielzahl von Tools an. Informieren Sie sich am besten in einschlägigen Userforen[1] zu den verschiedenen Tools und wie sie im praktischen Einsatz bestehen. Hier können Sie davon profitieren, dass andere das eine oder andere Tool ausprobieren und ihre Erfahrungen mitteilen. So brauchen Sie sich nicht mit aufwendigen Tests aufhalten und können ein empfohlenes Produkt ausprobieren.

Im Forum www.administrator.de wurden beispielsweise folgende Produkte von den Anwendern lobend erwähnt:

- OCS Inventory NG (www.ocsinventory-ng.org)
- Spiceworks (www.spiceworks.com)

Im Rahmen unseres Buches kann ich darauf nicht weiter eingehen. Wenn Sie daran interessiert sind, finden Sie im Internet eine Fülle von Informationen und vor allem immer aktuelle Erfahrungsberichte.

Kommerzielle Produkte

Eine gezielte Empfehlung für den kommerziellen Bereich ist hier nicht möglich, dazu ist die Zahl der verfügbaren Produkte zu groß. Zwei Produkte möchte ich aber erwähnen:

Ein Softwareprodukt, das ich schon öfters im Einsatz erlebte und das sich sehr gut in die Prozesse eines künftigen Lizenzmanagements integrieren lässt, ist Survey von der Firma Scalable Inc. USA. In Kapitel 18 zum Thema „Softwarenutzungsanalyse" gehen wir noch einmal kurz auf dieses Softwareprodukt ein.

Die neueste Generation von System-Management-Software aus dem Hause Microsoft ist der Microsoft System Center Configuration Manager 2007 (SCCM 2007). Dieses Produkt ist gegenüber seinem Vorgänger (SMS) erheblich verbessert worden. Auf den Webseiten von Microsoft können Sie sich dazu näher informieren (www.microsoft.com/germany/systemcenter/sccm/evaluation/default.mspx).

---

[1] www.administrator.de

10.3 Die erhobenen Daten analysieren, auswerten und aufbereiten

Schauen wir uns nun anhand eines konkreten Beispiels an, wie die Inventarisierung ablaufen kann.

Um kleinere Systemumgebungen zu verwalten, können Sie beispielsweise das kostenlose Programm *MSInfo32.exe* von Microsoft verwenden, das zum Lieferumfang von Windows 2000/2003, Windows XP und Windows Vista gehört und in der Lage ist, den Computer zu inventarisieren. Zu finden ist die Datei `msinfo32.exe` im Verzeichnis `C:\Windows\System32`. Durch Absetzen des Befehls `msinfo32.exe /NFO C:\temp\%computername%.nfo` in einer DOS-Shell wird eine `*.nfo`-Datei erzeugt, die Sie anschließend direkt starten können. Diese Datei enthält das Hardware- und Softwareinventar des Computers, auf dem das Programm gestartet wurde. In Abbildung 10.1 sehen Sie einen Ausschnitt dieser Datei, die je nach Software- und Hardwareumfang mehrere Megabyte groß sein kann.

Abbildung 10.1 Auszug aus der mit msinfo32.exe erstellten Laptop.nfo-Datei

Jetzt müssen Sie diese `*.nfo`-Datei in eine `*.txt`-Datei umwandeln, um die Daten beispielsweise in Excel weiterverarbeiten zu können. Dies geschieht mit dem folgenden Befehl:

```
C:\msinfo32.exe /msinfo_file=C:\temp\%computername%.nfo /report
C:\temp\%computername%.txt
```

In Abbildung 10.2. sehen Sie das Ergebnis.

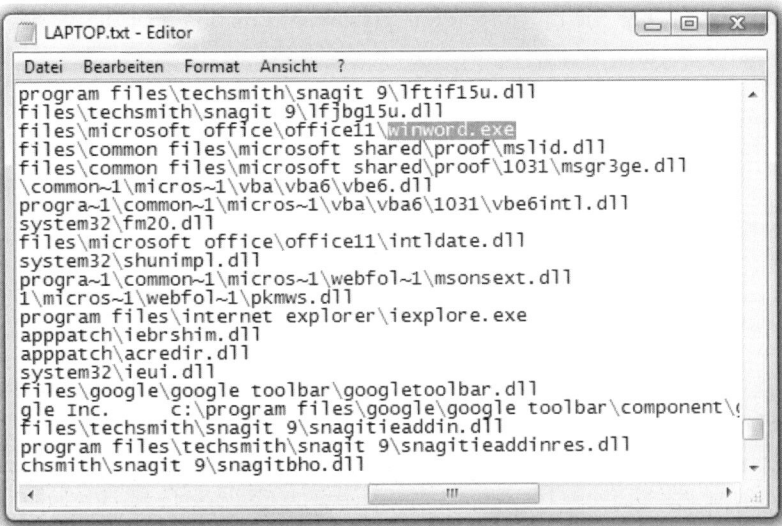

Abbildung 10.2 Umgewandelte laptop.nfo-Datei in Laptop.txt-Datei für die weitere Verarbeitung

Im nächsten Schritt müssen Sie die erhobenen Daten in ein Programm importieren, mit dem Sie dann die Informationen weiter bearbeiten können. Exemplarisch habe ich die Laptop.txt in Excel importiert, wie Sie in Abbildung 10.3 sehen.

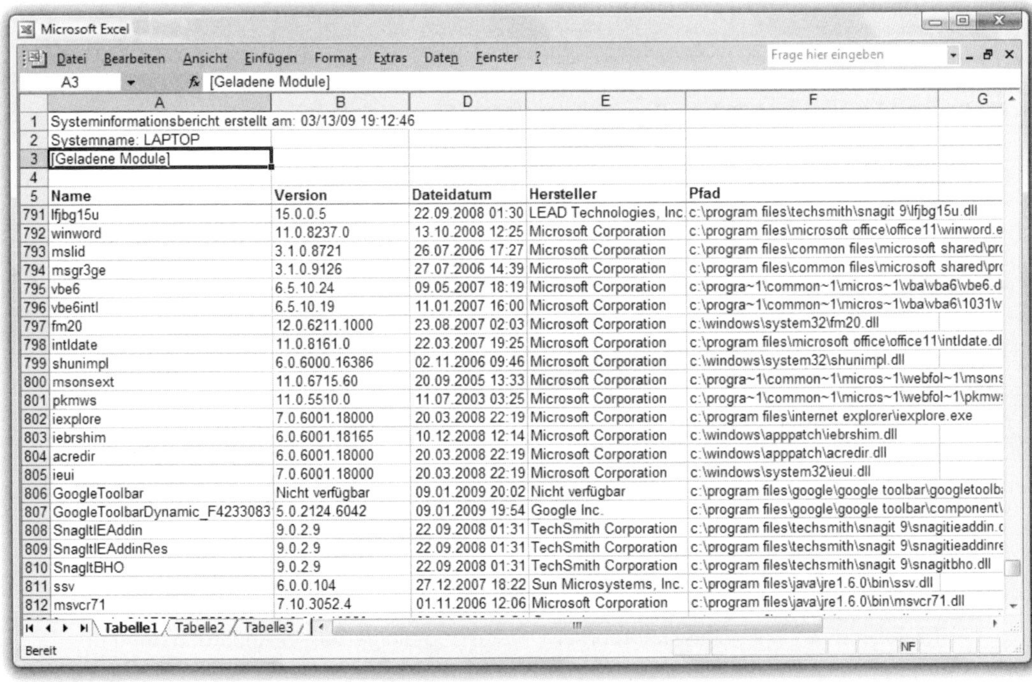

Abbildung 10.3 Laptop.txt in Excel importiert

In Abbildung 10.4 sehen Sie die aufgerufene Systeminformation über die Windows-Oberfläche (Windows Vista).

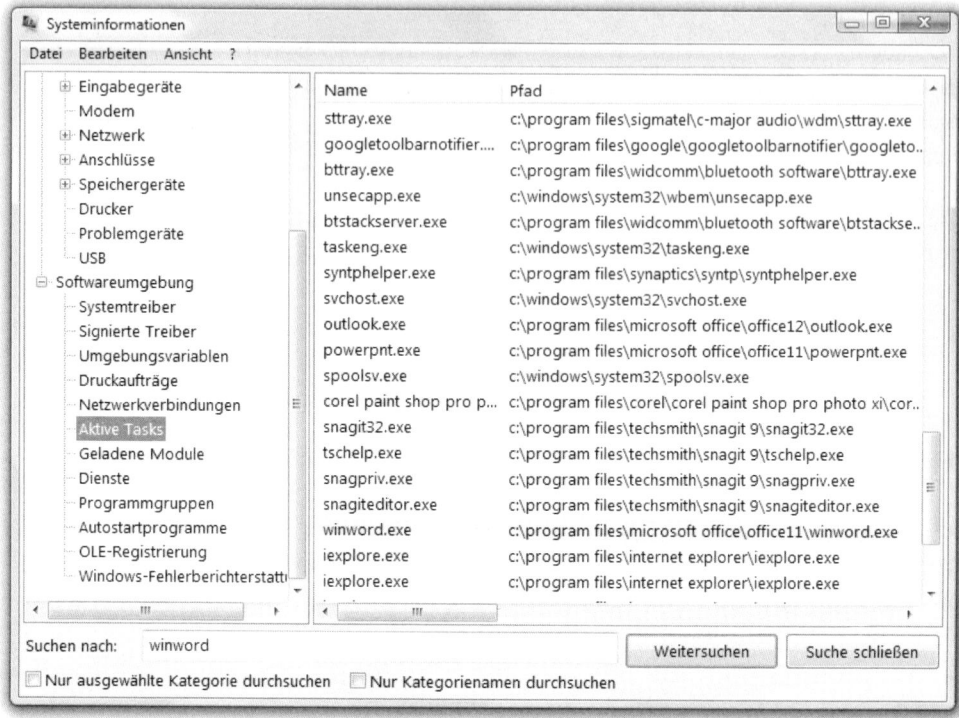

Abbildung 10.4 Über die Windows-Oberfläche gestartete Systeminformation

Mit den Befehlszeilenparametern können Sie diese Aufgabenstellung schnell in einem Script zusammenfassen, das Sie beispielsweise einmal pro Woche von dem zu verwaltenden System ausführen lassen. Mit einem abschließenden Copy-Befehl speichern Sie die Daten gleich auf einem zentralen Netzlaufwerk und sammeln dort die Inventarisierungsdaten.

```
copy c:\temp\%computername%.txt %LOGONSER-
VER%\Freigabe\inventar\%computername%.txt /y > NUL
```

Auf diese Weise können Sie von allen zu verwaltenden Clients die Hardware- und Softwareinformationen zentral sammeln. Sie werden erstaunt sein, welche Fülle an Informationen über die Hardware, die geladenen Module, Dienste und Treiber Sie erhalten.

Hinweis:

Die Erstellung der *.nfo-Datei kann unter Umständen einige Zeit in Anspruch nehmen.

156

Einen kritischen Punkt haben Sie vielleicht jetzt schon erkannt. Die Datenstrukturen und Dateinamen, die in den oben aufgeführten Abbildungen zu lesen sind, erklären sich nicht immer von selbst. Um das Ganze verständlicher zu machen, müssten diese Daten jetzt noch durch einen Übersetzer laufen, damit Sie aus dem Daten-Wirrwarr Klarnamen erhalten. Zudem ist schwer zu erkennen, ob eine Softwarekomponente eine lizenzkostenpflichtige Software ist oder nicht, denn diese Unterscheidung benötigen Sie, um im späteren Compliance-Prozess richtig zählen zu können. Sie merken schon: Eigentlich lässt sich dies nicht mehr manuell leisten, dazu benötigt man spezialisierte Tools.

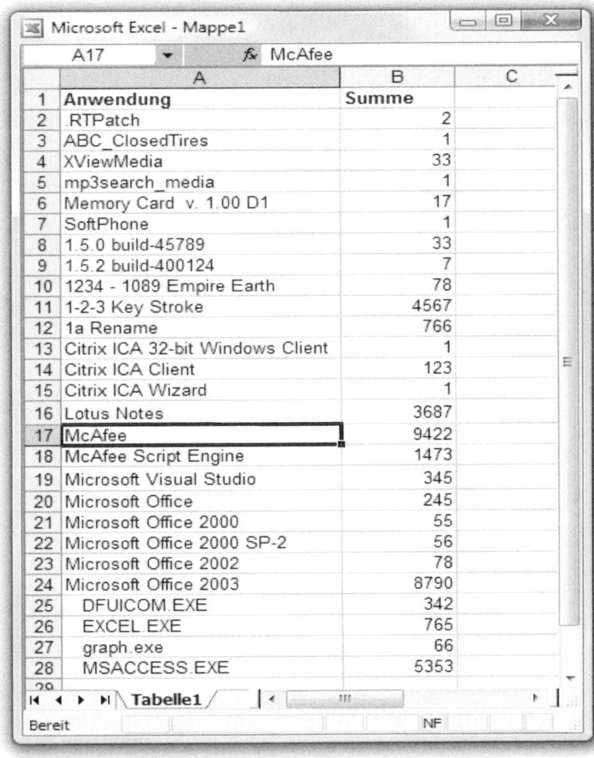

	A	B	C
1	**Anwendung**	**Summe**	
2	.RTPatch	2	
3	ABC_ClosedTires	1	
4	XViewMedia	33	
5	mp3search_media	1	
6	Memory Card v. 1.00 D1	17	
7	SoftPhone	1	
8	1.5.0 build-45789	33	
9	1.5.2 build-400124	7	
10	1234 - 1089 Empire Earth	78	
11	1-2-3 Key Stroke	4567	
12	1a Rename	766	
13	Citrix ICA 32-bit Windows Client	1	
14	Citrix ICA Client	123	
15	Citrix ICA Wizard	1	
16	Lotus Notes	3687	
17	McAfee	9422	
18	McAfee Script Engine	1473	
19	Microsoft Visual Studio	345	
20	Microsoft Office	245	
21	Microsoft Office 2000	55	
22	Microsoft Office 2000 SP-2	56	
23	Microsoft Office 2002	78	
24	Microsoft Office 2003	8790	
25	DFUICOM.EXE	342	
26	EXCEL.EXE	765	
27	graph.exe	66	
28	MSACCESS.EXE	5353	

Abbildung 10.5 Auszugsweise Darstellung einer Inventarisierungsaktion

Abbildung 10.5 zeigt, welche Vorarbeit ein Tool leisten kann. Ein gewisses Grundrauschen (Produkte, die nicht erkannt werden) ist auch hier noch vorhanden. Die Microsoft-Produkte sind relativ klar beschrieben, aber welche von den anderen Produkten lizenzkostenpflichtig sind, ist nicht klar zu erkennen. Es muss also letztendlich eine Lösung gefunden werden, mit der Sie die technischen Daten mit den kaufmännischen Daten abstimmen und vergleichen können. Das muss entweder mit mehreren unterschiedlichen Systemen über Schnittstellen oder mit speziellen für diese Aufgabe entwickelten Tools gelöst werden. Viele am Markt verfügbaren Lizenzmanagement-Tools stellen diese Funktionen bereits zur Verfügung. Aber auch hier können die Aussagen über einen bestehenden Compliance-Status nur so gut sein wie die Qualität der zur Verfügung gestellten Daten aus den technischen und kaufmännischen Systemen. Sie sehen also: Die Inventarisierung ist eine nicht zu unterschätzende Aufgabenstellung. Das gilt auch für die in Kapitel 11 beschriebene Aufnahme der kaufmännischen Daten wie Verträge und Bestellungen.

> **Fazit:**
>
> Einen Überblick über die tatsächliche Situation seiner Hard- und Softwarebestände zu haben, ist für das Lizenzmanagement eine wichtige Voraussetzung, um in Verbindung mit den kaufmännischen Daten einen Compliance Report fahren zu können. In der Welt der Inventarisierungs-Tools werden dafür zwei Methoden angewendet: Die eine installiert ein zusätzliches Stück Software auf die Systeme und berichtet dann die entsprechenden Daten an einen zentralen Server, die andere kommt ohne zusätzliche Software aus, doch erzeugt der verantwortliche Server viele Anfragen an die Clientsysteme und damit einen recht hohen Netzwerkverkehr. Die Agent-less-Methode kann auch nicht alle Daten liefern, die z.B. für eine Softwarenutzungsanalyse wichtig sind. Deshalb wird diese Variante nur in kleinen Netzwerkumgebungen eingesetzt, bei Momentaufnahmen (Snapshot) bzw. zur Verwaltung und Kontrolle von Serversystemen.

11

11 Bestandsaufnahme der kaufmännischen Softwaredaten

In diesem Kapitel erfahren Sie u.a.:

- Welche Voraussetzungen für eine kaufmännische Bestandsaufnahme geschaffen werden sollten.

- Warum es wichtig ist, für den Aufbau eines Lizenzinventars die kaufmännischen Daten zu recherchieren und aufzunehmen.

- Weshalb das Einsammeln von Lizenznachweisen wichtig für den Nachweis des rechtmäßigen Erwerbs von Software ist.

- Warum Ihnen Ihr Lieferant bei der Bestandsaufnahme der getätigten Bestellungen helfen kann.

Die Bestandsaufnahme der gesamten kaufmännischen Daten ist eine weitere wichtige Voraussetzung, um Transparenz und Lizenzkonformität herstellen zu können. Die kaufmännischen Daten werden dabei in Stammdaten (Verträge, Einkaufsabschlüsse) und Bewegungsdaten (Bestellungen) unterschieden. Lesen Sie in diesem Kapitel, wie Sie diese für ein Lizenzmanagement so wichtigen Daten identifizieren, recherchieren und einsammeln.

Laut einer Studie der Meta Group aus dem Jahre 2004 wurden schätzungsweise 239 Milliarden US$ im Jahre 2003 weltweit für Software ausgegeben. Ein Anteil im Werte von ca. 90 Milliarden US$ blieb später ungenutzt!

Diese Zahlen bringen zum Ausdruck, dass man Software oft ohne weitere Prüfung, ob sie wirklich benötigt wird, beschafft. Oft wird nicht einmal ausreichend geprüft, ob im Unternehmen bereits verwendbare Lizenzen vorhanden sind. Fehlende oder nicht ausreichend optimierte Beschaffungsprozesse sind dafür nicht selten die Ursache. Es ist also an der Zeit, Ordnung zu schaffen.

Die erforderliche kaufmännische Bestandsaufnahme unterteilt sich hauptsächlich in die Sichtung und Aufnahme der bestehenden Vertragsdaten und der getätigten Bestellungen. Sehr selten sind diese Daten in einem einzigen System zusammen abgespeichert. Viele Unternehmen nutzen Ihre ERP-Systeme meistens nur für die Bestellabwicklung. Wenige nutzen auch die möglichen Vertragsmanagement-Komponenten ihrer ERP-Systeme. So sind die für das Lizenzmanagement benötigten Daten oft in mehreren Systemen verteilt anzutreffen und müssen mühsam in eine gemeinsame Datenbasis überführt werden.

11.1 Voraussetzungen schaffen

Um das kaufmännische Lizenzinventar aufbauen zu können, müssen Sie auf alle Systeme, die kaufmännische (Bestellungen) und vertragsrelevante (Softwareverträge) Daten führen, zugreifen können. Diese Daten werden häufig in den Systemen des Einkaufs verwaltet. Sollten Sie darauf keinen ausreichenden Zugriff haben, müssen Sie sich die notwendigen Berechtigungen auf den Systemen einrichten lassen. In der Regel sind nicht alle Informationen, die Sie brauchen, in einem einzigen System vorhanden. In einem ERP-System werden Sie keine Daten finden, die den Anforderungen eines Lizenzmanagements Rechnung tragen können (beispielsweise Lizenzmodell, Lizenzmetrik), dafür aber meistens Stückzahlen und Preise. Im Vertragsmanagementsystem wiederum sind meistens keine Lizenzinformationen abgelegt, sondern oft nur rudimentäre Vertragskopfdaten. Zu einem abgeschlossenen Softwarevertrag werden außerdem nur sehr selten auch die vereinbarten Produkte (Vertragspositionen) mit aufgeführt. Wenn überhaupt, dann sind dies häufig nur an den Softwarevertrag angehängte Produktlisten. In einer klassisch geführten Vertragsdatenbank sucht man die für das Lizenzmanagement notwendigen Lizenzinformationen meistens vergebens.

> **Hinweis:**
>
> Vergessen Sie bitte nicht, dass u.U. erhebliche Umfänge an Papierverträgen/Bestellungen (Schrankware) vorliegen können, Auch diese Daten müssen erfasst werden.

Für die Erfassung der Vertragsdaten, insbesondere wenn sie bisher in keinem Ihrer Systeme umfassend geführt sind oder eventuell hauptsächlich noch in Papierform vorliegen (so genannte Schrankware), müssen Sie sich erst einmal eine rudimentäre Grundlage schaffen, um diese Daten zentral erfassen zu können.

Tipp:

Um nicht in einem Meer an Arbeit zu versinken, versuchen Sie am besten nicht, sofort alle Softwareprodukte aufzunehmen. Das wäre in der ersten Phase überhaupt nicht zielführend. Legen Sie sich beispielsweise eine Top-20-Liste zurecht. Suchen Sie sich die 20 wichtigsten Verträge und Produkte Ihrer wichtigsten Hersteller oder Lieferanten (beispielsweise IBM, Microsoft, Adobe, Oracle u.a.) aus, und lassen Sie sich dabei von den Preis- und Stückzahlvolumen leiten. Sind die Top 20 abgearbeitet, können Sie sukzessive diese Top-Liste erweitern, bis Sie irgendwann möglichst alle Softwareprodukte erfasst haben.

Auch wenn Sie bereits Vertragsdaten in einem Ihrer Systeme verwalten, werden Sie einige der hier aufgeführten Felder in Ihrem System nicht vorfinden. Bestenfalls sind diese für das kaufmännische Lizenzinventar wichtigen Informationen in einem an den Datensatz angehängten Dokument zu finden. Für das Lizenzmanagement ist es aber wichtig, genau diese Informationen elektronisch auswerten zu können.

Hier die wichtigsten grundlegenden Felder, die eine Vertragsdatenbank beinhalten sollte:

- Der Vertragskopf sollte bestehen aus:
  - Vertragsstatus (aktiv, inaktiv, in Bearbeitung)
  - Vertragsart (z.B. Software-Kauf)
  - Vertragsnummer
  - Vertragsname (Titel),
  - Vertragskategorie (Lizenzen, Wartung, Dienstleistung)
  - Vertragsnehmer
  - Vertragsgeber
  - Verantwortlicher Ansprechpartner Einkauf
  - Lieferant
  - Verantwortlicher Ansprechpartner Lieferantenmanagement
  - Gültigkeitsbereich (z.B. >50% Beteiligungsverhältnis) des Vertrages
  - Vertragslaufzeit (in Monaten)
  - Gültig ab, Gültig bis
  - Kündigungsfristen (Zeitraum z.B. 90 Tage)
  - Vertragssprache (z.B. Deutsch)
  - Anwendbares Recht
  - Gerichtsstand

- Der Teil für die Lizenzinformationen sollte beinhalten:
  - Im Einsatz für welches Umfeld (Client, Server, Mainframe)
  - Einsatz zulässig auf Plattform (beispielsweise Win-32 Client, Server, Win-64 Client, Server, Mac OS, Linux)
  - Produktsprache für die Software
  - Lizenzklasse (Vollversion, Update)
  - Lizenztyp (z.B. pro Gerät, pro User, pro Named User u.a)
  - Lizenzmetrik (z.B. gezählt wird pro CPU, pro Gerät, u.a.)
  - Wartungslaufzeit
  - Wartung gültig ab, gültig bis
  - Wartung Kündigungsfristen
  - Vorabinstallationsrecht in Tagen (Recht, die Software schon zu installieren, obwohl noch keine kaufmännische Lizenz vorhanden ist)
  - Nebenabreden
  - Zusatzleistungen Vertragsgeber, Vertragsnehmer

- Zu jedem Vertrag sollten auch die vereinbarten Softwareprodukte benannt sein:
  - Die Produktgruppe (z.B. Datenbanksoftware, Datensicherung, Grafiksoftware) am besten eCl@ss verwenden (siehe Kapitel 13)
  - Der Name des Softwareproduktes
  - Einsatz zulässig auf Plattform (falls Einschränkungen hinsichtlich der im Vertragskopf festgelegten Plattformen)
  - Lizenzmetrik (wie dieses Softwareprodukt gezählt wird)
  - downgrade-fähig (darf für ein aktuelles Softwareprodukt z.B. Office 2007 auch ein älteres Softwareprodukt z.B. Office 2003 eingesetzt werden)

Diese Daten sind als Grundlage für den Aufbau der für das kaufmännische Lizenzinventar benötigten Vertragsdaten zu verwenden.

11.2 Aufbau eines Lizenzinventars

Für den Aufbau des Lizenzinventars (Nachweis der erworbenen Lizenzstückzahlen) müssen die im Unternehmen angeschafften Softwareprodukte (Bestellungen) mit den jeweils abgerufenen Stückzahlen erfasst werden. Um später im Compliance Report richtig zählen zu können, benötigen die Bestelldaten eine Verbindung zu den Vertragsdaten und den darin vereinbarten Lizenzmodellen. Nur so lässt sich beispielsweise gewährleisten, dass vereinbarte Lizenzmodell korrekt auf die technisch ermittelte Anzahl der getätigten Installationen abgebildet werden. Der Aufbau einer Vertragsdatenbank mit den benötigten Lizenzinformationen, wie unter 11.1 beschrieben, ist somit der erste Schritt für den Aufbau des kaufmännischen Lizenzinventars. Für das Lizenzinventar sind außerdem eindeutige Produktzuordnungen eine wichtige Voraussetzung. In Kapitel 12 wird beschrieben, warum alle Softwareprodukte mit einer eindeutigen Materialnummer zu kennzeichnen sind, um die beschafften Softwareprodukte (Bestelldaten) mit den Verträgen verknüpfen zu können.

Diese Daten müssen in einem Lizenzinventar erfasst werden:

- Vertragsnummer, wenn sich das zu erfassende Softwareprodukt darauf bezieht (wie beispielsweise ein Rahmenvertrag oder ein Einkaufsabschluss)
- Vertragsart zur Vertragsnummer (Kauf, Miete, Wartung)
- Rechnungsnummer, über die das Softwareprodukt bestellt wurde (meistens eine ERP-Nummer)
- Rechnungsdatum
- Lieferantenname
- Lieferantenartikelnummer für das jeweilige bestellte Softwareprodukt
- Herstellername der bestellten Software
- Herstellercode für das jeweilige Softwareprodukt (Stock Keeping Unit, SKU-Nummer oder auch schlicht Artikelnummer genannt)
- Software-Identifikationsnummer (Materialnummer)
- Produktname (Materialkurztext)
- Versionsnummer des gekauften Produktes
- Sprache des Produktes (Deutsch, Multilanguage u.a.)
- Lizenzmetrik (wie wird gezählt, beispielsweise pro Seite, Named User u.a.), kommt meistens über den Vertragslink mit in das Lizenzinventar oder wird durch den EULA des beschafften Softwareproduktes bestimmt (siehe auch Kapitel 2.6.1 „End User License Agreement (EULA)")
- Lizenzklasse (wie beispielsweise Update oder Vollversion)
- Lizenztyp (wie pro Gerät, pro Nutzer) kommt meistens über den Vertragslink mit in das Lizenzinventar, oder mit dem Softwareprodukt (durch den EULA, siehe auch Kapitel 2)
- Lizenzkey (beispielsweise bei Einzelprodukten wichtig)
- Lizenzkostenrelevanz (ist das Produkt als Lizenz kostenpflichtig J/N?)
- Stückzahl des beschafften Softwareproduktes (Lizenzstückzahlen)
- Stückpreis

> **Hinweis:**
> Die erfassten Angaben sollten mindestens die letzten drei Jahre widerspiegeln.

In Abbildung 11.1 sehen Sie den beispielhaften Aufbau eines Lizenzinventars in einer Excel-tabelle.

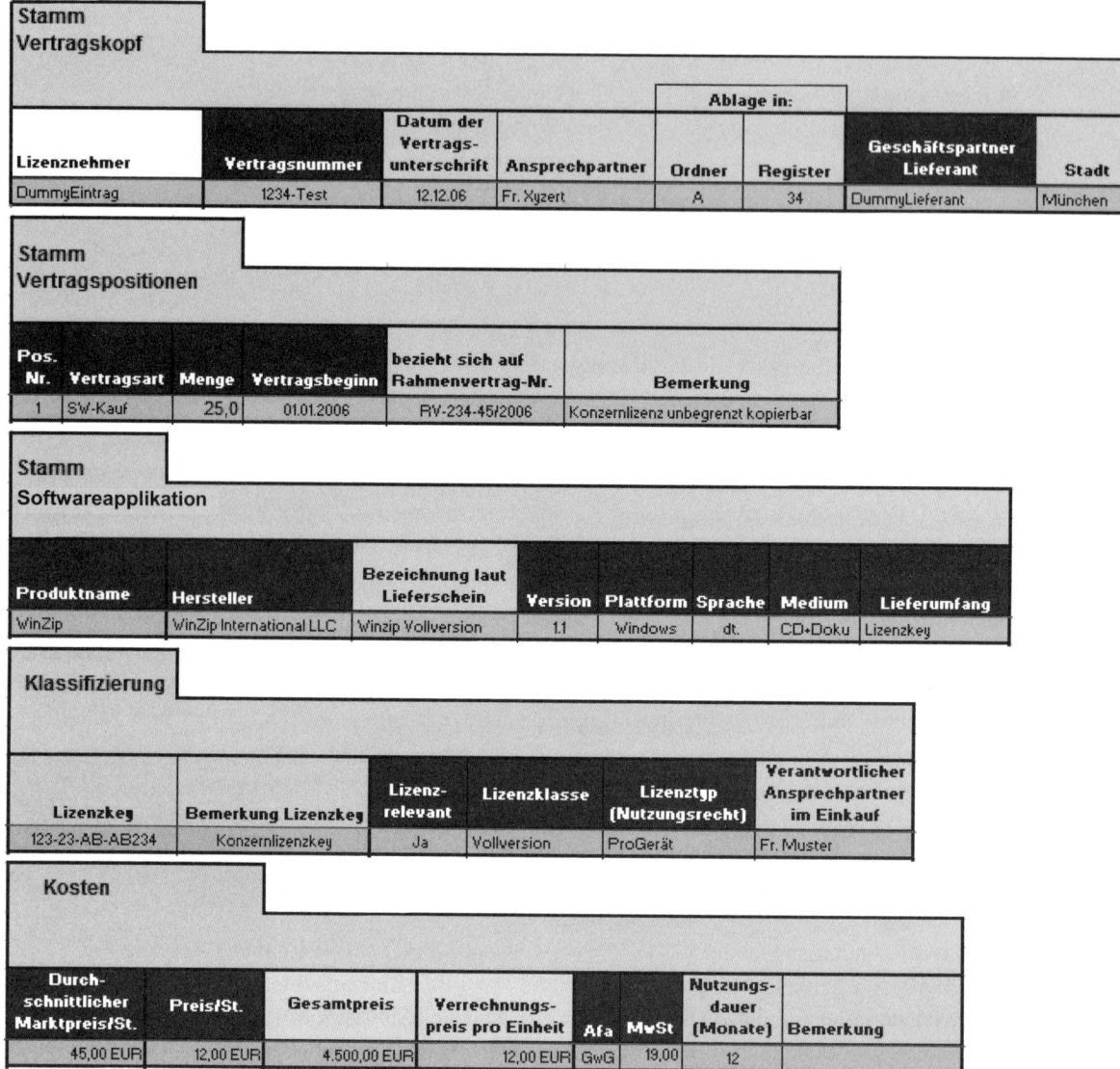

Abbildung 11.1 Beispielhafter Aufbau eines Lizenzinventars in Excel

11.3 Die benötigten Daten und Informationen identifizieren

Wenn Sie sich an die weiter oben ausgesprochene Empfehlung halten, erst einmal die wichtigsten Top-20-Verträge/Lieferanten/Produkte auszuwählen, müssen Sie diese natürlich identifizieren und festlegen. Denken Sie bitte auch daran, gleich die Vertragsverantwortlichen zu identifizieren und um Mithilfe zu bitten.

11.3.1 Vertragsdaten identifizieren

Das Erfassen der notwendigen Daten kann sich aus den unterschiedlichsten Gründen schwierig gestalten. Beispielhaft zu nennen sind:

- In Ihrem Einkaufssystem gibt es keine Sicht auf die Metadaten der Softwareverträge.
- Für die Dokumentenablage werden Ablageformen verwendet, die nicht so einfach auswertbar sind (beispielsweise PDF-Dokumente); somit ist es sehr schwierig, wichtige Lizenzinformationen zu erhalten.
- Ihr Einkaufssystem ist kein Vertragsmanagementsystem für Softwareverträge, somit steht keine ausreichende Dokumentation von Softwareverträgen und deren Lizenzmodellen zur Verfügung.
- Sie erhalten keine gesamthafte Übersicht über die Ansprechpartner für die einzelnen Softwareverträge, so dass es schwierig wird, die Vertragsverantwortlichen zu identifizieren.

> **Hinweis:**
> Als Erstes ist der Lizenzvertrag, ein Lizenzschein oder ein anderer Lizenznachweis maßgebend und erst danach die Rechnung. Über die Sichtung, Konsolidierung und Analyse der Rechnungsbelege können Sie weitere Informationen gewinnen, die für den Aufbau des Lizenzinventars wichtig sind. So sind diese Belege vor allem wichtig, um Bestellungen mit eventuell unterschiedlichen Bestelltexten von eigentlich ein und demselben Softwareprodukt zusammenfassen zu können.

Sollte Ihr Unternehmen global agieren, müssen Sie gewährleisten, dass Ihnen alle abgeschlossenen Verträge von allen Standorten und allen lokalen Einkaufsabteilungen kommuniziert werden, damit Sie diese Daten mit erfassen können. Dies ist die Voraussetzung für eine mögliche anzuratende Vertragskonsolidierung – das Zusammenfassen mehrerer Verträge des gleichen Lieferanten/Herstellers zur Hebung von Einsparpotenzialen.

Stellen Sie sich für die gesamthafte Betrachtung auch die folgenden Fragen:

- Wie viele Verträge existieren jeweils von einem Lieferanten zu einem Produkt/Produktgruppe – Unternehmensstandort übergreifend?
- Fehlen eventuell Verträge aus anderen Unternehmensstandorten?

- Sind alle abgeschlossenen Verträge im Einkaufs- oder Vertragsmanagementsystem erfasst?

- Wie lässt sich eine Identifikation der zu jedem Softwarevertrag gehörenden Softwareprodukte gewährleisten?

- Existieren Softwareverträge und Einkaufsabschlüsse möglicherweise nur in Papierform? Muss deshalb Schrankware in erheblichem Umfang nacherfasst werden?

- Wie soll die Nacherfassung abgewickelt werden und durch wen?

Welche Komplexitätstreiber sind außerdem noch in Betracht zu ziehen?

- Es können teilweise mehrere Einzelverträge zu einem Hersteller/Lieferanten mit ähnlichen Inhalten zu unterschiedlichen oder gleichen Konditionen existieren.

- Vertragsdetails sind nur wenigen Mitarbeitern aus dem Einkauf bekannt.

- Das vorhandene Kopfwissen der Vertragsverantwortlichen ist nirgends erfasst.

- Ihr Einkaufs- oder Vertragsmanagementsystem ist nicht an allen Unternehmensstandorten verfügbar, d.h. es ist zu klären:

  - Wer hat wo wie viel eingekauft?

  - Welche Produkte von welchem Lieferanten?

  - Welcher Geltungsbereich wurde für die Verträge und Einkaufsabschlüsse definiert?

- Wo werden Verträge und Einkaufsabschlüsse von den Standorten verwaltet, die keinen Zugriff auf das zentrale Einkaufs- bzw. Vertragsmanagementsystem haben?

- Die lokalen Einkaufs- und Vertragsmanagementsysteme können nicht wie gewünscht ausgewertet werden.

- Wer erfasst diese Verträge nach, und wird die Nacherfassung notwendig sein?

- Haben Sie dafür genügend Ressourcen. Wer steuert sie, wer überwacht?

- Sind eventuell noch Softwarehistorien (Upgradepfade) abzubilden?

- Welcher Stichtag wäre für die Erstellung des Lizenzinventars festzulegen? (beispielsweise der Windows XP Rollout o.a.).

Die Aufzählung ist bei weitem nicht vollständig, es gibt eine Fülle weiterer Komplexitätstreiber, die je nach Unternehmenssituation betrachtet werden müssen.

11.3.2 Bestelldaten identifizieren

Für die Erfassung der Bestelldaten müssen Sie – genau wie bei den Vertragsdaten – die Systeme identifizieren, in denen Software-Bestellungen abgewickelt werden. Das kann ein einziges System sein, es kann aber auch über mehrere unterschiedliche Systeme gehen, vor allem, wenn auch an verschiedenen Standorten eigene Bestellsysteme im Einsatz sind. Zu jedem identifizierten Softwareprodukt gilt es jetzt alle vorgenommenen Bestellungen zu recherchieren und im Lizenzinventar zu dokumentieren. Denken Sie bitte auch daran, dass es u.U. mehrere unterschiedliche Bestelltexte geben kann, die aber alle auf ein und dasselbe Produkt verweisen. In Abschnitt 11.3.3 ist ein beispielhafter Umsetzungsfahrplan für eine Vertrags- und Bestellrecherche beschrieben.

11.3.3 Vorgehen für die Vertrags- und Bestellrecherche

1. Legen Sie als Erstes die wichtigsten Top-20-Verträge gruppiert nach Lieferant/Hersteller und Produkten fest.

2. Erstellen Sie eine geeignete Vorlage zur Abfrage von Vertragskonditionen und Beschaffungsstückzahlen für diese Verträge.

3. Befüllen Sie die erstellte Vorlage mit den von Ihnen festgelegten zu recherchierenden Top-20-Verträgen und Produkten.

4. Verteilen Sie die Vorlage an alle Unternehmensstandorte, die einen eigenen lokalen Einkauf betreiben und keinen Zugang zum Einkaufs- oder Vertragsmanagementsystem haben. Fordern Sie, dass die vorgegebenen Einträge geprüft und bei Bedarf zu ergänzen sind (vor allem die lokal bestellten Stückzahlen sind wichtig).

5. Legen Sie einen ausreichend großen Bearbeitungszeitraum für den Rücklauf fest.

6. Führen Sie die Ergebnisse zusammen, und bereiten Sie die Daten für eine Befüllung des Lizenzinventars auf.

7. Ergänzen Sie, wenn erforderlich, von den Softwareprodukten die vereinbarten Lizenzmetriken im Lizenzinventar.

8. Analysieren und bewerten Sie die Daten auf Konsolidierungsmöglichkeiten.

9. Arbeiten Sie die Ergebnisse aus den Rückläufen in das Lizenzinventar ein, denken Sie auch an die eventuell notwendige Historienabbildung zur Abbildung von Ursprungslizenzen und Upgradepfaden.

Was erreichen Sie mit diesen Maßnahmen?

- Sie erhöhen die Transparenz Ihrer Softwareverträge und Bestellungen signifikant.

- Sie schaffen Voraussetzungen, um die Anzahl der Verträge mit Lieferanten/Herstellern zu reduzieren und zu konsolidieren, und können eventuell verschiedene bestehende Verträge mit gleichen Produkten in einem globalen Vertrag zusammenfassen.

- Sie schaffen die Voraussetzung für die Erfassung der kaufmännischen Daten in eine zukünftige Vertragsdatenbank, wo auch Lizenzinformationen mit abgelegt werden können.

- Sie können sich eine umfassendere Übersicht über alle Softwareverträge und deren Softwarelizenzen im Lizenzinventar verschaffen.

- Sie schaffen Grundlagen, um Ihr Einkaufsvolumen weiter zu bündeln.

- Sie verringern damit die Komplexität in den Softwareverträgen, Beschaffungsvorgängen und Bestellungen.

- Sie können beschaffte, aber nicht tatsächlich im Einsatz befindliche und/oder genutzte Produkte erkennen.

- Sie vermeiden übermäßige Softwarekäufe und erzielen mit einer besseren Umverteilung der Softwarelizenzen signifikante Kosteneinsparungen für Ihr Unternehmen.

11.4 Die Lizenznachweise sammeln

In einem parallelen Arbeitsschritt müssen Sie dafür Sorge tragen, dass alle Lizenznachweise unternehmensweit eingesammelt werden. Wertvolle Belege, die als Kaufnachweis für den Erwerb von Softwarelizenzen dienen, werden nicht selten von den Unternehmen versehentlich vernichtet. Für einen eventuellen Audit in Ihrem Unternehmen ist es jedoch außerordentlich wichtig beweisen zu können, dass Ihr Unternehmen für den gesamten Softwarebestand (das technische Ist) über gültige Lizenzen verfügt. Können Sie den Nachweis nicht erbringen, kann das zu rechtlichen Problemen führen mit der Folge, dass Ihr Unternehmen gezwungen ist, neue Lizenzen zu beschaffen. Um bei einem Audit den Beweis zu erbringen im Einsatz befindliche Software auch rechtmäßig beschafft wurde, sollten Sie die Lizenznachweise zentral aufbewahren und für eventuelle Installationen der Software nur Kopien der Originaldatenträger herausgeben. Üblicherweise nimmt diese Aufgabe meistens die für das Lizenzmanagement verantwortliche Abteilung vor.

Folgende Informationen und Medien sollten Sie aufbewahren und archivieren:

- Original-Medien (CD-ROM und/oder Disketten)

- Ein Lizenzdokument, das häufig als „Endbenutzer-Lizenzvertrag" (EULA) bezeichnet wird

- Die Echtheitszertifikate

- Die Handbücher und Anleitungen, wenn sie mit dem Softwarepaket mitgeliefert wurden, also bei allen FPPs (Full Package Products)

- Eine Druckversion aller online abgeschlossenen Lizenzverträge

Alle Rechnungen und Belege, auf denen die Original-Kaufdaten angegeben sind, sollten Sie in einem zentralen Archiv aufbewahren. Wenn ein Audit ansteht, werden Sie diese Unterlagen u.U. benötigen. Genauso gehen Sie mit den Nachweisen für Ihre Volumenlizenzen um. Für den Fall eines anstehenden Audits ist es immer von Vorteil, wenn Sie zusätzlich zu diesen Bestätigungen alle Rechnungen und Kopien der Online-Verträge aufbewahren, um nachweisen zu können, welche Software durch den Vertrag abgedeckt ist.

11.5 Historisierung und Stichtag – warum ist das wichtig?

Trotz aller Vorsätze, die kaufmännischen Daten umfassend zu erheben und in den Systemen zu erfassen, sollten Sie sich einen Stichtag überlegen, bis zu dem Sie die Historien und Altdatenerfassung rückwirkend abbilden wollen. Es ist nämlich nicht sehr sinnvoll, mehrere Tage für irgendeinen Softwarelizenznachweis im Keller herumzukramen, wenn es entweder nicht mehr notwendig ist oder aber der Neukauf einer Volllizenz die weitaus günstigere und wirtschaftlichere Methode darstellt, um die rechtliche Lizenzkonformität herzustellen. Hier sollten Sie also im Zweifelsfall immer der wirtschaftlicheren Methode den Vorzug geben. Oft sind solche stichtagsbezogenen Betrachtungen allein durch bestimmte Umstände in Ihrem Unternehmen gesetzt, wie beispielsweise die Abschaltung und Migration von Altsystemen oder der Rollout eines neuen Betriebssystems, bei dem ja meistens komplett neue Desktopsoftware mit ausgerollt wird (beispielsweise Office 2000 auf Office 2003). Solch eine Situation sollten Sie also für Ihre stichtagsbezogene Auswertung in Betracht ziehen.

11.6 Warum kann Ihnen Ihr Lieferant helfen?

Um einen vollständigen Überblick über alle Bestellungen zu bekommen, kann es nicht verkehrt sein, die Lieferanten des Unternehmens zu befragen. Diese müssen ja über Ihre Bestellungen zumindest genauso Bescheid wissen wie Sie. Somit haben Sie bereits eine zusätzliche Möglichkeit, die bei Ihnen in den Systemen recherchierten Bewegungsdaten (Bestellungen) gegenzuprüfen. Der Lieferant wird Sie sicherlich gerne unterstützen, auch wenn es für den einen oder anderen etwas Mehraufwand bedeutet. Sie brauchen keine Angst davor zu haben, dass Sie eventuell schlafende Hunde wecken. Denken Sie daran, dass die Hauptaufgabe im Lizenzmanagement darin besteht, Transparenz herzustellen und dafür Sorge zu tragen, dass alle Softwareprodukte, die im Unternehmen aktiv sind, gemäß den vereinbarten Nutzungsbedingungen mit den Herstellern verwendet werden.

Nun haben Sie die Voraussetzungen geschaffen, um die in einem ersten Schritt identifizierten und erfassten kaufmännischen und technischen Daten in einem nächsten Schritt auf Konsistenz zu prüfen und gegebenenfalls die Daten zu bereinigen, um damit wiederum einen ersten Compliance Report erstellen zu können. Lesen Sie mehr darüber in Kapitel 12.

> **Fazit:**
> Es ist mit viel Arbeit verbunden, die Voraussetzungen für ein rechtmäßiges Lizenzmanagement zu schaffen. Der Lohn der Anstrengungen wird aber sein, dass Sie eine bessere Transparenz über Ihre Softwareverträge und Produkte erhalten und schneller in der Lage sind, die geforderte Rechtskonformität herzustellen. Schließlich werden sich die Mühen für Ihr Unternehmen auch in möglichen Kosteneinsparungen widerspiegeln, da Sie einen besseren Gesamtüberblick über die im Unternehmen aktiv genutzten Softwareprodukte erhalten.

12 Datenbereinigung und Konsolidierung

In diesem Kapitel erfahren Sie u.a.:

- Warum es wichtig ist, die Daten aus den technischen und kaufmännischen Bestandsaufnahmen zu bereinigen, ihre Qualität zu sichern und sie zu konsolidieren.

- Warum es wichtig ist, die Softwareprodukte sowohl auf der kaufmännischen als auch auf der technischen Seite eindeutig zu kennzeichnen.

- Welche Schritte notwendig sind, die bereinigten Daten initial in das Lizenzmanagement-Tool zu laden.

Das Kapitel Datenbereinigung und Konsolidierung beschreibt die notwendigen Schritte, um die für den späteren Compliance Report und den damit verbundenen Nachweis der rechtlichen Lizenzkonformität erforderlichen Daten in einer wünschenswerten Qualität zu erhalten. Lesen Sie außerdem, warum es für den gesamten Software-Life-Cycle-Prozess wichtig und erforderlich ist, die Softwareprodukte auf der kaufmännischen und technischen Seite eindeutig zu kennzeichnen.

In Kapitel 11 wurde beschrieben, was alles getan werden muss, um die zum Aufbau eines Lizenzinventars benötigten kaufmännischen Daten zu identifizieren. Vielleicht wurden diese Daten schon in einem geeigneten Tool erfasst (beispielsweise die nacherfasste Schrankware) oder warten in anderen Systemen darauf, weiterverarbeitet zu werden. Auf die Bestandsaufnahme der technischen Daten gingen wir in Kapitel 10 näher ein. Es sind also nun die Voraussetzungen geschaffen, um diese auch „Rohdaten" genannten Informationen weiter zu bearbeiten. Wie schon mehrfach erwähnt, bilden die kaufmännischen Daten aus Ihren ERP-Systemen sowie sonstigen Bestellsystemen und die technischen Daten aus den Inventory-Systemen die Basis für einen Compliance Report. Diese Daten gilt es über einen intelligenten Algorithmus miteinander zu verbinden, um die von Softwareherstellern festgelegte Lizenzmetrik (wie gezählt wird) mit den Daten aus den technischen Systemen abgleichen zu können. Im Vorfeld müssen die erfassten Daten aber auf Konsistenz und Konformität geprüft werden, damit der Compliance Report plausible Daten liefert.

12.1 Planung der kaufmännische Datenbereinigung

Um eine einheitliche und konsistente Datenbasis sowohl für das kaufmännische Quellsystem als führendes Stammdatensystem als auch für das zukünftige Lizenzmanagement-Tool als beispielsweise führendes Vertrags- und Lizenzmanagement-System zu gewährleisten, muss eine Bereinigung der Materialstammdaten erfolgen. Erklärtes Ziel dabei ist, eine einheitliche Granularität bei der Pflege und Neubestellung von Softwareprodukten zu erreichen. Der alleinige Scope aus Sicht des Lizenzmanagements sollte die Bereinigung der Materialstammdatensätze für die Materialart Software sein. Um den Arbeitsaufwand so gering wie möglich zu halten, sollten Sie zuerst maschinelle Bereinigungen durchführen und erst dann die eventuell noch erforderliche manuelle Bereinigung veranlassen.

Welche Schritte sollte ein Arbeitspaket für die Datenbereinigung umfassen? Hier eine beispielhafte Grobplanung:

- Erfassung und Auflistung der zu migrierenden Daten
- Definition der Verfahren zur Datenbereinigung
- Definition von Qualitätskriterien (Zielgrößen)
- Aussagen zur aktuellen Datenqualität einholen
- Festlegen der Kriterien, an denen die Qualität gemessen werden kann
- Erste Definition der Maßnahmen zur Datenbereinigung
- Eventuell ein Abgleich mit dem Anlagenbuch für aktivierungspflichtige Software
- Maschinelle Bereinigungsroutinen erstellen und prüfen
- Nach maschineller Datenbereinigung Fehlerlisten erstellen und manuell nachbearbeiten
- Liste mit offen Problempunkten erstellen und abarbeiten

12.2   Die kaufmännischen Daten bereinigen

Die kaufmännischen Daten sind identifiziert, zusammengetragen und warten jetzt darauf weiter bearbeitet zu werden. Die erste Stufe der Bereinigung und Qualitätsverbesserung der Daten ist, in den kaufmännischen Beständen nach Dubletten zu suchen. Im Kapitel 11 wurde der Unterschied zwischen Stammdaten (Artikel) und Bewegungsdaten (Bestellvorgänge) erklärt. Die Bereinigung der kaufmännischen Daten beginnt mit der Prüfung, ob die Stammdaten konsistent sind, ob es also für ein und dasselbe Material auch wirklich nur eine Materialnummer gibt.

Was meine ich damit?

Nehmen wir einmal an, Sie besitzen einen kleinen Laden und möchten Ihr Angebot erweitern. Dazu müssen Sie das neue Produkt in den Warenkorb und in das interne Warenwirtschaftssystem aufnehmen. Sobald ein Bedarf dafür entsteht, werden Sie das Produkt in einer bestimmten Stückzahl von Ihrem Großhändler beziehen. Damit Sie später die Bestellung Ihrem Warenwirtschaftssystem zuordnen bzw. eine automatisierte Bestellung anstoßen können, benötigen Sie nicht nur die Artikelnummer des Lieferanten für die Bestellung nach außen, sondern müssen eine eigene Produktnummer anlegen, um in Ihrem System die Bestellung beim Lieferanten bis zum erfolgten Wareneingang bei Ihnen verfolgen zu können. Solange nur ein Mitarbeiter damit beschäftigt ist, wird das keine größeren Probleme verursachen. In großen Unternehmen, eventuell mit verteilten Standorten, sind aber bestimmt schon einige Mitarbeiter mit dieser Aufgabe befasst. In vielen Fällen werden diese Mitarbeiter „Materialstammdatenpfleger" genannt. Ein ziemliches Unwort, das aber eine Funktion der Mitarbeiter (meistens im Einkauf) beschreibt, die Materialien im ERP-System zu pflegen, sprich: Neuanlage, Korrektur und Löschung von bestellfähigen Materialien vorzunehmen. Nun liegt es in der Natur des Menschen, sich nicht unbedingt immer an Vorschriften zu halten, und so kann es vorkommen, dass die vorgegebenen Richtlinien für das Anlegen von neuen Materialien (Artikel) nicht immer beachtet werden.

Dann kann es dazu kommen, dass der verantwortliche Mitarbeiter bei der Neuanlage einer Ware nicht ausreichend recherchiert, ob diese Ware vielleicht schon erfasst, möglicherweise aber nicht richtig angelegt wurde (Name anders, falsche Abkürzungen verwendet etc.).

Ein Beispiel:

Ein neues Softwareprodukt soll angelegt werden, damit es andere Systeme bestellen können. Vielleicht hat der verantwortliche Mitarbeiter keine große Lust zu prüfen, ob dieses Softwareprodukt eventuell schon angelegt wurde. Er legt es einfach an, beispielsweise unter der Bezeichnung „Microsoft Office 2003 Prof. dt." und kümmert sich nicht um die Richtlinie. Ein anderer Mitarbeiter hatte sich an die vereinbarte Richtlinie gehalten und das Material mit der Bezeichnung „Microsoft Office 2003 Professional deutsch" angelegt. Jetzt werden Bestellungen mal mit dem einen und mal mit dem anderen Bestelltext im System verarbeitet. Das bedeutet: es existieren unterschiedliche Bewegungsdaten (Bestellungen) zu demselben Produkt.

Die Bereinigungsaktion muss genau diesen Sachverhalt erkennen, die Produktbeschreibungen vereinheitlichen und alle Bestellungen mit beiden Bestelltexten zusammenführen, um eine Übersicht über die tatsächlich käuflich erworbene Menge von – Microsoft Office 2003 Professional deutsch – zu erhalten.

Wenn Sie hier keine Ordnung schaffen und einheitliche Materialnummern festlegen, die auch wichtig für andere Systeme und vor allem für den Algorithmus des Compliance Reports sind, werden Sie keinen aussagekräftigen Compliance Report bekommen.

> **Hinweis:**
> Falls Sie noch keine Richtlinie für das Anlegen von Materialien im Unternehmen haben, sollten Sie eine solche aufstellen und darauf achten, dass sie unbedingt eingehalten wird.

Wahrscheinlich müssen Sie für die anstehende Bereinigung Ihre Stammdaten erst einmal aus dem Quellsystem herausziehen und manuell weiterbearbeiten. Sehr gut eignet sich dafür Excel, da Sie hier mit Hilfe eines Makros leicht ähnliche oder gleiche Artikelbeschreibungen herausfinden können. Diese Bereinigung ist relativ schnell erledigt. Weitaus schwieriger wird sich der Teil gestalten, die bereinigten Daten wieder in das Ursprungssystem zurückzuspielen.

Die Bereinigung der Bestelldaten (Bewegungsdaten) gestaltet sich schwieriger. Da Sie wahrscheinlich keine große Chance haben, Altbestelldaten zu ändern (meistens geht das schon aus Revisionsgründen nicht), können Sie nur den Weg des sich selbst reinigenden Systems gehen. Sie sollten also ab einem bestimmten festzulegenden Stichtag in der Zukunft die Bestellungen nur noch mit den zuvor bereinigten Stammdaten tätigen. Ab diesem Stichtag rückwärts müssen Sie alle bis dahin getätigten Bestellungen mit den unsauberen Materialnummern oder Stammdatensätzen nötigenfalls auch aus den verschiedensten Systemen in Ihrem Unternehmen in einem zentralen System sammeln, mit den neuen, eindeutigen Materialnummern zusammenführen (vergessen Sie nicht die alten Materialnummern mitzuführen) und die beschafften Stückzahlen kumuliert ermitteln. Diese Daten werden dann für die Initialbeladung des Lizenzmanagement-Tools benötigt.

> **Hinweis:**
> Für die Ermittlung der lizenzrelevanten (lizenzkostenpflichtigen) Produkte bzw. Materialien sollten Sie beachten, dass aus Gründen der Konsistenzwahrung alle Produktdaten- und Materialstammsätze berücksichtigt werden müssen, zu denen abhängige aktive oder passive Bestellungen existieren. Im Umkehrschluss bedeutet dies, dass Sie Produktdaten- und Materialstammsätze, denen sich keine aktiven oder passiven Bestellungen zuordnen lassen, ignorieren können. Allerdings ist auch für diesen „Bodensatz" ein Verfahren zu definieren, wie damit umzugehen ist (Löschen, Archivierung etc.).

Zu der Bereinigungsaktion der kaufmännischen Daten gehört auch, dass Sie gleich eine Klassifizierung Ihrer Softwareprodukte vornehmen sollten. Zu diesem Thema finden Sie in Kapitel 13 weitergehende und ausführliche Informationen. Irgendwann wird Ihnen nämlich jemand die Frage stellen, wie viele unterschiedliche Softwareprodukte der Kategorie „Grafiksoftware" in Ihrem Unternehmen im Einsatz sind. Mit einer standardisierten und selbsterklärenden Klassifizierung ihrer Softwareprodukte können Sie diese Frage schnell beantworten.

12.3 Die Softwareprodukte eindeutig kennzeichnen

Um das Lizenzmanagement entsprechend den gestellten Forderungen nach Transparenz und Compliance betreiben zu können, benötigen Sie einen roten Faden, an dem entlang sich Ihre Softwareprodukte und Lizenzen im kompletten Software-Life-Cycle-Prozess bewegen können. Dieser rote Faden ist eine von Ihnen zu definierende eineindeutige Nummer, die jedes einzelne Softwareprodukt erhalten muss. Das beginnt meistens in den kaufmännischen Systemen (das Anlegen einer Materialnummer, um den Artikel bestellbar zu machen) und reicht bis zu den Fachbereichen, die die Aufgabe haben, die Software zu paketieren und zu verteilen. Dieses Thema müssen Sie also mit allen Beteiligten besprechen und festlegen. Herauskommen sollte dabei eine Richtlinie, die genau beschreibt, wie ein Material in den kaufmännischen Systemen anzulegen und in den anderen Systemen bis zur Softwareverteilung weiterzuführen ist. Nur so haben Sie eine Chance, die kaufmännischen Daten mit den technischen Daten für einen Compliance Report zusammenzuführen.

Wenn eine Softwarebedarfsanforderung als Freitextbestellung im Anforderungsprozess auftaucht, sollte nach dem Genehmigungsprozess der erste Schritt sein, im ERP-System eine Materialnummer anzulegen, die dann in allen anderen Prozessschritten mitgeführt wird. Zum Schluss sollte der Softwarepaketierer die Materialnummer seinem Softwarepaket zuordnen, damit später aus den Inventory-Daten eine genaue Zuordnung zu den kaufmännischen Daten erfolgen kann, hier vor allem wegen der Stückzahlermittlung.

Beispiel für eine Richtlinie zur eindeutigen Benennung

Die Anlage eines Materialstamms erfolgt im Wesentlichen in folgenden Schritten:

- Beantragung der Materialstammanlage (meistens über ein eigenes Formular)
- Anlage des Materialstamms im ERP-System oder einem anderen führenden System
- Technische und kaufmännische Freigabe
- Freischaltung für Bestellung

Für die Änderung eines Materialstamms sind folgende Schritte notwendig:

- Veranlassen der Änderung
- Durchführen der Änderung im Materialstamm in SAP

Soll ein Materialstamm nicht mehr bestellbar sein, muss er entsprechend angepasst werden.

Für die Sperrung eines Materialstamms sind folgende Schritte zu durchlaufen:

- Entfernen des Artikeltyps aus den übergeordneten Warenkorbprodukten
- Veranlassen der Sperrung
- Anpassen des Materialstamms

Beispielhafter Aufbau eines Materialstamms (beispielhaft) für ein Softwareprodukt

- *Materialnummer*
  Bei Anlegen eines neuen Materialstamms wird die Materialnummer automatisch vom System erzeugt.

- *Materialart*
  - Software

- *Materialkurztext*
  Der Materialkurztext ist ein Freitextfeld, der Inhalt wird wie folgt festgelegt:
  1. Herstellername voll ausgeschrieben
  2. Softwareproduktname voll ausgeschrieben
  3. Versionsnummer
  4. Sprache
  5. Lizenzklasse (Vollversion, Update) voll ausgeschrieben

  Beispiel: Adobe Photoshop Standard 10.0, deutsch, Vollversion

- *Klassifizierung*
  Die Klassifizierung erfolgt nach dem eCl@ss-Standard. In unserem Beispiel wäre das:
  - Grafiksoftware

Diese kurze Beschreibung einer beispielhaften Arbeitsanweisung für einen Materialstammdatenpfleger kann als Grundlage für das Kennzeichnen von Softwaremationen verwendet werden. Nur mit einer solchen Arbeitsanweisung können Sie die notwendige und vom Lizenzmanagement geforderte Ordnung in den kaufmännischen Part der Daten bringen.

12.4 Planen der technische Datenbereinigung

Auch für die technische Datenbereinigung ist ein Konzept notwendig, das beschreibt, wie sie zu erfolgen hat, schließlich muss man sich hier um weit mehr Prozesse kümmern als bei der kaufmännischen Datenbereinigung.

Ähnlich wie bei der kaufmännischen Datenbereinigung müssen zunächst die datenführenden Systeme identifiziert werden. Das können durchaus mehrere Systeme sein, da nicht immer Softwaretools eingesetzt werden, die beispielsweise sowohl Client als auch Serversysteme inventarisieren können. Da findet sich ab und an auch eine selbst gestrickte Lösung. Abbildung 12.1 zeigt das Beispiel eines solchen Szenarios.

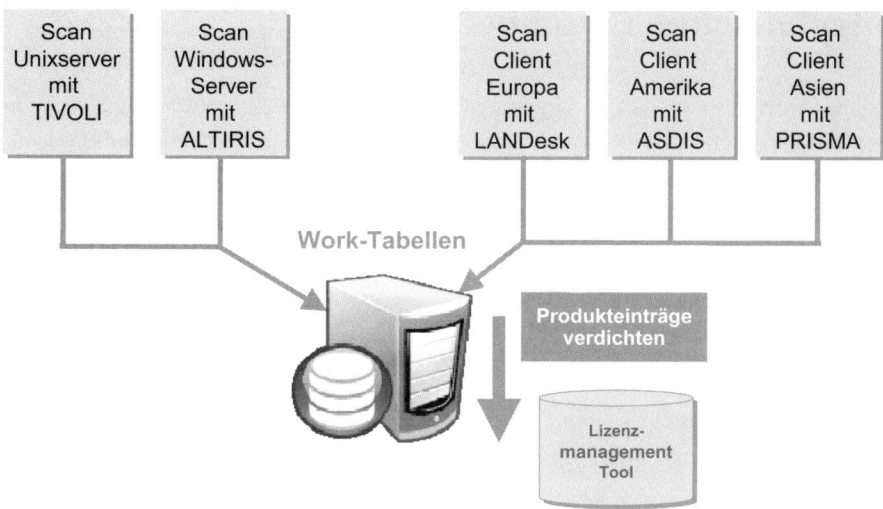

Abbildung 12.1 Beispielhafte Übersicht verschiedener Scan-Schnittstellen

Für die Planung müssen Sie auch hier alle Beteiligten (meistens sind die Einheiten für Client- und Serversysteme unterschiedliche Fachbereiche) an einen Tisch holen und die Vorgehensweise besprechen.

Für die Planung ist zu beachten:

- Die Identifizierung der in die Betrachtung aufzunehmenden Scanner Tools

- Die Abstimmung der Auswertungsperiode (Schnappschuss für eine erste Übersicht)

- Das Festlegen der Qualitätskriterien

- Festlegen, welche Software gescannt werden soll (lizenzkostenpflichtige, nicht-lizenz-kostenpflichtige, Open Source etc.)

- Festlegen, welche Werte auf den Systemen ausgelesen werden sollen (MSI-Pakete, SMS-Pakete, ARP-Programme – „Add-Remove-Programms" sind die Softwareprodukte, die in der Systemsteuerung angezeigt werden –, Registry-Einträge usw.)

- Beschreiben und festlegen, in welches Datenbanksystem die Rohdaten geliefert werden sollen

- Festlegen der Verantwortlichkeiten

- Programmieren der Skripte für die Datenauswertung

- Festlegen der Testszenarien

- Beschreiben, Definieren und Umsetzen der erforderlichen Schnittstellen

- und vieles weitere mehr.

12.5 Die technischen Daten bereinigen

Nachdem in der Grobplanung festgelegt wurde, wer was wann und wie zu scannen hat, müssen die erfassten Rohdaten nach dem Scan in eine Datenbank angeliefert werden. In Abbildung 12.2 sehen Sie einen beispielhaften Datenauszug eines Inventory-Scan. Hier können Sie zwar die Produktnamen noch nicht erkennen, die gefundenen Dateinamen wurden aber schon kumuliert.

D ProgramName	E NumberInstalled
zip.exe	135
ZIP2EXE.EXE	5
zipcentral206g.exe	1
zipnote.exe	6
zipper.exe	589
ZIPSERVE.EXE	1
zipsplit.exe	6
MSPVIEW.EXE	50
EXCEL.EXE	1
excelcnv.exe	152
ODEPLOY.EXE	4
MSPSCAN.EXE	1
OINFOP12.EXE	4
ORGCHART.EXE	1
PPCNVCOM.EXE	155
ACECNFLT.EXE	4
Wordconv.exe	119

Abbildung 12.2 Beispielhafter Auszug von angelieferten Scan-Daten bereits kumuliert[1]

Damit nicht zu viel Aufwand in die Schnittstellenprogrammierung gesteckt werden muss, sollte in so genannten „Work-Tabellen" (siehe Abbildung 12.1) eine Logik aufgebaut werden, welche die angelieferten Rohdaten zusammenfassen kann. Das kann teilweise hochautomatisiert geschehen, teilweise muss es manuell zugeordnet werden. Bei der automatisierten Variante wird meistens noch ein von externen Dienstleistern hinzugekaufter Sofwareproduktkatalog hinterlegt, um die Erkennbarkeit der gescannten Softwareprodukte zu erhöhen. Diese Datenbestände werden dann in einem weiteren System mit anderen Daten zusammengebracht, um den technischen Namen lesbare und auswertbare Softwareproduktbezeichnungen zuordnen zu können. In einer Datenbank werden diese technischen Daten dann mit den angelieferten kaufmännischen Daten in Beziehung gesetzt. Ein Bei-

---

[1] Quelle: Beispieldaten zur Verfügung gestellt von Metrix Consulting GmbH

spiel für einen Auszug, in dem die gefundenen Rohdaten zusammengefasst und schon bekannten Produktnamen bzw. Herstellern zugeordnet werden konnten, ist in Abbildung 12.3. zu sehen. Hier wurde diese Zuordnung bereits automatisiert in einem Scannertool, das sowohl die Work-Tabellen abbildet als auch einen internen, vorbelegten Produktkatalog beinhaltet, vorgenommen.

	A	B	C	D	E
1	Corporation	Description	ProductName	ProgramName	NumberInstalled
14333	(unknown)		(unknown)	zip.exe	135
14334	(unknown)		(unknown)	ZIP2EXE.EXE	5
14335	(unknown)		(unknown)	zipcentral206g.exe	1
14336	(unknown)		(unknown)	zipnote.exe	6
14337	(unknown)		(unknown)	zipper.exe	589
14338	(unknown)		(unknown)	ZIPSERVE.EXE	1
14339	(unknown)		(unknown)	zipsplit.exe	6
14340	Microsoft Corporation	Microsoft Office Document Imaging	2007 Microsoft Office system	MSPVIEW.EXE	50
14341	Microsoft Corporation	Microsoft Office Excel	2007 Microsoft Office system	EXCEL.EXE	1
14342	Microsoft Corporation	Microsoft Office Excel	2007 Microsoft Office system	excelcnv.exe	152
14343	Microsoft Corporation	Microsoft Office Multi-Msi ActiveD	2007 Microsoft Office system	ODEPLOY.EXE	4
14344	Microsoft Corporation	Microsoft® Office Document Scann	2007 Microsoft Office system	MSPSCAN.EXE	1
14345	Microsoft Corporation	Office Data Provider for WBEM	2007 Microsoft Office system	OINFOP12.EXE	4
14346	Microsoft Corporation	Organization Chart Add-in for Micr	2007 Microsoft Office system	ORGCHART.EXE	1
14347	Microsoft Corporation	PowerPoint XML-Binary File Forma	2007 Microsoft Office system	PPCNVCOM.EXE	155
14348	Microsoft Corporation	Replication Conflict Viewing and R	2007 Microsoft Office system	ACECNFLT.EXE	4
14349	Microsoft Corporation	Word Converter	2007 Microsoft Office system	Wordconv.exe	119

Abbildung 12.3 Beispielhafter Auszug aus verdichteten Rohdaten kumuliert und zugeordnet[2]

In der Abbildung ist zu sehen, dass die Tools nicht immer alles erkennen können (unknown). Das liegt meistens daran, dass der Softwarehersteller seinem Produkt keinen Erkennungsparameter mitgegeben hat. Die führenden Hersteller arbeiten daher gerade an der Norm ISO 19770-2 (im Anhang finden Sie weitere Erläuterungen dazu), die dieses Problem lösen soll. Sie soll zukünftig beschreiben, wie die durch einen Scanner gefundenen Softwareprodukte zu bezeichnen sind. Dieser Vorgang heißt Software Tagging. In der zweiten Jahreshälfte 2009 soll die Norm verabschiedet werden und dann eine verbesserte und vor allem automatisierte Verarbeitung der gescannten Rohdaten ermöglichen, um diese einem Produkt zuordnen zu können.

12.6 Die Daten für eine Initialbeladung vorbereiten

Um die gesammelten Daten für eine Initialbeladung vorbereiten zu können, ist es nicht nur wichtig, diese zu bereinigen, Dubletten herauszufiltern und erkennbar zu machen. Bevor diese Daten in der gewünschten Qualität und mit den geforderten Lizenzinformationen (Lizenzmodelle, Lizenzmetriken) in das Lizenzmanagement-Tool überführt werden können, müssen noch einige Zwischenschritte erfolgen. Den kaufmännischen Daten, den be-

---

[2] Quelle: Beispieldaten zur Verfügung gestellt von Metrix Consulting GmbH

reinigten Materialien (Softwareartikel), müssen die entsprechenden Verträge (Stammdaten) zugeordnet werden, um die in den Verträgen festgelegten Nutzungsvereinbarungen (Lizenzmetrik, wie gezählt wird) mitführen zu können. Des Weiteren müssen alle getätigten Bestellungen (Bewegungsdaten) mit Stückzahlen den Materialien zugeordnet werden, damit ein Überblick über die Gesamtanzahl an beschafften Softwareartikeln besteht. Denn im Compliance Report werden nicht nur die linke und die rechte Seite miteinander verglichen, sondern z.B. auch, wie oft ein Produkt installiert werden darf. Sprich: Zählt eine physische Installation als eine Lizenz (eine 1:1-Beziehung) oder wird eventuell in den Nutzungsrechten erlaubt, mehrere Installationen für eine Lizenz zu tätigen (siehe Zweitkopie-Recht z.B. von Microsoft). All diese Dinge müssen beachtet werden. In Abbildung 12.4 sind beispielhaft die nötigen Schritte für eine solche Initialbeladung skizziert, die je nach Unternehmenssituation (Systemumfeld, Toolumfeld) auch anders ablaufen können.

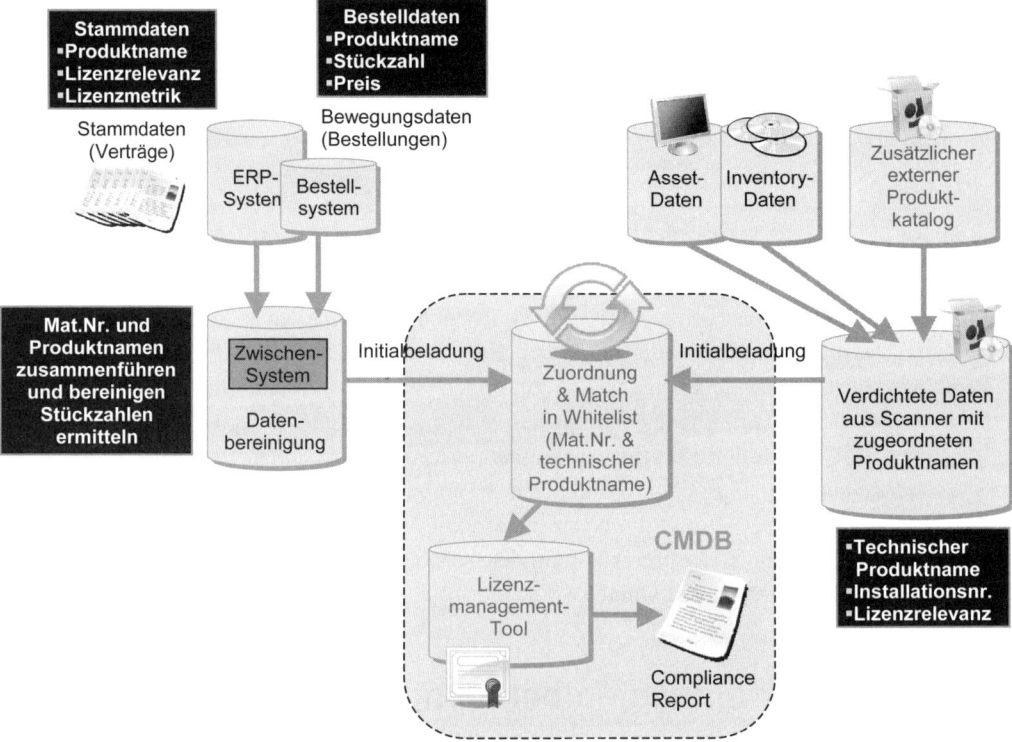

Abbildung 12.4 Übersichtsbild für ein Initialbeladungsszenario

All diese zusätzlichen Informationen sollten in einer Zwischendatenbank zusammengeführt werden, bevor die Daten letztendlich in das Lizenzmanagement-Tool geladen werden. Das Gleiche gilt natürlich für die technischen Daten, hier werden die verdichteten Inventory-Daten gefiltert nach lizenzkostenpflichtigen und nicht lizenzkostenpflichtigen Softwareprodukten. Mit Hilfe der schon erwähnten Produktdatenbank wird über Algorithmen versucht, die teilweise kryptischen Bezeichnungen der Inventory-Daten in identifizierbare Produktnamen umzuwandeln bzw. zuzuordnen. Im nächsten Schritt, werden die kaufmännischen und die technischen Daten in die sogenannte „Whitelist Initial" geladen, wo dann entweder voll- oder halbautomatisiert (mit teilweise manuellem Eingreifen) die technischen den kaufmännischen Produkten zugeordnet werden. Nach diesem Schritt kann im Lizenzmanagement-Tool der erste Compliance Report gefahren werden.

Sicherlich werden Sie nicht gleich beim ersten Mal die gewünschte Datenqualität erreichen. Hier müssen Sie Fehlerlisten erstellen und sich dann in den datenliefernden Systemen auf die Suche machen, um die unplausiblen Daten identifizieren und beseitigen zu können. Um die Reportqualität noch weiter zu erhöhen, sollten Sie in der Anfangsphase das komplette in Abbildung 12.4 beschriebene Szenario mehrmals durchlaufen, bis Sie sicher sein können, dass die Quellsysteme eine einigermaßen verlässliche Datenbasis liefern können.

Hinweis:

Lassen Sie sich zu Beginn nicht gleich auf eine bestimmte prozentual zu liefernde Datenqualität festlegen. Besser ist hier, auch nach außen zu kommunizieren, dass die Datenqualität im Compliance Report erst nach und nach besser wird.

Fazit:

Eine qualitätsgesicherte Datenbereinigung und Konsolidierung Ihrer Softwareprodukte kommt letztendlich allen Prozessen in Ihrem Unternehmen zugute. Die erreichbaren Ziele können sein:

- Die Reduzierung der Anzahl der zu pflegenden Software-Materialstammdaten.
- Sie erhöhen die Transparenz bei den Softwarebestellungen.
- Sie leisten Vorarbeiten für die Abbildung des strategischen Softwareeinsatzes im Unternehmen.
- Sie klassifizieren Ihre Softwareprodukte über einen Standard wie beispielsweise eCl@ss (www.eclass.de).
- Sie erfüllen die Anforderungen, die aus dem Lizenzmanagement gestellt werden.
- Sie können eine zukünftige automatisierte Bestellung in Ihren ERP-Systemen ermöglichen.

13 Klassifizierung von Software – Methoden aus der Praxis

In diesem Kapitel erfahren Sie u.a.:

■ Warum eine Klassifizierung von Software zu empfehlen ist.

■ Welche Hilfestellung eine Standardklassifizierung für Software-produkte (wie beispielsweise eCl@ss) leisten kann.

■ Weshalb es sinnvoll sein kann, Software in strategische Klassen einzuteilen.

■ Welchen Nutzen eine Einteilung von Software in Supportstufen für den täglichen Betrieb bringt.

Dieses Kapitel geht auf Aspekte ein, die in vielen Lizenzmanagement-Projekten wenig oder überhaupt nicht beachtet werden. Die vorhandenen Softwareprodukte in eine geordnete Reihenfolge und Struktur zu bringen, hilft bei der Auswertung von Kennzahlen, um beispielsweise eine Über-sicht zu erhalten, welche Produkte mit gleicher Funktionalität im Einsatz sind.

Der Schwerpunkt dieses Kapitels liegt auf Erläuterungen und Empfeh-lungen zu Einführung und Umgang mit dem eCl@ss-Standard.

13.1 Warum ist eine Klassifizierung zu empfehlen?

Klassifizierung ist ein Vorgang oder eine Methode zur Einteilung von Objekten in Klassen oder Kategorien. Die klassifizierten Objekte lassen sich dabei nach ihren Eigenschaften oder Merkmalen unterscheiden.

Wir alle gehen irgendwann einkaufen, um uns beispielsweise mit Waren des täglichen Bedarfs zu versorgen. Stellen Sie sich einmal vor, bei Ihrem nächsten Wochenendeinkauf kommen Sie wie gewohnt in Ihren bevorzugten Einkaufsmarkt. Sie stellen fest, dass er in der Zwischenzeit umgebaut wurde. Aus Kostengründen wurde auf den Großteil der Regale verzichtet, und alle Waren wurden mehr oder weniger ungeordnet auf dem Fußboden verteilt. Merken Sie schon worauf ich hinaus will? Der Einkauf würde sich wahrscheinlich zeitaufwendiger gestalten, als ohnehin schon geplant. Die gewohnte Anordnung der Produkte fehlt plötzlich, und alles, was Sie einkaufen wollen, müssen Sie mühsam zusammensuchen. Ein weiteres Beispiel: Sie sind im Urlaub in einem anderen Land unterwegs und gehen in einen Einkaufsmarkt. Sicherlich werden Sie sich freuen, wenn Ihnen die Suche durch die verschiedenen Warenabteilungen mit Hinweisen oder Piktogrammen erleichtert wird und Sie das Gesuchte relativ schnell finden. Überall im Alltag begleiten uns solche Hilfsmittel. Waren werden also immer und überall nach bestimmten Mustern eingeteilt und klassifiziert. Selbst wenn Sie sich beispielsweise im Internet ein neues Auto zusammenstellen und die allerorts angepriesenen Online-Konfiguratoren des Herstellers dafür verwenden, werden Sie innerhalb des Konfigurators von einer Kategorie zur nächsten geleitet. Angefangen beim Fahrzeugtyp (z.B. Limousine oder Coupé), über die gewünschte Motorvariante, Außenfarbe, Innenausstattung, Reifen und Felgen etc. bis zum fertigen Fahrzeug. Ohne Einteilung und Führung durch die Kategorien oder Abschnitte würden Sie bestimmt schnell den Überblick verlieren.

Nicht viel anders ist es bei Softwareprodukten. Im Gegensatz zu den beschriebenen Beispielen haben Sie hier aber keine vorgefertigten Kategorien, die zum Allgemeinwissen gehören und jedem von Kindesbeinen an bekannt sind. Damit Sie sich aber einen halbwegs guten Überblick über die im Einsatz befindlichen Softwareprodukte verschaffen können, müssen Sie sich Gedanken machen, wie solche Kategorien aussehen können. Im weiteren Verlauf des Kapitels stelle ich Ihnen dazu einige Lösungen vor.

13.2 Warum Software klassifizieren?

Das Einteilen und Kategorisieren von Gegenständen hilft uns, den Überblick zu behalten. Einteilungen kommen nicht aus heiterem Himmel, sondern unterliegen gewissen Regeln und Erfahrungswerten. Eine Einteilung wird immer in einem Top-down-Verfahren vorgenommen. So steht die Hauptkategorie immer an erster Stelle und zweigt sich nach unten immer weiter auf. Wie weit die Verzweigung in die Tiefe vorgenommen wird, richtet sich nach den Umständen, Gegebenheiten und auch Erfordernissen. Für Softwareprodukte geeignete Einteilungen zu finden, ist nicht ganz einfach. Eine erste grobe Einteilung könnte aussehen, wie es Abbildung 13.1. zeigt.

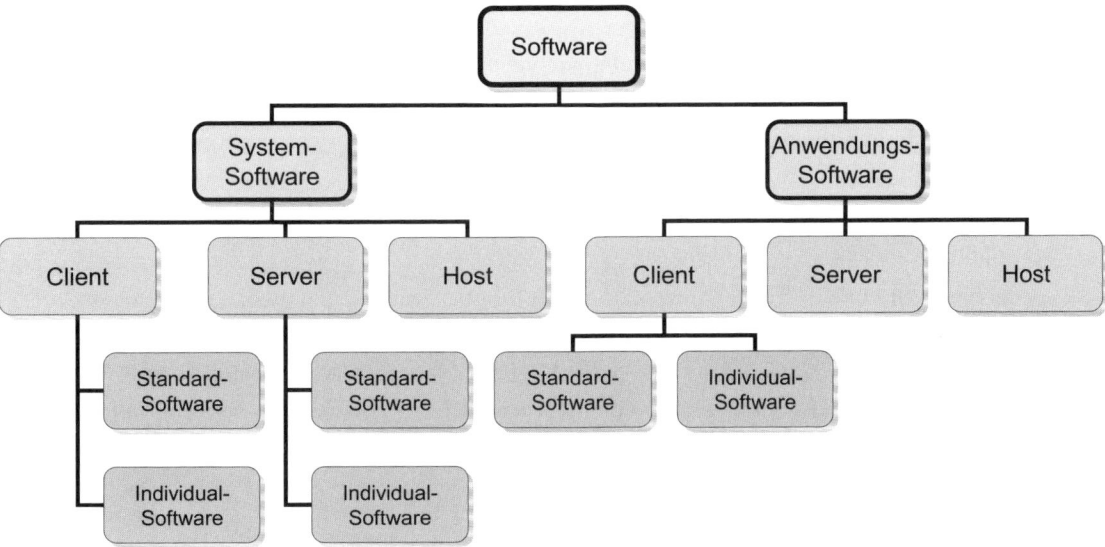

Abbildung 13.1 Einfache Klassifizierung von Software auf oberster Ebene

Der Baum geht in diesem Fall von einer Unterteilung der Gattung „Software" in Systemsoftware und Anwendungssoftware aus. Diese verzweigt jeweils in die Objekttypen Client, Server, Host und dann weiter in Standardsoftware und Individualsoftware. Eine weitere Unterteilung der Standardsoftware in bestimmte nach Funktionen aufgeteilte Kategorien, wie beispielsweise Textverarbeitung, Datensicherung, Datenbankverwaltung etc. würde diesen Zweig weiter verästeln. Sie sehen, schon hier kann man sich austoben. Das Verfahren sieht einfach aus, birgt aber auch das Risiko, sich zu sehr in der Tiefe zu verlieren. Dann wird es schnell unübersichtlich, zumal jeder die Kategorien anders versteht. So gibt es beispielsweise für den Begriff „Spracherkennungssoftware" laut eCl@ss[1] fünf verschiedene festgelegte so genannte Schlagworte. Schlagworte werden definiert, um verschiedene Begriffsbeschreibungen zu einem Begriff zu ermöglichen.

---

[1] eCl@ss® ist eine eingetragene Marke der eCl@ss e.V., Köln, www.eclass.de

185

Für den Begriff „Spracherkennungssoftware" sind das:

- Anwendungssteuerung per Sprache
- Sprachsteuerung
- Diktatsoftware
- Naturalspeaking
- Diktiersoftware

Sie fragen sich jetzt bestimmt, warum soll ich Softwareklassifizierung machen oder einführen, welchen Nutzen habe ich davon?

Diese Frage kann ich Ihnen ganz schnell beantworten, indem ich Ihnen einige Gegenfragen stelle. Das ist zwar unhöflich, aber in diesem Fall, meine ich, können Sie mir verzeihen … Beantworten Sie folgende Fragen:

- Können Sie auf Knopfdruck ermitteln, wie viele unterschiedliche Software-Anwendungen Sie z.B. im Umfeld der Produktkategorie „Grafiksoftware" haben?
- Welche Ihrer Software-Anwendungen gehören zu welcher Betriebssystemplattform?
- Wie viele Software-Anwendungen gehören in die Klasse „Backupsoftware"?
- Kann Ihr Einkauf erkennen, ob er eine Serversoftware oder Clientsoftware bestellen soll?
- Können Sie Ihre Software-Anwendungen in Ihre Unternehmensstrategie einordnen und Ihren Prozessen zuordnen?

Das sind nur einige, in der Praxis immer wieder auftauchende Fragen. Sicherlich haben Sie nicht sofort eine Antwort darauf, die eine oder andere Frage müssen Sie bestimmt mit einem klaren „Nein" beantworten. Sie sehen schon, so falsch ist es nicht, sich Gedanken über eine Softwareklassifizierung zu machen.

Die Ausgangssituation in vielen Unternehmen sieht oft so aus:

- Viele Unternehmen nutzen Klassifizierungen bei allen möglichen Produkten, aber nicht für Software.
- Es werden eigene Klassifizierungen „erfunden" und mühsam aufeinander abgestimmt.
- Es gibt keinen standardisierten Austausch mit Lieferanten und Herstellern.
- Das Software-Portfolio wächst mit Hunderten von Anwendungen zu einem unübersichtlichen Berg an, da viele Software-Anwendungen mit gleichem oder ähnlichem Funktionsumfang mehrfach vorhanden sind.
- Eine Übersicht der Software-Anwendungen für die verschiedenen Plattformen (wie z.B. Windows/Linux/Unix) und Objekttypen (wie z.B. Client, Server, Host, TK, Netzwerk oder Mobilgeräte) ist selten gegeben.

Die Konsequenzen so genannter „Pseudo-Standards" sind unterschiedliche Klassifizierungen, die zu uneinheitlichen Datenstrukturen, Produktgruppen und Beschreibungen führen. Der Austausch von Daten wie Bestellungen und Produktlisten mit Lieferanten wird dadurch fast unmöglich, und ein erhöhtes Prozesshandling und Mehraufwand sind die Folge. Im Einzelnen bedeutet dies:

- Die Komplexität der zu verarbeitenden Daten wird stark erhöht.
- Es erfolgt keine eindeutige Zuordnung zu Materialgruppen.
- Es entsteht ein erhöhter Aufwand für die Erstellung und Pflege von Produktdaten.
- Aufwendige Systemschnittstellen müssen vorgehalten und betrieben werden; dadurch erhöht sich die Datenaufbereitung und Datenhaltung signifikant.
- Für die eigenen abzustimmenden „Pseudo-Standards" wird ein erheblicher Mehraufwand in den beteiligten Organisationen und Gremien erzeugt.

Ziele einer Softwareklassifizierung

- Sie schaffen Grundlagen für ein sauberes Vertrags-, Bestell- und Lizenzmanagement.
- Sie optimieren und vereinfachen Beschaffungs-, Bestell-, und Genehmigungsprozesse.
- Sie schaffen eine konsistente Datenbasis und minimieren den Aufwand für die Pflege der Stammdaten.
- Sie vereinheitlichen und standardisieren Ihre Software-Anwendungen durch eine einheitliche Klassifizierung.
- Sie erzielen Eindeutigkeit bei Produktbeschreibungen.
- Sie erhalten einen Überblick über die Anzahl der eingesetzten Software-Anwendungen.
- Sie können Reports über die vorhandenen Software-Anwendungen feiner auswerten.
- Sie erkennen auf diese Weise Software-Anwendungen mit gleichen oder ähnlichen Funktionen.
- Sie schaffen damit eine Voraussetzung zur Konsolidierung Ihres Softwareportfolios.
- Sie können die Softwareprodukte im Unternehmensumfeld entsprechend Ihrer Softwarestrategie kennzeichnen (beispielsweise welche E-Mail-Anwendung unternehmensweit eingesetzt werden soll etc. (siehe dazu auch Kapitelabschnitt 13.4).
- Eine Zuordnung von Software-Anwendungen zu rollenbasierten Arbeitsplätzen oder Systemen wird möglich.

Diese Ziele erreichen Sie, indem Sie:

- Vorhandenes an Standards ausrichten;
- ein unternehmensübergreifendes Standardisierungsgremium einsetzen;
- eine Normierung/Standardisierung für Softwareprodukte im Unternehmen einführen;
- die erforderlichen Strukturen für eine Software-Standardisierung schaffen;
- Ihre Softwareprodukte klassifizieren und in die Geschäftsprozesse integrieren;
- Ihre technischen und kaufmännischen Bestandsdaten einer Datenbereinigung in Bezug auf eine Standardisierung unterziehen;
- die Durchgängigkeit der dazugehörigen Prozesse gewährleisten.

Sie können entweder einen eigenen Standard für die Softwarekategorien entwickeln oder auf einen existierenden, allgemeingültigen Standard setzen.

Zunächst möchte ich Ihnen ein Beispiel eines selbst entwickelten Standards für Softwareprodukte vorstellen. Eine solche Eigenentwicklung ist von der Sache her völlig ausreichend, hat aber den Nachteil, dass ein hoher Pflegeaufwand entsteht, wenn die Daten immer auf dem aktuellsten Stand gehalten werden sollen.

Das Beispiel geht davon aus, dass im ersten Schritt verschiedene Systemumfelder definiert werden, die beispielsweise auch die Objekttypen Client, Server, Host und noch weitere mit abdecken. Tabelle 13.1 zeigt eine entsprechende Aufstellung.

Tabelle 13.1 Überblick über die Systemumfelder

Systemumfeld	ART	Beschreibung
Arbeitsplatz	SWAP	Software Arbeitsplatz (Frontend für den Nutzer, meistens der Windows-PC)
Server	SWSV	Software-Server (bezeichnet die mittlere Schicht der Serverarchitektur, i.d.R. Windows- und Unix-Server)
Backend	SWBE	Mainframe, Backend (Host), hier handelt es sich um z/OS-kompatible Großrechner-Software
Connectivity	SWCO	Software Connectivity (Kommunikationssoftware auf Applikationsebene)
Network	SWNW	Software Network (Komponenten für Switcher, Router, LAN,WAN u.a.)
Storage-Subsystem	SWST	Software Storage-Subsystem (Speicher-Subsysteme wie SAN, NAS u.a.)
TK	SWTK	Software Telekommunikation (Software für Systeme für Telekommunikationsanwendungen)

Aufbauend auf diesen Definitionen und Beschreibungen könnte eine Produktklassifizierung beispielsweise wie in Tabelle 13.2 aufgebaut sein.

Tabelle 13.2 Anwendungsbeispiel für die Beschreibung von Klassifizierungen für Softwareprodukte

Systemart	Unterart	Beschreibung
SWAP	TEXTVERARBEITUNG	Software Textverarbeitung für Arbeitsplatz
SWAP	GRAFIKSOFTWARE	Software Grafikbearbeitungsprogramme für Arbeitsplatz
SWSV	DATENBANK	Software Datenbank für Server
SWBE	ANALYSE/DESIGN	Software für Entwicklungsumgebung für Analyse/Design im Mainframe/Backendbereich
SWNW	ADMINISTRATION	Software zum Administrieren von Netzwerkkomponenten

In Abbildung 13.2. finden Sie das Ganze noch einmal veranschaulicht.

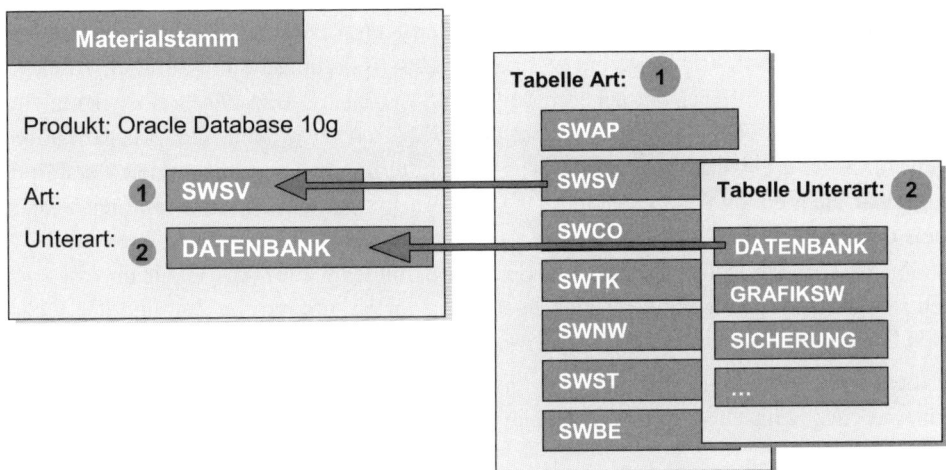

Abbildung 13.2 Zuordnung eines Softwareproduktes zu seinen Klassifikationsmerkmalen

Dabei kennzeichnet die „Art" ein Systemumfeld wie weiter oben in Tabelle 13.1. beschrieben, und die „Unterart" kennzeichnet eine Produktklasse.

Der Vorteil einer selbst entwickelten Klassifizierung liegt darin, dass sie ganz auf das Unternehmen ausgerichtet ist.

Doch die Nachteile überwiegen:

- Es bleibt ein proprietärer Standard (der nur im Unternehmen oder eventuell sogar nur in bestimmten Unternehmensteilen gültig ist, aber nicht verwendet werden kann, um beispielsweise mit Lieferanten Wareninformationen auszutauschen).

- Es entsteht ein sehr hoher Abstimmungsbedarf zwischen den beteiligten Fachbereichen und den Gremien, die bei einer Neuaufnahme, Änderung oder Ergänzung eines Begriffes zustimmen müssen, bei einem verwendeten Standard wie beispielsweise eCl@ss entfällt dieser Umstand.

- Die notwendige Pflege und Erweiterungen in den Unternehmenssystemen sind sehr zeitaufwendig, vor allem wenn bei eventuellen Änderungen und Optimierungen Ihrer Prozesse oder einem notwendigen Systemwechsel diese Klassifizierungsform unter Umständen nicht mehr oder nur mit hohem Anpassungsaufwand eingesetzt werden kann.

13.3 eCl@ss – ein Standard mit Zukunft

Wenn Sie den Nachteilen einer selbst entwickelten Klassifizierung entgehen wollen, können Sie auf ein schon seit längerem etabliertes Klassifizierungssystem zurückgreifen, das Softwareprodukte mit viel einfacheren Mitteln klassifizieren und beschreiben kann. Das System nennt sich eCl@ss® und wird seit ca. 9 Jahren entwickelt. Der Klassifikationszweig für Software wurde lange Zeit etwas stiefmütterlich behandelt, aber seit Version 6.0 (aktuell ist die Version 6.0.1) hat sich das geändert. Im Zuge meiner langjährigen Projektarbeit durfte ich den kompletten Software-Zweig für die Version 6.0 neu entwerfen. Der Katalog ist kein statisches Produkt, sondern wird immer weiter entwickelt und ist somit auch stetigen Anpassungen und Änderungen unterworfen, um mit der Zeit und den technischen Neuerungen mithalten zu können.

An diesem Standard kann jeder mitarbeiten. Auf www.eclass.de gibt es ein Formular, mit dem Änderungswünsche oder Neuvorschläge adressiert werden können.

Was ist eCl@ss?

eCl@ss erhebt den Anspruch, ein internationaler Standard zur Klassifizierung und Beschreibung von Produkten und Dienstleistungen zu sein.

Der Verein eCl@ss e.V. mit Sitz in Köln wurde im November 2000 von mehreren großen Unternehmen der deutschen Wirtschaft gegründet. Mittlerweile wird er von über 70 zumeist international operierenden Unternehmen mit Sitz in Europa und Nordamerika getragen. Gemäß aktuellen Veröffentlichungen ist eCl@ss der weltweit mit Abstand am schnellsten wachsende und konsistenteste Standard für Klassifikation und Beschreibung von Produkten. In der Aktion „eCl@ss für den Mittelstand" wird das Projekt vom Bundesministerium für Wirtschaft und Technologie weitreichend unterstützt.

eCl@ss stellt Klassifizierungsmerkmale für Produkte aus allen Branchen und Bereichen zur Verfügung. Für unsere spezielle Aufgabenstellung ist daraus nur ein kleiner Teil anzuwenden. Vielleicht haben Sie ja eCl@ss schon in anderen Bereichen im Einsatz und wissen es gar nicht. Natürlich muss auch das Standardisierungssystem eCl@ss bei einer Neueinführung erst einmal Ihren vorhandenen Produkten zugeordnet und eingepflegt werden, der Aufwand ist aber deutlich geringer, als wenn eine selbstentwickelte Klassifizierung Verwendung finden würde, da der Entwicklungs- und Abstimmungsaufwand von vornherein entfällt. Wenn jeder Hersteller von Software gleich die richtige eCl@ss-Nummer mit auf die Produktverpackung aufdrucken würde, dann hätte der Standard eCl@ss das bestmögliche Ziel erreicht.

Welche Vorteile bringt der Einsatz von eCl@ss?

- Hier handelt es sich um ein fertiges Klassifizierungssystem mit einem normbasierten Datenmodell (DIN 4002)[2], was eine hohe Planungssicherheit und vereinfachten Datenaustausch ermöglicht.

- Die vorhandene Klassifikation ist von Fachgremien aus der gesamten Industrie aufgebaut, wird durch sie getragen und von vielen namhaften Herstellern unterstützt.

- Die festgelegten Produktbeschreibungen mit normierten Merkmalen und Merkmalleisten können für viele Anwendungen bzw. Kommunikationspartner verwendet werden, wodurch ein standardisierter Austausch mit Lieferanten und Herstellern möglich wird.

- Sprachprobleme entfallen durch die eindeutige Zuordnung einer Klassennummer.

- eCl@ss ist in mehreren Sprachen verfügbar; Deutsch und Englisch sind obligatorisch.

- Produkte können damit eindeutig gekennzeichnet und beschrieben werden.

- Es sind keine Abstimmungsaufwände mehr notwendig, weil ein fertiger Standard verwendet wird.

- Beschaffungs-, Bestell- und Genehmigungsprozesse lassen sich vereinfachen und optimieren.

- Mit Hilfe von eCl@ss wird ein Überblick über die verschiedenen Lieferanten und deren Angebote leichter möglich; es können elektronische Kataloge von verschiedenen Lieferanten erstellt werden.

- Prozess und Transaktionskosten werden reduziert.

- Es können eigene, an das Unternehmen anpassbare Strukturen, unabhängig von der eCl@ss Struktur, aufgebaut werden, falls die vorgegebenen nicht ausreichen.

- Die vorhandenen Softwareprodukte können feiner gefiltert werden, um beispielsweise festzustellen, wie viele unterschiedliche Produkte der Klasse „Grafiksoftware" zugeordnet wurden.

- Produkte und Produktgruppen in ERP und Katalogsystemen sind über die Suche nach einer bestimmten eCl@ss-Nummer oder festgelegten Merkmalen leichter auffindbar.

- Durch den Einsatz von eCl@ss kann der unternehmensweite sortimentsbezogene Einkaufsbedarf besser auf eine bestimmte Branche oder einen Hersteller gebündelt werden.

- eCl@ss ist für alle Prozesse im Unternehmen einsetzbar.

Das sind nur einige der wesentlichen Vorteile, die Sie durch den Einsatz des Klassifizierungssystems eCl@ss gewinnen. Lassen Sie mich noch einige Worte zum Aufbau des eCl@ss-Systems verlieren.

---

[2] Siehe auch: www.dinsml.net/opencms/opencms/dictionary/din4002.html?__locale=de

Aufbau des eCl@ss-Systems

eCl@ss liefert keine Produktbeschreibungen, sondern Strukturen. eCl@ss besteht aus einem hierarchischen, vierstufigen Schlüssel mit einem umfangreichen Schlagwortregister und bietet mit über 75 000 Suchbegriffen einen hohen Detaillierungsgrad zur Beschreibung von Produkten und Dienstleistungen. In Abbildung 13.3. ist der Aufbau der eCl@ss-Pyramide zu sehen. Diese numerische Klassenstruktur unterteilt sich in Sachgebiete, Hauptgruppen, Gruppen und Untergruppen mit einer insgesamt achtstelligen Schlüsselnummer. Darüber hinaus können zur jeweiligen achtstelligen Nummer Schlagworte und Synonyme formuliert werden, die einem schnellen, zielgerichteten Auffinden der Produktklassen und ihrer Merkmalleisten (Materialbeschreibungen) dienen. Wie der Aufbau der vierstufigen Klassifikation aussieht, zeigt Ihnen Abbildung 13.4.

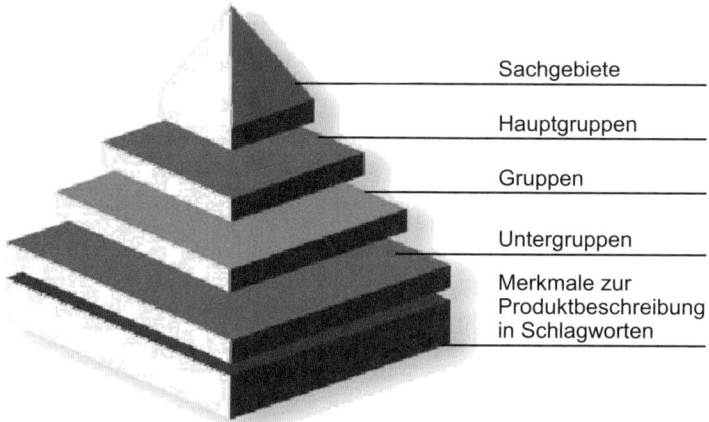

Abbildung 13.3 Die eCl@ss-Pyramide[3]

Für das Lizenzmanagement ist aus der Fülle von Sachgebieten und Hauptgruppen nur das Sachgebiet „19 Informations-, Kommunikations- und Medientechnik" mit seinen Hauptgruppen

- 19-21 Software (Client-Betriebssystem)
- 19-22 Software (Server-Betriebssystem)
- 19-23 Software (Mainframe-, Middleware-Betriebssystem)
- 19-24 Software (Netzwerk-Betriebssystem)
- 19-25 Software (Organiser-, Mobiltelefon-Betriebssystem)
- 19-26 Software (Spielkonsolen-Betriebssystem)

und den jeweiligen Gruppen und Untergruppen von Bedeutung. Abbildung 13.4 zeigt ein Beispiel dazu.

---

[3] Quelle: www.eclass.de

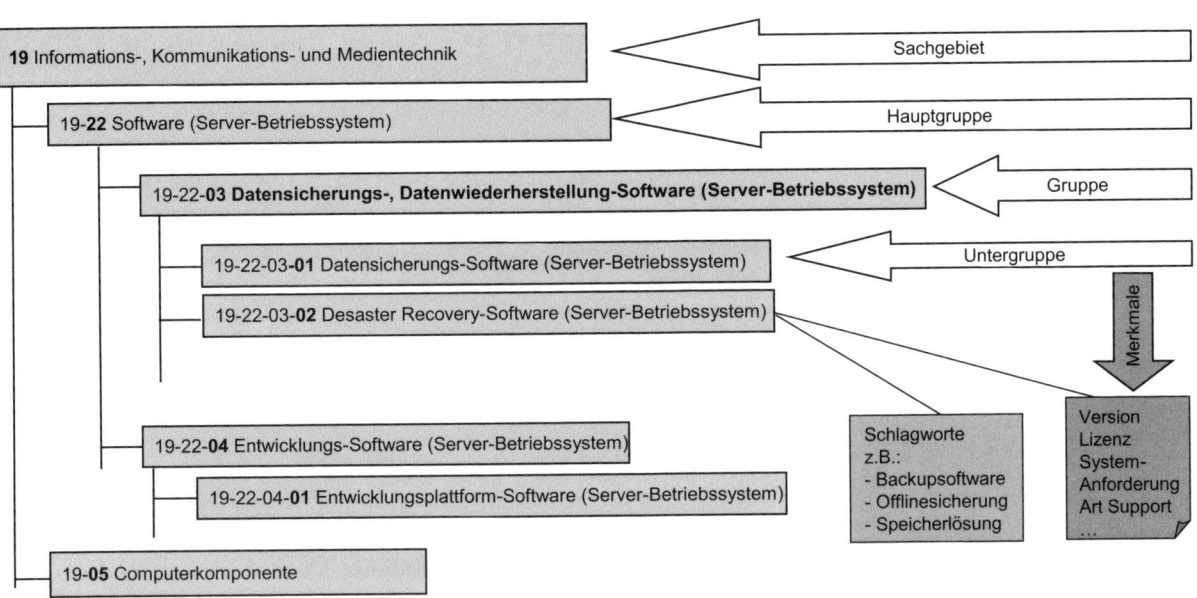

Abbildung 13.4 Einteilung eines Produktes in den Zweig 19-22-03-01

Auf www.eclass.de kann auch über den Online-Katalog nach Klassifizierungen gesucht werden, wie in Abbildung 13.5. zu sehen ist. Hier wurde nach „Datensicherung" gesucht. Da mehrere Treffer angezeigt werden, können Sie sich für die beste Beschreibung entscheiden und Ihr Softwareprodukt damit klassifizieren. Fertig!

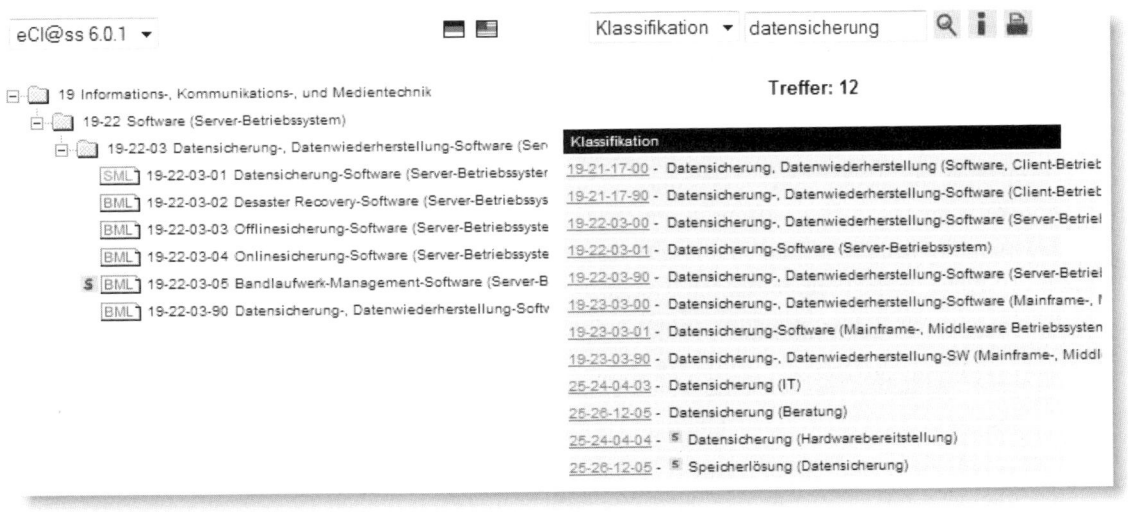

Abbildung 13.5 Auszug aus dem Online-Katalog der eCl@ss-Webseite[4]

---

[4] Quelle: www.eclass.de

Wenn Ihr Unternehmen SAP als Warenwirtschaftssystem verwendet, finden Sie dort bereits Unterstützung für den Einsatz von eCl@ss. SAP stellt im MM-Modul Standardtabellen für den Einsatz von eCl@ss zur Verfügung. Diese müssen eventuell nur aktiviert werden, und schon können Sie die eCl@ss-Kataloge einlesen und Ihre Produkte klassifizieren. Der eCl@ss-Standard ist aber nur eine Form, wie man Klassifizierung betreiben kann. Für die Steuerung von internen Prozessen können auch weitere Formen der Softwareklassifizierung von Nutzen sein. Eine solche zusätzliche Klassifizierung ist die Einteilung der Softwareprodukte in strategische Klassen.

13.4 Die Software strategisch einteilen

Für ein proaktives Lizenz- und Vertragsmanagement können Sie eCl@ss mit Softwareklassen verbinden, um Ihre Produktpalette mittel- und langfristig strategisch auszurichten, beispielsweise für die Anpassung von Verträgen und Lizenzzahlen. Jedes Unternehmen versucht, die im Einsatz befindlichen Softwareprodukte zu klassifizieren und zu strukturieren. Ein Hilfsmittel dazu möchte ich Ihnen in diesem Abschnitt vorstellen.

In jedem Unternehmen sind Softwareprodukte zu finden, die für den normalen Geschäftsbetrieb unerlässlich sind. Denken Sie außer an das Betriebssystem (meistens Windows für Arbeitsplatzsysteme) auch an Produkte für die Abwicklung von E-Mailverkehr, Anti-Virus-Software u.a. Diese Produkte werden oft in ein sogenanntes „Core-Image" gepackt, also ein Subset an Softwareprodukten, das jeder PC im Unternehmen bei einer ersten Installation erhält, um die Anforderungen an die einheitliche IT-Struktur erfüllen zu können. Diese Form wird auch als obligatorische Installation von Softwareprodukten bezeichnet. Je nach Unternehmen können das unterschiedliche Produkte sein, bei dem einen ist beispielsweise Lotus Notes der Standard E-Mail Client, in einem anderen Unternehmen ist das eventuell Microsoft Outlook, ein drittes hat sich vielleicht für Groupwise von Novell entschieden.

Wird etwa ein neues Softwareprodukt unternehmensweit eingeführt, kann es durchaus sinnvoll sein, diese Beschaffungs- und Installationsprozesse mit Hilfe von strategischen Klasseneinteilungen zu unterstützen bzw. sogar zu optimieren. Tabelle 13.3. bildet eine solche Klasseneinteilung beispielhaft ab. Mit Hilfe der Einteilung in strategische Klassen können Sie auch die Erlaubnis für Bestellungen der im Unternehmen einzusetzenden Softwareprodukte steuern. Sobald ein Produkt beispielsweise von Klasse 2 in Klasse 3 „versetzt" wird, darf es nach außen (zum Lieferanten) nicht mehr bestellt werden.

Sie können die Klassen natürlich beliebig erweitern und müssen sich nicht an die vorgegebenen fünf Klassen halten. Mir geht es hier primär um die Erläuterung und Anwendung einer solchen Klassifizierung. In der Beschreibung findet sich auch ein Hinweis auf eine weitere Klassifizierungsmöglichkeit, die Einteilung der Produkte in so genannte Clientklassen. Dazu lesen Sie im nächsten Abschnitt mehr. Ein Beispiel, wie sich die Einteilung der Softwareprodukte in strategische Klassen auch in einem optimierten Prozess zur Klassifizierung und Rollenzuordnung niederschlagen kann, präsentiert Abbildung 13.6.

Tabelle 13.3 Beispielhafte Einteilung von strategischen Softwareklassen nach Best Practice

	Klasse 1 Standard-Anwendungen Vorgeschrieben für alle PCs	Klasse 2 Standard-Anwendungen Zugelassen für Clientklassen	Klasse 3 Standard-Anwendungen Im Einsatz, aber nur noch befristet erlaubt	Klasse 4 Software-Anwendungen auf Negativliste „Verboten"	Klasse 5 Nicht lizenz-pflichtige Software
Beschreibung:	Anwendung ist für jeden Client obligatorisch	Anwendung, die Clientklassen zugeordnet wird, entweder als Standard oder optional	tolerierte Anwendung, nicht mehr nach Extern bestellfähig	Anwendung darf nicht eingesetzt und nicht bestellt werden	Kennzeichnet nicht lizenzkostenpflichtige Software
Anzuwenden bei:	allen neuen und existierenden Anwendungen		nicht bei neuen Anwendungen und umfangreichen Änderungen an existierenden Anwendungen	allen neuen und existierenden Anwendungen	
Migration erforderlich:	nein	nein	ja, je nach Wirtschaftlichkeits-Betrachtung ("Investitions-Schutz") in ein Produkt der Klasse 1 oder 2 mit gleichen Funktionen	nein	nein

Der in Abbildung 13.6 (auf der nächsten Seite) beispielhaft abgebildete Prozess verhindert, dass ein Softwareprodukt, das nicht zur strategischen Ausrichtung des Unternehmens gehört, in den Kreislauf zur Softwaregenehmigung gelangt und so unnötig Ressourcen verbraucht. Beispielsweise ist das Produkt Office 2003 als Standardanwendung gesetzt, somit könnte Open Office oder auch Office 2007 in die Kategorie der Klasse 4 eingeteilt werden und ist im Beschaffungsprozess aufgrund des hier dargestellten Prozessablaufs nicht bestellbar.

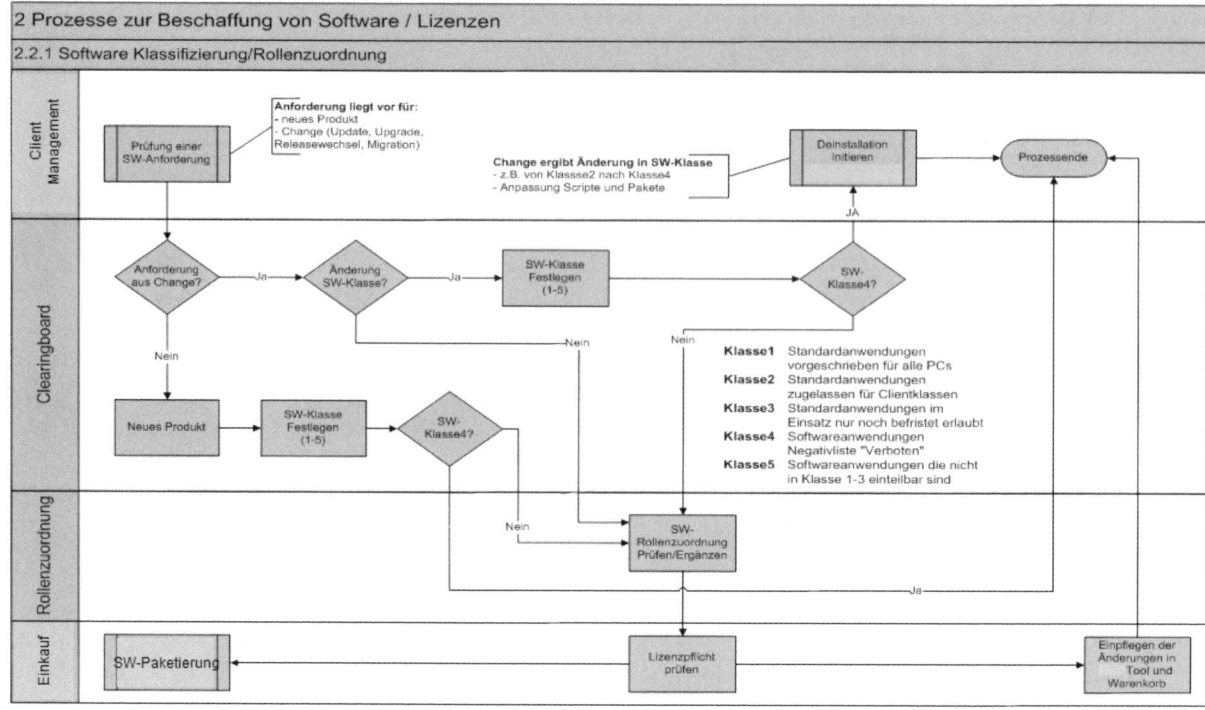

Abbildung 13.6 Prozess zur Software-Klassifizierung

13.5 Die Softwarenutzung für Clientklassen definieren

Wenn Sie Software nicht nach dem Gießkannenprinzip verteilen wollen (wodurch Sie erhebliche Mehrkosten verursachen), bietet sich die Einteilung der Softwareprodukte nach Clientklassen an. Die Einteilung orientiert sich an Ihrer Organisationsstruktur. Ziel dieser Klassifizierung ist, dass Sie bestimmte Produkte für alle verpflichtend „verordnen" können und andere nur bestimmten Abteilungen oder Funktionen wie z.B. der Personalabteilung zur Verfügung stellen. Diese Einteilung bedeutet zwar einen Mehraufwand, doch erhalten Sie dadurch Planungssicherheit und bekommen Ihre Lizenzkosten besser in den Griff. Denn Sie wissen jetzt, welche Abteilung welche Produkte anwenden darf und im Einsatz hat. Auf diese Weise können Sie die benötigten Stückzahlen besser planen.

Clientklassen

Clientklassen repräsentieren eine Zuordnung von Softwareanwendungen zu Organisationseinheiten. Sie können für ganze Fachbereiche oder auch nur für spezielle Aufgabenbereiche definiert werden. Die Fachbereiche wirken bei der Festlegung der Klassen mit.

Standardanwendungen

Dies sind alle Softwareanwendungen, die unabhängig vom Fachbereich auf allen Client-PCs installiert sind. Für spezielle Geräte (etwa Laptops) werden zusätzliche Standardanwendungen, z.B. VPN Client, Remote-Einwahl usw. benannt.

Standardanwendungen je Fachbereich

Hier werden Softwareanwendungen definiert, die für den jeweiligen Fachbereich benötigt werden und zugelassen sind. Eine Softwareanwendung kann innerhalb einer Clientklasse „Standard" (Standard für den Fachbereich) oder „optional" sein.

Optionale Fachbereichsanwendungen

Innerhalb einer Clientklasse lassen sich neben der obligatorischen Software auch optionale Softwareanwendungen festlegen, die nicht an allen Arbeitsplätzen eines Fachbereichs zum Einsatz kommen. Optionale Software wird nur auf Anforderung und nach Genehmigung installiert.

Abbildung 13.7 veranschaulicht das Prinzip der Clientklassen, wobei die Standardanwendungen schwarz, die obligatorischen dunkelgrau und die optionalen Fachbereichsanwendungen hellgrau dargestellt sind.

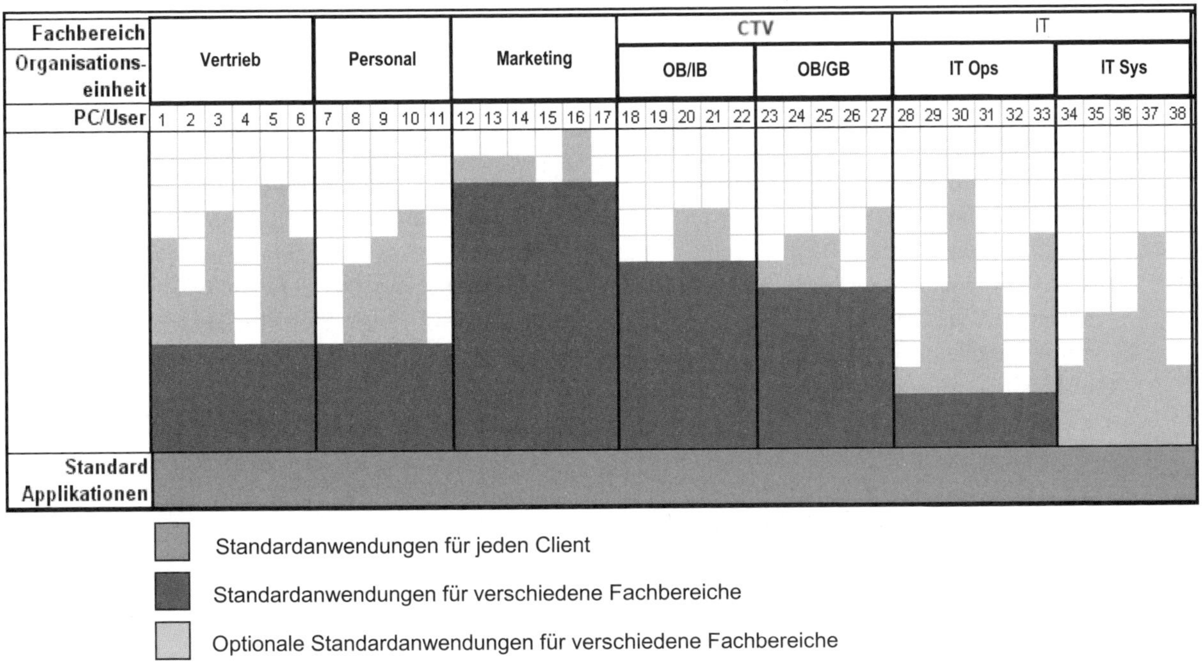

Abbildung 13.7 Schematischer Überblick über eine mögliche Verteilung in den verschiedenen Clientklassen (Fachbereichen)

Eine Gesamtklassifizierung von Softwareprodukten mit der Nutzung von eCl@ss, Strategischen Softwareklassen und einer Einteilung in Clientklassen zeigt beispielhaft die Aufstellung in Tabelle 13.4.

Tabelle 13.4 Beispiel für eine Gesamtklassifizierung in einem Produktkatalog

Applikations-name	eCl@ss Nummer	Beschreibung	SW-Klasse	Clientklassen			
				CK1 Desktop	CK2 Laptop	CK3 ITB	CK4 CS
WinZip 6.0	19210703	Komprimierungs-Software	3	S	S	S	n.e.
Lotus Notes	19210501	E-Mail-Software	1	S	S		O
VPN-Zugang	19210590	VPN-Netzwerk-Software	2	n.e	S	n.e.	O

(Legende: S = Standard, O = optional, n.e. = nicht erlaubt)

Mit dieser Methode verschaffen Sie sich einen guten Überblick über die Verteilung der Softwareprodukte in den einzelnen Unternehmensteilen und optimieren gegebenenfalls Ihre Prozesse.

In eine ähnliche Richtung zielt die Einteilung der Softwareprodukte nach Rollen oder Tätigkeitsmerkmalen. Für diese Art der Klassifizierung würden Sie sich ein Subset an Softwarepaketen für jede benötigte Tätigkeitsbeschreibung bzw. Rolle erstellen. Der Vorteil besteht darin, dass Sie bei Neueinstellungen genau wissen, welche Software man für welchen Arbeitsplatz zusätzlich zum Core-Image benötigt. Auch können Sie mit dieser Klassifizierung Ihre Softwareeinkäufe besser planen und steuern. Auf der anderen Seite ist diese Klassifizierung sehr arbeitsintensiv und pflegeaufwendig. Sobald nämlich ein Produkt aus einem Rollenprofil herausgenommen wird, aus welchen Gründen auch immer, muss das unter Umständen in vielen Bereichen nachgezogen werden. Der größte Aufwand wird dabei in der Anpassung der Installationsskripte liegen. So viel Charme diese Klassifizierungsmethode auch verströmt, überlegen Sie sich vorher genau, was Sie damit erreichen wollen, und wägen Sie die Vor- und Nachteile gegeneinander ab.

13.6 Die Software in Supportstufen einteilen

Zusätzlich zu den bisher beschriebenen Klassifizierungen können auch Supportstufen festgelegt werden. Diese helfen u.a. bei der Preisfindung bei einer Leistungsverrechnung bzw. bei der Steuerung von Wartungsverträgen. Dabei wird die Anwendungssoftware je nach Unterstützungsumfang in bestimmte Supportstufen eingeteilt. Die Einteilung dient nur der informellen Übersicht und ersetzt nicht Regelungen im Sinne von SLAs.

- **Supportstufe S1 „Zentrale Installation"**
  Software der Supportstufe S1 wird zentral im Clientmanagementsystem zur automatischen Installation bereitgestellt und verteilt.

- **Supportstufe S2 „Technischer Support"**
  Für Clients mit Software der Supportstufe S2 stellen die verantwortlichen Fachbereiche die technische Betriebsfähigkeit sicher; dazu gehören Betriebssystemkomponenten der Client-Plattform und die meisten Client-Server-Kombinationen, wie z.B. Lotus Notes.

- **Supportstufe S3 „Standard Anwendersupport"**
  Für Software der Supportstufe S3 wird von den verantwortlichen Fachbereichen nur Unterstützung nach Maßgabe der Möglichkeiten (Best-Effort-Basis) geleistet. Dies bezieht sich beispielsweise auf die Tools und Standardapplikationen der Windows-Plattform.

- **Supportstufe S4 „Anwendersupport-Applikationen"**
  Softwareanwendungen, für die der User HelpDesk Anwenderunterstützung leistet (z.B. SAP und Eigenentwicklungen).

- **Supportstufe S5 „Installation und Support durch externen Dienstleister"**
  Softwareanwendungen, die von einem externen Dienstleister unterstützt werden (z.B. DATEV).

- **Supportstufe S6 „Support für Anwendungen im Fachbereich"**
  Spezifische Softwareanwendungen im Fachbereich; dabei übernimmt der Fachbereich selbst den Support, z.B. für Anwendungen im Technischen Service.

- **Supportstufe S7 „Anwendungen ohne Support"**
  Softwareanwendungen, die innerhalb des Unternehmens nicht mehr von den verantwortlichen Fachbereichen unterstützt werden. Supportanfragen müssen direkt an den Hersteller gerichtet werden.

Die hier aufgeführten Supportstufen eignen sich auch sehr gut dafür, interne oder externe Verrechnungsmodelle und Service Level Agreements mit den daran Beteiligten zu vereinbaren und zu kontrollieren. Jeder Anwender weiß dann, dass er nicht auf die Unterstützung der hauseigenen IT-Abteilung zählen kann, wenn er ein Produkt der Supportstufe 7 erwerben möchte.

13.7   Ein Klassifizierungsprojekt planen und initiieren

Das Projekt für eine vernünftige und durchgängige Klassifizierung Ihrer Softwareprodukte läuft in ähnlichen Phasen ab, wie Sie sie aus Kapitel 5.3 („Projektphasen und Meilensteine erarbeiten") kennen. Auch hier müssen Sie Ihre Ziele und Erwartungen beschreiben und definieren sowie die geeigneten Sponsoren finden. Da sich das Vorgehen im Prinzip mit dem in Kapitel 5 beschriebenen Thema zum Erstellen eines Projektplans deckt, gebe ich Ihnen hier nur noch ein Beispiel für einen Meilensteinplan an die Hand (Abbildung 13.8).

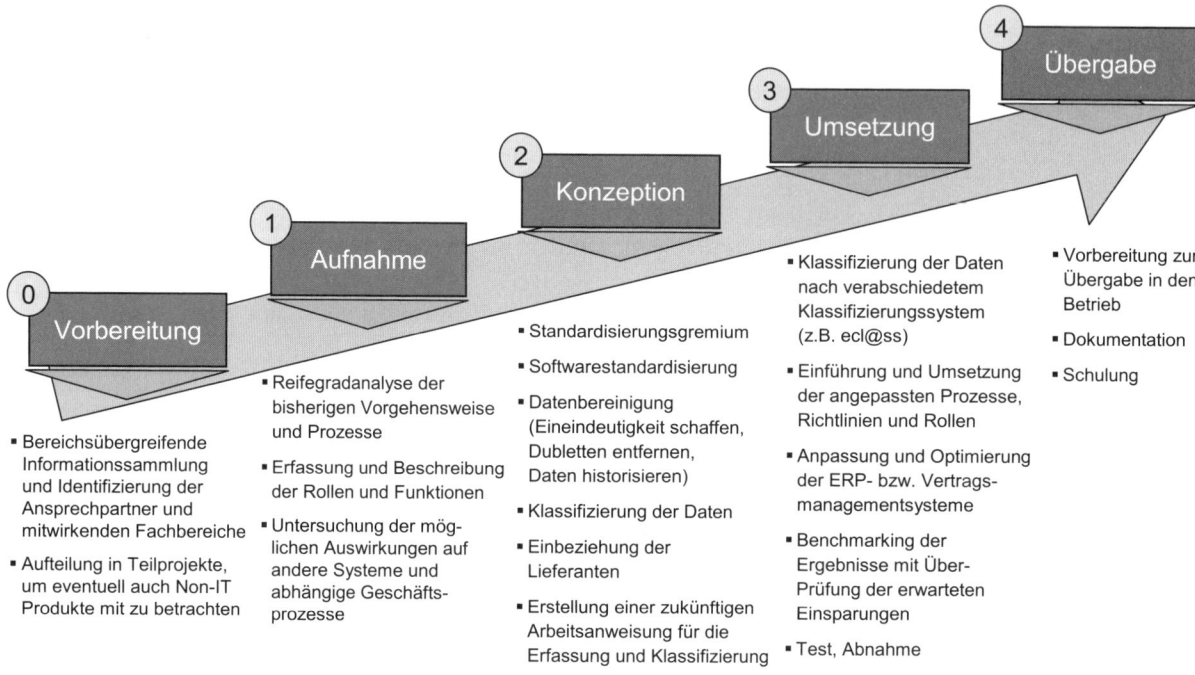

Abbildung 13.8 Beispiel eines Meilensteinplans für die Durchführung eines Klassifizierungsprojektes

Auf dieser Basis können Sie einen geeigneten Projektplan erstellen, um die Klassifizierung Ihrer Softwareprodukte anzugehen. Das Klassifizierungsprojekt können Sie auch parallel zu Ihrem Lizenzmanagement-Projekt starten und durchführen.

Fazit:

Nun haben Sie die in der Praxis am häufigsten angewendeten Klassifizierungen für Software kennen gelernt. Sicherlich gibt es in jedem Unternehmen auch Klassifizierungslösungen, die von den hier vorgestellten abweichen. Ans Herz legen möchte ich Ihnen allerdings eCl@ss. Dieser Standard verringert Ihren Arbeitsaufwand erheblich und bringt Ihnen eigentlich nur Vorteile.

Teil V:
Die Einführung eines
Lizenzmanagement-Tools

14

14 Lastenheft für das Lizenzmanagement-Tool

In diesem Kapitel erfahren Sie u.a.:

- Worin der Unterschied zwischen einem Lastenheft und einem Pflichtenheft besteht.

- Wie Gliederung und Inhaltsbeschreibung eines Lastenhefts aussehen sollen.

- Worauf bei einer Lastenhefterstellung geachtet werden sollte.

Dieses Kapitel beschreibt den Unterschied zwischen einem Lasten- und einem Pflichtenheft, geht auf die notwendigen Schritte bei der Erstellung eines Lastenheftes ein und gibt Ihnen Hinweise, wie Sie ein qualitativ gutes Lastenheft erstellen. Sie erfahren, welche grundlegenden Voraussetzungen Ihnen bei der Beschreibung der Anforderungen für ein Lastenheft Hilfestellung geben und worauf Sie achten sollten.

Damit es Ihnen nicht so ergeht wie in der Comicdarstellung in Abbildung 14.1 zum Thema „Ausführung und Umsetzung von Kundenanforderungen in einem Projekt", sollten Sie Ihre Anforderungen für die Einführung eines Lizenzmanagement-Tools genau beschreiben und spezifizieren.

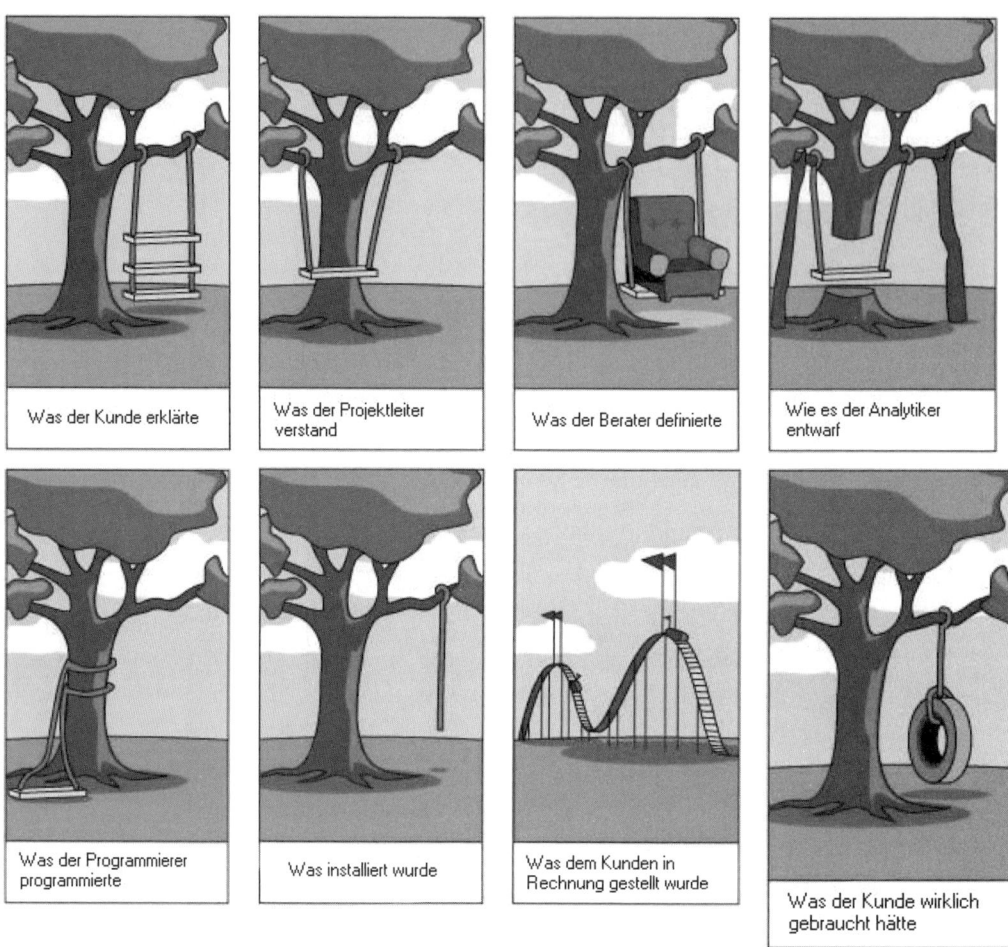

Abbildung 14.1 Wie es zu Missverständnissen kommen kann[1]

In den vorhergehenden Projektphasen wurden genügend Informationen erarbeitet, die es Ihnen jetzt ermöglichen sollten, ein Lastenheft zu erstellen. Dieses wird dann die Grundlage für das Pflichtenheft sein. Ein Lastenheft sollten Sie immer erstellen, weil darin die Anforderungen beschrieben werden, die Sie an das entsprechende Tool stellen. Ein Pflichtenheft benötigen Sie (der Umfang kann stark variieren), um diese Anforderungen zusammen mit dem Auftragnehmer weiter zu verfeinern bzw. die gestellten Anforderungen auf

---

[1] Gefunden auf cuon.twoday.net, Urheber unbekannt.

eine machbare und wirtschaftliche Umsetzung durch den Hersteller/Anbieter prüfen zu lassen. Sollten die formulierten Anforderungen aus dem Lastenheft in eine komplette Neuentwicklung münden, muss ein umfangreicheres Pflichtenheft erarbeitet und erstellt werden, als es vielleicht notwendig wäre, wenn auf eine bereits am Markt verfügbare fertige Lösung zurückgegriffen wird. Wenn die Anforderungen aus dem Lastenheft als Grundlage der Auswahl für ein bereits am Markt verfügbares Tool verwendet werden sollen, muss nach der erfolgten Toolauswahl zusammen mit dem Hersteller/Anbieter auch ein Pflichtenheft erstellt werden, um das Tool den Prozessen und Funktionen im Unternehmen anzupassen. Um Missverständnisse zu vermeiden, schauen wir uns zunächst an, worin der Unterschied zwischen einem Lasten- und einem Pflichtenheft besteht.

14.1 Lastenheft und Pflichtenheft – ein kurzer Überblick

Das Lastenheft

Nach DIN 69905 beschreibt ein Lastenheft ergebnisorientiert die „Gesamtheit der Forderungen an die Lieferungen und Leistungen eines Auftragnehmers". Dabei sollte grundsätzlich der Auftraggeber die Anforderungen für das Lastenheft beschreiben und formulieren. Das Lastenheft dient als Richtlinie und Grundlage für die Einholung von internen und/oder externen Angeboten. Manchmal wird das Lastenheft auch als Leistungsverzeichnis (LV) bezeichnet.

Das Lastenheft sollte mindestens die folgenden Inhalte beschreiben:

- Die gewünschten technischen und fachlichen Anforderungen (Spezifikationen) des zu erstellenden Produkts bzw. der zu erstellenden Lösung
- Die mitgeltenden Rahmenbedingungen für das Produkt, die Lösung und die Leistungserbringung (z.B. sollen Standards und Normen wie beispielsweise eCl@ss enthalten sein?)
- Geltende vertragliche Konditionen und Absprachen über die Phasen der Leistungsabnahme oder Erstellung eines Prototypen
- Anforderungen an den Auftragnehmer (z.B. Praxiserfahrungen, Referenzprojekte, Zertifizierungen)
- Anforderungen an das Projektmanagement des Auftragnehmers, wie ausreichende Dokumentation oder die Erstellung von Schulungsunterlagen bzw. Handbüchern

Obwohl es empfehlenswert ist, dass der Auftraggeber das Lastenheft erstellt, kommt es oft vor, dass der potenzielle Auftragnehmer das Lastenheft selbst erstellt, meistens in enger Abstimmung mit dem Auftraggeber. Der Auftragnehmer hat dann den großen Vorteil, dass er die von ihm zu erbringende Leistung selbst definieren und nur die Leistungen aufnehmen kann, die er tatsächlich erbringen kann. Das ist nicht immer ganz unriskant für den Auftraggeber, da die vertraglich vereinbarte Leistung u.U. nicht genau seinen Bedürfnissen entspricht (siehe Abbildung 14.1).

Hat der Auftraggeber das Lastenheft erstellt, verteilt er es im Zuge einer Ausschreibung an die potenziellen Auftragnehmer, die dann die zu erbringenden Ergebnisse (Lasten) in erforderliche Tätigkeiten (Pflichten) umsetzen und damit das sogenannte Pflichtenheft als Teil des Angebots an den Auftraggeber erstellen.

Im Lastenheft wird beschrieben und definiert, *was wofür* zu lösen ist.

Das Pflichtenheft

Das Pflichtenheft enthält die komplette Beschreibung, wie die Anforderungen aus dem Lastenheft realisiert werden. Damit wird das Lastenheft zum Bestandteil des Pflichtenhefts, in dem die Vorgaben und Anforderungen des Auftraggebers um Ansätze zur Realisierung ergänzt werden. Der Auftragnehmer hat dabei zu gewährleisten, dass alle beschriebenen Anforderungen mit seinen formulierten Lösungsansätzen realisiert werden können.

Im Pflichtenheft wird beschrieben und definiert, *wie* und *womit* die gestellten Anforderungen vom Auftraggeber zu erfüllen und zu realisieren sind.

Im Lastenheft werden die wesentlichen Spezifikationen des Produkts bzw. der zu entwickelnden Lösung beschrieben, und es enthält den erstellten Projektstrukturplan. Das Pflichtenheft beschreibt, wie der Auftragnehmer die gestellten Anforderungen umsetzen will und in welchen Phasen. Somit ist der Projektstrukturplan mit seinen definierten Arbeitspaketen und Meilensteinen ein wichtiger Bestandteil des Pflichtenhefts. Das Pflichtenheft kann auch die vollständige Projektplanung umfassen, einschließlich der geplanten Termine und Ressourcen. Ist das Projekt von Anfang an zeitkritisch geplant, sollten die aufgestellten Terminpläne zum bindenden Vertragsbestandteil werden.

In der Praxis empfiehlt es sich, das Pflichtenheft in einen rechtlich/organisatorischen einerseits und einen technisch/fachlichen Teil andererseits zu unterteilen. Das Pflichtenheft sollte ein Bestandteil des Vertrags zwischen dem Auftraggeber und dem Auftragnehmer sein.

Wenn das Pflichtenheft auf beiden Seiten keine offenen Fragen hinterlässt, ist es umfassend erstellt und beschrieben worden und stellt eine gute Grundlage für die Zusammenarbeit dar. Nach der endgültigen Abnahme durch beide Seiten (Auftraggeber und Auftragnehmer) sollte das Pflichtenheft verbindlich gelten. Für eventuelle notwendige und erforderliche Änderungen sollten Sie einen Änderungsindex pflegen und das geänderte Pflichtenheft vor jeder neuen Freigabe einem Review unterziehen. In den meisten Projekten werden gravierende Anforderungsänderungen über einen Change Request beantragt, der gleichzeitig im Change Management dokumentiert wird.

Der Auftragnehmer, der das Pflichtenheft auf der Basis des Lastenheftes erstellt, sollte jede einzelne Anforderung mit den folgenden Fragen überprüfen:

- Wurde diese Anforderung eindeutig formuliert?
- Ist die beschriebene Anforderung inhaltlich vollständig?

- Ist diese Anforderung in sich widerspruchsfrei?
- Ist die gestellte Anforderung auch machbar?

Der Auftragnehmer muss dafür sorgen, dass diese Fragen im Vorfeld ausreichend geklärt und die sich daraus ergebenden Änderungen im Pflichtenheft dokumentiert werden.

> **Hinweis:**
>
> Legen Sie großen Wert auf die Erstellung eines ausführlichen Lasten- und Pflichtenheftes, egal, ob Sie Auftraggeber oder Auftragnehmer sind. So lassen sich später Missverständnisse und Unstimmigkeiten besser und leichter klären und aus dem Weg räumen.

14.2 Struktur und Aufbau eines Lastenhefts

Zahlreiche Ansätze, Standards und Normen beschreiben die grundlegende Struktur eines Lastenheftes. Die nachfolgende Gliederung beschreibt den Aufbau eines Lastenheftes und orientiert sich am Standard IEEE 830-98[2]. Aus Platzgründen habe ich nur die Gliederungsebene 1 und 2 aufgeführt.

1. Einleitung

1.1 Zweck

1.2 Produktumfang

1.3 Definitionen, Akronyme, Abkürzungen

1.4 Referenzen

1.5 Übersicht

2. Allgemeine Übersicht

2.1 Beschreibung der Ausgangssituation (Ist-Zustand)

2.2 Produkteinsatz

2.3 Produktumfeld

2.4 Produktfunktionalität

2.5 Benutzercharakteristik

2.6 Randbedingungen

2.7 Annahmen und Abhängigkeiten

2.8 Verzögerungen

3. Anwendungsszenarien

---

[2] www.ieee.org

Damit Sie einen Eindruck erhalten, wie ein Lastenheft für ein Lizenzmanagement-Projekt (hier die Anforderungen an ein zukünftiges Lizenzmanagement-Tool) aussehen könnte, zeige ich Ihnen hier ein gekürztes Beispiel. Sie können es als Basis für Ihr eigenes Lastenheft verwenden.

Beispiel eines Lastenhefts für ein Lizenzmanagement-Tool (gekürzte Fassung)

1.0 Management Summary

Das Lastenheft beschreibt nach einer Analyse der bisherigen Prozesse im Umfeld des Lizenzmanagements die Anforderungen für einen möglichst automatisierten Prozess der Steuerung und Verwaltung von Lizenz- und Vertragsdaten. Im vorliegenden Lastenheft werden die Anforderungen an das zukünftige Lizenz- und Vertragsmanagement beschrieben. Ermittelt wurden die Anforderungen durch Mitarbeiter des Projektes.

1.1 Zielsetzung

Die in unterschiedlicher Struktur und heterogener Qualität vorhandenen lizenzrelevanten Daten und Informationen sollen – unterstützt durch organisatorische Maßnahmen – mit einem passenden Werkzeug, einer zentralen Datenhaltung (bzw. Schnittstellen zwischen oder zu bereits eingesetzten Produkten), verbindlich eingeführten Prozessabläufen und Qualitätskontrollen zu einem handhabaren Lizenzmanagement ausgebaut werden. Die zentral geführten Daten sollen außerdem für andere Prozesse zur Verfügung stehen.

Die zukünftigen Verantwortlichen für Lizenzen sollen sich schnell und komfortabel einen Überblick über das von ihnen betreute Produkt verschaffen können. Der zukünftige Lizenzmanager wird in die Lage versetzt, auf Knopfdruck umfassende Informationen zum Bestand und Einsatz der Lizenzen zu erhalten.

1.2 Was bedeutet Lizenz- und Vertragsmanagement?

Das Lizenz- und Vertragsmanagement konzentriert sich im Wesentlichen auf:

■ Die Verwaltung von bereitgestellten technischen und kaufmännischen Informationen zu Softwareassets (hier Konfigurationsdaten oder potenzielle Configuration Items, kurz CI genannt); die Abbildung von relevanten Beziehungen im Lizenzmanagementtool zwischen einzelnen Komponenten (CIs, wie Hardware, Software, Dokumentation) in einem logischen Datenmodell; Betriebsinformationen zu Hard- und Software werden von der CMDB übernommen. Das bedeutet: Die Beziehungen zwischen einzelnen Komponenten werden sichtbar, reproduzierbar und beispielsweise für das Lizenz- und Vertragsmanagement als Bewertungskriterium nutzbar gemacht.

- Die Überwachung und Überprüfung erfolgt in der Configuration Management Database (CMDB) der eingestellten Daten. Somit ist die produktive Nutzung der Daten jederzeit auf einem qualitativ sehr hohen Niveau möglich. Dies wiederum erleichtert Entscheidungen, die auf diesen Daten basieren.

1.3 Wie wird das Lizenz- und Vertragsmanagement eingeführt?

Die Einführung erfolgt durch zwei zeitgleich verlaufende Maßnahmen:

- Definition und Implementierung von Rollen und Prozessen
- Evaluierung, Auswahl und Implementierung eines Tools bzw. Werkzeugs für das Lizenz- und Vertragsmanagement

[...]

4.1 Ausgangssituation und Motivation für das Projekt

- Einführung eines Lizenz- und Vertragsmanagements
- Einbindung in bestehende Prozesse des Unternehmens
- Rechtliche Absicherung durch größere Transparenz
- Reduzierung von Haftungsrisiken und operativen Risiken durch illegalen Softwareeinsatz
- Verbesserung des Vertragsmanagements, des Vertragscontrollings und somit gleichzeitig eine Verbesserung der Position bei Vertragsverhandlungen
- Verursachergerechte Verrechnung der Softwarekosten
- Optimierung der Prozesskosten
- Einsparungen durch Standardisierung und Lizenzpooling

[...]

4.5 Werkzeugauswahl

Es wird angestrebt, die Softwarelösung eines in diesem Bereich führenden Anbieters einzusetzen. In Phase 1 wird eine Marktanalyse der in diesem Segment erhältlichen Tools durchgeführt. Im Rahmen dieser Analyse werden die bis dato bekannten Anforderungen auf Realisierbarkeit mit den angebotenen Produkten beleuchtet. Zusätzlich werden Technologie, Strategie und Professionalität der Tools untersucht. Auf Basis dieses Lastenheftes wird eine Ausschreibung an verschiedene Hersteller bzw. Anbieter durchgeführt.

4.6 Systemlandschaften

Bisher wurden im Unternehmen mehrere als Asset-Management-Systeme bezeichnete bzw. in Teilen entsprechende Funktionalitäten beinhaltende Systeme identifiziert. Durch die Implementierung eines marktführenden Tools können mittel- bis langfristig einzelne dieser Systeme abgelöst werden. Viele von ihnen beinhalten jedoch weitere Komponenten, die zur Erfüllung anderweitiger Funktionalitäten zwingend erforderlich sind. Aus diesem Grund können nicht alle vorhandenen Systeme ersetzt werden. Redundanzen von Daten lassen sich somit derzeit nicht vollends vermeiden. Durch eine Definition von führenden Systemen kann aber die Qualität des Datenbestands erhöht werden.

4.7 Abgrenzungen

Die folgenden Funktionen und Prozesse sind nicht Bestandteile des Lizenz- und Vertragsmanagement-Projekts:

- Auftragsabwicklung (z.B. für Software-Verteilung)
- Prozesse im operativen Einkauf
- Fakturierung und Rechnungsstellung
- Prozesse der IMAC-Funktionen (von anderen Fachbereichen geleistet)
- Lagerhaltung von Softwarepaketen
- Prozesse im Warenwirtschaftssystem (beispielsweise das Anlegen von Stammdaten)

14.3 Worauf Sie bei der Erstellung des Lastenhefts achten sollten

Das Lastenheft ist Grundvoraussetzung, um die gewünschten Anforderungen an das Produkt oder die Dienstleistung zu formulieren, und somit eine wichtige Basis für die weitere Zusammenarbeit (siehe Abbildung 14.2).

Gerade wenn der Auftragnehmer an der Erstellung des Lastenhefts mitwirkt, sind Missverständnisse vorprogrammiert. Deshalb ist es wichtig und notwendig, dass Auftraggeber und Auftragnehmer (meistens der Entwickler) ein gemeinsames Verständnis für die Problemstellung entwickeln.

Worauf sollten Sie dabei besonders achten?

- Erläutern Sie die verwendeten Begriffe, und vermeiden Sie doppelte Belegungen von Abkürzungen.
- Formulieren Sie Ihre erwarteten Qualitätsansprüche an die jeweilige zu beschreibende Anforderung (Beispiel: Der zu erstellende Quellcode soll umfassend dokumentiert werden).
- Nehmen Sie sich ausreichend Zeit, um die Anforderungen so umfassend wie möglich definieren zu können.
- Entwickeln Sie eine gemeinsame und einheitliche Sichtweise auf das zu entwickelnde Tool bzw. auf die angeforderte Lösung.
- Bringen Sie die Innensicht (Auftragnehmer/Entwickler) mit der Außensicht (Auftraggeber/Anwender) in Einklang.

Hinweis:

Beschreiben Sie nur die unbedingt notwendigen und für die Funktionserfüllung erforderlichen Anforderungen. Manches ist einfach nur Schmuck am Nachthemd, wie meine Oma immer zu sagen pflegte, wenn etwas überflüssig zu sein schien. Bis zu 43% der geforderten Funktionen werden später in Wirklichkeit nicht benutzt.

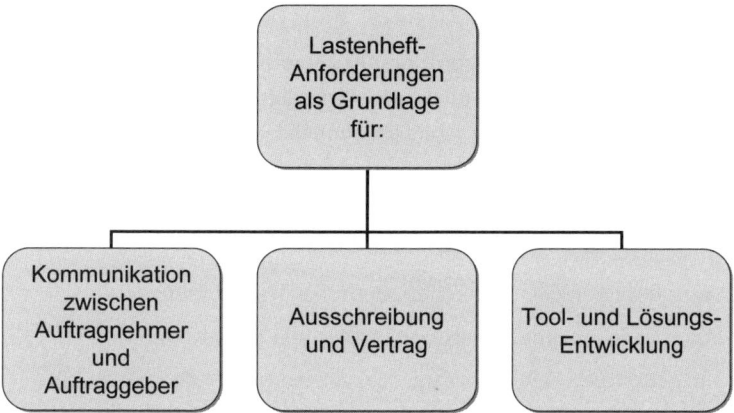

Abbildung 14.1 Lastenheftanforderungen sind die Basis für vieles

Was sind die häufigsten Ursachen für Probleme bei der Erstellung eines Lastenheftes?

- Unklare Zielvorstellungen für das zu entwickelnde Tool bzw. die zu erstellende Lösung.

- Die formulierten Anforderungen besitzen eine schlechte Qualität, sie sind mehrdeutig, redundant, widersprüchlich oder ungenau.

- Die zu lösende Aufgabe besitzt eine sehr hohe Komplexität, die im Vorfeld unterschätzt wurde.

- Kommunikationsprobleme zwischen Auftraggeber und Auftragnehmer wie beispielsweise Sprachbarrieren und nicht geklärte Begriffsbestimmungen; es wird keine gemeinsame Sprache gesprochen.

- Durch unzureichend formulierte Ziele und Anforderungen werden ständige Änderungsanforderungen erzeugt.

- Unnötige Produktmerkmale werden gefordert.

- Die erstellte Projektplanung ist ungenau.

- Der Auftraggeber überlässt die Anforderungsbeschreibung dem Auftragnehmer (Entwickler).

  Dadurch entsteht die Gefahr, dass die Beschreibung für den Auftraggeber unverständlich ist und ein anderes Tool bzw. eine andere Lösung als die gewünschte beinhaltet.

- Der Auftraggeber hat eine eigene Anforderungsbeschreibung (Pflichtenheft) erstellt, die der Auftragnehmer übernimmt.

  Dadurch können u.U. die Beschreibungen für den Auftragnehmer unverständlich oder unvollständig sein, mit dem Risiko, dass das Tool bzw. die Lösung nicht wie gewünscht fertig gestellt wird.

So können Sie die meisten der oben genannten Probleme vermeiden:

■ Der Auftraggeber kennt seine Anforderungen und hat diese in einem Lastenheft umfassend und genau beschrieben, auf dessen Grundlage der Auftragnehmer (Entwickler) das Pflichtenheft erstellt.

  ▪ Die Anforderungen sind vollständig und verständlich beschrieben.

  ▪ Die Anforderungen sind dem derzeitigen Wissenstand angepasst, aktuell und korrekt.

  ▪ Die Anforderungen besitzen klare rechtliche Beschreibungen.

  ▪ Die Anforderungen sind konsistent, testbar und bewertbar.

  ▪ Die Anforderungen sind eindeutig, realisierbar und auch notwendig.

■ Beide Seiten entwickeln und haben ein gemeinsames Verständnis vom Tool bzw. der zu erstellenden Lösung und arbeiten zügig an deren Umsetzung und Fertigstellung.

Wenn Sie die oben aufgeführten Problemstellungen vermeiden können, reduzieren Sie die statistische Fehlerrate bei der Erstellung eines Lastenheftes um bis zu 25% und verhindern damit natürlich auch unnötige Kosten und Zeitaufwände.

> **Fazit:**
>
> Sie sehen schon: Um ein Lastenheft zu erstellen, benötigt man zunächst eine ganze Menge an notwendigen Vorarbeiten und genauen Spezifikationen der gewünschten oder geforderten Anforderungen. Diese dann verständlich zu formulieren und in einen lesbaren Rahmen zu bringen, ist ein weiterer Schritt. Mit einer umfassenden und exakten Anforderungsbeschreibung schaffen Sie eine gute Basis, auf der Ihr potenzieller Auftragnehmer das Pflichtenheft erstellen kann. Je genauer und spezifizierter Sie dabei vorgehen, umso weniger Probleme werden Sie bei der Umsetzung der Anforderungen haben.

15 Das Lizenzmanagement-Tool evaluieren

In diesem Kapitel erfahren Sie u.a.:

- Was alles für die Vorbereitung der Ausschreibungsunterlagen zu tun ist.

- Welche Kriterien bei der Auswahl des Tool-Anbieters relevant sind.

- Welche Methoden und Vorgehensweise bei der Analyse und Bewertung der Angebote am effektivsten sind.

- Warum eine Machbarkeitsstudie (Proof of Concept) in der Schlussauswahl so wichtig ist.

Dieses Kapitel vermittelt Ihnen die Grundlagen, um die Ausschreibungsunterlagen für die Evaluierung eines Lizenzmanagement-Tools zu erstellen. Es erläutert auch, was ein „Request of Proposal", ein „Proof of Concept" und ein „Memorandum of Understanding (MoU)" mit der Evaluierung eines Lizenzmanagement-Tools zu tun haben.

In Kapitel 14 lag der Schwerpunkt der Erläuterungen auf der Erstellung eines Lastenheftes, um ein bereits am Markt befindliches Lizenzmanagement-Tool zu evaluieren. Die Erstellung eines Pflichtenheftes, in dem je nach Situation die noch anzupassenden oder zu entwickelnden Funktionen und Prozesse vom Auftragnehmer genau beschrieben werden sollten, ist, wie in Kapitel 14 erwähnt, immer zu empfehlen (eine komplette Eigenentwicklung ist notwendig, oder es kommt ein fertiges Tool zum Einsatz). Wenn Sie keine Eigenentwicklung beabsichtigen, ist das erstellte Lastenheft jetzt Ihre Grundlage für die weiteren Schritte, um ein geeignetes Tool auszusuchen, das Sie künftig beim Lizenzmanagement unterstützen soll.

15.1 Vorbereitung der Ausschreibungsunterlagen

Für Ihre Ausschreibungsunterlagen sollte immer gelten: Egal, ob es eine kleine interne Ausschreibung im eigenen Unternehmen oder eine vielleicht durch Gesetzgebungen bedingte erforderliche Ausschreibung in ganz Europa sein wird – je genauer und detaillierter die Dokumente erstellt werden, umso weniger Aufwand haben Sie später bei der Auswertung der potenziellen Angebote.

Nicht immer finden sich alle in einem Lastenheft beschriebenen Anforderungen gleichzeitig und umfassend in den Ausschreibungsunterlagen wieder. Es ist durchaus üblich, dass am Anfang nicht alle im Lastenheft niedergeschriebenen Anforderungen auch mit in die Ausschreibung gegeben werden, sondern das Ganze in mehrere Stufen aufgeteilt wird. Weil das Lizenzmanagement immer stärker mit den Service-Management-Prozessen im Unternehmen verwoben wird (Bestandsverwaltung in einer CMDB), setzen immer mehr Hersteller darauf, ihre Softwarelösungen modular aufzubauen, so dass der Kunde später die Möglichkeit hat, eine komplette Software-Life-Cycle-Suite zu betreiben.

Folgende Dokumente sind Bestandteil einer umfassenden Ausschreibungsunterlage:

- Das Dokument „Request for Proposal" (zu Deutsch „Aufforderung zur Angebotsabgabe"), in dem der Zweck der Ausschreibung aufgeführt wird, die verantwortlichen Ansprechpartner für Rückfragen u.v.m.

- Ein Dokument, das als „Memorandum of Understanding" den Rahmen, Inhalte und die Abgrenzung der Aufgaben innerhalb der Ausschreibung zwischen dem Auftraggeber und Auftragnehmer beschreibt (z.B.: wer stellt die Infrastruktur zur Verfügung?, müssen Mitarbeiter des Auftraggebers zur Verfügung stehen?) etc.

- Eventuelle Richtlinien, die der Auftragnehmer zu erfüllen hat (z.B. Sicherheitsrichtlinien).

- Sehr oft ist auch ein zusätzlicher Fragenkatalog in den Ausschreibungsunterlagen zu finden, den die potenziellen Auftragnehmer beantworten müssen (Fragen zur Softwarelösung, belegbare Referenzen, Erfahrungen im Branchenkontext usw.).

- Das erstellte Lastenheft (siehe Kapitel 14), meistens in einem Word-Dokument verfasst, und die verfeinerten definierten funktionalen Anforderungen (meistens in einem

Excel-Dokument verfasst, weil sie sich hier besser auswerten lassen als in einem Word-Dokument)

■ Die erarbeiteten neuen Soll-Prozesse, das Lizenzmanagement betreffend

■ Bei Internationalen Ausschreibungen müssen diese Dokumente u.U. zusätzlich in eine weitere Sprache übersetzt werden.

> **Hinweis:**
> Ausschreibungen von öffentlichen Auftraggebern unterliegen bestimmten Vergaberichtlinien, die auch EU-weit geregelt sind. Diese Vergaberichtlinien können Sie im Internet auf den Seiten des Bundesministeriums für Wirtschaft und Technologien (www.bmwi.de) nachlesen.

Die weitere Feinplanung, die Aufgliederung der Testkonzepte usw. werden in separaten Dokumenten beschrieben, die je nach Bedarf mit zu den Ausschreibungsunterlagen gehören, beispielsweise wenn es bestimmte gesetzlich vorgeschriebene Testverfahren einzuhalten gilt.

Damit Sie ein Gefühl dafür bekommen, was alles im Einzelnen in ein Request of Proposal aufgenommen werden muss, gebe ich Ihnen hier eine Mustergliederung für ein solches Dokument.

Gliederung eines Request for Proposal

1 Request for Proposal – Zusammenfassung

   1.1 Kurzbeschreibung des Projektes

   1.2 Zielsetzung

   1.3 Zeitplan

   1.4 Ansprechpartner im Unternehmen

2 Teilnahmebedingungen

   2.1 Bestätigungen des Erhalts

   2.2 Verzichtserklärungen

   2.3 Kosten

   2.4 Angebotsformen

   2.5 Vertraulichkeiten

3 Geltende Rahmenbedingungen

   3.1 Allgemeine gültige und besondere Einkaufsbedingungen

   3.2 Kontinuierliche Verbesserungsmaßnahmen

4 Ausschreibungsanforderung

   4.1 Ausgangssituationen

   4.2 Allgemeine Anforderungen

4.3 Projektmanagement-Prozesse durch den Auftragnehmer zu leisten

4.4 Unterstützung Einführung

4.5 Post Go-Live

5 Einzureichende Dokumente

Am Beispiel des Punktes *Teilnahmebedingungen* möchte ich Ihnen zeigen, wie der Request of Proposal konkret gestaltet werden kann.

2 Teilnahmebedingungen

Unter diesem Gliederungspunkt werden die Teilnahmebedingungen beschrieben, die der potenzielle Auftragnehmer zu erfüllen und zu akzeptieren hat.

2.1 Bestätigungen des Erhalts

Der Erhalt der Ausschreibungsunterlagen muss dem verantwortlichen Ansprechpartner der Muster GmbH innerhalb von zwei Arbeitstagen schriftlich per Mail bestätigt werden. Sofern ein Faxformular angehängt wurde, wird auch die Bestätigung per Fax akzeptiert.

2.2 Verzichtserklärungen

Der RFP (Request for Proposal) stellt eine unverbindliche Anfrage dar und führt zu keiner Bestellung oder Beauftragung. Durch diesen RFP entstehen für die Muster GmbH keinerlei rechtliche oder vertragliche Verpflichtungen.

Die Durchführung dieser Ausschreibung verpflichtet die Muster GmbH weder, das in der Ausschreibung beschriebene Projekt durchzuführen, noch das günstigste Angebot anzunehmen. Die Muster GmbH behält sich das Recht vor, diese Ausschreibung jederzeit abzubrechen oder den genannten Zeitplan zu verändern.

2.3 Kosten

Sämtliche Kosten, die im Rahmen der Angebotserstellung und -abgabe für den potenziellen Auftragnehmer entstehen, gehen zu dessen Lasten. Das Angebot und die mit der Ausschreibung verbundenen Aufwendungen des Anbieters sind grundsätzlich für die Muster GmbH kostenlos.

2.4 Angebotsformen

Die Angebotsunterlagen müssen per E-Mail eingereicht werden. Das Angebot muss ein auf die Ausschreibung bezogenes Anschreiben mit Titel, Datum und Ausschreibungsnummer beinhalten. Die Preise sind exklusive MwSt. anzugeben.

- Das Angebot muss in rechtsverbindlicher Form abgegeben werden.
- Das Angebot muss mindestens 120 Tage nach Abgabe gültig bleiben.
- Angebote müssen im vorgegebenen Datei-Format bearbeitet werden, Änderungen führen zum Ausschluss aus der Ausschreibung.
- Mit Rücksendung des Angebotes werden die Bedingungen der Ausschreibung anerkannt.

Fehleinschätzungen im abgegebenen Angebot werden nicht anerkannt, es handelt sich dabei um das Unternehmerrisiko des jeweiligen Bieters. Fragen dürfen nur schriftlich und nur an den verantwortlichen Ansprechpartner email@mustergmbh.de gerichtet werden. Der geforderte Abgabetermin muss eingehalten werden. Verspätete Abgaben ihres Angebotes werden nicht berücksichtigt und führen automatisch zum Ausschluss der Ausschreibung. Die abgegebenen Preise werden vertraglich auf ein Jahr festgeschrieben und können in diesem Zeitraum nicht verändert werden.

2.5 Vertraulichkeiten

Jegliche Informationen in den Ihnen zugehenden Dokumenten sind Eigentum der Muster GmbH. Sie sind angehalten, diese Informationen streng vertraulich zu behandeln. Sollten Sie sich nach Erhalt der Ausschreibungsunterlagen dazu entscheiden, kein Angebot abzugeben, müssen Sie die Muster GmbH innerhalb von 10 Arbeitstagen nach Erhalt der Unterlagen darüber in Kenntnis setzen.

Alle Ihnen zugegangenen Unterlagen und Dokumente, die im Zusammenhang mit dieser Ausschreibung stehen, müssen unverzüglich vernichtet werden. Über die ordnungsgemäße Vernichtung der Unterlagen haben Sie eine schriftliche Erklärung (siehe Anhang B) gegenüber der Muster GmbH abzugeben.

Die Erstellung der Ausschreibungsunterlagen nimmt einige Zeit in Anspruch und sollte in Ihrem Projektplan mit vermerkt sein. Je nach Umfang der Ausschreibung sollten Sie den potenziellen Auftragnehmern entsprechend Zeit einräumen, auf Ihre Unterlagen zu antworten. Für Lizenzmanagement-Projekte, die eine Ausschreibung für bereits am Markt vorhandene Tools durchführen, ist eine Bearbeitungsdauer von mindestens vier Wochen angemessen. Im Übrigen können Sie den in Abbildung 15.1 dargestellten Zeitstrahl als Richtschnur nehmen. Bedenken Sie, dass jeder Hersteller/Lieferant/Systemintegrator, der in die engere Auswahl kommt, noch einmal zu einem mindestens einwöchigen „Proof of Concept" eingeladen werden sollte, um die Vorzüge seiner Softwarelösung mit Beispieldaten aus Ihrem Unternehmen demonstrieren zu können. Alles in allem ist es nicht verkehrt, für die Ausschreibung zwei bis drei Monate Zeit einzukalkulieren.

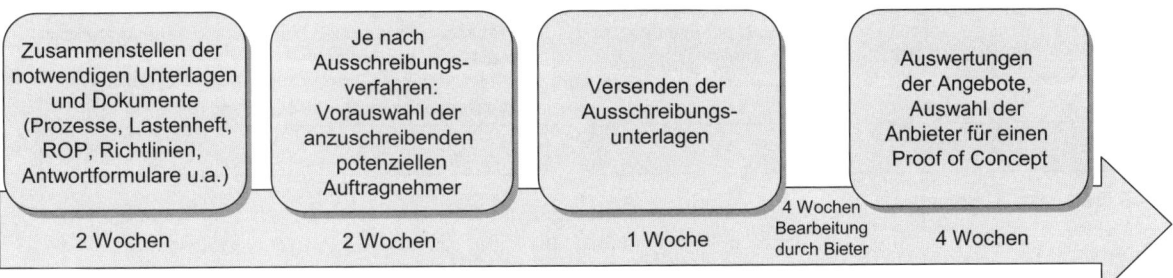

Abbildung 15.1 Grober Zeitplan für ein Ausschreibungsprojekt

Abbildung 15.2 zeigt Ihnen, wie Sie die Allgemeinen Beschreibungen formulieren sollten, damit Ihnen der Bieter seine angebotene Softwarelösung kurz darstellt So können Sie einen ersten Überblick über die Gesamtlösung erhalten. Das hat sich in der Praxis sehr bewährt. Wenn Sie diese allgemeinen Beschreibungen weglassen, laufen Sie Gefahr, mit Werbe- und Marketingbroschüren überschüttet zu werden, die Ihnen nicht weiterhelfen. So zwingen Sie den Toolhersteller, seine Lösung in kurzen, knackigen Sätzen oder Stichpunkten zu beschreiben.

	M29	▼		*fx*								
	A	B	C	D	E	F	G	H	I	J	K

1 Beschreiben Sie bitte in kurzen Stichpunkten Ihre Softwarelösung

2 0 Überblick

3

5

6 1 Anforderungen

Bitte beschreiben Sie die funktionale Erfüllung Ihrer Lösung bezüglich der Verarbeitung von Anforderungen aus dem Request Management.

7

8

9

10

11 2 Beschaffung

Beschreiben Sie bitte, wie Ihre Software die Prozesse für Beschaffungen unterstützt.

12

13

14

15

16 3 Lieferung

Legen Sie bitte kurz dar, wie Ihre Lösung Stamm- und Bewegungsdaten verarbeiten kann (z.B. Wareneingangsbuchungen, Abbildung von Katalogen, eCl@ss-Abbildung, Schnittstellen zu ERP-Systemen u.a.).

17

18

19

20 4 Verträge managen

Das Verwalten und managen von Verträgen ist ein wichtiger Bestandteil der gesuchten Softwarelösung. Bitte beschreiben Sie, wie Ihre Lösung diese Anforderungen erfüllt.

21

22

23

24 5 Reports & Analysen

Nennen Sie bitte hier die in Ihrer Lösung verfügbaren Standardreports und Analysen für das Lizenzmanagement (wie beispielsweise die Erstellung eines Compliancereports).

25

26

27

28

29

6 Berechtigung

Beschreiben Sie bitte, wie Ihre Software Anforderungen für eine Steuerung von Rollen und Rechte umsetzen kann und ob Ihre Lösung Mandantenfähig ist.

7 Lizenzmetriken

Beschreiben Sie bitte, ob Ihre Lösung ein Verfahren zur Verfügung stellt (z.B. Softwarekataloge), um die gefundene Software aus dem Inventory, automatisiert

8 Verwendung und Betrieb

Beschreiben Sie bitte, ob Ihre Lösung Schnittstellen zur Softwareverteilung anbietet, bzw. ob Ihre Lösung auch Daten aus einem Inventory-Scan verarbeiten und mit den Vertragsdaten abgleichen kann.

9 Entsorgung

Die Prozesse für die De-Installation und Verschrottung, sind ein wichtiger Bestandteil im Software-Life-Cycle Prozess. Bitte beschreiben Sie, wie Ihre Lösung diese Anforderungen umsetzen kann.

|◄ ◄ ► ►| \ **0 Allgemeine Beschreibungen** /

Bereit

NF

Abbildung 15.2 Vorlage zur allgemeinen Beschreibungen des Tools für den Toolanbieter

Das Dokument mit den beschriebenen zu erfüllenden Anforderungen wurde hier in Excel erstellt und unterteilt sich in die folgenden Abschnitte:

- **Überblick mit**:
  - Anbieterinformationen
  - Zweck des Dokuments
  - Inhalt des Dokuments (mit Aufteilungsübersicht, wie hier beschrieben)

- **Ausfüllhinweise**

  Hier geben Sie Hinweise, wie das Dokument auszufüllen ist, und erteilen die Anweisung, wie die Erfüllung der geforderten Anforderung durch das Tool zu bewerten ist (z.B. sehr gut, gut, befriedigend, ausreichend, mangelhaft, ungenügend).

- **0 Allgemeine Beschreibungen**

  Fordern Sie den Anbieter auf, in kurzen, knackigen Sätzen seine Lösung zu beschreiben (siehe dazu auch Abbildung 15.2).

- **1 Architektur**

  Hier soll der Anbieter beschreiben, ob und wie seine Lösung die gewünschten Anforderungen an die Architektur durch das Tool erfüllt.

- **2 Technische Anforderungen**

  Hier soll der Anbieter beschreiben, ob und wie seine Lösung die gewünschten technischen Anforderungen durch das Tool erfüllt.

- **3 Funktionale Anforderungen**

  Hier soll der Anbieter beschreiben, ob und wie seine Lösung die gewünschten funktionalen Anforderungen durch das Tool erfüllt.

- **4 Schnittstellen-Anforderung**

  Hier soll der Anbieter beschreiben, ob und wie seine Lösung die gewünschten Schnittstellen-Anforderungen durch das Tool erfüllt.

- **5 Support-Anforderungen**

  Hier soll der Anbieter beschreiben, ob und wie seine Lösung die gewünschten Support-Anforderungen durch das Tool erfüllt (beispielsweise Schulungen, Dokumentation, Hotline vom Hersteller u.a.).

- **6 Preiskalkulationen**

  Hier soll der Anbieter beschreiben, für welchen Preis er seine Lösung anbieten will, unterteilt in:

  - *Implementierung*: Erstellung und Anpassung der Systemkomponenten, Integration/ Schnittstellen, Test und Abnahme einschließlich Test- und Abnahmedokumentation, Erstellung der Systemdokumentation
  - *Betriebseinführung*: Erstellen von Anwenderdokumentationen oder Betriebs-Handbüchern, von Schulungskonzepten und deren Durchführung
  - *Lizenzen*: Preise für Lizenzen (Produktivsysteme, Konsolidierungssystem, Entwicklungs-/Testsystem und Software-Wartung)
  - *Support*: Preise für Hotlinekosten, telefonischen Support rund um die Uhr u.a.

Das Excel-Dokument besitzt den Vorteil, dass sich alle zu beantwortenden Aspekte besser strukturieren lassen als beispielsweise in Word oder Powerpoint. In Abbildung 15.3 sehen Sie den Aufbau des Tabellenkopfs für jedes einzelne Arbeitsblatt, ausgenommen die Blätter Ausfüllhinweise und Preiskalkulation. In dieser Struktur können Sie die notwendigen Anforderungen ausreichend beschreiben und haben gleichzeitig eine gute Übersicht. Dem Tabellenkopf lässt sich auch entnehmen, dass die einzelnen Anforderungen fortlaufend nummeriert werden. Das ist wichtig, wenn Sie basierend auf den Anforderungsunterlagen eine Auswertungsmatrix erstellen, um die von den Bietern angegebenen Daten und Fakten zu übertragen. So können Sie dann nach Ihren eigenen Bewertungskriterien und Schwerpunkten entscheiden, welche der angeschriebenen Toolanbieter zu einem vertiefenden Proof of Concept eingeladen werden sollen.

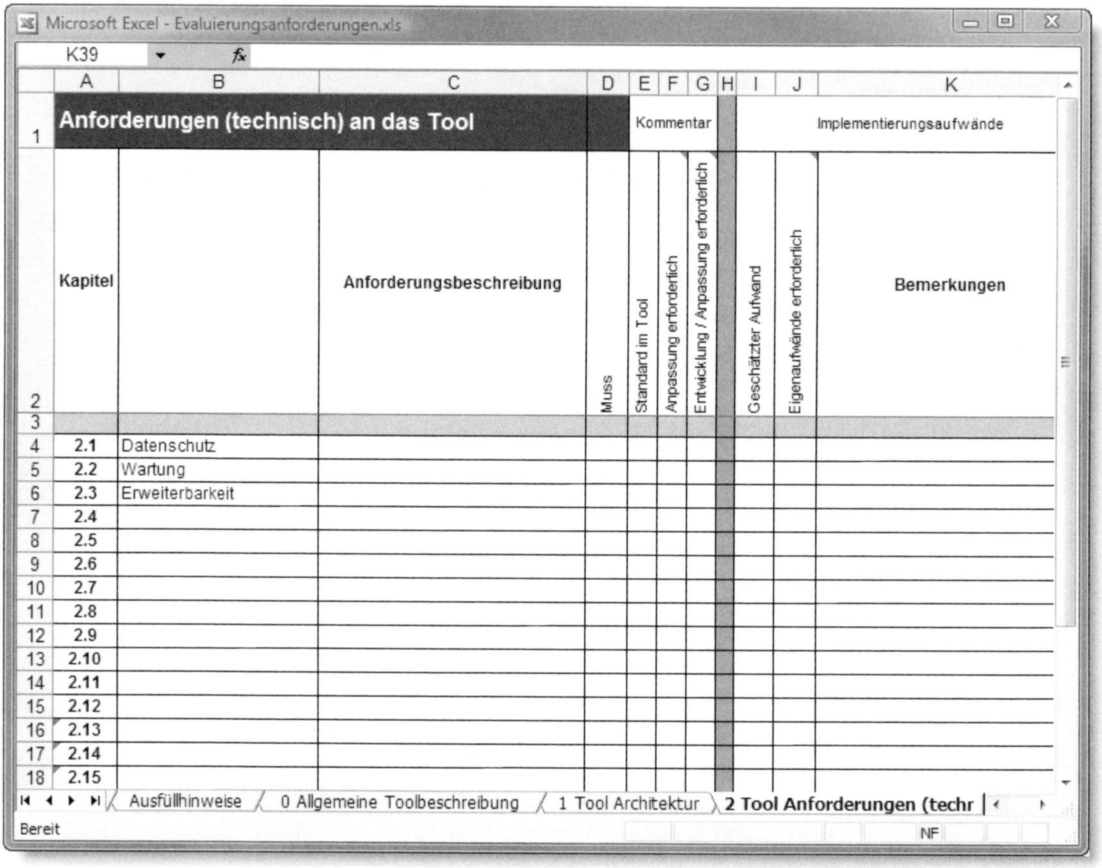

Abbildung 15.3 Aufbau Tabellenkopf für das Dokument „Evaluierungsanforderungen"

15.2 Die richtige Auswahl der Anbieter

Ein Hinweis vorweg: Bei der Auswahl der Hersteller sollten Sie immer darauf achten, dass diese in der Lage sind, mit ihren Softwarelösungen Ihre Soll-Prozesse abzubilden. Sollte ein Hersteller nicht darauf eingehen wollen, dann verzichten Sie lieber. Es bringt Ihnen nichts, wenn Sie Ihre Prozesse nach dem Tool ausrichten müssen.

Ausgehend von Ihren Zielen, sollten Sie bei der Vorauswahl der potenziellen Auftragnehmer einen möglichst engen Kreis von maximal sechs Toolanbietern auswählen. Von diesen sollten Sie dann später drei für einen Proof of Concept einladen. Weil Sie je nach konkreter Ausgangssituation anders vorgehen sollten, beschreibe ich hier die Kriterien, nach denen Sie die Toolhersteller auswählen sollten. Bedenken Sie bei der Auswahl der Anbieter, dass diese auch zu Ihrer Unternehmensumgebung und Struktur passen. Die angestrebte Lösung sollte auf Ihre Unternehmensgröße und Ihre Branche abgestimmt sein. Auch wenn die Hersteller Ihnen gleich ihren ganzen Bauchladen an Lösungen anbieten wollen, konzentrieren Sie sich auf Ihre Anforderungen und deren bestmögliche Umsetzung zum besten Preis. Alles andere können Sie später bei Bedarf ergänzen. Um sich das nicht von vornherein zu verbauen, sollten Sie darauf achten, ob die Lösung des Softwareanbieter modular aufgebaut ist und Sie so erst einmal nur die Module kaufen und einsetzen können, die im ersten Schritt für die Einführung des Lizenzmanagement-Tools wichtig und unabdingbar sind. Eine Erweiterung der Anforderungen kommt früher, als Sie denken. Dann ist es immer von Vorteil, auf eine Lösung gesetzt zu haben, die ohne größere Aufwände erweitert werden kann.

Die zentralen Anforderungen an ein Lizenzmanagement-Tool:

- ◼ Erfassung von Software, Hardware & Lizenzen im Tool, auch über Schnittstellen
- ◼ Software und Lizenz-Abgleich im Tool (Softwarepooling)
- ◼ Client-Server-fähig
- ◼ Bedarfsgerechte, automatisch generierte Reportausgaben
- ◼ Vertragsverwaltung

Weitere Kriterien für die Toolauswahl:

- ◼ Die Plattformunabhängigkeit für den Betrieb der Lösung auf unterschiedlichen Systemen und Datenbanken ist wichtig für die Integration der Lösung in Ihre IT-Architektur.
- ◼ Der modulare Aufbau der vom Toolhersteller angebotenen Komponenten sollte gegeben sein (beispielsweise benötigen Sie im ersten Schritt das Vertrags- und Lizenzmanagement, wollen später aber noch Ihre Hardware- und Softwareassets verwalten, dann sollte das Modul Assetmanagement später hinzuschaltbar sein).
- ◼ Die Mandantenfähigkeit (um eventuell, zentral gesteuert, andere Unternehmenseinheiten im Lizenzmanagement mit verwalten zu können) ist ein weiteres sehr wichtiges Kriterium.

- Die vom Tool zur Verfügung gestellten Rechte- und Rollenkonzepte sollten in die Berechtigungsstruktur Ihres Unternehmens integrierbar sein.

- Die Konnektoren, um über die heute üblichen Schnittstellen im ERP- und Inventory-Umfeld Daten austauschen zu können (in beiden Richtungen), sollten eine umfangreiche Bandbreite abdecken können.

- Das Tool sollte einen möglichst großen Produktkatalog mitbringen, um die vom Inventory gelieferten Rohdaten in Klarnamen umwandeln zu können.

- Das Vertragsmanagementmodul sollte nicht nur rudimentär vorhanden sein, sondern die Möglichkeit bieten, Vertragskopfdaten (Rahmenverträge, Einkaufsabschlüsse) und die dazugehörigen Vertrags- bzw. Bestellpositionen abzubilden.

- Es sollten Möglichkeiten im Tool angeboten werden, verschiedene Software-Pools (virtuelle und physische) verwalten zu können.

- Es sollten Eskalationsmöglichkeiten vorhanden sein, um beispielsweise Kündigungsfristen von Verträgen überwachen zu können.

- Eine Workflow-Engine sollte enthalten sein, mit der sich bestimmte geforderte Unternehmensprozesse abbilden lassen (Genehmigungsprozesse, Softwareverteilungsprozess antriggern u.a.).

- Ein integrierter Abgleich sollte möglich sein, der die erfassten (auch über Schnittstellen eintreffenden) technischen Daten mit den kaufmännischen Daten (Compliance-Report) zusammenführt.

- Die Änderungen von Lizenzmodellen und Lizenzmetriken müssen im Tool über einen Updateworkflow verhältnismäßig einfach zu gewährleisten sein.

- Die Lizenz- und Vertragsdaten müssen historisierungsfähig abgebildet werden können.

- Die Reportingmöglichkeiten sollten aus einem vorgefertigten Standardlizenzmanagement-Report bestehen, aber auch die Möglichkeit bieten, Adhoc-Auswertungen durchzuführen.

Die Liste ließe sich um etliche Punkte erweitern. Da jedes Lizenzmanagement-Projekt seine unternehmensspezifischen Eigenheiten aufweisen kann, ist es umso wichtiger, die Anforderungen genau zu beschreiben, damit Sie nicht mit dem LKW vom Hof fahren müssen, obwohl Ihnen der Kastenwagen völlig ausgereicht hätte.

Hinweis:
Betrachten Sie die angebotenen Softwarelösungen auch unbedingt von der Technologieseite aus, um später die Lösung problemlos in Ihre IT-Landschaft integrieren zu können.

Tipp:

Wenn Sie sich im Vorfeld mehrere Hersteller ausgesucht haben, sollten Sie sich diese jeweils für eine kurze Präsentation der jeweiligen Produkte ins Haus holen. Dabei bekommen Sie schon einmal ein Gefühl dafür, ob der Hersteller auf Ihre Situation eingehen kann oder ob es nur eine reine Marketingveranstaltung wird. So können Sie auch eine mögliche Vorauswahl für die spätere Zusendung der Ausschreibungsunterlagen treffen.

Eine Auswahl (ohne Anspruch auf Vollzähligkeit der angebotenen Lösungen) der am Markt am weitesten verbreiteten Hersteller/Anbieter von Lizenzmanagement-Tools ist hier aufgeführt:

- Altiris Asset Management Suite der Symantec Corporation (www.symantec.com)
- FrontRange SAM Suite der FrontRange Solutions Deutschland GmbH (www.frontrange.com)
- License Manager der update4u Software AG (www.update4u.de/)
- Miss Marple der Adlon Datenverarbeitung GmbH
- Spider Licence der Spider Lifecycle Managementsysteme GmbH (www.spider-lcm.de)
- SmartTrack der Aspera GmbH (www.aspera.com)
- Valuemation Suite der USU AG (www.usu.de)

Weitere Tools im Umfeld des Software Asset- und Lizenzmanagement sind auch auf den SAM-Seiten von Microsoft zu finden, wo verschiedene Lösungen empfohlen werden (www.microsoft.com/germany/sam/weg/toolliste.mspx).

Tipp:

Besuchen Sie Kongresse oder IT-Foren, die sich mit dem Thema IT-Assets und Lizenzen beschäftigen (beispielsweise die IT Asset & Lizenz in Bad Homburg oder die Veranstaltung „IT Asset & Lizenz Management Praxis-Forum", zu finden unter www.it-lizenzmanagement-forum.de). Hier können Sie im Austausch mit den anderen Fachbesuchern den einen oder anderen wertvollen Hinweis erhalten. Sie sind sicherlich nicht der Einzige, der eine Lizenzmanagement-Lösung im Unternehmen einführen soll.

Nachdem Sie die Ausschreibungsunterlagen an die ausgewählten potenziellen Auftragnehmer verschickt haben, können Sie sich jetzt den Vorbereitungen auf einen Proof of Concept (PoC) widmen, den Sie mit den Anbietern veranstalten, die in die engere Auswahl kommen. Nutzen Sie also die Zeit, die Sie auch den potenziellen Auftragnehmern zur Beantwortung der Ausschreibungsunterlagen gegeben haben, denn danach müssen Sie die abgegebenen Angebote analysieren und auf ihre Einsetzbarkeit hin bewerten.

15.3 Die Angebote analysieren und bewerten

Wenn Sie die Ausschreibungsunterlagen von den Anbietern zurückerhalten haben, müssen Sie nun prüfen, ob und in welchem Umfang bzw. Detaillierungsgrad die Unterlagen beantwortet wurden. Aus den Anforderungsunterlagen (ich bleibe bei dem weiter oben beschriebenen Exceldokument) müsste hervorgehen, in welchen Punkten und in welchem Grad die Anbieter die Anforderungen erfüllen können. Auch das Kalkulationsblatt mit den Preisen sollte mit in die Vorbewertung einfließen. Um sich die Arbeit zu erleichtern, stellen Sie sich ein Tabellenblatt zusammen, auf das Sie die Werte aus den Anbieterunterlagen übertragen. In einer abschließenden Gewichtung nach Ihren Kriterien werden dann die Angebote bewertet. Daraus sollten sich die Favoriten hoffentlich deutlich ergeben, die für einen Proof of Concept in Betracht kommen.

In Abbildung 15.4 sehen Sie eine beispielhafte Bewertungstabelle. Für jedes zu bewertende Softwaretool sollten Sie eine eigene Bewertungstabelle anlegen. Nachdem Sie alle in Frage kommenden Angebote ausgewertet haben, müssen Sie jetzt die Gesamtpunkte aus den einzelnen Bewertungstabellen in eine kumulative Tabellensicht übertragen, um die abschließende Gesamtauswertung darstellen zu können.

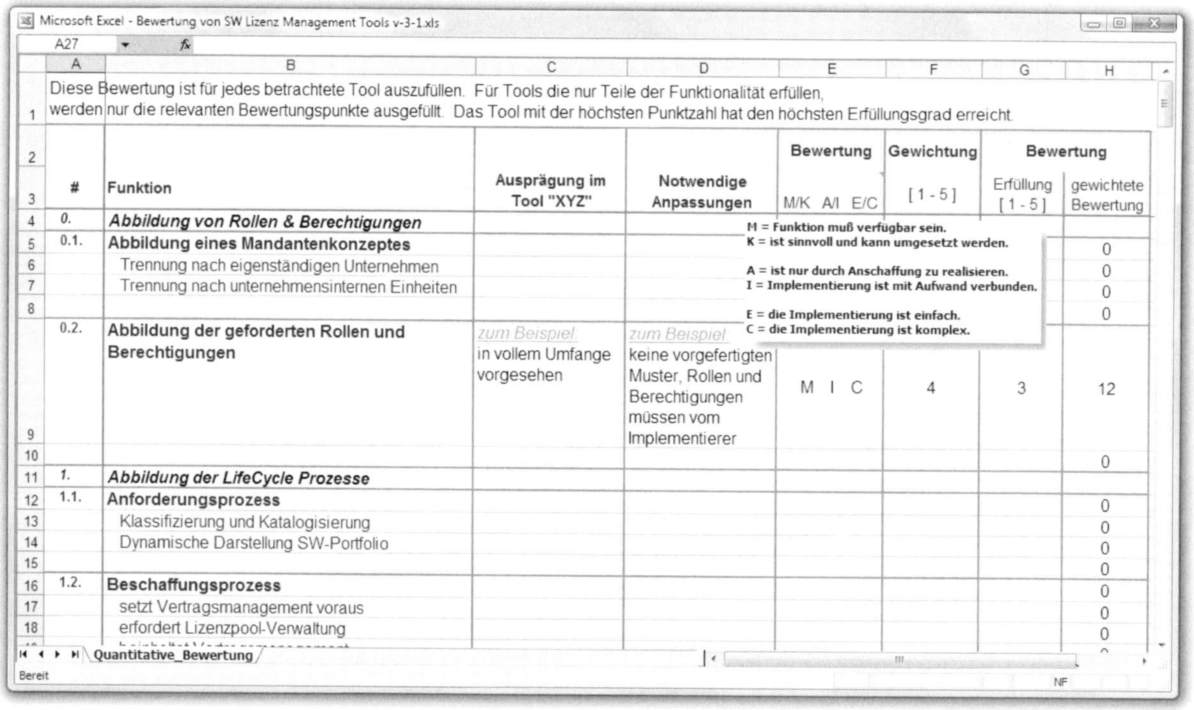

#	Funktion	Ausprägung im Tool "XYZ"	Notwendige Anpassungen	Bewertung M/K A/I E/C	Gewichtung [1 - 5]	Bewertung Erfüllung [1 - 5]	gewichtete Bewertung
0.	*Abbildung von Rollen & Berechtigungen*						
0.1.	**Abbildung eines Mandantenkonzeptes**						0
	Trennung nach eigenständigen Unternehmen						0
	Trennung nach unternehmensinternen Einheiten						0
							0
0.2.	**Abbildung der geforderten Rollen und Berechtigungen**	*zum Beispiel:* in vollem Umfange vorgesehen	*zum Beispiel:* keine vorgefertigten Muster, Rollen und Berechtigungen müssen vom Implementierer	M I C	4	3	12
							0
1.	*Abbildung der LifeCycle Prozesse*						
1.1.	**Anforderungsprozess**						0
	Klassifizierung und Katalogisierung						0
	Dynamische Darstellung SW-Portfolio						0
							0
1.2.	**Beschaffungsprozess**						0
	setzt Vertragsmanagement voraus						0
	erfordert Lizenzpool-Verwaltung						0

Abbildung 15.4 Beispielhafte Bewertungstabelle für Angebotsauswertung

Mit dieser Gesamtübersicht über alle bewerteten Tools sollten sich die drei Kandidaten herauskristallisieren, die zum Proof of Concept eingeladen werden. Stellt sich wider Erwarten heraus, dass keiner der in der Endauswahl stehenden Kandidaten die gestellten Anforderungen mit mehr oder weniger zu leistendem Aufwand erfüllen kann, müssen Sie in Erwägung ziehen, die Ausschreibung abzubrechen und neu zu überarbeiten, oder die Anforderungen aus Ihrem Lastenheft sind so umfangreich und speziell für Ihr Unternehmen, dass Sie die Lösung selbst entwickeln müssen.

15.4 Die Teststellung – der Proof of Concept (PoC)

Nun sind alle Beteiligten ihrem Ziel der Evaluierung eines Lizenzmanagement-Tools schon ein ganz beträchtliches Stück näher gekommen. Jetzt heißt es, sich für einen Hersteller und seine angebotene Softwarelösung zu entscheiden. Als Basis dafür hat sich die Durchführung eines Proof of Concept (Machbarkeitsstudie) bewährt. Dabei muss der Anbieter in einem maximal einwöchigen Testszenario auf den Systemen Ihrer Unternehmens-IT seine Softwarelösung implementieren und mit beispielhaften Echtdaten aus Ihren Systemen arbeiten. Dazu wird ein Testlabor aufgestellt mit allen vom Anbieter zu definierenden Hard- und Softwarevoraussetzungen. Zuvor sollten Sie die zu leistenden Aufgaben jeder Partei in einem Dokument festhalten und auch von beiden Seiten (Auftraggeber und Anbieter) unterzeichnen lassen. In dem Dokument „Memorandum of Understanding (MoU)" werden die entsprechenden zu vereinbarenden Leistungen für die Tests innerhalb des Proof of Concept festgehalten.

Dabei sollte das MoU-Dokument folgende Mindestvereinbarungen beinhalten:

1. Einleitung
2. Zielsetzung
3. Generelle Aufgaben
   3.1 Aufgaben des Toolanbieters
   3.2 Aufgaben der Muster GmbH
4. Erforderliche Ressourcen
5. Abgrenzung
6. Testkonzept
   6.1 Welche Teststrategien werden eingesetzt (Umgebung, Infrastruktur)
   6.2 Zu definierende Testfälle
      6.2.1 Durchzuführende Positiv- und Negativtests
7. Unterschriften

Unter Punkt 5 „Abgrenzung" sollten Sie beispielsweise festlegen, was alles nicht Bestandteil des Proof of Concept ist. Das könnte beispielsweise sein:

- dass keine Tests zur Fehlersuche in der Programmlogik der zu prüfenden Tool-Software durchgeführt werden;

- dass der Proof of Concept nicht für die Ergebnisse und Qualität der zur Verfügung gestellten Beispieldaten zuständig und verantwortlich ist;

- dass keine Tests für die eingesetzten Hardware- und Betriebssystemplattformen (wie Performance-, Ausfall-, Cluster-Tests usw.) sowie der Netz-Infrastruktur und der zum Einsatz kommenden Datenbanksysteme durchgeführt und bewertet werden, sofern sie nicht Bestandteil der Toolevaluierung sind;

- dass keine Tests im Rahmen des PoC auf Entwicklungsumgebungen zur Unterstützung der Softwareentwicklung durchgeführt werden.

Das Testkonzept

Zum Proof of Concept gehört auch, ein Testkonzept zu erstellen und zu beschreiben. Dabei sollte das Testkonzept folgendermaßen gegliedert werden:

- In die allgemeinen generellen Leitlinien des zu veranstaltenden Proof of Concept:
  - Testinhalte werden im Detail mit den einzelnen Fachbereichsverantwortlichen abgestimmt.
  - Es wird ein möglichst hoher Anteil automatisierter Tests angestrebt (für eine möglichst hohe Testfrequenz).

- Die geplante Vorgehensweise im Einzelnen für:
  - die Ressourcenplanung zur Erstellung und Durchführung von Tests;
  - den Testplan;
  - die zu testenden Funktionen (Positiv-, Negativtests);
  - die nicht zu testenden Funktionen (Ausschluss von Funktionen, Modulen);
  - die zu verwendenden Testwerkzeuge und die Testumgebung;
  - die auszuführenden Testfälle (festlegen, was wie getestet werden soll).

- Pro Testfall muss ein eigenes Dokument erstellt und darin Folgendes beschrieben und definiert werden:
  - der Testfall selbst (mit einer eindeutigen Nummer);
  - der Testzweck ;
  - die zu tätigende Eingabe (Daten, Werte, Funktionen, Workflows);
  - die zu erwartenden Ausgaben (Daten, Werte, Funktionen, Workflows);
  - den auszuführenden Testvorgang;
  - weitere zusätzliche Informationen (Appendix) zum Testfall bzw. Testablauf.

> **Hinweis:**
>
> Um den Proof of Concept, der je nach definiertem Umfang meistens nur auf eine Woche ausgelegt ist, ausführlich für ihre Tests nutzen zu können, sollten Sie sich schon im Vorfeld überlegen, welche Module des Tools Sie umfassend prüfen wollen, um Ihre Teststrategie daran ausrichten zu können.

Die einzelnen Testfälle sollten Sie dabei aus zwei Blickrichtungen betrachten:

- **Funktionsorientierte Tests**

  Bei den funktionsorientierten Tests stehen isolierte, einzelne Module im Blickfeld.

  Beispiel: Kaufmännische Wareneingangsbuchung, Zuordnung von Softwarelizenzen zu Verträgen.

- **Prozessorientierte Tests**

  Bei den prozessorientierten Tests werden die einzelnen Module im Prozessablauf getestet.

  Beispiel: Zuordnung von Softwarelizenzen zu Systemen, De-Installation von Softwarelizenzen und Anpassung der Lizenz-Zuordnung.

Für beide Testverfahren (funktionsorientierte und prozessorientierte) sollten bei der Beschreibung der Testabläufe klare Anfangs- und Endbedingungen definiert werden. Je nach Anforderung – siehe Erläuterung – wird dazu noch ein Positiv- und/oder Negativtest durchgeführt.

- **Positivtest**

  Beim Positivtest wird geprüft, ob die angebotenen Tool-Funktionen den fachlichen Vorgaben entsprechen.

  Beispiel: Der Geschäftsvorfall (GEVO) „Erstellung einer Lizenzbilanz" wird dahingehend getestet, ob dieser Prozess in der beschriebenen Art und Weise erfolgreich mit dem Tool durchgeführt werden kann.

  Ein Positivtest sollte möglichst weitgehend automatisiert erfolgen können.

- **Negativtest**

  Negativtest sind in der Regel prozessorientierte Tests (Geschäftsvorfall). Bei einem Negativtest wird geprüft, ob die implementierten Funktionen für den Alltagsbetrieb stabil und störsicher genug sind. Dabei wird bewusst versucht, Fehlersituationen herbeizuführen, die das System jedoch abfangen sollte.

Das Ergebnis aller Testfälle sollten Sie in einem Dokument festhalten und auch gleich bewerten. Eine große Kommentarspalte, um Beobachtungen dokumentieren zu können, hat sich dabei immer als sehr hilfreich erwiesen.

Hinweis:

Bitte denken Sie daran, die eben beschriebenen Testvorgaben und Abläufe so zu formulieren und aufzubauen, dass Sie diese in jedem Proof of Concept anwenden können. Nur so erreichen Sie Ergebnisse zu jedem Anbieter, die sich später auch vergleichen lassen.

Wenn Sie alle Proof of Concepts durchgeführt haben, müssen Sie eine abschließende Bewertung der Ergebnisse mit allen beteiligten Fachbereichen und Verantwortlichen durchführen, um den „Sieger" zu küren.

Zu guter Letzt hat natürlich immer noch der Einkauf die Aufgabe, ein akzeptables Preisangebot mit dem Finalisten auszuhandeln. Wenn all dies erfolgreich abgeschlossen wurde, steht der Einführung und Implementierung des ausgewählten Lizenzmanagement-Tools nichts mehr im Weg.

Fazit:

Beobachten Sie auch nach der Auswahl für ein Lizenzmanagement-Tool den Markt. Durch Trendanalysen können Sie den kontinuierlichen Fortschritt Jahr für Jahr festhalten. Sollten sich hierbei Änderungen in positiver Hinsicht beim Betrieb des Lizenzmanagements abzeichnen, versuchen Sie diese in Zusammenarbeit mit dem Tool-Anbieter in Ihre Lizenzmanagement-Umgebung einfließen zu lassen. Oft genug ist der Hersteller auch zu Zugeständnissen bereit, da er damit einen weiteren Referenzkunden bekommt, mit dem er bei anderen potenziellen Interessenten werben kann. So bleiben Sie immer am Ball und können sicher sein, das richtige Tool ausgewählt zu haben.

16 Das Lizenzmanagement-Tool implementieren

16

In diesem Kapitel erfahren Sie u.a.:

- Wer bei der Vorbereitung und Umsetzung der Implementierung der Softwarelösung was leisten muss.
- Wie ein Implementierungsplan erstellt wird.
- Welche Methoden und Vorgehensweise bei der Erstellung und beim Aufbau der Testumgebung, des Testprozesses und einer Pilotumgebung angewendet werden.
- Warum eine Abnahmespezifikation erstellt werden sollte und was zu beachten ist, wenn die Softwarelösung in die Produktion überführt wird.

Dieses Kapitel erläutert Ihnen an einem Beispiel, wie ein Implementierungsplan erstellt wird, und vermittelt Ihnen einen Überblick über die Planung und Erstellung von Testplänen und Testfällen. Erfahren Sie, was eine Testvorschrift ist und worin der Unterschied zwischen einem Testbericht und einer Testbedarfsanforderung besteht. Lesen Sie, welche Voraussetzungen Auftraggeber und Auftragnehmer schaffen müssen, damit die Implementierungsphase überhaupt starten kann.

Das Lizenzmanagement-Tool wurde ausgewählt, und Sie können jetzt mit der Einführung und Implementierung beginnen. Üblicherweise wird in Zusammenarbeit mit dem Hersteller ein Projekt- und Testplan für die anstehenden Aufgaben erstellt, in dem die Leistungen des Auftraggebers und Auftragnehmers festgehalten werden. Auch wenn jetzt noch viel Arbeit vor Ihnen liegt, haben Sie doch den größten Teil des Weges bereits erfolgreich zurückgelegt.

16.1 Die Umsetzung und Implementierung – wer leistet was?

Die Verträge wurden abgeschlossen. Jetzt geht es an die Umsetzung. Neben vielen organisatorischen Maßnahmen müssen von beiden Seiten vor allem die notwendigen Voraussetzungen geschaffen werden, um möglichst nicht schon im Vorfeld einen Projektverzug zu riskieren.

Einige allgemeine Worte vorweg: Damit die Implementierung erfolgreich umgesetzt werden kann, ist es auch wichtig, dass das Projekt im eigenen Haus die notwendige Unterstützung erhält. Formulieren Sie realistische Erwartungen, und sprechen Sie diese frühzeitig mit allen Beteiligten ab. Vergewissern Sie sich, dass Ihnen ein starker Projektsponsor zur Seite steht und das gesamte Projekt als sein eigenes betrachtet. Je höher diese Person in der Unternehmenshierarchie steht, umso schneller können Entscheidungen getroffen werden. Binden Sie auch die Geschäftsleitung ausreichend in das Projektgeschehen ein. Bilden Sie einen Lenkungsausschuss, der sich alle vier bis sechs Wochen von beiden Projektleitern (Auftraggeber/Auftragnehmer) über den Status informieren lässt. Sorgen Sie für ein gutes Projektmanagement. Der Projektleiter sollte über ausreichend Projekterfahrung verfügen und Standardverfahren wie Projektreporting und -controlling beherrschen. Das Projekt wird zwangsläufig einige Änderungen im Unternehmensumfeld, den Prozessen, Strukturen und Organisationseinheiten mit sich bringen. Diese Änderungen werden nicht von allen Beteiligten unbedingt als positiv empfunden. Versuchen Sie diese Ängste zu identifizieren, und sprechen Sie rechtzeitig mit den Betroffenen über die zu erwartenden Veränderungen und deren Konsequenzen. Psychologisches Einfühlungsvermögen und die Information aller Beteiligten spielt eine wesentliche Rolle für eine erfolgreiche Implementierung.

Voraussetzungen, die der Auftraggeber schaffen sollte

Die folgenden, wichtigsten organisatorischen und technischen Voraussetzungen sollte der Auftraggeber möglichst vor Projektbeginn schaffen.

Organisatorische Maßnahmen

■ Verantwortliche Mitarbeiter für diese Projektphase benennen.
  Achten Sie darauf, dass Ihnen ausreichende Kapazitäten zugesagt werden. Das Tagesgeschäft Ihrer Mitarbeiter gefährdet Ihren Projektzeitplan, wenn Sie dieses Risiko nicht ausreichend abfedern können.

- Projektorganigramm erstellen sowie Liste mit allen Namen, Telefonnummern, Bereichen, Verantwortung im Projekt, Arbeitspaketzuteilung, Stellvertreter benennen.

- Den benannten Projektmitarbeitern die bisherigen erarbeiteten Unterlagen übermitteln und das zu erreichende Projektziel klar kommunizieren (Phasen, Meilensteine, Arbeitspakete).

- Benennung von Teilprojektleitern.

- Projektplan erstellen (mit den Phasen Entwicklung, Test, Pilot, Produktiv).

- Projektstart an alle Beteiligten kommunizieren.

- Bereitstellung der benötigten Infrastruktur (Projektbüros, Besprechungsräume, IT, Telefon, Projektassistenz, Zugriffs- und Zugangsberechtigungen für die internen und externen Projektmitarbeiter, Einrichtung von E-Mail-Kommunikation, Projektbriefkasten, elektronische Dokumentenablage u.v.m.).

- Benennung des Lenkungsausschusses, der die im Verlauf des Projekts anstehenden Entscheidungen trifft.

- Beauftragungen und Projektbudget sicherstellen.

- Eventuell notwendiges externes Beratungs-Know-how einkaufen (kann auch als neutrales Instrument zur Qualitätssicherung gegenüber dem Auftragnehmer dienen).

Technische Maßnahmen

- Bereitstellung der benötigten technischen Infrastruktur auf den Serversystemen (Plattenkapazität, Lizenzen für eventuelle zusätzliche Datenbankkapazitäten oder Betriebssysteme wie virtuelle Server o.ä.).

- Sicherstellung von automatisierten Backupdiensten zur Datensicherung der Entwicklungs- und Projektarbeiten.

- Einrichtung einer von der Produktivumgebung abgetrennten Testumgebung inkl. der benötigten Desktopsysteme, Server (physisch, virtuell) und Netzwerkkomponenten.
  Achten Sie bitte auf die Anforderungen des Herstellers für die technischen Systeme, wie beispielsweise Systemspeicher, Prozessorgeschwindigkeit, auch für die notwendigen Entwicklerarbeitsplätze.

- Bereitstellung der eventuell erforderlichen Software und Lizenzen, wie beispielsweise Werkzeuge zur Datenbankadministration, Software zur Versionierung der erzeugten Dokumente und Programmscripte, Software zum automatisierten Testen und für die Qualitätssicherung.

- Besorgen Sie sich einen Zeitplan für die Wartungsintervalle, um zu erfahren, wann eventuell notwendige Umsetzungen und Anpassungen in der Produktivumgebung (vor allem der produktiven ERP-Systeme, Host-Programme) durchgeführt werden können. Planen Sie diese Termine in Ihren Projektplan mit ein, informieren Sie rechtzeitig alle Beteiligten des Releasemanagements der betroffenen Systeme über notwendige Aktivitäten.

- Stellen Sie einen Notfallplan auf, der bei eventuell missglückten Updates in der Produktivumgebung einen Rollback zulässt.

Voraussetzungen, die der Auftragnehmer schaffen sollte

Die folgenden wichtigsten organisatorischen und technischen Voraussetzungen sollte der Auftragnehmer möglichst vor Projektbeginn schaffen.

Organisatorische Maßnahmen

- Übergabe des Projekts vom Vertrieb an die Beratung
- Projektleiter benennen
- Finalen Projektplan mit dem Auftraggeber abstimmen, vor allem Termin und Personalressourcen
- Sicherstellen, dass die benötigten und gegenüber dem Auftraggeber zugesagten fachlichen Ressourcen (Entwickler, Berater) zur Verfügung stehen
- Projektunterlagen zusammenstellen
- Organigramm des Auftraggebers mit eigenen Projektmitgliedern ergänzen
- Projektmitarbeiterliste des Auftraggebers mit eigenen Daten ergänzen (Name, Telefon, E-Mail, Zuteilung zum Arbeitspaket, Verantwortung u.a.)

Technische Maßnahmen

- Prüfen, ob die Infrastrukturanforderungen durch den Auftraggeber erfüllt wurden
- Prüfen, ob die geforderten technischen Umgebungen bereitstehen und performant sind
- Installation der zu implementierenden Softwarelösung auf den bereitgestellten Systemen des Auftraggebers
- Prüfen, ob Last- und Performancetests in der Umgebung des Auftraggebers die geforderten Parameter erfüllen
- Prüfen, ob im Vorfeld benötigte „Spieldaten" vom Auftraggeber zur Verfügung gestellt wurden
- Aufbau mehrerer sogenannter „Stages (Abschnitte)". Die Testumgebung sollte mindestens aus diesen Komponenten bestehen:
  - einer Entwicklungsumgebung,
  - einer Konsolidierungsumgebung und
  - einer simulierten Produktivumgebung.
- Einrichten der Zugangsberechtigungen und Rollen in der Entwicklungsumgebung für alle dafür vorgesehenen Projektmitarbeiter
- Einspielung der vom Auftraggeber zur Verfügung gestellten Testdaten in die Entwicklungsumgebung

Aufbauend auf dem im Vorfeld erstellten Projektplan, sollte der jetzt anzuwendende Implementierungsplan definiert und erstellt werden.

16.2 Den Implementierungsplan erstellen

Der Implementierungsplan wird meistens vom Auftragnehmer in enger Abstimmung mit dem Auftraggeber aufgestellt. In Abbildung 16.1 habe ich eine beispielhafte Struktur für einen möglichen Implementierungsphasenplan skizziert. Der Plan setzt sich aus sechs Hauptphasen mit bis zu acht Meilensteinpaketen zusammen.

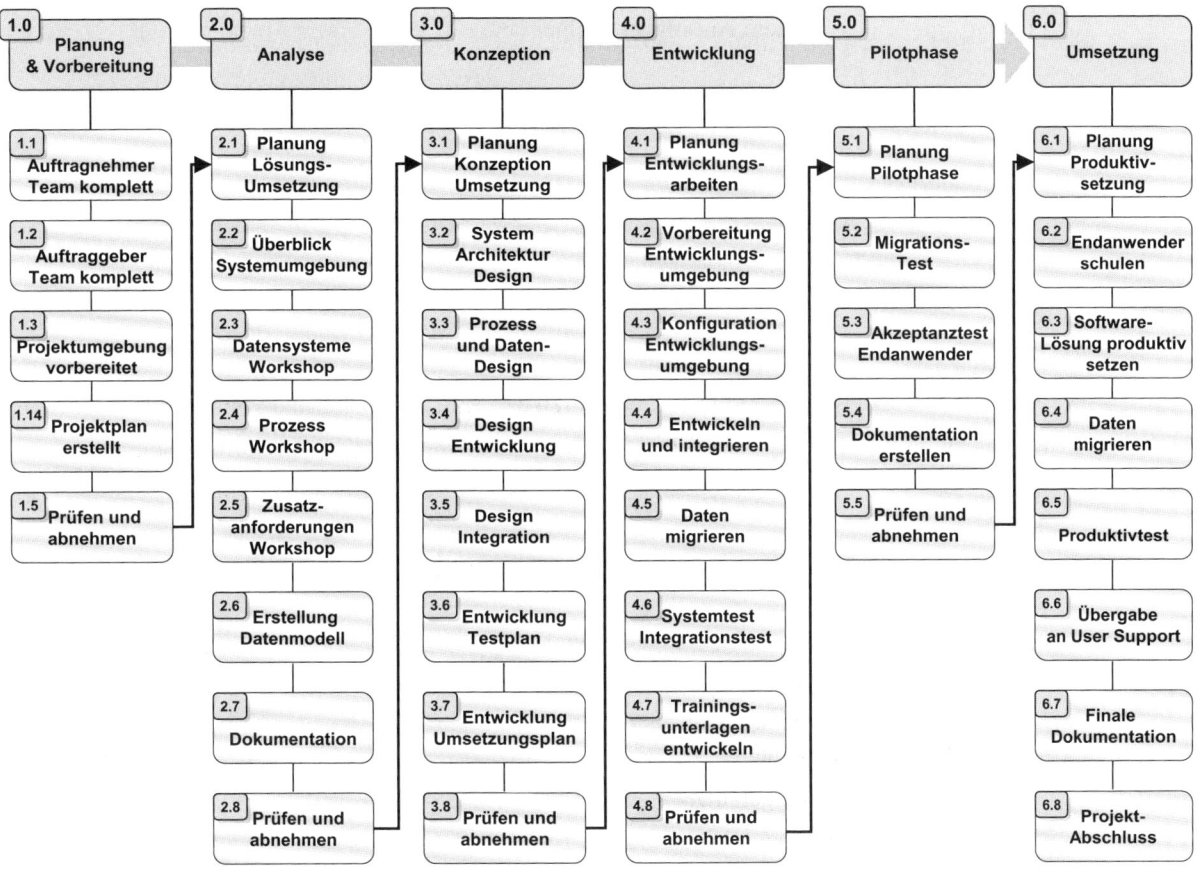

Abbildung 16.1 Phasenplan für Implementierung

Wenn Sie die hier beschriebene Vorgehensweise anwenden, verringern Sie das Risiko, bei der Implementierung vom Weg abzukommen, und können letztendlich ein erfolgreiches Implementierungsprojekt durchführen. Die hier abgebildeten einzelnen Phasen enthalten durch Meilensteine voneinander getrennte Projektschritte. Jede Phase endet mit der Prüfung und Abnahme der erbrachten Leistungen durch den Auftragnehmer. Damit können eventuelle vom Auftragnehmer kommende Änderungswünsche, Ergänzungen und Kurskorrekturen rechtzeitig adressiert und eingebracht werden. Definieren Sie die Aufgaben in jeder einzelnen Phase, und ergänzen Sie diese um die erkannten Produktabhängigkeiten.

Damit erzeugen Sie für das Implementierungsprojekt über die gesamte Laufzeit für alle Beteiligten die notwendige Transparenz.

Die Meilensteine müssen natürlich auch zeitlich festgelegt werden, genauso wie weitere eventuell notwendige Workshops und Interviews mit den zuständigen Fachbereichen. Nachdem der erste grobe Entwurf steht, gilt es in weiteren Feinabstimmungen Termine aufeinander abzustimmen und den kritischen Pfad festzulegen. Der Projektplan wird sehr dynamisch sein. Die Erfahrung zeigt, dass sich immer irgendwo eine weitere kleine Baustelle ganz plötzlich und unerwartet auftut. Im Vorfeld kann einfach nicht an alles gedacht werden, dazu gibt es zu viele Faktoren und Größen, die sich gegenseitig beeinflussen. Am wichtigsten ist es, von Anfang an ein funktionierendes Risikomanagement zu implementieren und zu steuern. Auch wenn es jetzt unwichtig erscheinen mag: dazu gehört auch ein ständig aktualisierter Anwesenheitsplan inklusive Urlaubszeiten von allen Projektmitgliedern. Abbildung 16.2 zeigt einen beispielhaften Projektplan für die Implementierung.

Betrachten wir einen wichtigen Teilabschnitt, die Pilotphase und die darin enthaltenen Arbeitspakete zum Aufbau der notwendigen Testumgebung. Je nach Größe des Projekts können die Pilotphasenplanung und die damit einhergehenden durchzuführenden Tests einen erheblichen Umfang annehmen. So ist es nicht alleine damit getan, einige Tester zu organisieren und diese einen hoffentlich vorher erstellten Testplan mit entsprechenden Aufgaben abarbeiten zu lassen, sondern der erforderliche Testablauf sollte auf die jeweiligen Entwicklungsabschnitte und Phasen abgestimmt sein. Aber alles der Reihe nach.

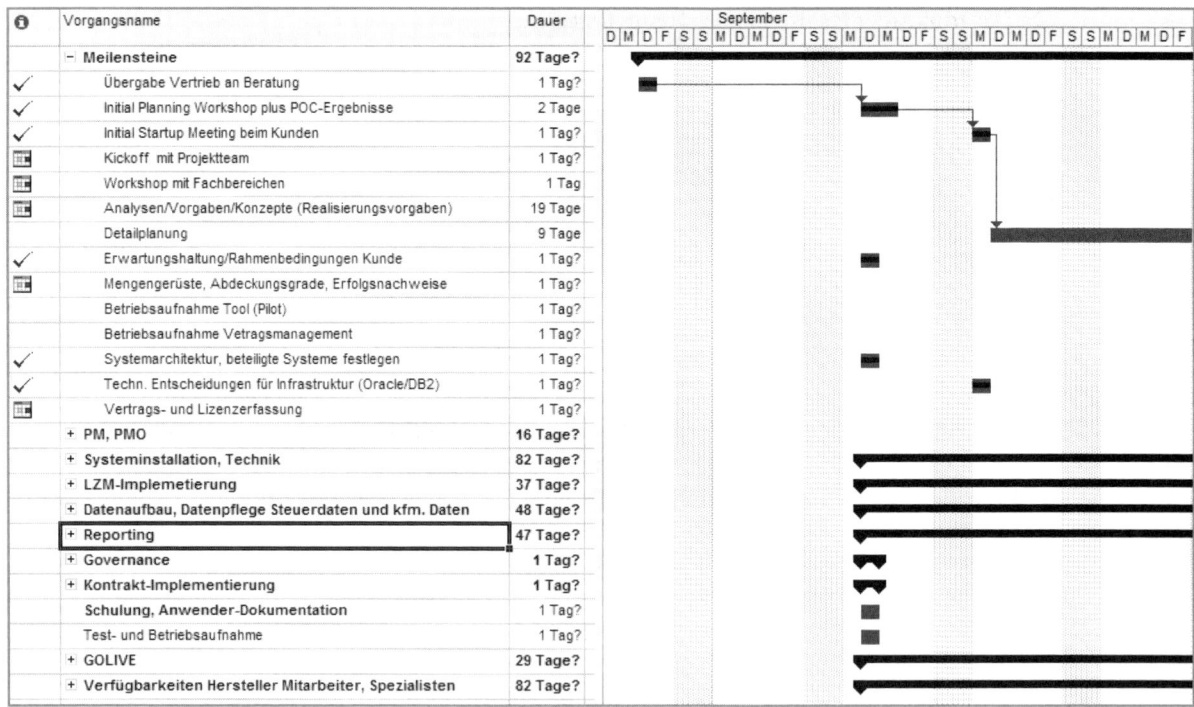

Abbildung 16.2 Beispiel eines Projektplans für die Implementierungsphase

16.3 Die Testphase organisieren

Das Testen der zu implementierenden und zu entwickelnden Softwarelösung ist eine sehr wichtige Qualitätssicherungsmaßnahme, der Testprozess daher ein Bestandteil des (übergeordneten) Projektplans, der sich in mindestens drei Abschnitte mit weiteren Unterabschnitten gliedert:

- Die **Testplanung** setzt sich zusammen aus:
  - Testvorschrift
  - Testplan
  - Strukturierung der Testprozesse
- Die **Testdurchführung** bestehend aus:
  - Positivtest
  - Negativtest (Fehlervermeidung)
  - Gebrauchstauglichkeits-Test
  - Informationsdarstellung
  - Benutzerführung
  - Dialoggestaltung
  - Sachlich und logische Richtigkeit
- Die **Testdokumentation** und das **Reporting** setzen sich zusammen aus:
  - Testbericht
  - Abschlussbericht

Für die im Abschnitt Testdurchführung aufgeführten Unterabschnitte gibt es jeweils eine weitere Unterteilung in:

- Einzeltest
- Integrationstest
- Systemtest
- Abnahmetest

Bei kleineren Projekte können Sie (müssen aber nicht unbedingt) sich an den im Folgenden beschriebenen Normen und Standards orientieren. In größeren, vielleicht sogar international aufgestellten Projekten ist es allerdings empfehlenswert, aufgrund des erhöhten Kommunikationsbedarfs sich an den Normen von SOX[1] oder ANSI bzw. IEEE auszurichten. Das erleichtert Ihnen die Qualitätskontrolle und das Einhalten der gesetzlichen Bestimmungen.

---

[1] Sarbanes Oxley Act of 2002

Operational Testing der SOX-Konformität bedeutet:

- Dokumentierte und kommentierte Testpläne für SOX
- Vorlagen für die notwendigen Nachweise für SOX
- Dokumentierte Ablagestruktur der Nachweise
- Dokumentierte Testergebnisse (inkl. Testfallbeschreibung) für SOX
- Die gefundenen Fehler und deren Bereinigung müssen dokumentiert werden.
- Bericht über das Ergebnis des Operational Testing der SOX-Konformität
- Jede IT-Anwendung muss vor Inbetriebnahme ausreichend getestet werden!
- Durchgeführte Tests und deren Ergebnisse müssen auch für Dritte (Revision/Controlling) in angemessener Zeit nachvollziehbar sein.
- Die gesamte Testdokumentation ist zehn Jahre aufzubewahren.

Die ANSI/IEEE-Normen zum Thema Testen:

- ANSI/IEEE 829-1983 (Software Test Documentation)
- ANSI/IEEE 1008-1987 (Standard for Software Unit Testing)
- ANSI/IEEE 1012-1986 (Standard Verification and Validation Plans)

Die gemäß diesen ANSI/IEEE-Normen erforderlichen Test-Dokumente listet Tabelle 16.1. auf.

Tabelle 16.1 Die nach ANSI/IEEE für das Testen erforderlichen Dokumente

Test Plan (abstrakter Testplan)
Test Design Specification (Testvorschrift bzgl. einer konkreten Planung)
Test Case Specification (Testvorschrift bzgl. der Testfälle)
Test Procedures Specification (Testvorschrift bzgl. Testdurchführung)
Test Item Transmittal Report (Übersichtsliste der zu prüfenden Softwareabschnitte)
Test Log (Testprotokoll; für jeden einzelnen Test auszufüllen)
Test Incident Report (Übersichtsliste aller Problemmeldungen)
Test Summary Report (Zusammenfassung der durchgeführten Tests)

Für einen erfolgreichen Testprozess müssen Sie ein ständig wiederholbares Testszenario aufstellen und beschreiben. Als Erstes wird ein Testplan benötigt, der beschreibt, in welcher Abfolge die Tests gesteuert und kontrolliert werden und welche zeitlichen und personellen Ressourcen einzuplanen sind. Aufbauend auf dem Testplan, wird die Testvorschrift erstellt, die durchaus für verschiedene Testszenarien unterschiedlich sein kann.

Die Testvorschrift sollte wie folgt gegliedert sein:

1 Einleitung

    1.1 Zweck des Tests

    1.2 Testumfang

    1.3 Mitgeltende Unterlagen

2 Aufbau der Testumgebung

    2.1 Überblick

    2.2 Test-Software und -Hardware

    2.3 Testdaten, Testdatenbanken

3 Abnahmekriterien

    3.1 Kriterien für Erfolg und Abbruch

    3.2 Kriterien für Unterbrechungen

    3.3 Voraussetzungen für Wiederaufnahme

Aus der Testvorschrift gehen zwei weitere Dokumente hervor: die Testbedarfsmeldung und der Testbericht. Die Testbedarfsmeldung wird von den Mitarbeitern verfasst, die an bestimmten Abschnitten in der Entwicklung arbeiten und genau beschreiben können, was der Tester durchführen soll und welche Ergebnisse erwartet werden.

Auf Basis dieser Testbedarfsmeldung wird ein konkreter Einzeltest erstellt. Wichtigste Inhalte dieser Meldung sind die fachlich-inhaltlichen Vorgaben des jeweiligen Tests.

Vom Ablauf her sind alle Tests nach dem klassischen EVA-Prinzip aufgebaut:

- Eingabe (erforderliche Eingangsbedingungen des Tests, ggf. mit einer Beschreibung, wie diese herzustellen sind)

- Verarbeitung (Verarbeitungsvorschrift, z.B. Folge von Benutzereingaben)

- Ausgabe (Prüfbedingungen, erwartetes Ergebnis des Tests, z.B. Feldprüfungen)

- Testnummer und Dokumentname

Jeder Einzeltest erhält eine eindeutige Testnummer. Diese setzt sich zusammen aus einem Präfix, abgeleitet aus Projekt und AP-Nummer (siehe Aufstellung unten), gefolgt von einem Bindestrich und der fortlaufenden zweistelligen Testnummer dieses Arbeitspaketes. Die fortlaufenden Testnummern sind durch das jeweilige AP selbst zu vergeben.

Beispiel: Der erste Test hat die Testnummer 2301-01

Für jeden Einzeltest ist ein eigenes Dokument zu erstellen. Die Dokumente werden im Dateinamen die Testnummer und eine Kurzbezeichnung führen.

Beispiel einer Testbedarfsmeldung:

- Arbeitspaket 23
  01 Vertragsdaten erfassen

- Testnummer und Bezeichnung des Tests
  2301-01 Anzeige der Verträge in Ansicht nur lesen

- Inhaltsbeschreibung
  Die in das Tool eingespielten Vertragsdaten sollen im Tool mit Katalogen und Views angezeigt werden können. Änderungen der Vertragsdaten und Vertragspositionen sind nicht erlaubt.

- Ziel des Tests
  Fachliche Prüfung der Vollständigkeit der angezeigten Daten, Prüfung, dass keine Datenänderung möglich ist.

- Eingangsbedingungen
  1. Verfügbarkeit der Software-Vertragsdaten im Tool
  2. Verfügbarkeit der Kataloge und Views für Vertragsanzeige

- Verarbeitungsvorschrift/Vorgehensweise
  1. Reine Datenanzeige (nur Lesen erlaubt)
  2. Vergleich mit Datenanzeige im ERP-System

- Prüfbedingungen/Erwartete Ergebnisse des Tests
  Stichproben einzelner Kontakte, Datenanzeige, Plausibilitätsprüfung der Dateninhalte

- Beteiligte Schnittstellen
  Keine

- Hinweise
  Keine

Der auf dieser Basis durchgeführte Test wird vom Tester im Testbericht protokolliert. Der Testbericht, der einen einzelnen Testfall beschreibt, sollte die folgenden Informationen enthalten:

- die Testzusammenfassung
- das Testprotokoll
- eine Liste aller Problemmeldungen, wenn möglich mit einem Screenshoot des Problems

Beim Ausfüllen des Testprotokolls sollten Sie die folgenden Punkte beachten:

- **Kurze Beschreibung**
  Formulieren Sie eine klare Angabe, auf welchen Abschnitt sich die nachfolgende Fehlerbeschreibung bezieht.
  Beispiel: Bezeichnung eines Dialogs oder Prozessschrittes

- **Fehlerbeschreibung**

  Sie soll so klar und unmissverständlich wie möglich den Fehler bzw. den Ablauf beschreiben, wie es zu dem Fehler gekommen ist.

  Formulieren Sie im Zweifelsfall lieber etwas ausführlicher. Ist die Fehlermeldung nicht ausreichend klar und ausführlich, kommt es bei der Klärung des Fehlers zu Verzögerungen. Fügen Sie am besten immer einen Screenshoot mit in das Testprotokoll ein, wenn es möglich ist.

Nach diesen Ausführungen werden Sie mir zustimmen, dass es eine Menge Arbeit bedeutet, würde man die komplette Dokumentation der Testfälle manuell in Word- oder Exceldokumente abbilden. Für eine kleinere Testumgebung sind auch Word und Excel geeignet, doch ab einer bestimmten Projektgröße und – damit einhergehend – einem erhöhten Testbedarf und Aufwand sollten Sie sich nach einer professionelle Testsoftware umsehen. Diese kann sehr viel automatisieren und gleichzeitig Statistiken und Grafiken über die Testverläufe und Auswertungen zur Verfügung stellen. In Ihrem Unternehmen ist solche Software bestimmt schon im Einsatz, denn es wird auch heute noch immer sehr viel Software (selbst) entwickelt, und die muss ja auch getestet werden.

In Abbildung 16.3. sehen Sie eine schematische Darstellung des Testprozesses.

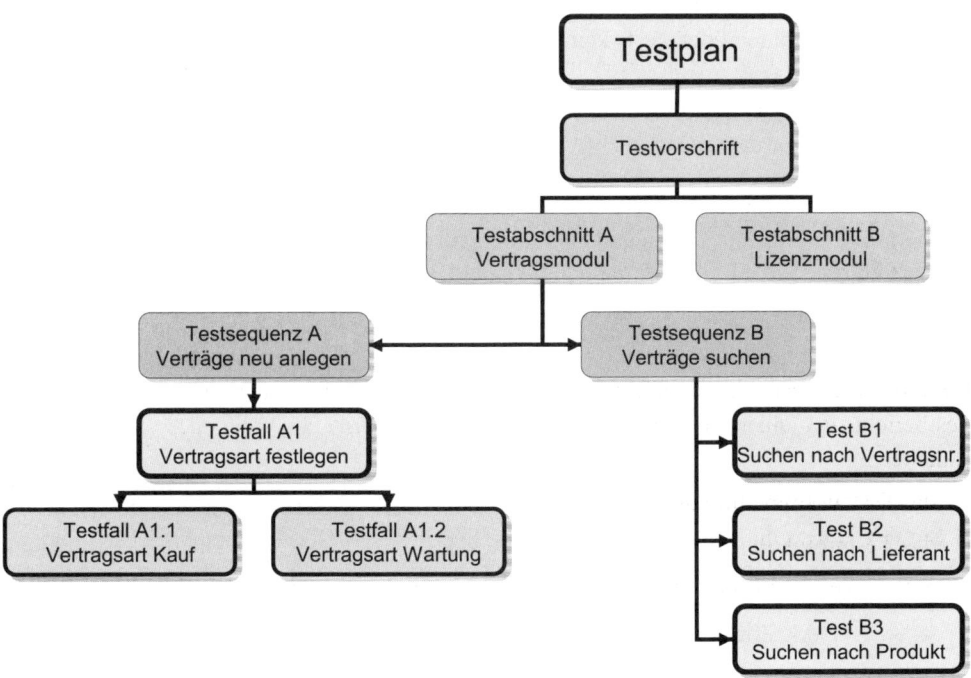

Abbildung 16.3 Schematische Darstellung des Testprozesses

Vergessen Sie nicht, eventuelle wichtige Rahmenbedingungen zu formulieren und im Vorfeld abzustimmen bzw. festzulegen. Der Testbetrieb wird Ihnen sonst über den Kopf wachsen. Hier einige Beispiele, welche Rahmenbedingungen und Besonderheiten das sein könnten:

- Rahmenbedingungen
  - Test eines Standard-Lizenz- und Vertragsmanagementsystems
  - Der Test wird auf eigenständigen Unternehmenssystemen durchgeführt
  - Test der Module Lizenzen, Vertrag
  - Test aus Sicht einer zentralen Erfassung der bereitgestellten Lizenzdaten
  - Test aus Sicht einer zentralen Erfassung der bereitgestellten Vertragsdaten
  - Es wird keine individuell entwickelte Software getestet

- Besonderheiten
  - Die benötigte Hard- und Software wurde bereitgestellt
  - Es gilt eine verkürzte Testzeit von zwei statt vier Wochen als vereinbart
  - Die Initialbeladung mit ausgewählten Datenbeständen bestehend aus Inventory-, Vertrags- und Lizenzdaten ist erfolgt.
  - Es wird während der Tests keine Anpassungen im Tool geben
  - Das Erkennen nichtlizenzkostenpflichtiger Software (Open Source, Freeware etc. wird nicht getestet)

> **Hinweis:**
> Legen Sie eventuelle Zahlen und Datenmengen fest, wie etwa: Die Anzahl der Verträge für das Testen der Vertragsanlage ist auf insgesamt 20 Stück zu begrenzen.

Abbildung 16.4 auf der gegenüberliegenden Seite zeigt einen groben Plan zur Vorgehensweise bei der Testdurchführung.

> **Hinweis:**
> Wenn es Ihre technischen Möglichkeiten und Geschäftsprozesse zulassen, sollten Sie Ihre komplette Produktivumgebung als Spiegelsystem für die geplante Testumgebung anlegen (einmalige Initialbeladung mit Produktivdaten in die Entwicklungsumgebung). Damit besitzen Sie eine Abbildung der Produktivumgebung und können dann damit gefahrlos Entwicklungsarbeit leisten.

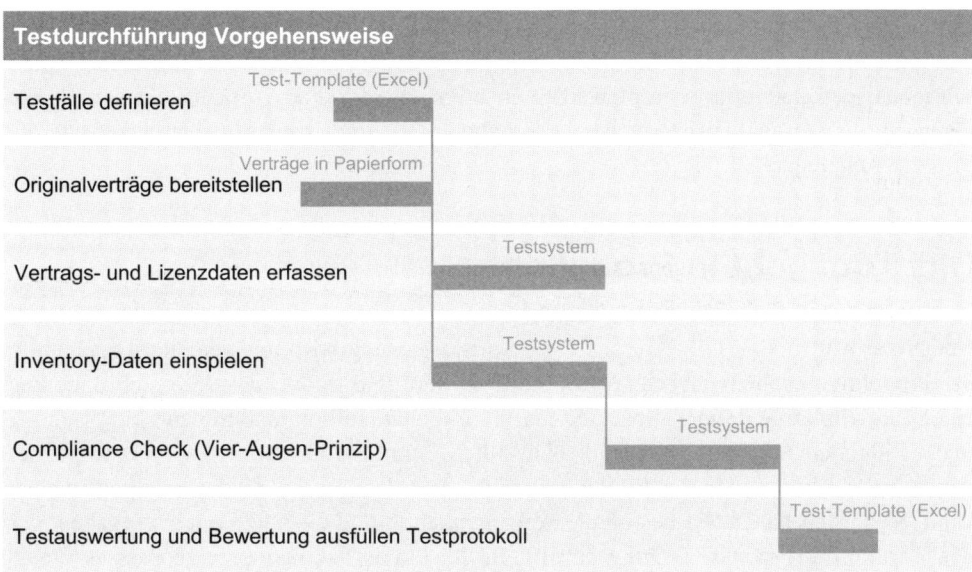

Testdurchführung Vorgehensweise

Testfälle definieren — Test-Template (Excel)

Originalverträge bereitstellen — Verträge in Papierform

Vertrags- und Lizenzdaten erfassen — Testsystem

Inventory-Daten einspielen — Testsystem

Compliance Check (Vier-Augen-Prinzip) — Testsystem

Testauswertung und Bewertung ausfüllen Testprotokoll — Test-Template (Excel)

Abbildung 16.4 Ablaufplan für eine Testdurchführung

16.4 Die Abnahmespezifikation definieren und erstellen

Wenn die Implementierung und Entwicklung der Softwarelösung so weit erfolgreich gewesen ist, wird quasi als Ernstfall der Produktiveinsatz des Tools anhand eines Piloten geprüft. Hierbei wird die Produktivumgebung in einer Testumgebung nachgebildet, mit der Besonderheit, dass die Pilotumgebung Echtdaten aus der Produktivumgebung über die schon produktiven Schnittstellen erhält. Ist die Pilotumgebung erfolgreich aufgesetzt, wird jetzt noch einmal ein verkürzter Testprozess mit allen im Vorfeld durchgeführten Testfällen umgesetzt. Der Pilot dient meistens auch schon als Grundlage, um Schulungsunterlagen und Handbücher zu erstellen. Die Pilotumgebung wird außerdem oft auch als Schulungsumgebung für die Endanwender genutzt und muss damit zusätzlich unter Beweis stellen, dass alle gewünschten Prozesse und Funktionen ohne Probleme arbeiten.

Während der Pilotphase muss parallel ein Abnahmedokument erarbeitet werden, das die Abschlusstests und das Verhalten der Softwarelösung in der Pilotumgebung dokumentiert. Der Abschlussbericht ist an das Projektmanagement als Zielgruppe adressiert. Darin werden alle erfolgreichen Tests notiert, aber auch ungelöste Probleme geschildert. Es erfolgt weiterhin eine Abschätzung über die Qualität der Testdurchführungen und der angewendeten Testkriterien. Für ungelöste oder noch offene Probleme muss eine Risikoabschätzung erfolgen, ob diese die geplante Produktivsetzung gefährden können. Beide Seiten, Auftraggeber und Auftragnehmer, unterzeichnen abschließend das Abnahmedokument.

Im nächsten Schritt wird ein Fahrplan für die Umsetzung der Softwarelösung in die Produktion benötigt. Vergessen Sie nicht, dass auch Notfallpläne und Fallbackszenarien beschrieben, definiert und geprobt werden müssen. Die Produktivsetzung einer Softwarelösung in die Geschäftsprozesse des Unternehmens ist immer eine hochanstrengende und diffizile Angelegenheit.

16.5   Das Tool geht in Produktion

Der große Augenblick ist gekommen, die Softwarelösung wird aus der Pilotumgebung in die Produktivumgebung überführt. Ich hatte ja bereits erwähnt, dass Sie sich unbedingt einen Notfallplan und ein Fallback-Szenario erarbeiten sollten, das Sie zumindest einmal in der Pilotumgebung durchgespielt haben sollten, damit Sie für den Fall, dass etwas schiefgehen sollte, wissen, wie der Produktivbetrieb schnellstmöglich wiederhergestellt werden kann. Sicherlich haben Sie bestimmte Abhängigkeiten und eventuell auch Vorgaben, was den Termin der Produktivsetzung betrifft. In der Praxis hat sich gezeigt, dass es für die Scharfschaltung einer komplexen Softwarelösung immer von Vorteil ist, einen Termin während der Werksferien, an einem in der Woche liegenden Feiertag oder einem Wochenende zu wählen. Wenn nämlich die Produktivschaltung wider Erwarten doch mit Problemen kämpfen muss, sind die Auswirkungen auf den Produktionsbetrieb nicht so groß wie an einem Montagvormittag. Bevor Sie das Tool oder die Softwarelösung produktiv setzen, sollten alle Beteiligten ausreichend und ihrer zukünftigen Rolle entsprechend im Umgang mit der Software geschult worden sein. Denken Sie auch daran, dass Ihr User Help Desk im Vorfeld auf die neue Software geschult wurde und eine erste Checkliste zur Hand hat, wenn es in den ersten Tagen Probleme bei der Nutzung der Software geben sollte. Stellen Sie hierfür genügend Ressourcen ab. Bewährt hat sich auch, dass in den ersten zwei bis vier Wochen Mitarbeiter des Tool-Herstellers im User Help Desk Unterstützung leisten. Geben Sie rechtzeitig eine vorher eingerichtete Hotline-Nummer und E-Mailbox bekannt, damit Ausfall und Problemmeldungen sofort an die richtige Stelle kommuniziert werden können. Haben Sie an alles gedacht, werden sich die Anrufe der Mitarbeiter in Grenzen halten, und die Akzeptanz für die Nutzung der Software wird gleich viel höher sein. Ist bei der Überführung in die Produktion alles gut verlaufen, können Sie und alle Beteiligten mit Recht stolz auf die in den letzten Wochen und Monaten geleistete Arbeit sein.

Das nächste Kapitel geht auf den eigentlichen Zweck der bisherigen Arbeit ein: die Erstellung des ersten Compliance Reports.

Fazit:

Die Phase der Implementierung und der Testprozess gehören zu den wichtigsten, aber auch arbeitsaufwendigsten Phasen in Ihrem Projekt. Die Organisation im Vorfeld und das Funktionieren der notwendigen technischen Systeme ist dabei genauso projektbestimmend wie die Akzeptanz des Projektes bei allen Beteiligten. Die präzise Aufstellung des Implementierungsplans und der darauf aufbauenden Testpläne und Testdokumente ist ein weiterer Garant dafür, dass Sie diese Phase mit der nötigen Professionalität abschließen können. Stellen Sie im Vorfeld der Produktivsetzung der Softwarelösung sicher, dass Ihre Notfall- und Rollbackszenarien erstellt und mindestens einmal geprobt wurden.

17 Lizenzreporting – Ermittlung der Lizenzdaten

In diesem Kapitel erfahren Sie u.a.:

- Wozu kaufmännische, technische und Lizenz-Reports dienen.
- Warum der Compliance Report der wichtigste Report im Lizenzmanagement ist.
- Warum Sie einen Maßnahmenkatalog aufstellen sollten.
- Weshalb die permanente und ständige Optimierung der Lizenzdaten wichtig ist.

Dieses Kapitel vermittelt Ihnen einen Überblick über die wichtigsten Reports, mit denen Sie Ihre Lizenzdaten sowohl in kaufmännischer als auch technischer Hinsicht auswerten und darstellen können. Wir gehen weiterhin auf den wichtigsten Lizenz-Report, den „Compliance Report" ein und beschreiben, welche Aktivitäten nach einer Compliance-Auswertung eventuell als Maßnahmen gestartet werden müssen, um die gestellten Anforderungen zu erfüllen.

Der wichtigste Part im Lizenzmanagement ist die Zusammenführung der kaufmännischen und der technischen Daten. Dabei bietet ein effektives Lizenzmanagement zahlreiche Vorteile: Für neue Verhandlungen mit Software-Anbietern kann es Ihnen eine bessere Ausgangsposition verschaffen und sorgt dafür, dass Sie immer über die nötigen Informationen verfügen, damit Ihr Einkauf effektiv und zum Vorteil Ihres Unternehmens das Richtige tun kann. Dafür brauchen Sie belastbare Zahlen und Analysen. Diese wiederum können Ihnen nur Systeme liefern, die solche Reports auch erzeugen und bereitstellen können. Lizenzmanagement ist kein Audit. Lizenzmanagement kann aber darauf vorbereiten. Sie bezahlen immer zu viel Geld, wenn Sie nicht ausreichend gut auf einen Audit vorbereitet sind. Lizenzmanagement beinhaltet das Potenzial, die im Unternehmen genutzten Softwarebestände zu identifizieren, proaktiv zu managen und die Kosten im Griff zu behalten. Erinnern Sie sich: Im Kapitel 1 ist in Abbildung 1.1 die Umfrageauswertung von LANDesk zu sehen. Damit Sie nicht zur Fraktion „zuversichtlich bzw. hoffen, dass alles gut geht" gehören, ist der Aufbau und Betrieb eines Lizenzmanagements das Mittel erster Wahl. Das spart Nerven und vor allem Geld. Damit dies auch ständig überprüft und kontrolliert werden kann, benötigen Sie Auswertungen und Reports.

17.1 Die wichtigsten Analysen und Reports im Lizenzmanagement

Um überhaupt Zahlen und Fakten gewinnen zu können, müssen die im Lizenzmanagement-Tool gehaltenen Daten ausgewertet und aufbereitet werden. Für verschiedene Fragestellungen werden unterschiedliche Reports und Auswertungen benötigt. Ich unterscheide in kaufmännische, technische und Lizenz-Reports. Die Reports lassen sich auch auf bestimmte Objekttypen (beispielsweise Client, Server) eingrenzen. Bei der Erstellung von Reports sollten bestimmte Rahmenbedingungen im Vorfeld definiert werden, so beispielsweise die Periodizität bzw. der Umfang (Einzelübersichten, Gruppenübersichten, Gesamtübersichten, unterteilt nach weiteren Kriterien wie Organisation, Fachbereich Kostenstelle u.a.).

> **Definition Report:**
> Ein Report erlaubt es, eine gefilterte Datensicht zu generieren und das Ergebnis weiter zu verarbeiten (Ausdruck bzw. Export in ein anderes Datenformat, z.B. in eine Exceldatei).

Als Erstes eine Übersicht über wichtige kaufmännische, technische und Lizenz-Reports mit Filterkriterien (zur besseren Übersichtlichkeit habe ich sie durchnummeriert):

Kaufmännische Reports

- *K1 – Vorhandene Lizenzen (Bestand in der CMDB)*
  Übersicht über die Anzahl der vorhandenen Softwareartikel. Die Auswertung erfolgt für alle oder für einen Softwareartikel in der Gesamtübersicht bzw. nach Abteilung, Kostenstelle.

- *K2 – Installierte Lizenzen (Übersicht über die laut CMDB installierten Lizenzen)*
  Die Auswertung erfolgt für alle oder für einen Softwareartikel in der Gesamtübersicht bzw. nach Abteilung, Kostenstelle.

- *K3 – Vertragsreport (Vertragsdaten, Vertragsfristen)*
  Übersicht über die Vertragsdaten der zu zählenden aktiven Lizenzen. Liste aller erworbenen und nach gebuchtem Wareneingang abgelegten Softwareartikel (Lizenzen) im Vertrag.

- *K4 – Lizenzen pro Vertragspartner*
  Übersicht über alle erworbenen Lizenzen nach Vertragspartner, die Auswertung erfolgt für alle oder für einen bestimmten Softwareartikel (Lizenz) in der Gesamtübersicht bzw. pro Vertragspartner.

- *K5 – Lieferantenreport*
  Übersicht über Bestand, Kosten, Bewegungen aller Lizenzen eines Lieferanten, die Auswertung erfolgt für alle Produkte eines Lieferanten in der Gesamtübersicht bzw. nach Produkt/Lieferant.

- *K6 – Herstellerreport*
  Übersicht über Bestand, Kosten, Bewegungen aller Lizenzen eines Herstellers, die Auswertung erfolgt für alle Produkte eines Herstellers in der Gesamtübersicht bzw. nach Produkt / Hersteller.

Lizenz-Reports

- *L1 – Compliance Check (Über-, Unterlizenzierung)*
  Übersicht und Aufstellung der Softwareprodukte (kaufmännisches Ist) in der CMDB mit der Gegenüberstellung der gefundenen gescannten Produkte (Lizenzen) schon zugeordnet durch die Whitelist (Produktzuordnungsliste). Die Auswertung erfolgt für alle oder für ein Produkt in der Gesamtübersicht.

- *L2 – Nicht autorisierte Software*
  Übersicht über gefundene, nicht autorisierte Software, Report (Katalogübersicht) der angelieferten Software-Rohdaten aller Scanner mit der Filterung nach nicht autorisierter Software im Abgleich mit einer Whitelist (Produktzuordnungsliste) innerhalb eines auswählbaren Zeitraums. Die Auswertung erfolgt für alle oder für eine Lizenz in der Gesamtübersicht bzw. nach Abteilung, Kostenstelle.

- *L3 – Übersicht installierte Lizenzen*
  Übersicht über die Anzahl der laut CMDB installierten Lizenzen, die Systemen zugeordnet sind und einen Bezug zu einem gültigen Vertrag haben. Die Auswertung erfolgt nach Softwarekomponente und System.

■ *L4 – Softwareprodukte (Lizenzen) im Pool*
Übersicht über vorhandene Softwareprodukte (Lizenzen) im Pool, listet alle Software-produkte (Lizenzen) kumuliert. Die Auswertung erfolgt für alle oder für eine Lizenz in der Gesamtübersicht bzw. nach Software-Pool.

■ *L5 – Softwarekomponenten mit Lizenzen (zugeordnet)*
Übersicht über Softwarekomponenten mit Bezug zu einer Lizenz, listet alle Software-komponenten mit einer einem Vertrag zugeordneten gültigen Lizenz. Die Auswertung erfolgt für alle oder für eine Softwarekomponente in der Gesamtübersicht bzw. nach Abteilung, Kostenstelle, System.

■ *L6 – Softwarekomponenten ohne Lizenzen (nicht zugeordnet)*
Übersicht der Softwarekomponenten ohne Bezug zu einer Lizenz, listet alle Software-komponenten aus der CMDB (technisches Soll) ohne Zuordnung zu einem gültigen Vertrag auf. Die Auswertung erfolgt für alle oder für eine Softwarekomponente in der Gesamtübersicht bzw. nach Abteilung, Kostenstelle, System.

Technische Reports

■ *T1 – Scan Rohdaten aus Inventory-Tabelle*
Übersicht der von allen Scannern angelieferten Datensätze für einen Report (Katalog-übersicht) der angelieferten Software-Rohdaten aller Scanner ohne Abgleich mit einer Whitelist (Produktzuordnungsliste) innerhalb eines auswählbaren Zeitraums.

■ *T2 – Softwarekomponenten (Abgleich techn. Soll / techn. Ist) pro System*
Liste aller einem System zugeordneten Softwarekomponenten (laut Bestandsdaten in der CMDB = technischer Sollbestand) zu den aus dem Inventory-Scan gefundenen Softwarekomponenten (Technischer Ist-Bestand). Die Auswertung erfolgt für alle oder für eine Softwarekomponente nach Abteilung, Kostenstelle, System.

■ *T3 – Whitelist*
Auswertung über die zugeordneten Softwareprodukte mit Versionen im Vergleich zu den im Inventory-Scan gefundenen Rohdaten (Verknüpfungstabelle mit Logik). Die Auswertung erfolgt für alle oder für ein Softwareprodukt.

Der Report T2 ist übrigens eine Auswertung, bei der Sie die einem System zugeordnete Software aus der CMDB (Soll-Daten) mit den Daten, die tatsächlich aus dem aktuellen Inventory-Scan ausgelesen werden, abgleichen. Diese Auswertung wird immer dann ein-gesetzt, wenn Sie in Ihrem Unternehmen eine Weiterverrechnung der IT- und Dienstleis-tungskosten vornehmen.

Allein anhand dieser Liste lässt sich erkennen, dass das Reporting und die Auswertungs-möglichkeiten ein auch von den jeweiligen Projektgegebenheiten abhängiges weites Feld sind. Die Festlegung, welche Reports ein Lizenzmanagement-Projekt benötigt, wird zum einen von den Prozessen bestimmt und zum anderen von den technischen Möglichkeiten, die das Lizenzmanagement-Tool bietet. Wenn die oben beschriebenen Reports bzw. Aus-wertungsmöglichkeiten nicht ausreichen, müssen Sie sich einen eigenen Report erstellen.

In Tabelle 17.1 zeige ich Ihnen ein Beispiel, wie eine Anforderungsbeschreibung für einen individuell zu entwickelnden Report aussehen sollte.

Tabelle 17.1 Beispiel einer Anforderungsbeschreibung

K5 – Lieferantenreport		
Beschreibung	**Übersicht über Bestand, Kosten, Bewegungen aller Lizenzen eines Lieferanten.** **Die Auswertung erfolgt für alle Produkte eines Lieferanten in der Gesamtübersicht bzw. nach Produkt/Lieferant**	
Inhalt	Der Report stellt die folgenden Daten/Ergebnisse dar: Liste aller Lieferanten nach Produkt, Bestand, Kosten Die Auswertung erfolgt für alle Produkte eines Lieferanten in der Gesamtübersicht bzw. pro Produkt/Lieferant. Auswertung nach Klassenspezifikation (Warengruppe, Lizenzklasse, Lizenztyp) innerhalb eines auswählbaren Zeitraums	
Technische Merkmale	Die wichtigsten technischen Merkmale des Reports:	
Nutzer	Lizenz-Manager, Lizenz-Administrator, Release-Verantwortlicher IT-Einkauf, Read-only User	
Periodizität	nach Bedarf	
Ausgabemedien	Bildschirmliste mit Druckmöglichkeit, Export in ein mit Excel bearbeitbares Dateiformat	
Verantwortlichkeiten	**Fachlich**	
Einheit	ITL/TR	
Mitarbeiter	Herr Monnei	
	Technisch	
Einheit	IT-SL	
Mitarbeiter	Frau Hanser	
Gruppierungsebene	**Spaltenüberschrift**	**Beschreibung**
	Lieferanten-Nr.	Durch ERP-System vergebene Nummer
	Lieferant	Name des Lieferanten
	Materialnummer	Materialnummer
	Materialkurztext	Beschreibung des Materials
	Beschaffte Lizenzen	Abrufe von Verträgen (Anzahl aus allen Bestell-vorgängen pro Material für diesen Lieferanten)
	Beschaffungs-volumen	Gesamtsumme
	Umsatzerlöse	Abgerechnete (erhaltene) Zahlungen
Datenselektion	Die Datenselektion wird über ein Suchmaskenview bereitgestellt.	

Bemerkung	Es werden bei der Auswertung nur Werte berücksichtigt, die nicht die Vertragsart „Sonstiges" besitzen.
Screenshoot	Siehe Anhang
Ausgabesteuerung	Ausgabe auf dem Bildschirm und Ausdruck auf einem am PC konfigurierten Drucker oder über die Exportfunktion als Exceldatei.
Berechtigungen	Jeder Anwender darf nur die Daten sehen, die der ihm zugeordneten Rolle entsprechen.

Damit die Auswertungen und Reports nur von den entsprechenden autorisierten Personen gelesen werden, ist es wichtig, die Reports den entsprechenden Rollen zuzuweisen und durch spezifische Rechte (Ändern oder Lesen) zu steuern. Machen Sie sich rechtzeitig Gedanken über ein solches Rollenkonzept. In Abbildung 17.1 sehen Sie ein relevantes Beispiel.

Bearbeiter: Torsten Groll

1=LZ_LZM_G (Lizenzmanager Global)
2=LZ_LZM_L (Lizenzmanager Lokal)
3=LZ_PV (Produktverantw.)
4=LZ_PV_Mainframe
5=LZ_INVENTORY
6=LZ_Einkauf

Modul Sidebar Lima / Sidebaraufbau (Kataloge)	Zusätzliche Funktionen	Fertigstellungsgrad			Beschreibungen/Besonderheiten	Berechtigung für Rolle					
		Prozess-Implem.	Techn. Implem.	Doku-mentiert		1	2	3	4	5	6
Reporting/Auswertungen											
Kaufmännische Reports											
K1-Vorhandene Lizenzen		100%	100%			L	L	L			S
K2-Installierte Lizenzen		100%	100%			L	L	L			S
K3-Vertragsreport		100%	0%			L	L	L			S
K4-Lizenzen pro Vertragspartner		100%	0%			L	L	L			S
K5-Lieferantenreport		100%	20%			L	L	L			S
K6-Herstellerreport		100%	100%			L	L	L			S
Technische Reports											
T1–Scan Rohdaten aus Inventory-Tabelle		100%	100%		Übersicht der von allen Scannern angelieferten Datensätze für einen Report (Katalogübersicht)	L	L	S		L	L
T2–Softwarekomponenten (Abgleich techn. Soll / techn. Ist) pro System	*Detailsicht. CMDB*	100%	100%		Liste aller einem System zugeordneten Softwarekomponenten (laut Bestandsdaten in der CMDB = technischer Sollbestand) zu den aus dem Inventory-Scan gefundenen Softwarekomponenten (technischer Ist-Bestand).	L	L	S		L	L
T3–Whitelist		40%	0%		Softwareprodukte mit Versionen, zu den im Inventory-Scan gefundenen Rohdaten (Verknüpfungstabelle mit Logik). Die Auswertung erfolgt für alle oder für ein Softwareprodukt	L	L	S		L	L
Lizenz Reports											
L1-Compliance Report		100%	80%		Überblick aller in der CMDB verwalteten Lizenzen (kaufm. / techn.)	L	L	L			L
L2-Nicht autorisierte Software						L	L	L			L
L3-Übersicht installierte Lizenzen											
L4-Softwarekomponenten in Pool		100%	100%		Übersicht der vorhandenen Komponenten in den verschiedenen SW-Pools	L	L	L			L
L5-Softwarekomponenten mit Lizenzen		100%	90%			L	L	L			L
L6-Softwarekomponenten ohne Lizenzen		100%	90%			L	L	L			L

Abbildung 17.1 Zuordnung der Rollen für Lizenzmanagement-Reports

17.2 Der Compliance Report

Der wichtigste Lizenzmanagement-Report ist zweifellos der Compliance Report. Er bildet, vereinfacht gesagt, den Abgleich zwischen den kaufmännischen und technischen Ist-Daten ab und ist somit der Report, der Ihnen (je nach Qualität der Ursprungs- und laufenden Daten) immer mitteilt, ob Sie über- oder unterlizenziert sind.

Die Aufgaben eines Compliance Reports:

- Den Installations- und Lizenzbestand permanent abgleichen.
- Die fortlaufende Darstellung der Lizenzierungssituation gewährleisten.
- Die Nutzungsdaten erheben und mit den erfassten Vertragsdaten abgleichen.
- Die Umverteilung von nicht genutzten Softwarelizenzen unterstützen.
- Die Über- oder Unterlizenzierung darstellen und vermeiden helfen.

Der Report wird in unterschiedlichen Intervallen gefahren. Das kann wöchentlich, monatlich, quartalsweise, halbjahresweise, jahresweise oder auf Anforderung geschehen. Auf Anforderung kann bedeuten: Es wird für ein bestimmtes Softwareprodukt ein Compliance-Status gefordert, oder die Zeit für einen Report ist erreicht.

Beispielhafte Auslöser können sein:

- Die Zeit für das Reporting ist erreicht.
- Eine Anforderung für einen Delta-Report liegt vor.
- Es wird eine Lizenzauskunft angefordert.

Ein Beispiel für einen mit dem Tool Valuemation (USU AG, Möglingen) erstellten Compliance Report sehen Sie in Abbildung 17.2 auf der nächsten Seite.

Beim Bewegen des Mauszeigers über die einzelnen Grafikelemente im Report werden jeweils per Tooltipp die entsprechenden Detailinformationen eingeblendet (siehe Abbildung 17.3 auf der übernächsten Seite).

Das Softwareprodukt Valuemation unterstützt Aufgaben im IT- und Business Service Management und besteht aus mehreren Modulen. Ein Modul davon nennt sich „SAM/License Manager" und erstellt u.a die in den Abbildungen gezeigten Auswertungen über ein sogenanntes Dashboard aus den vorher im Tool erfassten kaufmännischen und technischen Daten. Die kaufmännischen Daten werden dabei entweder über eine Schnittstelle von einem ERP- oder Vertragsmanagement-System in das Tool geliefert, oder die Daten stammen aus dem integrierten Modul „Contract Manager". Die technischen Daten gelangen über eine Anbindung zu dem Inventory-Scanner(n) in das Modul „License Manager". Ein Workflow erzeugt nun den Datenabgleich und erstellt unterschiedliche, konfigurierbare Sichten, die im Dashboard angezeigt werden. Das Dashboard ermöglicht einen raschen Überblick über die zu beobachtenden Analysen und Auswertungen. So haben Sie immer die wichtigsten Kennwerte im Blick und können bei Bedarf rechtzeitig darauf reagieren.

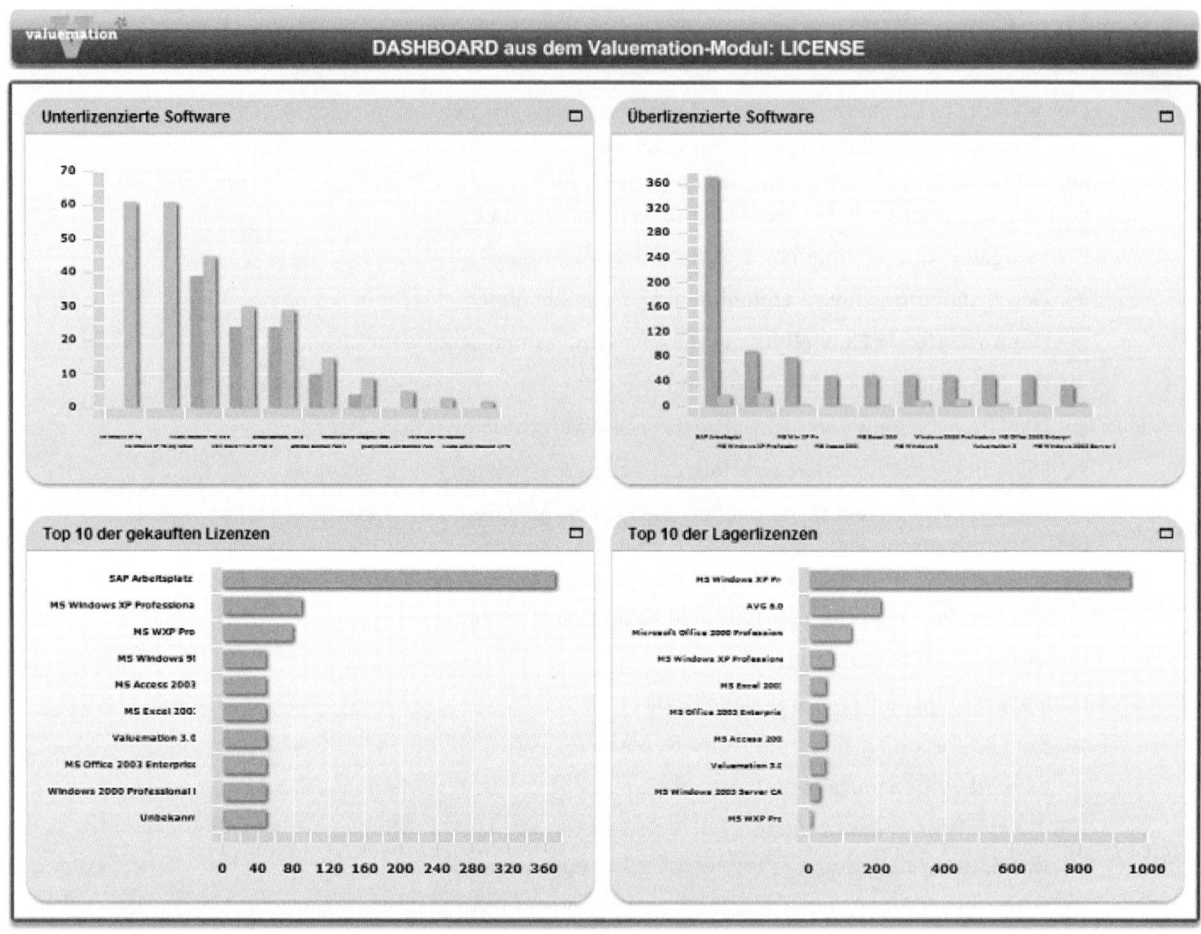

Abbildung 17.2 Dashboard Übersicht Lizenzstand[1]

Der Anforderer für einen Compliance Report kann eine Person aus den unterschiedlichsten Fach- oder Unternehmensbereichen sein. Bei einem anstehenden Audit ist der Auditor derjenige, der diesen Report zu bestimmten Produkten von Ihnen anfordert. Der Compliance Report stellt Ihnen unterschiedliche Daten zur Verfügung, mit denen Sie arbeiten müssen. Das kann unterschiedliche Maßnahmen zur Folge haben, die wiederum u.U. bestimmte weitere Prozesse auslösen. Am einfachsten ist es, sich daraus einen zukünftigen Maßnahmekatalog abzuleiten, in dem die nach dem Reportlauf gestarteten Aktivitäten beschrieben werden.

---

[1] Screenshot aus der Version 3.7 von Valuemation, verfügbar ab 4.Quartal 2009, Hersteller USU AG, Möglingen (www.usu.de).

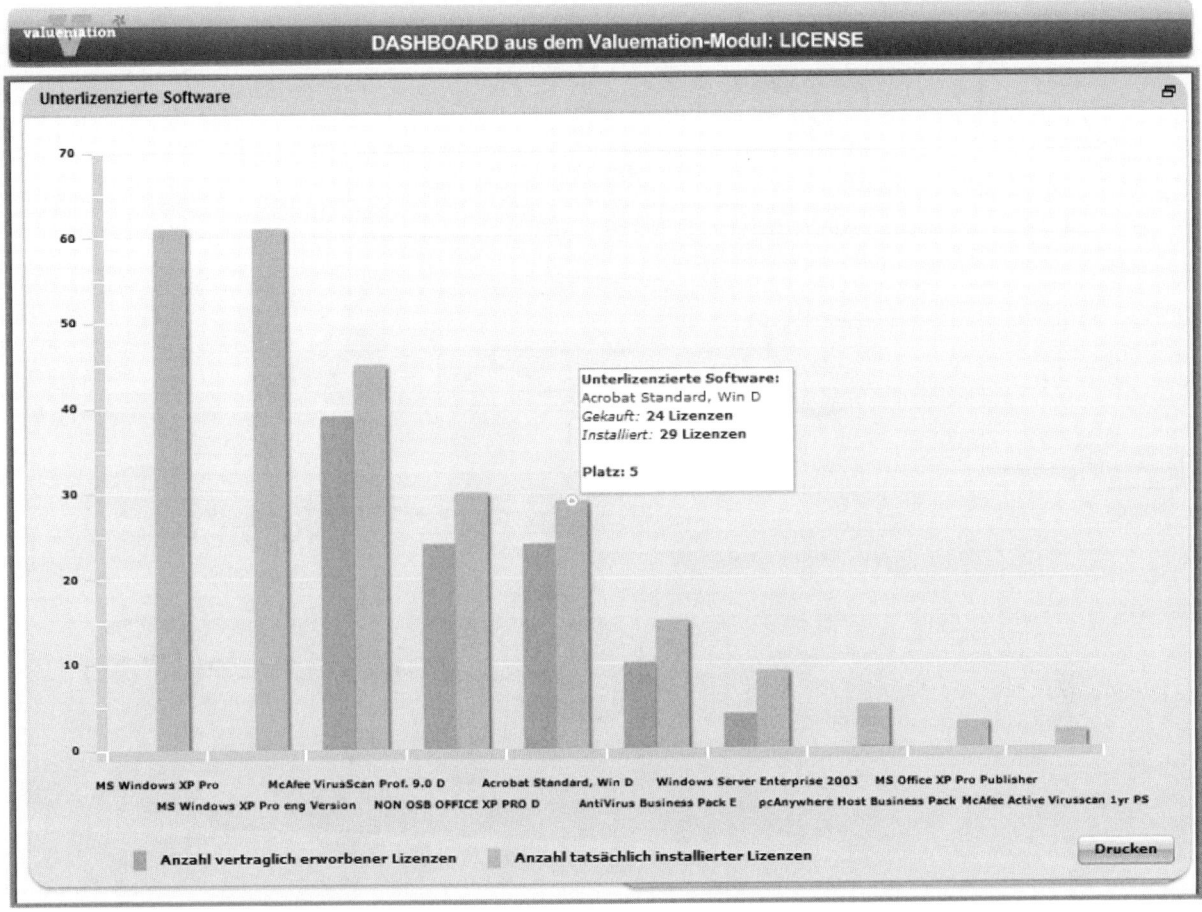

Abbildung 17.3 Detaildarstellung von unterlizensierter Software in Valuemation, Modul SAM/License Manager

17.3 Das Erstellen eines Maßnahmenkatalogs

Abbildung 17.4 auf der nächsten Seite zeigt einen Ausschnitt aus einem Lizenzmanagement-Prozess (der Schritt „Reporting & Analyse").

In diesem Prozess wird der Lizenzreport durch unterschiedliche Eintrittsereignisse gestartet. Sollte der Report nicht stimmig sein, werden je nach Ergebnis weitere Schritte erforderlich, die sich aus dem Maßnahmenkatalog ableiten lassen.

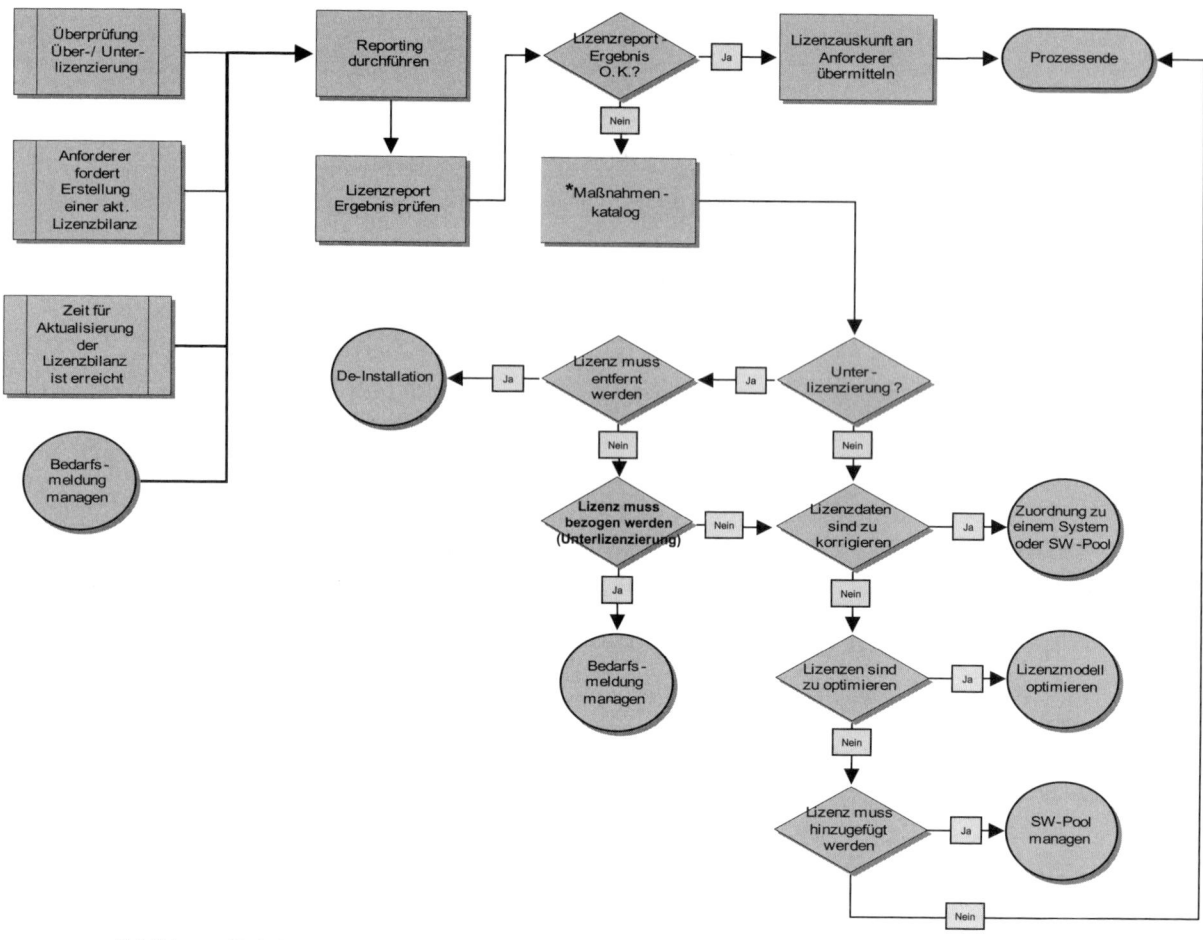

Abbildung 17.4 Soll-Prozess für Prozess-Schritt Reporting & Analyse

Eintrittsereignisse für das Erstellen des Reports können sein:

- Eine Überprüfung auf Über-/Unterlizenzierung steht an.
- Der Anforderer fordert die Erstellung einer aktiven Lizenzbilanz.
- Der Zeitpunkt für die Aktualisierung der Lizenzbilanz ist erreicht.
- Der Prozess „Bedarfsmeldung managen" benötigt Aussagen über den aktuellen Lizenz-stand eines Produktes, bevor eine Anforderung zur Installation der Software erfüllt werden kann.

Für den Input werden benötigt:

- Einkaufsdaten
- Lizenzdaten
- Rahmenverträge

■ Software-Inventory-Daten

Als Output wird erzeugt:

■ Der Lizenz-Delta-Report (Compliance Report)

■ Ein Lizenzreport mit den gestellten/gewünschten Anforderungen

■ Die angeforderte Lizenzauskunft zu einem bestimmten Vorgang bzw. einer bestimmten Anforderung

Die zu startenden Aktivitäten können sein:

■ Die Lizenz(en) müssen bezogen werden (Beschaffung).

■ Die Lizenz(en) müssen hinzugefügt werden (Zuordnung in CMDB).

■ Die Lizenz(en) müssen entfernt werden (De-Installation).

■ Die Lizenzdaten sind zu korrigieren (Software-Pool managen).

■ Die Lizenzen sind zu optimieren (Lizenzanpassung).

Wenn die Reportergebnisse stimmig sind bzw. der Anforderungsqualität entsprechen, werden sie an den Anforderer (Auditor, Hersteller, Fachbereich, Management) übergeben.

> **Hinweis:**
> Der Compliance Report ist ein Hauptreport, von dem aus andere Software-Life-Cycle-Prozesse getriggert und gesteuert werden.

17.4 Permanente Steuerung und Optimierung

Dass die Daten aus dem Compliance Report immer nur eine Momentaufnahme sein können, ist Ihnen bestimmt bekannt. Dazu ist der ganze Software- und Lizenzmanagement-Prozess viel zu dynamisch. Deswegen ist eine permanente Steuerung und Optimierung der Softwareprodukte und der Lizenzen notwendig. Die gesetzlichen Regelungen erfordern allerdings auch, dass Sie immer einen Compliance-Nachweis erstellen können, sowohl für die Vergangenheit als auch für die Gegenwart. Dies bedeutet, dass Sie den Compliance Report auch in der Historie elektronisch aufbewahren, archivieren und nachweisen müssen. Dazu bedienen sich die Lizenzmanagement-Tools verschiedenster Methoden. Die einen historisieren die Daten und Reports in Datenbanken, hinterlegt mit gewissen Workflows und Logiken, so dass immer ein nicht mehr veränderlicher Datensatz entsteht, die anderen bedienen sich beispielsweise einer sogenannten Snapshot-Methode, die auf Vergleichslogiken aus dem letzten Compliance Report beruht, und werden auch historisiert. In Compliance sind sie immer nur stichtagsbezogen, deswegen ergibt eine tägliche Auswertung auch keinen großen Sinn. In den ersten Wochen und Monaten nach der Implementierung des Lizenzmanagement-Tools haben Sie sowieso erst einmal die Aufgabe, die Reportdaten auf Plausibilität zu prüfen und die Qualität stufenweise zu verbessern. Erwarten Sie bitte nicht gleich am Anfang eine hohe Qualität. Die Systeme und die Beteiligten müssen sich erst einmal aufeinander einspielen. Aber selbst wenn die ersten Ergebnisse noch nicht zufriedenstellend sind: Es wird mehr sein, als Sie bis dahin an Daten je zur Verfügung hatten. Sie werden erstmals in der Lage sein, automatisierte Statistiken und Aussagen zu erstellen, wie Abbildung 17.5 in einer vereinfachten Übersicht zeigt.

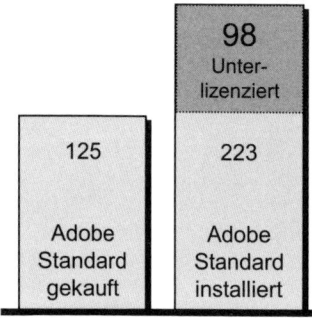

Abbildung 17.5
Beispiel: Compliance-Auswertung
zum Produkt Adobe Standard

Der Compliance Report hat nur die Aufgabe, die technischen mit den kaufmännischen Daten zu vergleichen und die Abweichungen nach unten wie nach oben aufzuzeigen. Damit Sie auch ein dynamisches und proaktives Lizenzmanagement betreiben können, benötigen Sie weitere Steuerparameter und Bewegungsdaten.

In Kapitel 18 erfahren Sie, wie man Softwarelizenzen proaktiv durch eine Analyse der Softwarenutzung (auch Software Metering genannt) managen kann und wie Sie dadurch nicht genutzte IT-Bestände (Softwareassets) identifizieren können.

Fazit:

Der Compliance Report ist einer der ersten und wichtigsten mit einem Lizenzmanagement-Tool erstellten Reports. Er bildet die kaufmännische und die technische Basis der Softwareprodukte ab und ist für alle Beteiligten ein wichtiges Instrument, um die Unternehmenslizenzen auf rechtskonforme Nutzung kontrollieren zu können.

Teil VI:
Die Optimierung des
Lizenzmanagements

18 Softwarenutzung –
Lizenzen proaktiv managen

In diesem Kapitel erfahren Sie u.a.:

- Wie Sie sich einen gesamthaften Überblick über die Nutzung der Software in Ihrem Unternehmen verschaffen.
- Welche Methoden und Ergebnisse dabei behilflich sein können.
- Welche Phasen ein Softwarenutzungsanalyse-Projekt hat.

In diesem Kapitel beschreiben wir, wie Sie ungenutzte Software in Ihrem Unternehmen identifizieren. Außerdem werden zwei Methoden vorgestellt, wie man Softwarenutzung misst und welche Auswirkungen die Ergebnisse haben können. Am Ende des Kapitels finden Sie eine Beschreibung der drei Phasen für die Planung und Durchführung eines Softwarenutzungsanalyse-Projekts sowie die Empfehlungen für einen groben Projektzeitplan.

Viele Geschäftsprozesse in einem Unternehmen sind heutzutage nur noch mit der Unterstützung von Computern und der darauf befindlichen Software durchführbar. Dabei unterliegt die Software einem ähnlichen End-of-Life (Lebensdauer, aktiver Einsatz < vier Jahre), wie es bei Hardware mittlerweile schon lange der Fall ist. Immer neue Softwarefunktionen, die auch teilweise durch die Anwender gefordert werden, erfordern immer kürzere Entwicklungszeiten und die damit einhergehenden, in immer kürzeren Abständen notwendigen Updates von Software. In jedem größeren Unternehmen werden pro Jahr mehrere Hundert Entscheidungen über den Kauf von Softwarelizenzen getroffen, ohne dass es eine wirkliche Information darüber gibt, ob die beschafften Softwareprodukte tatsächlich im angedachten Umfang genutzt werden. Die in Abbildung 18.1 zu sehenden Zahlen sind das Ergebnis einer 90 Tage andauernden Messperiode in einem Unternehmen mit ca. 6000 Desktopsystemen.

Gesamtsoftwarenutzung im Messzeitraum:

401.126 h in **81** Arbeitstagen

Gesamtsoftwarebestand: **1.009.044** Executables (ohne OS)

Die durchschnittliche SW-Nutzung pro Arbeitstag: **1:32** (h:mm)

Das entspricht ca. **22,6%** eines 8h-Arbeitstages.

Anzahl der im Messzeitraum gestarteten unterschiedlichen Anwendungen: **7.115**

Davon wurden **3.215** Anwendungen nur **einmal** auf jeweils **1** Maschine gestartet.

Mit 9 Anwendungen wurden rund 81% der gesamten Softwarenutzung erzielt.

Abbildung 18.1 Auswertung aus einem realen Softwarenutzungsanalyse-Projekt[1]

---

[1] Beispielhafte Auswertung, zur Verfügung gestellt von metrix-consulting.de

18.1 Identifizierung von nicht genutzten IT-Beständen

Wenn Sie Software im Einsatz haben, egal, ob aktiv oder ungenutzt, und auch ganz egal, ob diese Software über einen Wartungsvertrag, über den Kauf von Updates oder durch erneute Beschaffung bei Bedarf erworben wird: Sie bezahlen in einem Zeitraum von 36 bis 48 Monaten jede im Unternehmen befindliche Softwarelizenz noch ein weiteres Mal – also auch die ungenutzten Softwarelizenzen!

Wenn Sie also Kosten reduzieren wollen, können Sie sofort Einsparungen erzielen. Indem Sie die ungenutzten Softwarelizenzen identifizieren und deinstallieren, reduzieren Sie damit Ihre Wartungsverträge und Updatestückzahlen und sparen auf diese Weise Kosten ein.

> Nach einer Umfrage der Beratungs- und Prüfungsgesellschaft Deloitte im Juli 2005 wurden 2005 und davor jährlich 240 Milliarden Euro für Unternehmens-Software ausgegeben, wovon etwa 90 Milliarden Euro später als Fehlinvestition ungenutzt im Unternehmen lagerten. Das ist mehr als ein Drittel der Softwarekosten. Die dafür zu bezahlende Wartung nicht einmal mitgerechnet.

Sollten Sie also auch Computer finden, wo buchstäblich schon der Klee zwischen der Tastatur wächst, wäre es Zeit für eine Analyse, um ungenutzte Ressourcen zu entdecken. Nun können Sie schlecht mit einem Block in der Hand durch Ihr Unternehmen laufen, in der Hoffnung, hier und da einen mit Staub bedeckten Computer zu finden. So werden Sie kaum Erfolg haben. Der richtige Weg beginnt mit einer Frage:

Kennen Sie alle im Unternehmen installierten und genutzten Softwareanwendungen?

Sicherlich nicht, das wäre auch etwas zu viel verlangt. Vermutlich liegen Sie aber sogar mit einer Schätzung Ihrer aktiven Anwendungen noch weit neben der tatsächlichen Zahl. Wussten Sie, dass das Verhältnis von gekaufter zu tatsächlich genutzter Software bzw. Lizenzen je nach Unternehmensgröße und Anwendung einen Faktor von 1,2 bis 1,5 aufweist? Das bedeutet: Über die Hälfte der erworbenen Software bzw. Lizenzen bleibt ungenutzt.

Machen Sie sich anhand der folgenden Fragen ein Bild von der Situation zur Softwarenutzung in Ihrem Unternehmen:

- Welche Software wird wie lange täglich aktiv genutzt?
- Welche Software wird im Wesentlichen nicht genutzt?
- Wie hoch sind die Kosten je Softwareanwendung und Nutzungsminute?
- Wo im Unternehmen wird ein und dieselbe Softwareanwendung wie stark genutzt?
- Welche Einsparpotenziale wären im Unternehmen vorhanden, wenn die bisherigen Lizenzmodelle optimiert werden könnten?
- Welche Software nutzen Ihre Mitarbeiter, die Sie nicht kennen oder die nicht offiziell lizenziert ist?

Wenn Sie keinen ausreichenden Überblick über die Nutzung von Software in Ihrem Unternehmen haben, hat das folgende Auswirkungen:

- Es gibt einen verringerten Return on Invest (ROI) beim Ausrollen neuer Softwareanwendungen.

- In ungenutzte oder redundante Betriebsmittel werden unnötig Gelder investiert.

- Es werden zum Teil überflüssige Updates oder Migrationen für vielleicht gar nicht mehr in dem Umfang genutzte Softwareprodukte getätigt (Kostenfaktor).

- Wenn Sie keinen Überblick über Ihre aktuellen Zahlen und die tatsächlich genutzten Softwarelizenzen verfügen, ist Ihre Position bei den Verhandlungen zur Anpassung Ihrer bestehenden oder neu zu erwerbenden Softwareverträge gegenüber dem Lieferanten oder den Softwareherstellern nicht sehr stark.

- Bei einer notwendigen physischen Inventur erzeugen Sie mithilfe manueller Arbeitsschritte hohe Aufwände und haben eine geringere Produktivität in den nachgeordneten Verwaltungsprozessen (Bestandsaufnahmen, Historisierung).

Die Softwarenutzungsanalyse, auch „Software Metering" genannt, ist ein Instrument, das von den Betriebsräten in Deutschland nicht gerne gesehen wird. Sie geben zu bedenken, dass damit unzulässigerweise die Arbeitsleistung gemessen werden könnte. Dabei sind längst alle Systeme in der Lage, die Daten zu anonymisieren. Gerade in wirtschaftskritischen Zeiten sind alle Einsparpotenziale herzlich willkommen.

Maßnahmen, nicht genutzte Software zu identifizieren, um damit Software- und Lizenzkosten zu reduzieren, werden in der jetzigen Situation von Betriebsräten sicherlich gern gesehen, sind sie doch ein probates Mittel, um dem Unternehmen Kosten zu ersparen (und damit letztendlich Arbeitsplätze zu erhalten und zu sichern ...).

18.2 Methoden und Ergebnisse aus der Praxis

In einigen Unternehmen wird eine Art Software Metering schon seit geraumer Zeit praktiziert. Hierzu wird beispielsweise der Microsoft System Management Server (SMS) 2003[2] verwendet. Über einen auf den PCs installierten Agenten kann dieser Server erkennen, wann eine Softwareanwendung gestartet und wann sie wieder beendet wird, und daraus ein Protokoll erstellen. Wenn diese Form des Meterings eingesetzt wird, geht das meistens mit einem Prozess einher, der nach einer festgelegten Anzahl von Tagen, an denen die Software nicht gestartet wird, diese vom Anwender-PC vollautomatisch entfernt. Gleichzeitig gibt es aber auch einen Prozess, der die deinstallierte Software dem Mitarbeiter wieder relativ schnell zur Verfügung stellen kann, sollte dieser die Software doch wieder benötigen.

---

[2] Der Nachfolger heißt System Center Configuration Manager (SCCM).

Das System hat aber einen großen Nachteil: Mit den herkömmlichen Methoden kann keine Aussage darüber getroffen werden, ob eine Software tatsächlich genutzt wird, also auch eine Maus- und Tastaturinteraktion stattfindet. Gemessen wird also nur der Start- und Stoppzeitpunkt. So können Sie das Nutzungsverhalten nicht richtig bestimmen. Der Mensch ist von Natur aus auch ein Sammler. Was er einmal im Besitz hat, gibt er so schnell nicht wieder her. Dieses Verhalten führt teilweise zu einem Effekt, der überhaupt nicht gewollt war. In einem Unternehmen, das die eben beschriebene Methode einsetzte, hatte sich sehr schnell herumgesprochen, wie sich der Prozess aushebeln ließ. So starteten die Mitarbeiter die Softwareanwendungen auf ihrem PC mindestens einmal pro Woche, um Nutzungsaktivitäten zu erzeugen und die Anwendungen behalten zu können. Ich erlebte schon Fälle mit prall vollen Autostartgruppen. Hier musste der PC beim allmorgendlichen Start erst einmal Dutzende von Softwareanwendungen passieren.

Deshalb ist es sinnvoller, wirklich nur die Zeit zu zählen und zu messen, in der tatsächlich eine Interaktion mit der Softwareanwendung stattfindet. Systeme, die so vorgehen, sind bei weitem zuverlässiger und in ihren Aussagen genauer.

Einen großen Teil der Arbeit muss aber auch der vor dem PC Sitzende leisten. Hier muss ein Umdenken geschehen, damit die Software dynamisch verteilt werden kann, sofern es die Lizenzbestimmungen des Herstellers erlauben. Microsoft beispielsweise erlaubt eine erneute Zuweisung der Softwarelizenz an einen anderen PC erst nach Ablauf von 90 Tagen. Auch hier muss also auf die vorgeschriebenen Nutzungsbedingungen geachtet werden. Abbildung 18.1 auf der folgenden Seite zeigt Ihnen eine Gegenüberstellung der beiden Messmethoden. Daran ist klar zu erkennen, welches die bessere Messmethode ist.

Die Werte zeigen, dass es rein technisch nicht möglich ist, wenn ein Mitarbeiter mit einem Acht-Stunden-Arbeitstag eine Softwarenutzungszeit von 22,5 Stunden erreicht. Spätestens jetzt würde ein Vertreter des Betriebsrats eine Erklärung verlangen.

Wenn wir von proaktivem Lizenzmanagement sprechen, geht es nicht nur um das Erkennen ungenutzter Softwarelizenzen, sondern auch darum, die Verteilung und Auslastung von Softwarelizenzen effektiv zu gestalten. Die in Abbildung 18.2 dargestellte Methode der Start-Stopp-Messung würde uns wenig nützen, wenn es sich darum handelt zu beurteilen, ob ein Mitarbeiter eine Vollversion etwa von „Microsoft Projekt" benötigt, oder ob nicht auch ein kostenloser Projekt Viewer ausreichen würde. Genau das kann die Messung nach Aktivitätsverhalten leisten. In den Auswertungen ist sehr schnell zu sehen, ob jemand MS Projekt startet, um sich darin beispielsweise nur Projektpläne anzusehen, oder ob damit wirklich interagiert wird. Im ersteren Fall wäre ein kostenloser Viewer völlig ausreichend, und schon hätten Sie proaktiv eine MS-Projekt-Lizenz zur weiteren Verwendung. Das Verfahren können Sie natürlich auf alle Softwareanwendungen anwenden. Sie werden staunen, mit wie wenigen Anwendungen Sie einen großen Teil Ihrer Geschäftsprozesse steuern. In Abbildung 18.3 auf der nächsten Seite sehen Sie einen Graphen, der die Verteilung von Softwarenutzung zu tatsächlichen Anwendungen in einem sehr großen Unternehmen abbildet.

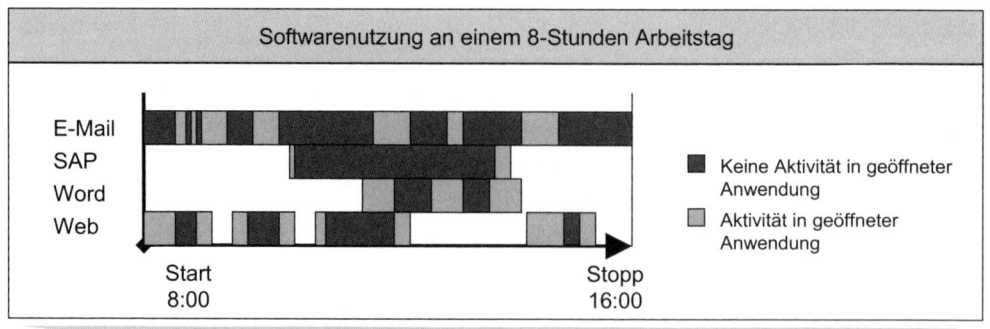

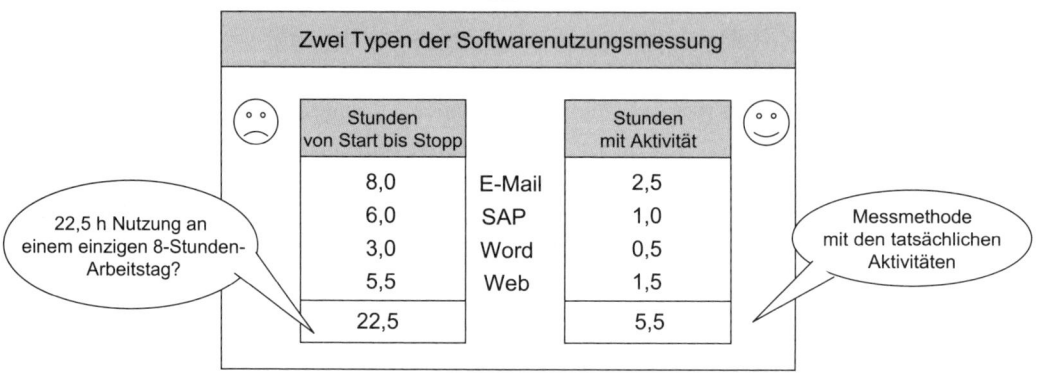

Abbildung 18.2 Übersicht über die beiden Messmethoden im Software Metering [3]

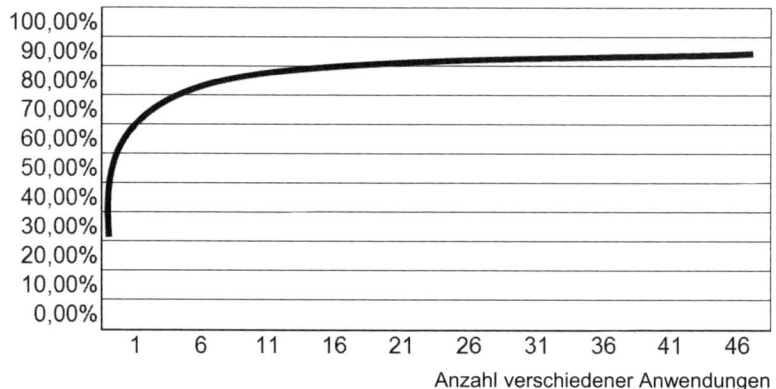

Abbildung 18.3 Verhältnis zwischen der Anzahl von Anwendungen und der Softwarenutzung im Unternehmen[4]

---

[3] Quelle: metrix-consulting.de (mit freundlicher Genehmigung zur Veröffentlichung)
[4] Quelle: metrix-consulting.de (mit freundlicher Genehmigung zur Veröffentlichung)

In dem Chart ist zu erkennen, dass weniger als 16 verschiedene Anwendungen 80 % der Wertschöpfung durch Softwarenutzung repräsentieren. Weniger als 50 verschiedene Anwendungen werden aktiv genutzt, um 93 % der gesamten Softwarenutzung in diesem Unternehmen zu erreichen. Die hier gezeigte Nutzungskurve stammt aus einem größeren Unternehmen mit mehreren Tausend PCs, wo in dem laufenden Messzeitraum mehrere Tausend verschiedene Anwendungen gestartet wurden. Ich kann Ihnen versichern, dass dies in den von mir begleiteten Projekten, wo eine solche Softwarenutzungsanalyse durchgeführt wurde, eher die Regel als die Ausnahme ist. Sicherlich kann die 96. Anwendung eine kritische Unternehmenssoftware sein, auch wenn diese beispielsweise nur einmal pro Quartal gestartet wird. Hier gilt es natürlich auch entsprechendes Augenmaß zu behalten und die Analyse sachlich zu betrachten. Diese Analyse unterstützt Sie auch bei der Entscheidung darüber, welche Softwareanwendungen in ein Software-Virtualisierungsprojekt gesteckt werden könnten. Die entsprechenden Kandidaten können mit einer Softwarenutzungsanalyse sehr genau identifiziert werden.

Ein weiteres Potenzial, das Sie mit einer Softwarenutzungsanalyse heben können, ist die Erkenntnis, dass nicht alle Microsoft-Office-Nutzer die Professional-Variante benötigen, die bekanntlich mehr Kosten verursacht als die Standardversion von Office. In Abbildung 18.4 sehen Sie eine Auswertung mit der Gegenüberstellung der erhobenen Daten über einen Mindestzeitraum von 90 Messtagen.

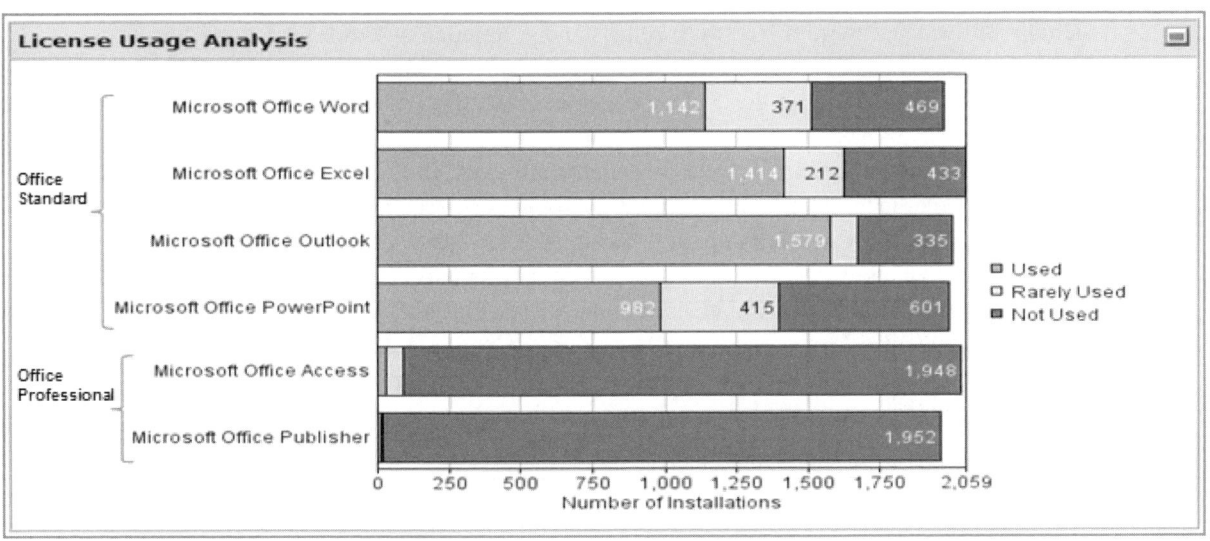

Abbildung 18.4 Softwarelizenzanalyse von Microsoft Office Standard und Professional[5]

---

[5] Quelle: metrix-consulting.de (mit freundlicher Genehmigung zur Veröffentlichung)

Diese Auswertung zeigt, dass die meisten Mitarbeiter nicht alle Bestandteile des Microsoft-Office-Pakets nutzen. Ohne Einbußen würde für die meisten Mitarbeiter ein Office-Standard-Paket vollkommen ausreichen.

Noch ein Wort zu dem Tool Survey, mit dem die hier gezeigten Auswertungen erstellt wurden. Die Firma Scalable Software Inc.,[6] die das Tool entwickelt und vertreibt, wurde 1999 in den USA gegründet. Scalable fokussiert sich dabei auf Software-Lösungen, die Unternehmen helfen, ihre IT-Betriebsmittel in Form von Hard- und Software zu optimieren und somit erhebliche Kosten einzusparen. Survey misst die tatsächliche Nutzung von Hardware, Software und Druckern und erlaubt Unternehmen eine optimale Nutzung dieser Betriebsmittel. Neben Survey verwendet auch das Tool „BMC Configuration Management" (früher auch Marimba genannt)[7] ähnliche Methoden und Verfahren zur Softwarenutzungsanalyse.

Die weiteren Ausführungen und Erläuterungen beziehen sich auf das Softwaretool Survey. Das Tool entdeckt vollautomatisch Hardware und Software auf nahezu allen Computern im Unternehmen. Die Nutzung jeglicher Software wird registriert, egal, ob installiert oder beispielsweise direkt vom USB-Stick aus gestartet. Dies gilt ebenso für Terminalserver. Auch die Nutzung von lokalen und von Netzwerkdruckern wird gemessen. Damit erhalten Sie quasi als Nebenprodukt eine Übersicht über die nicht mehr oder nur sehr wenig genutzten Drucker. Schon mit diesem Ergebnis haben sich die Kosten für eine Softwarenutzungsanalyse meistens amortisiert. Die Software nutzt ein agentenbasiertes Verfahren, wobei sich die Softwareagenten im Netzwerk selbstständig verteilen und sich nach einer festgelegten Messperiode wieder völlig eigenständig deinstallieren können, ohne Spuren zu hinterlassen. Für die Verteilung der Softwareagenten spart das eine Menge Zeit und somit auch Kosten. Typischerweise dauert eine Softwarenutzungsanalyse zwischen 60 und 90 Tagen. Der Messzeitraum sollte nicht in Zeiten stattfinden, in denen aus Urlaubsgründen nur wenige Mitarbeiter im Unternehmen tätig sind, sonst erhalten Sie keine auswertbaren Ergebnisse. Das Projekt erfordert einige – wenige – Tage Anwesenheit eines Beraters. Die eigentliche Nutzungsanalyse dauert länger und läuft automatisch. Danach werden die Daten abgeholt und ausgewertet. Bei einer anschließenden Präsentation werden die Ergebnisse in mehreren Charts bzw. sogenannten Steckbriefen vorgestellt. Viele Manager werden von den Ergebnissen überrascht. Es zeigte sich immer ein enormes Einsparpotenzial sowohl bei kurzfristigen als auch bei mittel- und langfristigen Maßnahmen.

Was wird bei der Softwarenutzungsanalyse gemessen?

- Es werden nur Interaktionen der Benutzer mit Applikationen gemessen.
- Es werden keinerlei Arbeitsinhalte von Mitarbeitern analysiert oder gespeichert.
- Geöffnete Applikationen werden nur für den Zeitraum gemessen, in dem der Benutzer tatsächlich damit arbeitet.
- Die Messperiode ist frei wählbar, auch permanente Messung ist möglich.

---

[6] www.scalable.com

[7] www.marimba.com

- Die Messung kann anonymisiert werden (z.B. aufgrund einer Forderung des Betriebsrats).

- Messung von Intranet- und Internetanwendungen (URL-abhängig)

- Messung von Terminalserver-Anwendungen

- Richtlinienüberwachung (Policies) ist möglich

- Auslastung und Konfiguration der betroffenen Hardware

- Nutzung und Auslastung von Druckern

Die Analyseergebnisse ermöglichen Entscheidungen, die auf Fakten basieren und nicht auf Vermutungen.

Die primären Einsparpotenziale für das Lizenzmanagement können sein:

- Verminderung von Software-Wartungsausgaben

- Umverteilung von Lizenzen statt Neukauf. – Ein erheblicher Anteil des Softwarebudgets kann eingespart werden, weil die Software bereits im Unternehmen ist, ohne genutzt zu werden.

- Der Wechsel in andere Lizenzierungsformen, basierend auf einem Nutzungsprofil, kann geprüft werden.

- Optimierung von Lizenzmodellen bei Client-Server-Lösungen

- Optimierung von Outsourcing-Verträgen

- Erkennen und Vermeiden von Raubkopien

Sekundäre Einsparpotenziale können sein:

- Bedarfsgerechte Neuinvestitionen bei Softwareprodukten aufgrund der tatsächlichen Nutzung der vorhandenen Softwarelizenzen

- Geringere Personalkosten im HelpDesk und in der IT-Abteilung

- Optimierung von Leitungskapazitäten

- Bedarfsgerechte Lizenzierung nach Probebetrieb bei Neuinvestition in Software

18.3 Ein Softwarenutzungsanalyse-Projekt durchführen

Nun haben Sie bereits einiges über die Softwarenutzungsanalyse erfahren. Sehen wir uns einmal an, wie so ein Projekt üblicherweise umgesetzt wird und welche Ergebnisse zu erwarten sind. In Tabelle 18.1 auf der nächsten Seite finden Sie eine kompakte Übersicht. Mit dem richtigen Softwaretool ist es möglich, sich einen aktuellen Überblick über alle im Unternehmen befindlichen Softwareprodukte in relativ kurzer Zeit zu verschaffen.

Tabelle 18.1 Übersicht über die Projektphasen einer Softwarenutzungsanalyse

| | Phase 1 | Phase 2 | Phase 3 |
	Projektinitialisierung	Software-Nutzungsanalyse	Umsetzung der Ergebnisse
Inhalt	■ Festlegung der Projektorganisation ■ Entwicklung eines groben Projektplans (inklusive Verantwortlichkeiten und Meilensteinplan) ■ Sammlung der erforderlichen Informationen ■ Festlegung des genauen Analyserahmens ■ Analyse-Tool auswählen und bestimmen ■ Definition von Arbeitspaketen und Aufgabe	■ Einsatz des ausgewählten Analysetools ■ Starten des Messverfahrens ■ Softwarenutzungsanalyse läuft über den zuvor festgelegten Zeitraum (empfehlenswert: 60-90 Tage, nicht im Zeitraum von üblichen Schulferien oder Landesfeiertagen laufen lassen) ■ Sammlung der Messdaten ■ Auswertung der gesammelten Daten ■ Erstellung eines risikobewerteten Maßnahmenkatalogs	■ Ergebnisse aus Maßnahmekatalog umsetzen ■ Softwareportfolio anpassen ■ Identifizierung von Softwareprodukten für eine mögliche Anwendungs-Virtualisierung ■ Realisierung der Einsparpotenziale, die ohne weitere Investitionen kurz und mittelfristig erreichbar sind ■ Konzentration auf Quick Wins und schnellen ROI
Methoden/ Verfahren	■ Projektplanung ■ Abstimmung ■ Kick-Off-Meeting ■ Dokumentensammlung	■ Analyse der Daten ■ Simulation von Lizenzmodellen ■ Erarbeitung Konzept	Erarbeiteten Maßnahmekatalog priorisieren
Ergebnisse	■ Definition der zu erzielenden Ergebnisse, beispielsweise, welche Organisationseinheiten in die Analyse einbezogen werden sollen ■ Festlegung der Aufgaben und Inhalte ■ Festlegung der Rollen im Projekt ■ Projektplan	■ Übersicht Softwarenutzung im Unternehmen ■ Foliensatz für die Präsentation der Ergebnisse mit ersten Einsparpotenzialen ■ Maßnahmenkatalog für die Umsetzung der Ergebnisse in Folgephasen (Umsetzung) ■ Entscheidungsvorlage für das Management	Einsparpotenziale ergeben sich aus: ■ De-Installation nicht mehr benötigter oder ungenutzter Software ■ Überprüfung der Wartungszyklen ■ Verschieben oder Verringern von Updates ■ Neulizenzierung ■ Simulation alternativer Modelle ■ Open-Source-Alternative

Abbildung 18.5 präsentiert einen entsprechenden Umsetzungsplan.

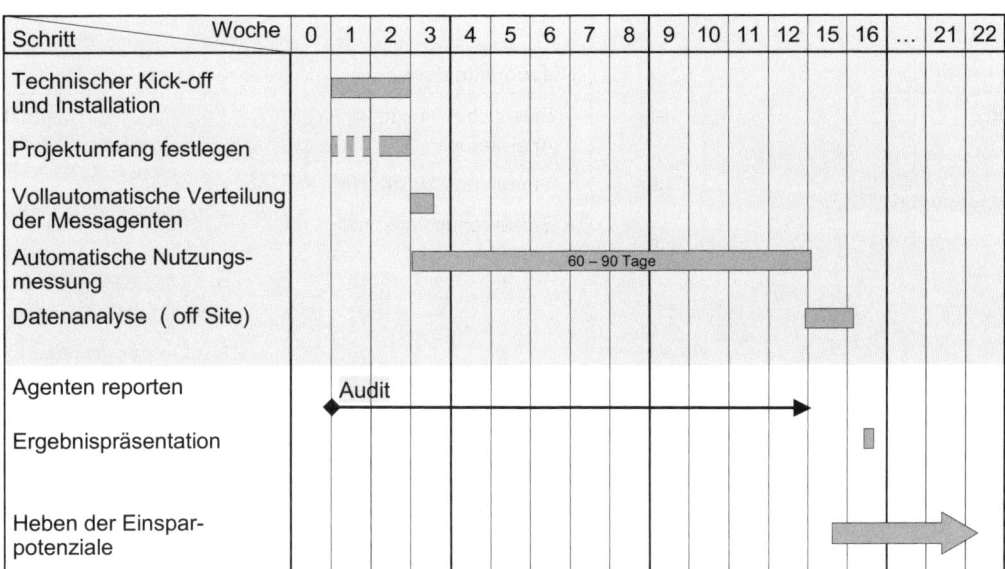

Abbildung 18.5 Softwarenutzungsanalyse grober Projektablaufplan

Weitere Informationen beispielsweise zu einem begleitenden Workshop zu diesem Thema finden Sie auf der Webseite zum Buch (www.1mal1Lima.de).

Fazit:

Auch wenn ein Lizenzmanagement-Projekt Ordnung in den Lizenzdschungel bringen kann, gibt es weitere Methoden, um den Einsatz von Softwarelizenzen im Unternehmen zu optimieren. Ein enormes Potenzial stellt dabei die Softwarenutzungsanalyse dar, auch Software Metering genannt. Hier lassen sich schon beträchtliche Kosteneinsparungen erzielen, wenn sich Lizenzen aufgrund des ermittelten Nutzungsverhaltens umverteilen lassen bzw. ungenutzte Softwarelizenzen identifiziert und dadurch beispielsweise Wartungsverträge oder Update-Stückzahlen verringert werden können.

19 Optimierung von Software-anwendungen und Lizenzen durch Virtualisierung

In diesem Kapitel erfahren Sie u.a.:

- Welchen Nutzen die Softwarevirtualisierung bringt.
- Welche Voraussetzungen für ein Softwarevirtualisierungs-Projekt zu schaffen sind.
- Welche derzeitigen Technologien und Konzepte es gibt, um Software zu virtualisieren.
- Welche Effekte Softwarevirtualisierung auf die Geschäftsprozesse hat.

Das letzte Kapitel dieses Buches befasst sich mit dem Thema Software-virtualisierung und den Auswirkungen auf die IT-Geschäftsprozesse im Unternehmen. Dieses Kapitel kann nur eine erste Einführung in das Thema bieten und erhebt keinen Anspruch auf Vollständigkeit, da ständig neue Softwareprodukte und Technologien am Markt verfügbar sind. Wenn Sie sich einen groben Überblick verschaffen wollen, was es mit der Virtualisierung von Software auf sich hat und welchen Nutzen Sie daraus ziehen können, sollten Sie dieses Kapitel lesen. Bedingt durch den schnellen Technologiewandel gerade im Umfeld von Softwarevirtu-alisierungen, sollten Sie sich bei weitergehendem Interesse im Internet über den aktuellen Stand dieser Technologien informieren.

Die Technologien der Softwarevirtualisierung trennen die Software von der Hardware. Vergleichbar mit dem Streamen von Videos oder Musik werden die Anwendung und benötigte Teile gekapselt und als Streamingprotokoll „verteilt". Somit kann der Anwender seine Anwendung wie gewohnt starten und mit ihr arbeiten. Sobald er die Software nicht mehr benötigt, wird der Stream geschlossen, und die Anwendung verschwindet quasi vom System. Man kann sich das vorstellen wie den Strom aus der Steckdose: Wird das elektrische Gerät ausgeschaltet, fließt auch keine Strom mehr. Moderne Cache-Technologien ermöglichen auch das Einbinden mobiler Systeme, reduzieren die Netzlast und erlauben ein Weiterarbeiten, wenn ein Server oder eine Netzwerkverbindung ausfällt. Ein weiterer Vorteil der Technologie ist die zentrale Verwaltung von Lizenzen und deren einfachere Abrechnung. Nicht nur das Clientmanagement in Ihrem Haus freut sich über weniger Arbeit, um Software zu installieren und zu verteilen, auch das Testen vor Ort gehört damit der Vergangenheit an.

Softwarevirtualisierung ist ein stetig wiederkehrendes Thema und auch jetzt wieder aktuell, weil sich damit erhebliche Kosteneinsparungen erzielen lassen (glaubt man den Aussagen der Analysten). Im Server-Umfeld ist Softwarevirtualisierung schon länger ein Thema, hier ist man auch mit der Umsetzung von tragfähigen Konzepten und Technologien viel weiter. In diesem Kapitel soll der Focus auf der Frage liegen, wie der momentane Stand der Dinge bei der Virtualisierung von Standardanwendungen im Clientumfeld ist. Im Zusammenhang mit der Software-Virtualisierung wird häufig auch von „Virtual Desktops Infrastructure" (VDI) gesprochen. Bei VDI geht es darum, den kompletten bisherigen Desktop mit allen Anwendungen in ein Rechenzentrum auszulagern und zu virtualisieren. Dieses Zukunftskonzept ist nicht Bestandteil dieses Kapitels bzw. des Buches. Softwarevirtualisierung ermöglicht es, selten benötigte Anwendungssoftware von den Desktop-Computern weg auf Serversysteme zu verlagern, um diese dann bei Bedarf mit Hilfe verschiedener Technologien dem Endanwender wieder zur Verfügung zu stellen.

19.1 Warum Software virtualisieren?

In Kapitel 1.5 („Lizenzmanagement Ausblicke und Trends") haben wir schon einen kleinen Abstecher zu diesem Thema unternommen. Es ist immer wieder interessant, wie sich bestimmte Methodenansätze auf einer etwas anderen Ebene in der IT-Geschichte wiederholen bzw. mit einem neuen „Anstrich" unter Verwendung der neuesten Technologien wieder hervorkommen. Früher und teilweise auch heute noch waren es Anwendungen, die auf dem Großrechner liefen und über Terminals gesteuert wurden. Dort wurden die Anwendungen auch „gehostet" und teilweise in virtuellen Umgebungen betrieben. Im Prinzip war das zur damaligen Zeit nicht wesentlich anders als heute, wenn es um Virtualisierung geht – mit dem Unterschied, dass es heute einige bunte Bildchen und eine Maus dazugibt.

Bei Virtualisierung sollten Sie nicht nur an die technische Konsolidierung und bessere Auslastung von Servern denken. Die Softwarevirtualisierung für Desktopanwendungen entwächst allmählich den Kinderschuhen und wird in ihrer Anwendung und Durchführung immer benutzerfreundlicher, fristet aber immer noch ein Nischendasein. Die jährliche Wachstumsrate solcher Lösungen wird in den USA laut einer Studie von IDC[1] und Credit Suisse bis 2012 jedoch auf 36 Prozent geschätzt, während die Server-Virtualisierung laut IDC nur mit durchschnittlich 22,6 Prozent wachsen wird.

Warum macht man sich seit Jahren zunehmend Gedanken über das Thema Softwarevirtualisierung? Zum einen muss den immer höheren Ansprüchen an flexible Arbeitsplätze und Zeiten Rechnung getragen werden, und zum anderen steigen die Kosten, die immer komplexere IT-Infrastruktur am Laufen zu halten. Hinzu kommen die verstärkten Anstrengungen der Hersteller, die in den letzten Jahren vermehrt auf die Einhaltung der rechtskonformen Nutzung ihrer Softwareprodukte achten. In einer IT-Umgebung mit sehr vielen Softwareprodukten sind Einführung und Betrieb eines Lizenzmanagements sehr kostenintensiv und tragen eigentlich nicht zur Produktivitätssteigerung im Unternehmen bei. Um diese Kosten zu senken und gleichzeitig nicht die Geschäftsprozesse zu beeinträchtigen, wird ständig nach Einsparpotenzialen Ausschau gehalten. Eine Möglichkeit, dieses Ziel umzusetzen, ist die Virtualisierung von Anwendungssoftware. Erklärtes Ziel dabei ist, nicht nur die Kosten zur Verwaltung von Software zu verringern, sondern auch alte Probleme im klassischen Desktopbetrieb zu lösen. Dabei steht eines der aktuellen Hauptprobleme, die gegenseitige Verträglichkeit von Softwareanwendungen bzw. deren Lauffähigkeit auf verschiedenen Betriebssystemen an erster Stelle.

Ziel ist es – und das bedeutet einen großen Vorteil gegenüber dem bisher üblichen Einsatz von Software auf den lokalen Systemen –, Anwendungen von ihrer Umgebung so weit zu isolieren, dass Konflikte mit anderen Programmen oder dem Betriebssystem vermieden werden. Das vereinfacht das Systemmanagement und erhöht die Sicherheit. Auch werden dadurch die UserHelpDesk-Abteilungen entlastet, da nicht mehr jede Softwareanwendung lokal installiert werden muss, von einem vereinfachten Release- und Updatemanagement ganz zu schweigen. Ein weiterer Aspekt ist die einfachere Verwaltung der benötigten Softwarelizenzen. Der Anwender wird nur bei Bedarf die Software nutzen und eine Lizenz verbrauchen. Sobald seine Arbeit erledigt ist, wird die Softwareanwendung geschlossen und verschwindet vom System des Nutzers. Nach heutiger Formulierung in den jeweiligen Nutzungsrechten der verschiedenen Softwarehersteller, wie beispielsweise Microsoft, Adobe oder IBM, muss eine Lizenz auf dem Anwendersystem lokal installiert sein bzw. sich im Hauptspeicher oder auf einem anderen Speichermedium befinden, um als lizenzrechtliche Nutzung zu gelten. Ein weiterer Vorteil wäre, dass sich die Lizenzmetrik nach einem einfachen Abrechnungsmodell bestimmen ließe, das in Richtung „Floating License" oder „Concurrent Use" gehen könnte. Die Anzahl der Nutzer, die zeitgleich eine Anwendung aufrufen, kann dadurch viel einfacher gemessen werden. Die Lizenzmodelle würden sich damit erheblich vereinfachen und eine größere Transparenz zulassen.

Um Software im Unternehmen zu virtualisieren, sollten einige Voraussetzungen geschaffen werden.

---

[1] Quelle: www.dabcc.com/article.aspx?id=7162

19.2 Voraussetzungen schaffen

Um Softwareanwendungen zu virtualisieren, sollte nicht mit der Gießkannenmethode im Softwareportfolio nach potenziellen Kandidaten gesucht werden. Sinnvoll ist das nur, wenn die zu virtualisierenden Softwareanwendungen zwar einen wichtigen Beitrag zu den Geschäftsprozessen im Unternehmen leisten, aber von so geringer täglicher Nutzung sind, dass es eigentlich aus Kostengründen nicht vertretbar ist, diese auf alle lokalen Systeme auszurollen. Also wäre die erste zu schaffende Voraussetzung, um die Kandidaten für eine Softwarevirtualisierung zu identifizieren, eine Konsolidierung des Softwareportfolios durch eine Softwarenutzungsanalyse. Damit Sie sich nicht im Glücksspiel verlieren, benötigen Sie eine fundierte Basis – über den erreichbaren Kosten-/Nutzeneffekt Ihres Softwarevirtualisierungs-Projektes. Mit der Methode (siehe Kapitel 18) der Softwarenutzungsanalyse können Sie bei einem ausreichend langen Messzeitraum mit ziemlicher Sicherheit die Softwareanwendungen herausfiltern, die beispielsweise weniger als 1% Nutzung im Messzeitraum erzeugt haben. Diese Ergebnisse bilden den Grundstock für Ihr Softwarevirtualisierungs-Projekt.

> **Hinweis:**
>
> 1. Nachdem Sie in einem ersten Schritt die Software identifiziert haben, die Sie virtualisieren wollen, müssen Sie in einem zweiten Schritt prüfen, ob der Softwarehersteller eine Virtualisierung seiner Produkte überhaupt gestattet (Stichwort Lizenzvertrag – Nutzungsvereinbarung).
> 2. Aufgrund der erheblichen technischen Voraussetzungen in punkto Material und Know-how lohnt es sich erst ab einer Unternehmensgröße von 250 Desktopsystemen, ein Virtualisierungsprojekt für Softwareanwendungen ins Auge zu fassen.

Die Kernfragen lauten nun:

- Wie lässt sich sicher bestimmen, welche Produkte virtualisiert werden können?
- Wie beginnt man am besten das Softwarevirtualisierungs-Projekt, und wo sollte dabei angesetzt werden?

Um die beiden Fragen beantworten zu können, müssen Sie die bereits erwähnte Softwarenutzungsanalyse durchführen. Nur mit diesen Zahlen können Sie eine ausreichend belastbare Übersicht Ihrer im Unternehmen aktiven und mehr oder weniger genutzten Software erhalten. Gehen wir einmal davon aus, dass Sie den Fokus auf die Softwareanwendungen richten, die nicht überwiegend zur alltäglichen Abwicklung Ihrer Geschäftsprozesse im Unternehmen gebraucht werden. Diese Softwareanwendungen müssen Sie identifizieren. Am einfachsten, genauesten und schnellsten geht das mit der schon mehrmals genannten Softwarenutzungs-Analyse. Genau diese Methode kann uns jetzt helfen, unsere Kandidaten für eine Virtualisierung zu identifizieren. In Abbildung 19.1 sehen Sie die Auswertung einer Softwarenutzungsanalyse von einem großen Unternehmen mit mehreren Tausend Desktopsystemen.

Application Name	Usage Time (h:mm)	Average Machine Usage per Day (h:mm)	Percent of Total Usage	Number of Days Used	Machines Using Application
Microsoft Office Outlook (OUTLOOK.EXE)	23:07	00:10	18,75%	89	2376
Microsoft Excel for Windows (EXCEL.EXE)	20:38	00:07	13,45%	78	2399
Internet Explorer (iexplore.exe)	17:09	00:06	11,55%	98	2481
SAP Logon for Windows (saplogon.exe)	18:36	00:04	7,10%	66	1337
Microsoft Word (WINWORD.EXE)	13:42	00:04	6,95%	99	2384
Windows Explorer (Explorer.EXE)	04:43	00:04	7,88%	110	2647
SAP GUI for Windows (sapgui.exe)	08:13	00:02	5,34%	96	731
Microsoft PowerPoint (POWERPNT.EXE)	12:42	00:01	2,10%	88	2159
Adobe Reader 7.0 (AcroRd32.exe)	13:42	00:01	1,50%	98	2198
Microsoft Access for Windows (MSACCESS.EXE)	15:24	00:01	1,40%	87	985
AutoCAD Application (acad.exe)	16:24	00:00	0,90%	85	79
Firefox (firefox.exe)	17:52	00:00	0,60%	88	135
NTVDM.EXE (ntvdm.exe)	19:42	00:00	0,60%	85	394
Bicean Designer Draft (sdret.exe)	10:27	00:00	0,50%	79	33
State Brown Edge (StbrEdge.exe)	21:51	00:00	0,34%	79	61
Editor (notepad.exe)	00:12	00:00	0,10%	98	1659
Microsoft Office 2000-Komponente (MSOFFICE.EXE)	12:34	00:00	0,10%	85	418
SmarStoppTeam (SrTeam.exe)	19:18	00:00	0,11%	80	59
CATIA (CNEXT.exe)	11:37	00:00	0,10%	71	2
emicon.exe (emicon.exe)	05:13	00:00	0,10%	82	51
Microsoft Photo Editor (PHOTOED.EXE)	21:22	00:00	0,10%	89	1304
VNC Viewer for Win32 (vncviewer.exe)	18:12	00:00	0,10%	92	247
Station (Station.exe)	08:36	00:00	0,12%	76	10
Microsoft Management Console (mmc.exe)	12:13	00:00	0,10%	97	1043
Autodesk Autocad 11 (adesk.exe)	15:07	00:00	0,10%	87	1
ABCDEFE50.exe (abctest50.exe)	23:27	00:00	0,10%	73	66
Microsoft Office Picture Manager (OIS.EXE)	18:25	00:00	0,10%	82	542

Abbildung 19.1 Analyse von Anwendungsaufrufen und deren Nutzungszeiten[2]

Einer Aufstellung wie in diesem Beispiel können Sie entnehmen, welche Softwareprodukte sich für ein Softwarevirtualisierungsprojekt eignen würden. Alle Produkte mit einem Gesamtnutzungsgrad von weniger als 3% könnten Sie in den Virtualisierungstopf schieben. Wenn Sie sich noch nicht ganz sicher sind, gehen Sie das Ganze mit Hilfe von Statistiken an. Bauen Sie sich aus den gewonnenen Daten einen Anwendungssteckbrief wie in Abbildung 19.2 auf, und bewerten Sie alles aufgrund von Fakten und Zahlen. So haben Sie auch einige gute und belegbare Zahlen, wenn Sie entscheiden müssen, ob eine Softwareanwendung virtualisiert werden kann. Den Beispieldaten können Sie sehr gut entnehmen, dass viele Anwendungen nur einen geringen Beitrag zur Wertschöpfung im Unternehmen leisten, diese Anwendungen für die Geschäftsprozesse aber schlicht unverzichtbar sind. Für solche Produkte muss eine kostengünstigere und flexiblere Softwaremanagementlösung gefunden werden. Eine Virtualisierung dieser Produkte könnte diesem Umstand Rechnung tragen.

---

[2] Quelle: metrix-consulting.de (mit freundlicher Genehmigung zur Veröffentlichung)

Anwendungssteckbrief			erstellt im Messzeitraum		Analysezeitraum Arbeitstage 35	
Anwendung: MS Project			Ranking:			

Installierter Bestand	Version	Gesamtnutzung in h	Installiert in Stck.	davon genutzt	davon ungenutzt	Lizenzen
	MS Project	361	379	126	253	412
	Summe	361	379	126	253	412

Nutzung	Version	Nutzung in h	% von Gesamt	Anzahl Computer	durchschn. Nutzung pro Tag in Min.	Nutzungshäufigkeit
Poweruser (Top 20%)	MS Project	269	75%	34	14	
Informationskonsumenten (unter 65 %)	MS Project	29	8%	92	0,54	
		User				
Max. verschiedene User	MS Project	146				
Max. gleichzeitige Nutzer	MS Project	14				

Lizenzen und Kosten	Anzahl Lizenzen	Kosten je Lizenz	Update Kosten	Wartungsvertrag	
	412	698 €	310 €	nV	

Einsparpotenziale	Update best. Optm.	Viewer	Virtualisierung	OpnSource AL	Restwert je Liz.
Jahr in Euro	87.420 €	113.330 €	121.520 €	127.720 €	90 €
Folgejahre in Euro (4 Jahre Zyklus)	50.605 €	64.914 €	68.404 €	71.545 €	
Investition, um Potential zu heben	0 €	8.000 €	6.900 €	42.500 €	
Netto Einsparung / 5 Jahre	289.840 €	364.986 €	388.236 €	371.400 €	37.080 €
Anzahl Lizenzen nach Optimierung	130	40 Voll / 100 View	20	412	412

Abbildung 19.2 Anwendungssteckbrief mit geänderten Beispieldaten aus einem realen Projekt am Beispiel von Microsoft Project[3]

Sehr interessant ist die Gegenüberstellung der Einsparpotenziale in diesem Beispiel eines Anwendungssteckbriefs für Microsoft Project. Betrachtet über einen Zeitraum von fünf Jahren ist dabei der Einspareffekt mit *388.236 Euro* (alle Werte sind abgeänderte Beispielzahlen aus einem realen Projekt) bei einer Virtualisierung am größten. Wenn auch das noch keine ausreichende Grundlage für Sie ist, führen Sie eine Risikoanalyse durch, um bewerten zu können, ob das angedachte Virtualisierungsprojekt die erhofften Kosteneinsparungen verspricht. Mit der Einführung einer Softwarevirtualisierung bekommen Sie außerdem einen Teil Ihrer Lizenzmanagement-Probleme in den Griff, indem Sie die Lizenzvielfalt aufgrund einer anderen Abrechnungsmethode einschränken und einen besseren Überblick über die wirkliche Nutzung der Software erhalten.

---

[3] Quelle: metrix-consulting.de (mit freundlicher Genehmigung zur Veröffentlichung)

19.3 Grundlagen der Anwendungs-Virtualisierung

Die Virtualisierung von Anwendungen soll bekannte Probleme im Desktop-Umfeld lösen helfen. So sind Anwendungen beispielsweise nicht immer gleich unter allen am Markt verfügbaren Betriebssystemen lauffähig, oder es gibt Einschränkungen beim Betrieb von unterschiedlichen Softwareanwendungen auf gleichen Desktopsystemen. Die engen Schranken, die das klassische Desktopbetriebssystem Softwareanwendungen auferlegt, können durch eine Virtualisierung aufgehoben werden. So ist es beispielsweise durchaus möglich, eine 64-Bit-Windowsversion auf einem Desktopsystem mit 32-Bit-Betriebssystem laufen zu lassen, sobald es in einer virtuellen Umgebung installiert und betrieben wird. So können beispielsweise Softwareanwendungen in ihrer Entwicklungsphase ohne Mehraufwand getestet werden. Im Kern gaukelt eine Virtualisierungsumgebung der Softwareanwendung seine von ihm geforderte Umgebung vor. Dabei kann es die Ressourcen des Systems wie gewohnt nutzen. Ihm wird eine komplette virtuelle Welt vorgespielt.

Vorteile durch Entkopplung

Jeder hat schon einmal Shareware oder andere Software ausprobiert und sich dann geärgert, dass diese nicht mehr ganz rückstandsfrei entfernt werden konnte. In einer virtuellen Umgebung ist das Entfernen von Softwareanwendungen einfacher, da keine Verflechtungen mit dem Betriebssystem bestehen oder diese nur virtueller Natur sind. Ein weiterer daraus resultierender Vorteil besteht darin, etwa Anwendungspakete unabhängig von der Windows-Version bereitzustellen. So können ältere Programme, die sich beispielsweise unter Windows Vista nicht mehr installieren lassen, eventuell doch noch zum Laufen gebracht werden.

Arten von Virtualisierungsumgebungen

Man unterscheidet vier Virtualisierungsumgebungen:

- Darstellungsvirtualisierung (z.B. Terminal-Server, Citrix Server)
- Servervirtualisierung (z.B. VMware Server, Microsoft Virtual Server 2005)
- Anwendungsvirtualisierung (VMware ThinApp, Microsoft Application Virtualization (App-V)
- Desktopvirtualisierung (Microsoft Virtual PC 2007, VMware View, ehemals VMware Virtual Desktop Infrastructure -VDI)

Verschiedene Produkte, wie beispielsweise das VMware ThinApp,[4] können die Anwendungen komplett voneinander abschotten und bieten darüber hinaus den Vorteil, dass verschiedene Versionen einer Anwendung problemlos auf ein und demselben Desktop zeitgleich betrieben werden können. So könnte man beispielsweise den Endanwendern Microsoft Office 2003 und 2007 parallel zur Verfügung stellen.

---

[4] www.vmware.com/products/thinapp/

Verändertes Lizenzmanagement

Das Lizenzmanagement ist für virtualisierte Umgebungen unter Umständen anzupassen. Weil nur Lizenzkosten entstehen, wenn die Softwareanwendung auf das System des Anwenders gestreamt oder geladen wird, kann die klassische Messmethode bei der Zählung der Lizenzmetrik hier nichts mehr dazu beitragen. Hier ist das bereits angesprochene „Concurrent Use"- oder „Floating License"-Modell anzuwenden, da es sich besser dazu eignet, die Lizenzbestimmungen einzuhalten. Sind beispielsweise keine Lizenzen mehr in ausreichender Menge vorhanden, wird dem Anwender ganz einfach der Zugriff verweigert. Diesem Umstand sollte die Virtualisierungs-Lösung Rechnung tragen und über einen entsprechenden Lizenzserver oder ein Metering Tool verfügen, damit die Zugriffe ordnungsgemäß protokolliert und gezählt werden können.

> **Hinweis:**
> Wenn Softwarevirtualisierung eingeführt wird, muss sicherlich in vielen Bereichen das Systemmanagement umdenken. So lässt sich beispielsweise das bisherige Patchmanagement nicht mehr auf die klassische Art und Weise regeln. Falls Sie also beabsichtigen, eine größere und umfassende Virtualisierungs-Lösung einzuführen, müssen Sie sich auch mit der Umstellung Ihres gesamten Software-Deployments darauf einstellen.

Nachteile der Softwarevirtualisierung

Mit der Virtualisierungs-Technologie und Anwendungsvirtualisierung etablieren Sie logischerweise eine weitere Komplexitätsebene in der bestehenden IT-Architektur. Als Konsequenz muss ein höherer Zeitaufwand für die Erstellung der Anwendungspakete kalkuliert werden. Außerdem gilt es sicherzustellen, dass eine Softwareanwendung wirklich ordnungsgemäß in einer Umgebung funktioniert, für die sie eigentlich nicht entwickelt wurde. In der Praxis gibt es durchaus noch einige Applikationen, die beispielsweise eigene Gerätetreiber mitbringen und sich eventuell nicht so ohne weiteres virtualisieren lassen. Aufgrund der zunehmenden Verbreitung von Virtualisierungslösungen sind die Softwareentwickler in Zukunft ohnehin stärker in der Pflicht, ihre Produkte auf Kompatibilität in virtuellen Umgebungen zu trimmen. Sie müssen auch Ihren Support darauf einstellen.

19.4 Konzepte der Virtualisierung

Im Gegensatz zur Desktop- und Servervirtualisierung, wo die komplette Hardware virtualisiert wird, legt man bei der Anwendungs-Virtualisierung eine Abstraktionsebene zwischen die einzelnen Anwendungen und das auf der Hostmaschine vorherrschende Betriebssystem. Dadurch entfällt im Gegensatz zum klassischen Desktop die Installation eines lokalen Betriebssystems auf dem Zielrechner. Abbildung 19.3. zeigt zwei Varianten: zum einen die Methode, jeder einzelnen Anwendung eine eigene Umgebung mitzugeben (Kapselmethode), und zum anderen den Weg, einen kompletten Desktop virtuell zur Verfügung zu stellen. Durch die Kapselmethode ist beispielsweise jede Anwendung auf jedem System abrufbar, da alle notwendigen Parameter wie Registry- oder Verzeichniseinträge im virtuellen Umfeld mitgeliefert werden.

Vorteile der Virtualisierungskonzepte:

■ Anwendungen müssen für die Virtualisierung nicht angepasst werden.

■ Virtualisierung lässt sich ohne größeren Aufwand einführen.

■ Die Qualitätssicherung einer virtuellen Lösung ist einfacher und somit viel billiger als bei einer nach klassischer Methode paketierten Softwareanwendung.

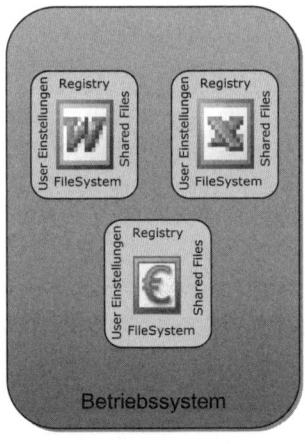

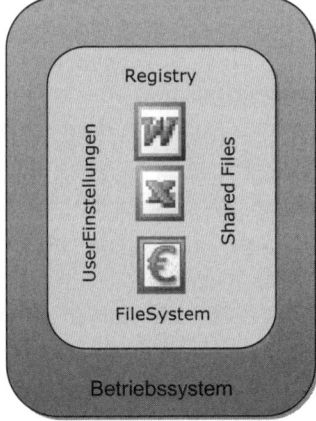

Abbildung 19.3 Varianten der Anwendungsvirtualisierung[5]

---

[5] Quelle: metrix-consulting.de (mit freundlicher Genehmigung zur Veröffentlichung)

Der Transport der Softwareanwendung auf den Client erfolgt über ein Streamingprotokoll, die Technologien sind dabei von Produkt zu Produkt unterschiedlich. Dabei kann die Anwendung schon gestartet werden, bevor die Übertragung vollständig abgeschlossen ist. Der Vorteil besteht darin, dass damit auch bei großen Anwendungen kurze Startzeiten bei der ersten Anforderung sichergestellt sind. Die virtuellen Anwendungen werden lokal zwischengespeichert, was die Netzlast etwa auf das Niveau einer klassischen Softwareverteilung verringert und somit die gewohnte Startperformance der Softwareanwendung ermöglicht. Der Endanwender bemerkt so gut wie keinen Unterschied im Vergleich zum Start einer lokalen Anwendung.

> **Hinweis:**
>
> Um die Softwarevirtualisierung im Desktopbereich erfolgreich umsetzen und implementieren zu können, ist es wichtig, auf einen ganzheitlichen Ansatz (beispielsweise eine einheitliche Servervirtualisierungssoftware, wie z.B. VMWare) bei der Implementierung der Serverinfrastruktur, einschließlich der dazu verwendeten physischen Server (Betriebssystemumgebungen) zu achten.

19.5 Auswirkungen der Softwarevirtualisierung auf bisherige Prozesse

Wenn Sie in Ihrem Unternehmen ein Softwarevirtualisierungs-Projekt durchführen, hat das natürlich auch Auswirkungen auf andere Geschäftsprozesse im Softwaremanagement-Umfeld. Abbildung 19.4 bildet die Geschäftsprozesse ab, die durch ein Softwarevirtualisierungs-Projekt beeinflusst werden bzw. an die neue Situation angepasst werden müssen (beispielsweise müssen Strukturen und Abläufe geändert werden).

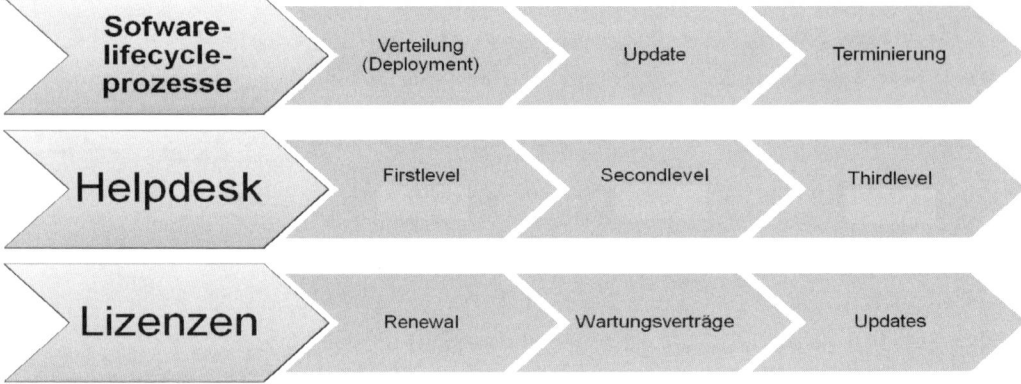

Abbildung 19.4 Übersicht der durch ein Softwarevirtualisierungs-Projekt beeinflussten und anzupassenden Prozesse

Software-Life-Cycle-Prozesse

- Verteilung

  - Der klassische Deployment-Prozess entfällt.

  - Regressionstests (Wiederholung von Testfällen) in der Paketierung entfallen.

  - Software ist nicht mehr maschinengebunden, sondern nur noch usergebunden (Änderung der Lizenzmetrik).

  - Bereitstellung von Softwareanwendungen auf Abruf ist möglich.

- Update

  - Echte Updates sind möglich (anstatt zu löschen und neu auszurollen).

  - Ein Fallback nach einem missglückten Update ist ohne Probleme möglich.

- Terminierung (De-Installation)

  - Entfernen von Anwendungen aus dem Unternehmensnetzwerk ist jederzeit problemlos möglich.

HelpDesk

- Reduktion softwarebezogener HelpDesk Tickets um bis zu 60%.

- Neue einfachere Problemlösungsstrategien.

- Hohe Kosteneinsparung im 3rd Level Support.

- Es sind keine weiteren aufwendigen Schulungen oder Umschulungen der Endanwender notwendig.

Lizenzen

- Flexibles und auch automatisches Umverteilen von Softwareanwendungen und der entsprechenden Lizenzen ist möglich (Stichwort: Lizenzpool).

- Durch das Floating-License- oder Concurrent-Use-Lizenzmodell sinkt insgesamt der Lizenzbedarf, dadurch lassen sich Lizenzkosten in signifikantem Umfang einsparen.

- „Pay per Use"-Modelle in der Leistungsverrechnung sind möglich.

- Es ist ein problemloser Wechsel von Produkten möglich.

Um ein Virtualisierungsprojekt in Angriff zu nehmen, muss allerdings der Leidensdruck bzw. Kostendruck schon recht hoch sein, da es quasi einem Paradigmenwechsel gleichkommt, wenn in der Bereitstellung von Softwareanwendungen von der klassischen Softwareverteilung teilweise oder komplett auf Softwarevirtualisierung umgestellt wird. Nicht nur die IT-Infrastruktur muss dem Rechnung tragen können, sondern auch in vielen anderen Bereichen des Unternehmens müssen Anpassungen an den Prozessen, Strukturen und Dienstleistungen vorgenommen werden. In jedem Unternehmen gibt es immer wieder Bestrebungen, die IT-Kosten zu reduzieren und die angebotenen Dienstleistungen zu verbessern. Deshalb sollte man sich auch ruhig mit den Ergebnissen der früher durchgeführten

Kostensenkungs-Projekte beschäftigen, um bei der Umsetzung des Softwarevirtualisierungs-Projektes nicht in den gefürchteten Sägezahneffekt (siehe Abbildung 19.5) zu geraten. Der Sägezahneffekt tritt immer dann ein, wenn kostenreduzierende Maßnahmen zwar durchgeführt werden, die Kosten aus den verschiedensten Gründen sich aber nicht nachhaltig senken lassen. Dann verpufft irgendwann der gewünschte Effekt, und die Kosten beginnen wieder anzusteigen. Tritt dieser Effekt ein, ist es an der Zeit, über einen grundlegenden Strategiewechsel nachzudenken.

Wenn Sie alle hier im Buch vorgestellten Maßnahmen und Empfehlungen vollständig oder in Teilen umsetzen, können Sie der berüchtigten Sägezahnkurve ein Stück weit entkommen und einen wirklichen Return on Invest (ROI) in Ihrer Unternehmens-IT erzielen.

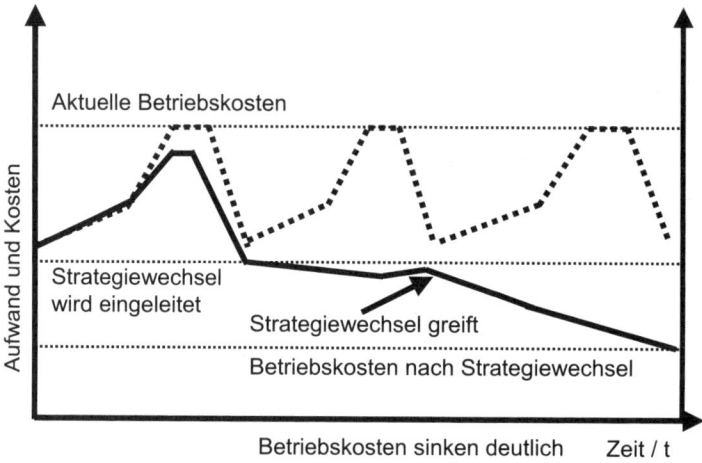

Abbildung 19.5 Die Sägezahnkurve: ein ständiges Auf und Ab der IT-Kosten

Fazit:

Um die Prozesskosten im Bereich der Softwareverteilung, des Supports und Helpdesk und damit auch im Lizenzmanagement-Umfeld nachhaltig zu senken, sind zentralisierende Maßnahmen notwendig. Durch Virtualisierung kann vor allem in heterogenen Umfeldern von Software und Hardware eine deutliche Einsparung bei den Prozesskosten erreicht werden. Weil der überwiegende Anteil der Anwendungen (oft mehr als 90%) nur etwa 10% der Nutzung und somit der Wertschöpfung in den Geschäftsprozessen ausmacht, aber vermutlich mehr als 60% der Softwaremanagementkosten verursacht, ist die Software-Virtualisierung eine gute Möglichkeit, die bestehenden Prozesskosten nachhaltig zu senken.

Anhang

Im Anhang finden Sie weitere Informationen zur Webseite des Buches, Informationen zur ISO 19770 SAM (Software Asset Management) und das Glossar.

Webseite des Buches

Zu diesem Buch existiert eine Webseite mit weiteren Informationen (Extras), auch zum Thema Lizenzmanagement. Sie finden dort aktuelle Infos zu Ausbildungsangeboten, ergänzenden Seminaren und Workshops, die das Buchthema „1x1 des Lizenzmanagements" mit umfangreichem Praxiswissen erweitern und vertiefen. Weil es zum Thema Lizenzmanagement so gut wie keine weiterführenden Seminarveranstaltungen gibt, werden Sie hier sicherlich viel Interessantes entdecken. Sie erreichen die Site unter www.1mal1Lima.de.

ISO/IEC 19770 Software Asset Management

Lange Zeit gab es für Prozessoptimierung im Umfeld des Software Asset Management keine standardisierten Prozesse: Genauso wie vor der ITIL-Zeitrechung wurde und wird auch in diesem Umfeld nach dem Prinzip „Best Practice" gehandelt und gearbeitet. Die hier über viele Jahre gewachsenen komplexen Strukturen sind auch nicht adhoc mit einem Lehrbuchstandard ersetzbar. Seit es ITIL gibt, ist die Vereinheitlichung von Prozesslandschaften ein stark gewachsenes Geschäftsfeld, um eine schnellere und effizientere Darstellung wertschöpfender Prozesse in der Unternehmenslandschaft abbilden zu können. Weil es aber in den durch ITIL beschriebenen Prozessen keine direkten Schnittstellen zum Softwareasset und Lizenzmanagement gibt, werden diese Prozesse oft nicht mit der nötigen Sorgfalt betrachtet. Deswegen sind nur wenige Unternehmen in der Lage, eine Einschätzung des Reifegrads ihrer SAM-Prozesse abzugeben. Dieser Umstand wurde vor einigen Jahren erkannt, und es wird versucht, mit der Entwicklung der internationalen Norm ISO/IEC 19770, ähnlich wie bei der Entwicklung von ITIL, ein Framework für das Software Asset Management zu etablieren.

Die ISO/IEC 19770 besteht aus drei Teilen:

■ *19770-1* wurde als erster Teil am 1. Mai 2006 veröffentlicht und stellt Prozesse und Rahmen zur Verfügung, um einem Unternehmen oder einer Organisation zu zeigen, wie man die geforderten Governance- und Unternehmensanforderungen wirksam im IT Service Management umsetzen kann.

■ *19770-2* ist noch im Draft-Modus. Dieser Teil soll Software-Identifikationsnummern erarbeiten, damit die Softwarehersteller ihre Produkte eindeutig kennzeichnen können, um sie später in Inventory-Tools und verarbeitenden Systemen besser identifizierbar zu machen (ähnlich einem bisherigen Fingerprint für Softwareanwendungen).

■ *19770-3* befindet sich in der Entwicklung und beschäftigt sich damit, Softwareprodukte mit Angaben zur anzuwendenden Softwarelizenzierung (Lizenzmodell, Lizenzmetrik) auszustatten, um damit später den Daten verarbeitenden Systemen die Compliance zu erleichtern (wie wird gezählt, Zuordnung der Lizenzmetrik zur installierten Anzahl).

Die ISO 19770-1[1] wurde extra für eine normierte Einführung der Software-Asset-Management-Prozesse und damit auch der Lizenzmanagement-Prozesse entwickelt. Dabei erhebt dieser Standard nicht den Anspruch, diese Vorgaben 1:1 auf die Unternehmensprozesse umzusetzen. Ähnlich wie ITIL will dieser Standard vielmehr Unterstützung und Hilfestellung für die Umsetzung und Integration in die eigenen Unternehmensprozesse geben. Die Norm soll es Unternehmen erleichtern, die Verwaltung der genutzten Software-Ressourcen und der entsprechenden Lizenzen anhand neutraler Kriterien zu bewerten und darüber den Nachweis erfolgreich eingeführter Prozesse zur Verwaltung der Software- und Lizenzassets führen zu können.

> **Hinweis:**
>
> Wenn nur Teile aus dem Framework in die Geschäftsprozesse umgesetzt werden, dürfen Sie nicht behaupten, Sie hätten volle Konformität mit der ISO 19770-1 erreicht. Wenn Sie die volle Konformität erreichen wollen, müssen Sie alle aufgeführten Prozesse nach dieser Norm umsetzen.

Die Norm ist sehr komplex und umfangreich – Sie sollten das ebenso wenig unterschätzen wie das Fachwissen, das Sie sich für die Umsetzung aufbauen müssen. Um die Implementierung etwas einfacher zu gestalten, hat die ISO (International Organization for Standardization) eine CD herausgebracht. Sie enthält eine anwenderfreundliche, interaktive Version der ISO/IEC 19770-1 und erleichtert damit die Einschätzung, inwieweit Ihre Prozesse die Norm erfüllen.

---

[1] ISO/IEC 19770-1 Informationstechnik – Softwarebestandsmanagementprozess – Teil 1 Prozesse; weitere Quellen: BSI (eshop.bsi-global.com), ANSI (webstore.ansi.org).

Die CD ISO/IEC 19770-1 Software Asset Management: Are You Ready? ist in englischer Sprache erhältlich, sowohl als Version für den privaten als auch für den geschäftlichen Gebrauch. Zu beziehen ist sie über den Auslandsnormen-Service des DIN, Tel.: 030 / 2601-2361, Fax: 030 / 2601-1801, auslnormen@beuth.de.

Viele Unternehmen wollen und können ihre Geschäftsprozesse nicht strikt nach dieser Norm ausrichten, finden aber Standards von großem Vorteil, an denen sie sich orientieren können, und nutzen die CD gerne als Hilfestellung.

Viele Unternehmen picken sich einzelne Teile, die sich gut in die eigenen Geschäftsprozesse integrieren lassen, heraus. Dabei nutzen sie die Norm als roten Faden und stülpen diese nicht einfach über ihre bisherigen Prozesse. Der Best-Practice-Ansatz besteht darin, aufzuzeigen, wo sich unter Umständen auch Teile der ISO 19770-1 integrieren lassen.

Die Übersicht in Tabelle A.1 führt alle bisher verabschiedeten Prozesse auf und gibt damit das konzeptionelle Rahmenwerk für die SAM-Prozesse vor.

Die Prozesse werden in drei Hauptkategorien eingeteilt:

- Organisatorische Managementprozesse für SAM;
- Kernprozesse von SAM;
- Primäre Prozessschnittstellen für SAM.

Tabelle A.1 Überblick über die Prozesse der ISO 19770-1

Organisatorische Managementprozesse für SAM			
4.2 Kontrollumgebung für SAM			
Unternehmens-führungsprozess für SAM	Rollen und Verant-wortlichkeiten für SAM	Richtlinien, Prozesse und Verfahren für SAM	Kompetenz in SAM
4.3 Planungs- und Implementierungsprozesse für SAM			
Planung für SAM	Implementierung von SAM	Überwachung und Überprüfung von SAM	Kontinuierliche Ver-besserung von SAM
Kernprozesse von SAM			
4.4 Bestandserfassungsprozesse für SAM			
Softwarebestands-Erfassung	Softwarebestands-Erfassungs-Management	Softwarebestands-kontrolle	
4.5 Überprüfungs- und Einhaltungsprozesse für SAM			
Softwarebestands-Aufzeichnungs-überprüfung	Software-Lizenzierungs-einhaltung	Softwarebestands-Sicherheitseinhaltung	Konformitäts-Überprüfung für SAM
4.6 Arbeitsablaufmanagementprozesse und Nahtstellen für SAM			
Beziehungs- und Vertragsmanagement für SAM	Finanz-Management für SAM	Leistungs-Management für SAM	Sicherheits-Management für SAM

Primäre Prozessschnittstellen für SAM			
4.7 Lebenszyklus-Prozessschnittstellen für SAM			
Änderungs-Managementprozess	Softwareentwicklungs-Prozess	Softwareeinsatz- Prozess	Problem-Managementprozess
Anschaffungsprozess	Softwarefreigabe-Managementprozess	Störfall-Management-prozess	Ausmusterungs-Prozess

Lizenzmanagement-Tools

Eine Auswahl der am Markt am weitesten verbreiteten Tools im Bereich Software Asset- und Lizenzmanagement finden Sie zusammengestellt in Tabelle A.2. Die Liste ist alphabetisch nach Hersteller geordnet, unterliegt keiner Bewertung durch den Autor und erhebt keinen Anspruch auf Vollständigkeit. Insbesondere muss die jeweilige Situation in Ihren Unternehmen mit betrachtet werden, wenn Sie ein Lizenzmanagement-Tool auswählen und bewerten wollen. Die meisten Hersteller haben sich mit ihren Tools auf bestimmte Unternehmensgrößen und die Anzahl der zu verwaltenden Software- und Lizenzassets spezialisiert. Behalten Sie also immer Ihren Kosten-/Nutzenaufwand bei der Toolevaluierung im Auge.

Tabelle A.2 Auszug der am Markt am weitesten verbreiteten Tools und Hersteller (Kurzübersicht)

Adlon Datenverarbeitung Software GmbH, Lindau (www.adlon.de)		
Toolname: Miss Marple	Ja	**Assetmanagement**
	Ja	**Lizenzmanagement**
Das Tool verbindet das vorherrschende IT-Inventar mit den kaufmännischen Lizenz- und Vertragsdaten über den gesamten Lebenszyklus des IT Softwareassets hinweg. Durch integrierte Vorlagen ist die Software einfach an die bestehenden Unternehmensprozesse anpassbar. Die Miss Marple Enterprise Edition besteht aus den Modulen Assetmanagement, Lizenzmanagement, Vertragsmanagement, Reporting.		

Aspera GmbH, Aachen (www.aspera.com)		
Toolname: SmartTrack	Nein	**Assetmanagement**
	Ja	**Lizenzmanagement**
Mit SmartTrack werden Lizenz- und Vertragsmodelle sämtlicher Hersteller abgebildet. Außerdem können laut Beschreibung durch den Hersteller alle Softwarelieferanten in das Lizenzmanagement eingebunden werden. Durch Konnektoren für alle Asset-Management- und Discovery/Inventory-Tools wird jede ERP-Lösung via Web-Service integriert. Mit SmartTrack können Lizenzen, Updates, Zertifikate, Wartung und Verträge weltweit verwaltet werden, Prozesse können frei konfiguriert werden.		

BMC Software GmbH Deutschland Zentrale, Frankfurt (www.bmc.com/de_DE)		
Toolname: BMC Remedy Asset Management	Ja	**Assetmanagement**
	Ja	**Lizenzmanagement**

BMC Remedy Asset Management ist Teil der BMC Remedy IT Service Management-Suite und ein voll funktionsfähiges Stand-Alone-Softwareprodukt. BMC Remedy Asset Management unterstützt die Einrichtung und den Betrieb einer Software-Lizenzmanagementumgebung.

Business Solution GmbH, Esslingen (www.b-s-g.de)		
Toolname: OfficeAsset XP	Ja	**Assetmanagement**
	Ja	**Lizenzmanagement**

Die Lösung OfficeASSET ist eine integrierbare Lösung und steuert die IT-Prozesse und das Datenmanagement zu den vorhandenen Softwarelösungen wie ERP-Systeme und Scan-Tools. Die Abbildung des Prozesses erfolgt mit flexiblen Workflows und mit Berechtigungs- und Rollenkonzepten. Die Module des Tools bestehen aus: Ordermanagement, Lizenzmanagement, IT-Controlling, Auftragsmanagement, Provisioning, Incident Management, Vertragsmanagement

Clientfocus GmbH, Frankfurt am Main (www.clientfocus.de)		
Toolname: CF.Software-Lizenz-Management	Ja	**Assetmanagement**
	Ja	**Lizenzmanagement**

Mit dem CF.Asset-Express-Kit stellt Clientfocus eine vorkonfigurierte Mittelstandslösung auf Basis des HP Asset Center vor – das Werkzeug ist modular aufgebaut und kann durch den Best-Practice-Ansatz Out-of-the-Box schnell implementiert werden. Es stellt leistungsfähige Schnittstellen zur Verfügung und ist erweiterbar. Die vorkonfigurierte Lösung ermöglicht damit den schnellen Einstieg in die Verwaltung der IT Hard- und Software.

Die CF.Asset-Express-Lösung besteht aus verschiedenen Modulen. Voraussetzung für alle weiteren Module ist das Modul Asset Express Basic.

FrontRange Solutions Deutschland GmbH, Filderstadt (www.frontrange.com)		
Toolname: FrontRange SAM Suite	Ja	**Assetmanagement**
	Ja	**Lizenzmanagement**

FrontRange SAM Suite ist laut Herstellerbeschreibung die derzeit leistungsstärkste IT Audit- und Software License Management-Lösung auf dem Markt. Durch einen Abgleich der bereitgestellten Assets mit den tatsächlich vorhandenen Lizenzberechtigungen können Sie die gesamte IT-Umgebung den neuen Infrastrukturgegebenheiten anpassen. Durch die Möglichkeiten zur Erkennung, Katalogisierung und fortlaufenden Kontrolle aller Hardware- und Software-Komponenten im Netzwerk erhalten Sie einen genauen Einblick in die vorhandenen IT-Assets und können diese effizienter verwalten.

IBM Deutschland GmbH, Stuttgart (www.ibm.com)		
Toolname: **IBM Tivoli Asset Manager for IT (TAMIT)** **IBM Tivoli Licence and Compliance Manager (TLCM)**	Ja	**Assetmanagement**
	Ja	**Lizenzmanagement**

Bei der von IBM Tivoli angebotenen Software-Lösung handelt es sich um ein Solution Set. Es besteht aus dem IBM Tivoli Asset Management for IT (TAMIT) – dieses Produkt beschäftigt sich ausschließlich mit der Verwaltung von Daten im Themenbereich des Lizenz- & Vertragsmanagement – und dem Produkt IBM Tivoli License Compliance Manager (TLCM). Letzterer sammelt Informationen über erworbene, benutzte und installierte Produkte. Die gesammelten Daten und Informationen werden zu Analyse- und Berichterstattungszwecken in einer zentralen Datenbank abgelegt bzw. für die Weitergabe an das Produkt IBM Tivoli Asset Management for IT aufbereitet.

ManageSoft GmbH, München (www.managesoft.com)		
Toolname: ManageSoft Enterprise Compliance Manager	Ja	**Assetmanagement**
	Ja	**Lizenzmanagement**

Das Tool von ManageSoft zeichnet sich laut Herstellerbeschreibung durch eine hohe Integration von Lizenzmanagement, Inventarisierung, Reporting und Konfigurationsmanagement aus. Intelligentes Asset Discovery und Lizenz-Reconciliation ermöglichen die schnelle Etablierung einer Basiscompliance sowie sofortige Benachrichtigung von Compliance-Abweichungen und optimierte Lösungsempfehlungen. ManageSoft schafft damit einen geschlossenen Compliance-Prozess über IT-Beschaffung, Softwareverteilung, Zuweisung und Identifikation von Endanwender-Modifizierungen. Die Lösungen des Unternehmens basieren auf offenen Industriestandards für SAM, ISO und ITIL.

update4u Software AG, Karlsruhe (www.update4u.de)		
Toolname: License & Asset Manager	Ja	**Assetmanagement**
	Ja	**Lizenzmanagement**

Laut Herstellerbeschreibung vereinfacht der update4u License-Manager-Prozesse und automatisiert diese. Mit der vorhandenen SOA-Architektur und Standardschnittstellen zu Inventarisierungs-systemen, ERP-Lösungen und Ihren Lizenzlieferanten wird eine schnelle Implementierung ermöglicht. Die Verbindung der technischen Sicht (die Inventarisierung) mit dem kaufmännischen Lizenzbestand kann mit dem update4u License Intelligence Service (über 250 000 Artikeln von mehr als 3 000 Herstellern) vollautomatisiert erstellt werden.

USU AG, Möglingen (www.usu.de)		
Toolname: Valuemation	Ja	**Assetmanagement**
	Ja	**Lizenzmanagement**

Valuemation wird laut Herstellerbeschreibung als Komplettpaket (Suite) angeboten und kann aber ebenso in einzelnen Modulen lizenziert und implementiert werden. Die Software ist als ganzheitliche Lösung zu betrachten Zusätzlich kann das Produkt „Knowledge Miner" implementiert werden. (Das Tool dient zur Unterstützung von Wissensdatenbanken und der Durchsuchung von archivierten Dokumenten nach Stichwörtern und ganzen Textpassagen.) Laut Hersteller ist das Softwaretool Valuemation ab einer zu verwaltenden Anzahl von 1000 Desktopsystemen bzw. Arbeitsplätzen zu empfehlen. In der aktuellen Version 3.5 wurde das Lizenzmanagement-Modul grundlegend überarbeitet und an die neuen Marktgegebenheiten angepasst. Valuemation ist eine umfassende und fle-xible modulbasierende Softwarelösung für die Steuerung und Verwaltung der IT-Infrastruktur sowie für das Asset- und Lizenzmanagement.

Auszug aus der Leistungsbeschreibung der Module:
Ausrichtung der IT-Serviceleistungen auf die Geschäftsprozesse, volle Transparenz über IT-Assets und deren relevante Kosten, Einhaltung der Compliance und Revisionssicherheit bei der Software-Lizenzierung, IT-Standardisierung durch kontrollierte IT-Beschaffungsprozesse, Vereinbarung und Überwachung von Service Level Agreements, Optimierung von Service-Prozessen auf Basis von ITIL® Best Practice, IT-Kostenkalkulation und nutzungsabhängige IT-Leistungsverrechnung.

Wichtig ist, darauf zu achten, dass die Tools entweder ein integriertes Vertragsmanagement oder zumindest Schnittstellen dahin anbieten.

Glossar

AddOn

Beschreibt eine zusätzliche Komponente zu einer Software, die ebenfalls lizenz- und kostenpflichtig sein kann.

AddOn – Upgrade/Update

Beschreibt eine zusätzliche Komponente zu einer Software, die auch lizenz- und kostenpflichtig sein kann, in der Form eines Upgrade/Update.

Agent-less

Beschreibt die Inventarisierung von Daten, ohne ein Stück Software auf die zu erfassenden Systeme installieren zu müssen. Die Methode erzeugt einen hohen Netzwerkverkehr und eignet sich nur für Momentaufnahmen der zu untersuchenden Systemumgebung.

Agent-based

Beschreibt eine Software (Software-Agent), die Hardware- und Softwaredaten eines Systems erfasst und an einen zentralen Server zur Auswertung weiterleitet. Diese Methode belastet das Netzwerk nur minimal.

Arbeitspaket

Definiert eine oder mehrere Aufgaben, die abzuarbeiten sind.

Auditierung

Vollständige Inventarisierung jeder legal und illegal installierten Software. Dient zur Überprüfung der Einhaltung der Lizenz-Copyright-Gesetze (siehe Compliance).

Basel II

Die europäische Banken- und Kapitalrichtlinie sieht vor, dass Banken vor einer Kreditvergabe an ein Unternehmen eine umfassende Bonitätsbewertung vornehmen müssen.

Dazu gehört beispielsweise auch, die operationellen IT-Risiken (Lizenzmanagement – Risiko Unterlizenzierung) zu bewerten und einzustufen.

Beitrittsvertrag

Untervertrag innerhalb eines Master Agreements bei einigen Lizenzprogrammen (z.B. Microsoft Select). Fixiert werden Preisnachlässe und sonstige Verpflichtungen für zum Softwarebezug berechtigte untergeordnete Einrichtungen.

Besitzanzeigende Verträge

Sind Kauf-, Miet- oder Leasingverträge.

CAL (Client Access License)

Eine besondere, erforderliche, zusätzliche Lizenz für die Interaktion zwischen Clients (Nutzer oder Geräte) und Serverdiensten (beispielsweise Mail-Server, Druck-Server, Internet-Server). Die CALs sind immer kostenpflichtig und entweder als Lizenztyp Gerät oder Nutzer zu erwerben. Die Lizenzform ist vorwiegend bei Microsoft anzutreffen.

CI (Configuration Item)

(engl., Konfigurationselement) ist ein Begriff aus dem IT-Management. Nach IT Infrastructure Library [ITIL] versteht man darunter sämtliche an den führenden Geschäftsprozessen beteiligten Betriebsmittel. Beispiele hierfür sind PCs, Peripheriegeräte, Telefone, sämtliche Netzwerkkomponenten, Server, Installationsdokumentationen, Verfahrensanweisungen, IT-Dienstleistungen, Software (Sourcecode, Executables), Werkzeuge.

Client

Mit Client wird ein Computer oder ein Programm bezeichnet, das Dienste (engl. Services), z.B. Internet-Dienste, von einem Server in Anspruch nimmt.

CM

Change Management

CMDB (Configuration Management Data Base, nach ITIL)

Dient der Verwaltung und dem Zugriff auf CIs (siehe CI) in einer oder mehreren Datenbanken. Die CMDB hat dabei die Aufgabe, die Unternehmensprozesse im Umfeld der IT-Prozesse zu unterstützen (Service Support und Service Delivery).

CMMI (Capability Maturity Model Integration)[2]

Bestimmung der Reife von Softwareprozessen – die ursprüngliche Bezeichnung CMM (Capability Maturity Model) galt bis 1997.

1986: Ausgehend von einer Initiative des amerikanischen Verteidigungsministeriums entwickelte das Software Engineering Institute (SEI, Offizielle Webseite: http://www.sei.cmu.edu/cmmi/) eine Methode zur Bestimmung der Reife von Softwarepro-

---

[2] Quelle: www.wikipedia.org, CMMI

zessen. Diese wurde in mehreren Jahren immer weiter verfeinert. 2000 wurde das Modell *CMMI* (Capability Maturity Model Integrated) in der Version 1.0 herausgegeben, ab 2002 steht der Begriff *CMMI* offiziell für Capability Maturity Model Integration.

Das Modell beschreibt fünf Reifegradstufen, wobei die Qualität mit jeder Stufe steigt:

Stufe 1: initial (initial), Stufe 2: gemanagt (repeatable), Stufe 3: definiert (defined), Stufe 4: quantitativ gemanagt (quantitatively managed), Stufe 5: optimiert (optimizing).

COA (Certificate of Authenticity)
Beschreibt den Begriff Echtheitszertifikat von Microsoft.

Clientklassen
Clientklassen repräsentieren eine Zuordnung von Softwareanwendungen zu Organisationseinheiten wie Fachbereichen oder speziellen Aufgabenbereichen.

CoM
Configuration Management

Compliance (Compliant)
Compliant zu sein, beschreibt den Vorgang/Prozess, dass die legal erworbene Software innerhalb der festgeschriebenen Bestimmungen und Konditionen (Nutzungsrecht/Lizenzvertrag) verwendet (genutzt) wird.

Compliance-Check
Beschreibt den Vorgang, die im Rahmen des Lizenzmanagements notwendigen kaufmännischen und technischen Daten abzugleichen, mit dem Ziel, die dauerhafte und umfassende Einhaltung der gesetzlichen Regelungen für den Umgang mit Software und deren Lizenzbestimmungen im Unternehmen zu gewährleisten.

Compliance Report
Erstellt aus den kaufmännischen und technischen Daten die Zuordnung gekaufte Software (Lizenzen) zu installierter Software (Lizenzen) jeweils aus den Ist-Daten der Systeme (Vertragsdatenbank, Inventory-Daten).

Concurrent Use
Die Software wird auf einem zentralen Server bereitgestellt. Eine gleichzeitige Nutzung durch mehrere Client-Rechner im gleichen Zeitintervall ist maximal in genau der Anzahl möglich, wie Lizenzen erworben wurden. Die Anzahl der maximal möglichen Netzwerkbenutzer wird dabei im Server festgelegt.

Cross-Upgrade
Beschreibt ein Softwareprodukt, das als Voraussetzung für die rechtskonforme Verwendung ein ähnliches Produkt eines anderen Herstellers fordert, an sich aber eine Vollversion darstellt und immer kostenpflichtig ist.

Datenmodell

Beschreibt die Beziehung zwischen verschiedenen datenliefernden Systemen oder Einheiten, oder zwischen CIs.

Dongle

Siehe Kopierschutzstecker.

Downgrade-Recht

Das Recht, eine ältere (niedrigere) Version der aktuellen Software zu installieren. Nicht jeder Hersteller bietet diese Option für seine Softwareprodukte.

DSL (Definitive Software Library, nach ITIL)

In der DSL werden Masterkopien von allen im Unternehmen verwendeten Softwarekomponenten (Standardprodukte, Eigen- und Fremdentwicklungen) archiviert. Die DSL hat die Aufgabe, dass nur freigegebene und getestete Software in den Unternehmensprozess gelangt.

eCl@ss Standard

Internationaler Standard zur Klassifizierung und Beschreibung von Produkten und Dienstleistungen.

Entitlements

Dem Software-Lizenz-Inhaber garantierte Rechte und Dienstleistungen, wie z.B. das Kopier- oder Nutzungsrecht.

EULA (End User License Agreement)

Beschreibt den Begriff Endbenutzer-Lizenzvertrag von Microsoft (die einzuhaltenden Nutzungsrechte von Software).

Floating License (auch Concurrent Use genannt)

Erlaubt die Nutzung der Software auf unterschiedlichen bzw. beliebig vielen Systemen. Dabei verwaltet ein Lizenzserver die Anzahl der gekauften Lizenzen. Jeder Nutzungsaufruf der Software verringert die Anzahl der verfügbaren Lizenzen um 1. Die Floating License kann sowohl mit dem Pro-Gerät- als auch mit dem Pro-Nutzer-Lizenztyp verknüpft werden.

Forecast-Based Agreement

Ein auf dem geschätzten Einkaufsvolumen eines Kunden innerhalb einer festgelegten Zeitspanne basierender Vertrag. Aus dieser Schätzung resultiert der veranschlagte Preislevel.

Freeware

Im Gegensatz zu Shareware auf Dauer kostenfrei, aber lizenzpflichtig.

Funktionstest

Es wird geprüft, ob einzelne Systemkomponenten (z.B. Schnittstellen) wie vorgesehen funktionieren. Funktionstests führen die Entwickler durch.

Full Packaged Products (FPP)

Einzelpakete sind Software-Einheiten, die den Datenträger, die Dokumentation und die Lizenz in einem Paket (Softwarebox) zusammenfassen. Diese Software darf nur auf einem Rechner installiert werden.

Gerät

Mit Gerät ist im Zusammenhang mit dem Lizenzmanagement gemeint: Computer, Arbeitsstation, Terminal, PDA oder ein anderes elektronisches Gerät, das Softwarekomponenten verwendet oder benutzt.

Geschäftsprozess

Beschreibt die Strukturen und Vorgänge, um eine bestimmte Abfolge von Aktivitäten zur Herstellung von Waren, Produkten oder Services zu erreichen.

Greenfield-Ansatz (bei Inventarisierung von Software)

Beschreibt eine Methodik, prinzipiell alle Softwareprodukte zu erfassen und später gegen einen Produktpool zu stellen, der die entsprechenden Klarnamen liefert.

GNU GPL (General Public License)

Die GNU GPL gilt heute als eine der wichtigsten Lizenzen für freie Software. Die vollständige Fassung der GNU GPL können Sie auf den GNU-Webseiten nachlesen (http://www.gnu.org/licenses/licenses.html).

Hardware

Alle physischen Bestandteile und Komponenten eines Computersystems.

Ist-Aufnahme

Beschreibt die Aufnahme der bisherigen Vorgehensweisen und Prozesse.

IMAC (Install, Move, Add, Change)

Beschreibt die technischen Grundprozesse eines Software-Life-Cycle-Management-Prozesses im Leben einer Softwarelizenz bzw. eines Softwareproduktes.

Initialbeladung

Vorgang, bei dem die im Vorfeld bereinigten kaufmännischen und technischen Daten in einer erstmaligen Beladung in ein System (meist das Lizenzmanagement-Tool) geladen werden, um über einen intelligenten Algorithmus den Compliance Report ausführen zu können.

Integrationstests

Bei diesen Tests wird geprüft, ob ganze Prozesse wie vorgesehen funktionieren. Integrationstests werden von den Prozessbeteiligten durchgeführt.

Kaufmännischer Report

Report, der beispielsweise Softwareprodukte nach Lieferanten auswertet und zur Verfügung stellt.

KonTraG

Am 1. Mai 1998 trat das Gesetz zur Kontrolle und Transparenz im Unternehmensbereich (KontraG) in Kraft (Verabschiedung durch den Deutschen Bundestag am 5.März 1998), welches sich zum Ziel setzt, die Corporate Governance in den deutschen Unternehmen zu verbessern. Durch dieses Gesetz wurden etliche Vorschriften aus dem Handelsgesetzbuch (HGB) und dem Aktiengesetz (AktG) präzisiert und erweitert.

Konzernlizenz

Eine Konzernlizenz kann von allen Konzerneinheiten genutzt werden, wo eine Mehrheitsbeteiligung von >50%+1 Aktie vorherrschen.

Kopierschutzstecker (Dongle)

Hardware, die den Softwareschutz ermöglicht; ein kleiner Adapter, der an einem geeigneten Anschluss des Computers angebracht ist.

Lastenheft

Beschreibt die vom Auftraggeber gewünschten Anforderungen an ein Produkt oder eine Lösung, um die beschriebene Aufgabenstellung zu erfüllen.

Lizenz (Softwarelizenz)

Mit dem Kauf einer Software wird ein Nutzungsrecht an der Software erworben. Eine legale Berechtigung zur Nutzung einer einzigen Kopie eines Softwareproduktes wird Lizenz genannt.

Lizenzart

Beschreibt, in welcher Form ein Softwareprodukt zum Einsatz kommt (Einzellizenz oder Mehrplatzlizenz).

Lizenzform

Lizenzbestimmung, unter die eine Software vom Urheber gestellt wird. Open Source, (Free Ware), Proprietäre Software (Shareware und Freeware).

Lizenz- oder Software-Pool

Definiert ein virtuelles Lager, in dem alle erworbenen, aber nicht installierten/genutzten Softwareprodukte verwaltet werden.

Lizenz-Key

Einer Lizenz zugeteilter Schlüssel, um das Softwareprodukt in vollem Umfang nutzen zu können.

Lizenzklasse

Lizenzklassen werden für eine grobe Einteilung der Softwareprodukte verwendet (z.B. Vollversion, Update, Freeware u.a.).

Lizenzmanagement

Beschreibt Unternehmensprozesse für den legalen und effizienten Umgang mit Software und deren Lizenzbestimmungen.

Lizenzmanager

Rolle für die globale oder lokale strategische Verantwortung zur Verwaltung und Steuerung der Unternehmenslizenzen.

Lizenzadministrator

Rolle für die kaufmännische und technische Verantwortung von Unternehmenslizenzen, die Lizenzprüfungen im Unternehmen durchführt und festgelegte Maßnahmen umsetzt.

Lizenzinventar

Verzeichnis (Datenbank oder Exceldokument), in dem die für das Unternehmen beschafften Softwareprodukte mit den vereinbarten Lizenzmetriken, Stückzahlen und Preisen erfasst werden. Das Lizenzinventar bildet eine weitere Voraussetzung für die Erstellung eines Compliance Reports. Die Daten in einem Lizenzinventar sollten mindestens drei Jahre rückwirkend erfasst werden.

Lizenzmetrik

Eine Lizenzmetrik beschreibt den anzuwendenden Faktor und die Maßeinheit (Seitenanzahl, volumengebunden, MIPS u.a.), wie Softwarenutzung gezählt wird. Die Zählweise kann an besondere Vertragsformen gekoppelt sein.

Lizenzmodell

Ein Lizenzmodell setzt sich u.a. zusammen aus der Lizenzklasse (Vollversion, Update), einem Lizenztyp (pro Nutzer, pro Gerät) und der Lizenzmetrik, wie gezählt wird, z.B: pro CPU.

Lizenznachweis

Lizenznachweise sind Materialien, die Sie für den Nachweis des korrekten Erwerbs einer Softwarelizenz vorhalten müssen; dazu zählen:

- Original-Medien (CD-ROM und/oder Disketten)
- ein Lizenzdokument, das häufig als „Endbenutzer-Lizenzvertrag" (EULA) bezeichnet wird
- die Echtheitszertifikate
- die Handbücher und Anleitungen, wenn sie mit dem Softwarepaket mitgeliefert wurden, also bei allen FPPs (Full Package Products)
- eine Druckversion aller online abgeschlossenen Lizenzverträge

Lizenztyp

Der Lizenztyp bestimmt die rechtliche Nutzbarkeit einer Software mit einer vom Hersteller festgelegten Einteilung bzw. Benennung wie beispielsweise pro Gerät, pro Nutzer u.a.

Lizenz-Report

Erstellt u.a. Auswertungen über alle Softwarelizenzen im Unternehmen, Softwarelizenzbestände in Software-Pools, gibt Auskunft über die Zuordnung von Softwarelizenzen zu Systemen oder stellt eine Übersicht über nicht autorisierte Software zur Verfügung.

Lizenzvertrag

In den Softwarelizenzverträgen wird beschrieben, wie die erworbene Software genutzt werden darf. Sie werden auch Lizenzbestimmung, Nutzungsvereinbarung, Software-Lizenz-Bedingung, Produktnutzungsrecht (Product User Rights, PUR) oder EULA (End User License Agreement) genannt.

LPAR pro CPU

Die Lizenzmetrik berechnet sich nach einer logischen Partition pro CPU (Host).

LzM

Lizenzmanager

Maintenance

Die Berechtigung für Inhaber von Software-Lizenzen, innerhalb der Laufzeit des Lizenzvertrages die jeweils aktuellste Version zu installieren (auch Wartung genannt).

Master Agreement

Vertrag, der die Rahmenbedingungen für den Bezug von Softwareprodukten zwischen dem Hersteller und dem Kunden beschreibt und festlegt (auch Rahmenvertrag oder Einkaufsabschluss genannt).

Meilenstein

Definiert ein in sich geschlossenes Arbeitsergebnis.

Medium

Datenträger, z.B. CD oder Diskette, auf dem das installierbare Programm abgespeichert ist. Wichtig: Der Besitz eines Datenträgers berechtigt nicht zur Installation eines Programms, diese Berechtigung wird einzig und allein durch die Lizenz definiert.

Memorandum of Understanding (MoU)

Beschreibt eine Absichtserklärung, bei der konkrete Befristungen, Bedingungen, Zeitplan, Umfang u.a. zwischen Auftragnehmer und Auftraggeber für die Zeit des Proof of Concept vereinbart und formuliert wird.

Named User (auch Current oder Authorized User genannt)

Lizenzmetrik pro benannten Nutzer (User). Die Named-User-Lizenzmetrik wird in Kombination mit dem Lizenztyp pro Nutzer angewendet. Der Endanwender für diese Lizenzmetrik muss namentlich benannt werden, nur er darf dann die Lizenz nutzen (wird z.B. bei Entwicklungslizenzen von Software angewendet).

Nicht besitzanzeigende Verträge

Wartungs- oder Dienstleistungsverträge

Objekttyp

Beschreibt im Lizenzmanagement die zu untersuchenden IT-Plattformen. Geläufig sind die Begriffe Client, Server, Host, Telekommunikation (TK), Netze (Netzwerkinfrastruktur-Systeme)

OEM-Lizenzen (Produkte)

OEM (Original Equipment Manufacturer) -Versionen unterliegen einem Lizenzvertrag, den Hardware-Hersteller direkt mit dem Softwarehersteller (wie beispielsweise Microsoft) abschließen. Der Vertrag berechtigt den Lizenznehmer, seine PCs zusammen mit der im Vertrag lizenzierten Software auszuliefern.

Open Source Software

Software mit offenem Quellcode zur Weiterentwicklung (z.B. Linux).

Pflichtenheft

Beschreibt, wie der Auftragnehmer die gestellten Anforderungen mit welcher Leistung umsetzen will und in welchen Phasen.

Produktverantwortlicher

Person, die die technische Verantwortung von Produkten übernimmt und die Lizenzmodelle dieser Produkte am Markt überwacht.

Proof of Concept

Machbarkeitsstudie, die ein Produkt oder eine Lösung einem Test unterzieht. Dabei wird unter realistischen Testbedingungen untersucht und geprüft, ob die gestellten Anforderungen an das Produkt oder die Lösung erfüllt werden können.

Prozess-Assessments

Beschreibt die systematische Messung eines oder mehrerer Prozesse zur Bestimmung ihrer Reifegrade oder Fähigkeitsstufen auf der Grundlage standardisierter idealer Prozessmodelle. Dies bildet den Ausgangspunkt (Ist-Situation) für Optimierungen/Verbesserungen künftiger Soll-Prozesse.

Per Node

Lizenzmetrik per Node. Node-Lizenzen sind an ein bestimmtes System gebunden und erlauben meistens die Nutzung der Software nur auf diesem System (Desktop-, Server- oder Netzwerksysteme).

Periodizität

Vorgang mit einem wiederkehrenden Intervall, im Fall der zeitlichen Periode wird darüber hinaus eine Häufigkeit (Frequenz) festgelegt (z.B. wöchentlich, monatlich, quartalsweise, 90 Tage etc.).

Pro CI

Lizenzmetrik pro CI. Basis ist die Anzahl der zu verwaltenden CIs in einer Datenbank (oft bei der Lizenzierung von Asset-Management-Tools verwendet) .

Pro CPU

Lizenztyp, der die Nutzung pro CPU erlaubt. Dieser Lizenztyp wird meistens im Umfeld von Software für Server- und Großrechnersysteme angewendet. Die Lizenzmetrik bestimmt dann, auf wie vielen CPUs die Lizenz gleichzeitig genutzt werden darf. Basis für die Lizenz sind die Anzahl der installierten und genutzten CPUs (gezählt wird pro CPU).

Pro Gerät

Lizenzmetrik pro Gerät (Device). Gezählt wird eine Lizenz pro Installation der Software auf einem System/Gerät/PC, meistens eine 1:1-Abbildung mit dem Lizenztyp-Pro-Gerät.

Pro MIPS

Lizenzmetrik pro MIPS. Basis sind MIPS (Million Instructions per Second); Maßeinheit für die Leistungsfähigkeit eines Rechenkerns (CPU), wird meistens nur noch bei Großrechnern angegeben und dient zur Berechnung von Lizenzgebühren.

Pro MSU

Lizenzmetrik pro MSU. Basis sind MSU (Million of Service Units); eine MSU entspricht 6 MIPS (siehe Pro MIPS).

Pro Nutzer

Lizenzmetrik pro Nutzer (User); gezählt wird pro Nutzer, meistens eine 1:1-Abbildung mit dem Lizenztyp pro Nutzer.

Pro PVU (Processor Value Unit)

Lizenzmetrik pro PVU. Processor Value Unit, Maßeinheit von IBM zur Berechnung der Lizenzkosten von Lizenzmetriken, die auf Prozessorbasis verrechnet werden. Ein bisheriger Prozessor entspricht 100 PVU.

Pro Seite

Lizenzmetrik, gezählt pro Seite. Lizenzkosten werden aus der Anzahl der gedruckten Seiten ermittelt (beispielsweise beruht die erlaubte Softwarenutzung auf fixen Werten wie z.B. 5000 Seiten/Monat etc.).

Pro Session

Basis ist die erlaubte Anzahl aufgebauter Verbindungen (beispielsweise zu einer Online-Datenbank oder einem Recherchedienst). Hinzu kann eine Zeitkomponente kommen, wie Stunde, Woche, Monat u.a.

Pro Transaktion

Lizenzmetrik pro Transaktion. Basis ist die erlaubte Anzahl von Transaktionen mit den vereinbarten Wertemengen. Hinzu kann eine Zeitkomponente kommen, wie beispielsweise Stunde, Woche, Monat u.a.).

RACI

Responsible, Accountable, Consulted und Informed. Mit RACI wird eine Technik zur Analyse und Darstellung von Verantwortlichkeiten bezeichnet (Rollen zu Aktivitäten)

Regeldatei

Zur Inventarisierung von Software: beschreibt ein Verfahren, bei dem die zu inventarisierenden Softwareprodukte dem Softwarescanner mitgeteilt werden, in welcher Version die Software zu suchen und zu inventarisieren ist. Nicht autorisierte Software wird damit nicht gefunden.

Report (Daten)

Ein Report erlaubt es, eine gefilterte Datensicht auf dem Bildschirm zu generieren und das Ergebnis über das Ausdrucken bzw. Exportieren in ein anderes Datenformat (z.B. Exceldateien) weiterzuverarbeiten.

Request of Proposal (ROP)

Das Dokument „Request for Proposal (zu Deutsch „Aufforderung zur Angebotsabgabe") beschreibt den Zweck einer Ausschreibung.

Server

Ein Server ist ein zentraler Computer im Netzwerk, der andere Computer (Clients) bedient.

Shareware

Nach den Vorgaben des Autors beliebig kopierbar; kann an Dritte weitergegeben werden (kostenlos oder gegen geringe Gebühr).

SKU (Stock Keeping Unit)

Artikelnummer für die einzelnen Softwareprodukte bei Microsoft, wird als Synonym für alle anderen Softwareprodukte der verschiedensten Hersteller verwendet.

SLA

Service Level Agreement. Beschreibt festgelegte Vereinbarungen für bestimmte wiederkehrende zu erfüllende Dienstleistungen und wird zwischen dem Kunden und dem externen Dienstleister abgeschlossen; beispielsweise, dass nach einem Systemausfall innerhalb eines vereinbarten Zeitraums das System wieder in Einsatz zu bringen ist.

Software

Alle nichtphysischen Funktionsbestandteile eines Computers werden als Software bezeichnet. Dabei wird in der Regel nach Systemsoftware (Betriebssystem) und Anwendungssoftware unterschieden.

Softwareliste

Beinhaltet sämtliche jemals in das Unternehmen eingebrachten Softwareprodukte.

Softwarelizenz

Das an einer Software eingeräumte Nutzungsrecht.

Softwareanforderungsprozess

Prozess zur Steuerung von Softwarebedarfen für die Mitarbeiter eines Unternehmens

Softwarebestellungsprozess

Prozess zur Steuerung der Bestellungen nach intern (= Installationen) und extern zum Lieferanten (= Softwarelieferungen).

Softwareanforderer

Mitarbeiter der einen Bedarf für eine Software anfordert-

Strategische Softwareklassen

Teilen Softwareanwendungen in Zulässigkeitskategorien ein, um die IT-Strategie zu unterstützen (Steuerung Softwareportfolio)

Software Metering (Softwarenutzungsanalyse)

Eine Methode, die Interaktionen mit Softwareprogrammen zu messen und auszuwerten, um ein Nutzungsprofil über die Softwareaktivitäten von Anwendern zu erstellen.

Softwareportfolio

Bildet die erlaubten Softwareprodukte in einem Unternehmen ab (siehe auch DSL Definitive Software Library).

Softwarewarenkorb

Beinhaltet alle aktiven und genehmigten Softwareprodukte, die durch die Mitarbeiter bestellbar sind.

Standort-gebunden (bzw. per Site)

Diese Lizenzmetrik wird z.B. pro Land, pro Niederlassung, pro Organisationseinheit vereinbart. Standortgebundene Lizenzformen sind meistens gleichzeitig Unternehmens- bzw. Konzernlizenzen. Häufig anzutreffen im Umfeld von Serversoftware und Rechenzentren.

Supportstufen

Teilen die Anwendungssoftware je nach definiertem Unterstützungsumfang in bestimmte Kategorien ein, die beispielsweise für eine weitere Verrechnungsgrundlage dienen können.

System Builder Software

System-Builder-Produkte sind eine Form, Einzelplatzlizenzen zu erwerben. Sie sind erheblich kostengünstiger und werden im Unterschied zu den Box-Produkten (siehe FULL PACKAGED PRODUCTS) ohne aufwendige Produktverpackungen und Handbücher angeboten.

Technischer Report

Report, der beispielsweise die erhobenen Daten aus einem Inventory-Scan zur Verfügung stellt.

Testdokumentation

Verwendete Normen aus dem Bereich ANSI und IEEE:

- ANSI/IEEE 829-1983 (Software Test Documentation)
- ANSI/IEEE 1008-1987 (Standard for Software Unit Testing)
- ANSI/IEEE 1012-1986 (Standard Verification and Validation Plans)

Testlizenz

Zeitlich begrenzte, günstige oder kostenlose Lizenz für Testzwecke

Testprozess

Beschreibt den Ablauf des Testens der Softwarelösung, setzt sich zusammen aus der Testplanung, Testdurchführung, Testdokumentation, Testreporting und ist ein wichtiger Qualitätssicherungsprozess.

Testprotokoll

Beschreibt den Ablauf und die Ergebnisse eines einzelnen Testfalls. Der Testablauf wird nach dem klassischen EVA-Prinzip aufgebaut:

- Eingabe (erforderliche Eingangsbedingungen des Tests, ggf. mit einer Beschreibung, wie diese herzustellen sind)
- Verarbeitung (Verarbeitungsvorschrift, z.B. Folge von Benutzereingaben)
- Ausgabe (Prüfbedingungen, erwartetes Ergebnis des Tests, z.B. Feldprüfungen)

Überlizenzierung

Beschreibt den Zustand, wenn der technische Ist-Bestand an Software-Produkten kleiner ist als der kaufmännische Ist-Bestand an Lizenzen (Anzahl der Softwareinstallationen ist kleiner als die Anzahl der gekauften Software).

Universelles Produktnutzungsrecht

Für diese Lizenzprogramme werden universelle Bestimmungen formuliert, die für alle Produkte innerhalb dieses Volumenlizenzprogramms Gültigkeit besitzen.

Unterlizenzierung

Beschreibt den Zustand, wenn der technische Ist-Bestand an Software-Produkten größer ist als der kaufmännische Ist-Bestand an Lizenzen (Anzahl der Softwareinstallationen ist größer als die Anzahl der gekauften Software).

Update

Beschreibt einen kleinen Wechsel innerhalb einer Version (z.B. 2.5 auf 2.6) und geht einher mit der Behebung von Fehlern; auch häufig als Hotfix, Aktualisierung, Sicherheitsrelease oder Patch bezeichnet.

Upgrade

Beschreibt einen Wechsel zu einer höheren Version (z.B. von 2.5 auf 3.0), setzt eine Vollversion des gleichen Softwareproduktes und der gleichen Sprache voraus, um bestimmte Funktionen weiter ausführen zu können, oder aber um den lizenzkonformen Nachweis zu führen.

Urheberrecht (UrhG)

Regelt die gesetzlichen Bestimmungen zur Schaffung geistigen Eigentums, hier auch von Softwareprodukten.

Vertragsart

Dient der Klassifizierung von Verträgen. Vertragsarten können sein: Kauf, Leasing, Miete, Wartung, Lizenz, Dienstleistung.

Vollprodukt

Fertige Box, meist im Einzelhandel erhältlich, bestehend aus einer Softwarelizenz, dem Datenträger und einer Dokumentation (siehe Full Package Product).

Vollversion

Hier wird keine vorhergehende Version für den rechtskonformen Einsatz vorausgesetzt (wie beispielsweise bei einer Updateversion), und die beschriebenen Funktionen unterliegen keinen Beschränkungen, wie beispielsweise bei einer Testlizenz, die auch eine Vollversion sein kann, aber nur 30 Tage „funktioniert".

Volumen gebunden

Lizenzmetrik nach Volumen, wie z.B. Megabyte, Gigabyte, Terabyte. Basis ist das verfügbare Volumen mit vereinbarten Wertemengen; beispielsweise darf die Softwarelizenz so lange genutzt werden, bis 5 GB an Datenvolumen erreicht sind.

Wachstum pro Jahr in Prozent

Lizenzmetrik, die nach prozentualem Wachstum pro Jahr bestimmt wird. Diese Form wird angewendet, wenn der Softwarehersteller an dem mit seiner Software erzielte Geschäftsergebnis beteiligt werden will.

Zeitgebunden

Lizenzmetrik wird an keine Zeiteinheit gebunden, z.B. pro Minute, pro Stunde, pro Woche, pro Monat, pro Jahr. Eine zeitgebundene Lizenzmetrik wird vor allem bei Software verwendet, die z.B. für Testzwecke eingesetzt oder nur für eine bestimmte Abrechnungsperiode verwendet wird (z.B. beim Erstellen von Jahresendabrechnungen etc.).

Register

GUT AUFGELEGT

ICH BLEIBE OFFEN LIEGEN ;-) DANK SPEZIAL-
FORMAT UND PATENTIERTER BINDUNG

Kösel FD 351   Patent No. 0748702